MINZHUDANGPAI

民主党派
社会服务工作
理论与实践

SHEHUIFUWUGONGZUO

LILUNYUSHIJIAN

民进中央社会服务部◉编

开明出版社

KAIMING PRESS

认清形势　明确任务　开拓创新
推动我会社会服务工作再上新台阶

——在民进全国社会服务工作会议开幕式上的讲话

民进中央主席　严隽琪　　2010年5月23日

同志们：

刚才佐书同志作了一个全面、实在的报告；通过参观制作的社会服务工作展板感受到了大家付出的辛劳，作出的成绩和对今后的思考打算。我代表会中央向组织协调开展社会服务的各级组织、积极参与并大力支持社会服务的广大会员表示感谢。这里我谈谈会中央对社会服务的思考。

当今世界正处在大发展大变革大调整时期，我国正处在改革发展的关键阶段，参政党的建设面临更高的要求和新的问题，可以说，世情、国情、会情都在发生深刻变化。在肩负繁重任务的情况下，我们在这里召开民进全国社会服务工作会议，会议的主要目的：一是进一步提高全会对社会服务工作重要性的认识；二是在交流和总结近年来我会在社会服务工作中取得的成绩和经验的基础上，提高对参政党社会服务工作规律的认识；三是研究和部署下一阶段的工作。此次会议的成果将体现在《民进中央关于进一步加强新形势下社会服务工作的意见》中。希望这次会议有助于回答好“为什么做社会服务工作”，“有哪些工作内容”和“如何在新形势下做好这项工作”这三个问题。希望此次会议的召开，能推动我会的社会服务工作上一个新台阶，相信会议的成果对于推动我会深入贯彻落实科学发展观，树立和践行社会主义核心价值体系，建设高素质的参政党，为实现全面建设小康社会的目标，为中国特色社会主义事业新胜利贡献力量，具有十分重要的意义。

一、充分认识社会服务工作的重要性

社会服务是参政党服务国家和人民的重要职责，是了解国情民意的重要渠道，是增加党派社会影响力与组织凝聚力的重要抓手，是体现立会宗旨的重要形式。它既是时代的客观需要，也是民主党派自身发展的内在要求。

1. 开展社会服务是民进的优良传统

社会服务作为民主党派的一项重要职责，是随着中国共产党领导的多党合作和政治协商制度不断发展的过程，随着中国经济社会的进步而明确地位、凝聚共识、丰富内容及形式的。自民进成立时，老一代民进人就积极参与社会实践，主动投入社会救济，帮助难民解决困难。解放后，民进积极参与社会调查，为国家恢复重建作贡献。“文革”结束后，会中央提出：“立足本职，服务四化”，并正式成立社会服务部，发挥优势，拾遗补缺，开展以办学、咨询和支边扶贫、“三下乡”等为主要形式的服务社会工作，取得了积极的社会效益。上世纪八十年代中期，中共中央颁布了59号文件，明确支持鼓励民主党派开展不以盈利为目的的为四化建设服务工作，民主党派的社会服务工作开始走上规范化制度化的轨道。中共中央［1989］14号文件，首次在正式文件中提出了社会服务这个概念，指出民主党派开展社会服务工作“要以服务为宗旨，注重社会效益”。会中央按照文件精神，在社会服务工作中形成了“六个西进”和三个海峡两岸论坛的品牌。同时，民主党派社会服务的工作机构和队伍建设方面也得到加强。进入新世纪后，中共中央又发布（2005）5号文件，明确规定要拓宽民主党派发挥作用的渠道，要支持民主党派紧密围绕全面建设小康社会开展各种形式的社会服务活动。我会的社会服务工作得到新的发展，在内容上形式上都有了极大的丰富和完善。民进“十大”以来，我会高度重视社会服务工作，在多年探索的基础上，不断开拓创新，形成了“集智聚力，有思有行，顺势而为”的工作思路。各级组织和广大会员积极主动发挥政治优势、智力优势和人脉优势，全会形成了以支边扶贫、抗灾救灾、联系新阶层会员、为促进祖国统一服务等为主要内容的社会服务工作格局。相应的制度与平台也在完善和加强，社会服务越来越系统化、规范化、制度化。

由此可见，社会服务工作是坚持和完善中国共产党领导的多党合作和政治协商制度的一个重要内容，是民主党派履行参政党职能的重要组成部分，民主党派社会服务工作是一项传统的工作，也是一项与时俱进、不断创新的任务。在我国改革开放和社会主义现代化建设的重要战略机遇期，其意义一定会更加凸显出来。

2. 社会服务是民进的职责所在

中共中央（2005）5号文件指出：衡量我国的政治制度和政党制度，最根本的是要从我国的国情出发，以能否促进社会生产力持续发展和社会全面进步，能否保持和发挥社会主义制度的特点和优势，能否实现和发展人民民主、增强党和国家的活力，能否保持国家政局的稳定和社会安定团结，能否实现和维护最广大人民的根本利益为标准。民主党派开展社会服务工作，直接参与经济、社会和文化的发展，开展社会公益活动，在促进社会生产力的发展，保持社会安定团结，实现和维护人民的根本利益这三方面，直接发挥了党派的作用，是坚持中国共产党领导的多党合作和政治协商制度的实际行动，是参政党的重要的政治任务。

“立会为公，参政为民”是全会的共识，社会服务工作正是体现了参政党的立会宗旨与存在价值。为经济建设和社会发展服务，是新时期民主党派服务党和国家的中心工作、服务大局的必然要求。在社会服务的实践过程中，我们可以深入社会、深入群众，取得一手资料和实际感受，这可以为我们了解国情民意、做好参政议政和民主监督工作提供重要信息、线索或者依据。因此，社会服务工作不单单是对社会直接献爱心，还可以通过社会服务工作，由表及里、由局部想全局，既有行又有思，从而发现参政议政的素材，启发我们更好地就全局问题、就体制和机制问题、就政策问题建言献策，有利于参政党履行参政议政、民主监督的职责。

3. 社会服务工作是党派自身建设的内在需求

民主党派的基本职能是参政议政、民主监督，两者的内容和形式决定了其工作对象是各级党委和政府。而社会服务的工作对象则是基层群众，要通过广泛联系群众、深入社会实际，开展调查研究，找准群众最关心、最希望办、又最难办的事，积极为人民群众排忧解难，使社会服务工作真正成为广大会员奉献社会的载体和平台；成为民主党派发挥自身优势，体现社会价值的有效途径；成为民主党派加强同社会联系，树立政党社会形象的重要抓手。比如我们在贵州的毕节、黔西南、河北的滦平等地组织支边扶贫，山区里老百姓，对山外的事知道得不多，但他们知道有一个中国民主促进会，知道民进是为人民做好事做实事的。他们对民进是感激的，是有感情的。通过社会服务工作，我们把民进的形象，把中国共产党领导的多党合作和政治协商制度，刻在了老百姓心中。

社会服务是增强民主党派凝聚力的一个非常有效的途径。因为我们的会员有自己的职业、不同的经历，以及不同的条件，但希望民进组织为他们搭建学习、交流、奉献社会的机会或平台的愿望是共同的。社会服务工作内容丰富、形式灵活多样，恰好为会员各尽所能提供了这样一个平台。多年的实践表明，这个平台已经成为各级组织和广大会员深入社会，了解国情，了解基层，联系群众，服务人民的重要渠道；成为增强我会影响力和凝聚力的重要抓手；成为锻炼和提高我会各级组织、广大干部的有效途径；成为广大成员参与全会工作，服务社会，体现人生价值的重要舞台。通过组织广大会员参与社会服务工作，可以引导会员正确认识社会发展规律，树立正确的人生观、价值观，激励会员把个人前途命运与国家强盛、民族振兴紧密联系起来，把个人奋斗融入实现祖国现代化的伟大实践中，进一步增强心系百姓、奉献社会的责任意识，并且在工作中发现人才、培养锻炼人才，从而促进我会的思想建设和组织建设。

通过开展社会服务工作，可以发挥各级组织的作用，锻炼和体现组织的精神状态、能力水平，提高我会的战斗力、创造力和凝聚力。

所以社会服务既服务国家和人民（大局、民生、发展、稳定、和谐），又服务会员（体现价值、排忧解难、业务发展、接受教育），也服务了组织（自身素质、基层活力、会员凝聚力、树立形象）。

二、把握好开展社会服务工作的重要原则

在科学发展观的指导下，在紧紧围绕国家中心任务和民生需要开展社会服务工作的实践中，我会逐步凝炼成具有共识的社会服务工作的几个重要原则。

1. 坚持社会服务工作的政治性原则

作为参政党，民进的任何工作都必须从坚持和完善中国共产党领导的多党合作和政治协商制度的高度来考虑。否则，我会的社会服务工作就容易迷失方向，就会等同于一般的社会团体和慈善机构的公益活动。

社会服务工作的政治性原则，体现在要坚持不懈地大力增强广大会员的三个“认同”上：一是“政治立场”上的认同。通过社会服务工作坚定我们走中国特色社会主义政治发展道路的信念，使之成为“政治交接”的有机组成部分。二是“目标任务”上的认同。围绕党和国家中心工作，把成员和所联系的群众的智慧和力量凝聚到实现全面建设小康社会的奋斗目标上来。致力于发展，在促进发展的过程中，把协调关系、化解矛盾、理顺情绪、维护稳定、改善民生作为工作重点，并为维护港澳繁荣稳定、促进祖国统一发挥应有作用。三是“价值道德”上的认同。在社会服务中树立和践行社会主义核心价值体系，弘扬我会“立会为公”的优良传统。要教育和引导会员秉持感恩的情怀，社会服务工作不是施舍，而是我们对国家和社会发展的一种责任、一种义务，是对党和人民培养、养育我们的一种回报。我们所做的，远远无法与我们所得到的相比。常怀感恩之心，我们就能积极主动、带着爱心、充满感情地去做社会服务工作。因此，社会服务是参政党服务国家中心工作的重要职责，也是党派的一项重要政治任务。

2. 坚持以智力服务为主的优势发挥原则

做好社会服务工作，必须发挥我会的特色和优势，尤其是要充分发挥我会在教育、文化、出版方面的特色和智力密集、联系广泛的优势。经济社会发展的主战场还是要靠执政党和各级政府，参政党在人力、物力、财力等方面的资源毕竟

有限，因此，我会社会服务工作必须注重发挥智力优势，通过发挥智力优势把其他资源集成起来。长期以来，在这一原则指导下，我们在社会服务工作中形成了很多品牌，凝聚了民进人多年的心血，是民进全会弥足珍贵的经验和财富。我们不仅要从前人的业绩中汲取前进的力量，而且要把民进传统优势发扬光大，赋予新的时代内涵，体现新的时代精神。

社会服务应与参政议政紧密结合。参政议政是民主党派的生命线，是民主党派履行职能的最重要的形式；社会服务是民主党派深入群众、服务社会、参与实践、锻炼队伍的直接途径。两者互相促进、互相依存。一方面社会服务可以为参政议政提供实际案例、信息线索、试点经验，帮助我们“参政参到点子上”，提出针对性强、切实可行的建议；另一方面参政议政又可以促进社会服务，使之在更深的考虑、更全局的视角、更宏观的背景下开展，能够增强政策性、针对性和自觉性。两者紧密结合，以小见大，由点及面，可使民进在履职中发挥更加切实有效的作用。会中央和一些地方组织，在社会服务工作与参政议政结合方面取得了很好的效果。如在贵州毕节的石漠化治理、甘肃民勤的沙漠化治理、金沙江干热河谷治理、生态家园富民工程等多个项目中，参政议政与社会服务工作互相配合，资源共享，成果相互转化，取得了相得益彰的效果。

3. 坚持顺势合力的务实原则

当前的形势需要社会服务工作发挥出更大的效应，社会服务的客观需求非常广泛，因此我们要有所为有所不为，而且要顺势而为。党派成员都有自己的业务和专长，我们要努力帮助会员在事业上排忧解难，鼓励会员们以自己的专长特色、业务资源，用力所能及的方式来回报社会。要充分发挥各级组织的引导与集成作用、会员的主动作用和机关的枢纽作用。努力把会中央与省市地方组织和基层组织的智慧凝聚起来，把各级组织和广大会员的工作热情激发出来，把各级机关与专门委员会的力量整合起来，把代表人物、专家、学者与专职干部和广大会员的作用发挥出来，把会内力量与会外资源整合调动起来，摸索出符合规律性的路子和模式，使工作统筹协调发展，既巩固已有成果，又能拓展创新。同时要鼓励各级组织在开展社会服务工作中，围绕国家大局和中心任务，配合会中央的协调，根据各地组织的特点和优势，紧密结合当地实际，确定工作重点，在内容、组织方法、活动形式、规模程度及效果等方面不强求完全相同，务实为重。

三、与时俱进，推动我会社会服务工作再上新台阶

1. 新形势对参政党的社会服务工作提出了新要求

和平与发展仍然是时代主题。但国际关系调整变化深刻，国际力量消长加速，国际体系演变加快，世界和平与发展面临诸多难题与挑战。一方面，世界多极化不可逆转，经济全球化深入发展，各国相互依存日益紧密，国际力量对比朝着有利于维护世界和平的方向发展；另一方面，霸权主义和强权政治依然存在，局部冲突和热点问题此起彼伏，全球经济失衡加剧，传统安全威胁和非传统安全威胁（疾病蔓延、气候变化、资源短缺等）相互交织，世界依然很不安宁，使人类的发展和正常生活面临严重威胁。当前，大国关系的演变和战略竞争的走向，新兴大国对世界格局的影响，世界经济发展面临的重大风险，全球生态环境问题，海洋、极地、太空等领域的国际战略竞争，加强全球性问题治理，国际社会“中国责任论”调门升高，等等，都是很重大的动向，尤其需要我们高度关注、准确把握。

我国经济回升向好的基础进一步巩固，市场信心增强，扩大内需和改善民生的政策效应继续显现，企业适应市场变化的能力和竞争力不断提高。当前，我国的经济社会发展仍处在重要的战略机遇期和社会矛盾凸显期，新机遇新挑战都很突出，各种积极变化和不利影响同时存在，短期问题和长期矛盾相互交织，国内因素和国际因素相互影响，经济社会发展中“两难”问题增多，保持经济平稳较快发展、实现经济发展方式转变、维护社会和谐稳定的任务艰巨而繁重。我国社会变化呈现出复杂化、多元化的特征，深层次矛盾日益凸显，解决这些问题的难度加大。人们的民主意识、参与意识、竞争意识日益增强，多元的意识形态互相碰撞。两岸关系既有出现和平发展的新局面所带来的新机遇，也有阻碍进一步实现祖国和平统一的新挑战。对国际国内两个大局以及它们之间的关系，我们要力求有一个清醒的、全面的、正确的、辩证的认识。

在这样的形势下，一方面随着改革开放的深入，科学发展观日益深入人心，特别是随着我国社会建设的进展，社会管理的工作多了，社会和谐的要求高了，社会建设的任务重了，给民主党派的社会服务工作也提出了更多的需求；另一方面，社会慈善事业、社会公益事业和社会保障事业也在不断发展，日益健全，使参政党一些传统的社会服务工作领域和工作方式不可避免地面临新情况，对参政党开展社会服务工作的层次和水平，提出了更高的要求。我会的社会服务工作必须适应新形势，从实际出发，开拓创新，集智聚力、有思有行，顺势而为，开创我会社会服务工作的新局面。

2. 在继承的基础上开拓创新，促进我会社会服务工作再上新台阶

我们需要认真总结和继承发扬我会在多年社会服务工作中形成的好经验、好作风。特别要继承老一辈民进人“立会为公，参政为民”的光荣传统；感恩人民、

报效祖国的赤子情怀；求真务实、深入群众的优良作风；存在优势、被社会需要的工作基础。同时又要用开拓创新的精神积极面对社会服务工作的新需求、新问题，改革和优化社会服务工作的体制和机制，争取更多更广的合作资源。紧紧围绕党和国家的中心任务，适应时代的变化和社会需求的转移，在继承的基础上开拓创新，不断推动我会社会服务工作取得新成效。

一是理念创新，拓宽工作思路。要树立政治理念，增强参政党意识。民主党派的社会服务工作是一种政治行为、政党行为，不是可有可无、可做可不做的事，而是必须做并且要做好的事；要树立发展理念，把促进发展作为社会服务工作的第一要务；要树立和谐理念，把促进社会和谐作为履行参政党社会职能的出发点和落脚点，作为评价这项工作质量和水平的重要标准；要树立合作理念，充分利用会内外资源，集智聚力，开展社会服务工作。

二是制度创新，长效机制和应急机制相结合。社会服务工作需要做的事很多，既有长期性的工作，也有应对突发事件的临时性工作，这就要求我们不断建立健全社会服务工作的长效机制和各类的应急机制。实践证明，制度建设是做好社会服务工作的有力保障。

在对待长期性、日常性工作时，如定点扶贫，我会各级组织要根据自身的优势，结合会中央的中心工作以及本省的社会服务实际，做到提前规划、长远规划，建立长效机制，逐步实现社会服务工作的制度化、规范化、程序化，克服随意性，增强导向性、典型性、示范性，让帮扶对象得到实实在在的实惠，并产生辐射效应。

同时，在对待临时性、应急性工作时，如面对自然灾害和突发事件，要做到政治敏感、反应迅速、决策科学、效果显著。过去几次抗灾救灾工作中，我会各级组织和广大会员都表现出强烈的社会责任感，纷纷捐款捐物，积极参与救灾工作。但在工作中也出现协调不及时、信息不畅通等问题，为此，要建立健全应对自然灾害和突发事件的应急机制，确保我会社会服务工作更有序有效地开展，保护各级组织和广大会员的积极性。

三是内容创新，适应时代需要。社会服务工作的内容创新包括两方面，一方面要以新作为巩固老阵地，更加突出民进特色和优势。比如去年在发挥民进教育资源优势支边扶贫方面，会中央和省级组织联动，使分散、随意性较强的教育支边力量整合起来，开展了“彩虹行动”，以教师队伍建设为切入点，有计划、系统性、全方位帮助毕节金沙县的教育事业，以教育支持和人力资源开发带动全县发展。又比如对于民营企业家会员，提出“充分尊重、广泛联系、加强团结、热情帮助、积极引导”的工作方针，新建立“民进全国企业界会员联谊会轮值主席制度”，加强了企业界会员的自我管理。再比如为了顺应海峡两岸局势的新变化，我们的对台工作从“请进来”为主发展到“请进来”与“走出去”并重。另一方面，要在顺势中开拓新领域，为促进经济平稳较快发展、加快转变经济发展方式，为促进城乡区域、人与自然的协调发展发挥应有作用。要贴近社会、贴近群众、贴近民生、深入企业。努力把产业结构的优化，把生态环境的保护，把保障和改善民生作为重要着力点，协助党和政府做好协调关系、化解矛盾、增进团结的工作。特别是近期中央新疆工作座谈会召开以后，我们要增强政治敏感性，加强学习，充分认识到新疆的重要战略地位；全国各地都有支援新疆发展的责任，要把利用特色优势为新疆发展稳定服务作为民进下一阶段的一项重要任务，高度重视，认真思考，出谋划策，集智聚力。

四是方法创新，搭建服务平台。社会服务工作不仅仅是社会服务部门的工作，而且是全会共同的任务。因此，要使社会服务工作走上可持续发展轨道，使社会服务工作的质量和水平不断提升，必须为广大会员服务社会搭建平台，引导他们有序参与。近年来，会中央在积极探索、搭建的组织平台，如企业界会员联谊会、开明画院、叶圣陶研究会，都发挥了重要作用。还有已建立的多个项目平台，如两岸的专业论坛、彩虹行动等，也为地方组织和广大会员的参与提供了机会，使社会服务工作与会员自身事业发展结合起来成为了可能。大家可以不拘泥于这些形式，希望结合实际，集思广益，不断创新。如能否建立开明基金会？民办教育界会员是否也可以成立一个联谊会？

3. 加强学习与研讨，推动社会服务工作的理论研究

建设学习型参政党，是民进十二届三中全会从执政党建设与参政党建设相互促进的要求出发，为建设适应时代要求的高素质参政党，提出的一项重大举措。会中央提出要把学习作为我会的基本特征，作为我会组织活动的重要内容，作为提高参政能力的关键环节，作为我会的整体性要求和共同责任，以有效的学习提高全会的凝聚力、创造力和执行力。社会服务工作是一项实践性很强的工作，也正因为如此，从事社会服务工作的同志往往容易重实践，轻理论；开展活动、联络协调的能力表现突出，调动发挥会内外力量，“集智聚力”工作做得不错，但经验总结和理论思考少一些，没时间或者不重视，简言之，就是“行”多“思”少。但是民主党派的社会服务工作，是一项政治性、政策性都很强的工作，离开了对理论的学习，对政策的把握，对时局的预见和对中国共产党领导的多党合作和政治协商制度、中国特色社会主义的正确认识，工作就会被动，缺乏全局观和开创性。“磨刀不误砍柴工”，只有加强理论学习，注重经验总结，认识事物规律，关

注国家大局与中心任务，向执政党学习，向我会的前辈学习，向书本学习，向实践学习，向群众学习，我们的社会服务工作才会更加主动，更加有效，更加出色。希望从事社会服务工作的同志，在行动中不忘学习、不忘思考，及时总结经验，上升为对规律的认识，即理论成果，并且用理论进一步指导社会服务的实践。把学习和思考的习惯内化到思维里，渗透到工作中。

总之，全会要进一步提高对社会服务工作重要意义的认识。各级组织要把社会服务工作列入议事日程，做好工作规划，精心研究，抓出实效。主要领导要亲自过问社会服务工作，经常督促、检查和指导，帮助从事社会服务工作的同志解决工作中遇到的困难和问题。广大会员要树立社会服务是应尽的义务和职责的思想，积极投身到社会服务工作中去。全会上下一起努力，积极融入社会，服务社会，奉献社会，为坚持和完善中国共产党领导的多党合作和政治协商制度，为夺取全面建设小康社会新胜利、开创中国特色社会主义事业新局面而不懈奋斗！

在民进全国社会服务工作会议闭幕式上的讲话

民进中央常务副主席　罗富和　　2010年5月25日

同志们：

经过全体与会人员的共同努力，民进全国社会服务工作会议圆满完成了各项议程，今天就要顺利闭幕了。三天来，与会同志认真听取了严隽琪主席的重要讲话，王佐书副主席的工作报告和国务院扶贫办张磊同志所作的辅导报告。中央统战部对这次会议非常重视，楼志豪副部长、吴晓礼局长拨冗参加开幕式，对会议的主题和我会的社会服务工作给予充分肯定。会议还讨论了“民进中央关于进一步加强新形势下社会服务工作的意见”（以下简称“意见”）和“民进中央关于进一步推进‘彩虹行动’实施的工作方案”。

会议期间，与会同志精神饱满，刚才三位同志代表各小组的汇报发言，如实地反映了大家的收获和感受，使我们耳目一新、深受启发。会中央社会服务部、办公厅做了很大努力和细致的工作，会议安排和服务工作得到了好评。我也抽时间参加了会议的讨论，感受到大家对民进工作高度负责的精神以及对社会服务工作极大的热情，很受感动。借此机会，我代表会中央，感谢与会同志对开好这次会议的大力支持，感谢工作人员和宾馆服务人员热情周到的服务。这里，我从参会者角度，根据会议的议程和讨论的情况，谈几点想法。

一、会议的特点

本次会议是一次提高认识、解放思想、开拓创新的会议。有同志评价“这次会议是一次举全会之力研究推进社会服务工作，是一次领导者、组织者、参与者共同参加的一次会议”。大会必将进一步激发各级组织、广大会员为全面建设小康社会建功立业的积极性和主动性，推动全会社会服务工作开展，对我会更好地履行参政党职能具有积极意义。会议有以下几个特点：

（一）抓住机遇

本次会议召开恰逢“十一五”规划实施最后一年，谋划制定十二五规划的时候，在我国继续应对国际金融危机冲击，加快转变经济发展方式的关键阶段举行。复杂多变的国际形势与国内艰巨繁重的改革发展任务，对社会服务工作提出了新的更高要求。换届两年多来，我会社会服务工作处在一个新的起点上，面临新形势、新课题，有必要通过召开一次全国性的工作会议，把会中央的思考和打算讲清楚、讲明白，把各级组织的丰富经验总结好、推广好，明确新形势下我会社会服务工作“为什么做”、“做什么”和“怎么做”等迫切需要解答的问题。

（二）调研深入

为开好这次会议，严主席做了一系列调研，参加了民进企业家联席会议，提出了做好社会服务工作的思路和指导意见；佐书副主席也做了一系列的调研，几次深入贵州，到第一线开展工作；永新副主席也付出了大量辛勤劳动；会中央多个部门先后分几路到8个省级组织进行调研，广泛接触分管领导、机关专职干部、基层组织和会员，充分听取意见和建议，摸清各地社会服务工作情况，对会议要解决的问题做到“心中有数”。在领导讲话、工作报告起草和会议的筹备等方面充分吸纳了各种正确意见。会前深入细致的调查研究，使会议文件充分反映了各级组织的愿望和要求，具有较强的指导性、针对性和可操作性。

（三）交流充分

会议举办了“民进全国社会服务工作成果展”，编辑了《民进社会服务亮点工作汇编》，有13位代表在大会上交流了做好社会服务工作的经验和体会。在小组讨论会上，与会同志就严隽琪主席讲话、王佐书副主席“工作报告”和《民进中央关于进一步加强新形势下社会服务工作的意见》（讨论稿）（以下简称“工作意见”）等进行了充分深入的讨论，不仅对社会服务工作的定性和定位提出了真知灼见，也为今后工作中的开拓创新提出了不少好主意、好办法。大家求实务实、畅所欲言，体现了广纳群言、广收众益的民主会风。

二、会议的主要收获

（一）提高认识，统一思想

大家一致认为，这次会议最大的收获，是提高了对民主党派社会服务工作重要性的认识。严隽琪主席的讲话从三个方面深刻阐明了民主党派做好社会服务工作的重要性，帮助我们澄清了一些缺位或错位的认识。她强调“社会服务是参政党服务国家中心工作的重要职责，也是党派的一项重要政治任务”，“不是可有可无的，而是必须开展的工作”。有的同志说，“过去认为社会服务工作不做不好意思，做不过是意思意思”，现在认识到“在某种程度上，社会服务的政治意义、社会效益大于实际意义和经济效益，在宣传多党合作制度、扩大党派社会影响、树立党派形象方面的作用，不亚于参政议政、民主监督”。还有的同志说，参政议政、社会服务、自身建设是相互关联和依赖的关系，我们要把握社会服务对其他工作的促进作用，把思想认识统一到会议的精神上来。我感到，社会服务对参政党自身建设的意义在于通过服务社会身临其境，深入基层，了解实际，增进广大成员对群众的感情，对国家大政方针的理解，并从大局出发积极建言献策；开展社会服务体现了中国政党制度的特色，其他国家的政党也许没有明确提出要服务社会，它是我们履行职能的基础，通过开展社会服务了解经济建设的脉搏，为党和国家大政方针的制定提出意见和建议。

（二）总结经验，探索规律

与会同志普遍认为，严隽琪主席讲话中提出的社会服务工作的政治性原则、优势发挥原则和务实原则，王佐书副主席在工作报告中归纳的我会社会服务工作的六条基本经验，这些都具有理论的深度和高度，对怎么做好新形势下的社会服务工作，具有重要的指导意义。不少同志认为，严隽琪主席要求我们加强学习和研讨，推动社会服务工作的理论研究，扭转“行”多“思”少的现状，是加强工作前瞻性、预见性、系统性和计划性，提高社会服务工作科学化水平的重大举措。大家感到，要使我会社会服务工作更加主动、更加有效、更加出色，就必须注意总结经验，把握规律，坚持有思有行，这是新形势下开创我会社会服务新局面的根本保证。

（三）转变观念，创新工作

与会同志认为，严隽琪主席的讲话和王佐书副主席的工作报告有一个共同的特点，就是强调解放思想、转变观念，在继承中创新。讲话一方面提出要继承发扬我会在多年社会服务工作中形成的好经验、好作风，另一方面从理念、制度到内容、方法提出了“四个创新”；报告对我会社会服务四个领域的工作部署，都提出了富有新意的要求。大家感到这是会中央对全会社会服务工作宏观指导的一个重要导向，是各级组织面对社会服务工作的新需求、新问题，与事俱进，推动我会社会服务工作再上新台阶的必然要求。有的同志说，当前制约我会社会服务工作的瓶颈，就是资源的匮乏，努力探索新的工作思路和工作模式，改革和优化社会服务工作的体制和机制，才能争取更多更广的合作资源。还有的同志说，方向比蛮力更重要，转变观念、创新工作是我会社会服务工作上台阶的重要前提。

（四）深入思考，提出问题

在这次会议上，大家带着社会服务工作中的一些困惑深入思考，提出了一些重要的意见和建议：

一是针对大多数组织开展社会服务工作“心有余而力不足”的困境，认真总结、推广借助政府和社团的政策、项目、资金，引入市场机制，建立基金会等做法，明确政策界限、管理运作方式，研究解决操作层面的具体问题。

二是在智力扶贫工作中，针对我会社会服务工作资源不足与服务对象刚性需求的矛盾，注意从发展观念、发展思路和发展模式上进行扶贫。

三是要把关注区域扶贫和关注弱势群体扶贫相结合，比如新生代的农民工，区域扶贫带动一片，弱势群体扶贫改变一个阶层。

四是目前各省市级组织千里迢迢到金沙，成本很高，有的地方组织去很困难。要运用远程教育的互动平台，整合教育资源来帮扶，受益面更广，可以到乡、镇、村，适用于整个西部地区。会中央可以牵头，把这块资源整合起来。

五是对于新社会阶层人士来讲，做好本职工作是为社会服务的主要途径，组织上要关心服务新社会阶层人士，引导他们积极奉献社会，正确对待他们的合理诉求。

三、贯彻落实会议精神的意见

（一）认真传达会议精神，大力宣传会议成果

会议结束后，首先要向省级组织领导班子，特别是一把手，原原本本地汇报会议精神，要组织机关全体干部认真学习严隽琪主席的重要讲话和王佐书副主席的工作报告，要保证把会议精神传达到所属各级组织和广大会员。会中央要通过多种形式，加大对会议成果的宣传，民进网站将在年底举行“民进全国社会服务工作巡礼”，进一步把会议的成果扩大到全会，延伸到各级组织。全会要进一步提高对社会服务工作重要性的认识，形成主要领导亲自抓、分管领导经常抓、社会服务部门和其他部门密切协作共同抓的工作格局，切实解决社会服务工作“说起来重要，做起来还不够重视”的问题。

（二）结合当地与自身实际，明确工作思路和举措

本次会议明确了我会社会服务工作的指导思想、方向重点和部署要求，为各级组织做好新形势下的社会服务工作提供了重要依据。“知全局才能谋一隅”，各级组织要把贯彻这次会议精神和要求，与本地区、本组织的具体实际结合起来，借鉴其他地方组织的成功经验和做法，进一步形成自身社会服务工作的新思路、新举措，并转化为社会服务工作的新行动、新成效。会中央不要求全会社会服务工作一刀切，不搞步调一致、方法一致，希望各级组织因地制宜，发挥优势，取

长补短，进一步提高层次和水平，为推进全会社会服务工作作出积极努力。

（三）认真贯彻《意见》精神，做好今年的社会服务工作

本次会议的成果，集中体现在“工作意见”中，会中央将根据大家的意见，认真修改完善这个意见。各级组织要认真学习贯彻“工作意见”，努力做好今年的社会服务工作。下半年我会社会服务工作的任务仍很繁重。去年，会中央在贵州毕节实施的“彩虹行动”计划，目前全国除贵州本省外，已先后有北京、上海、天津等 8 个省市组织与金沙 7 个乡、镇结成对子。本次会议后陆续还会有一些省市级组织与金沙有关乡镇结成对子进行教育扶贫。7 月份我会还将在陕西西安举行民进民办教育工作研讨会，9 月份在山西太原举行 2010 年度全国企业界会员联谊联席会议。此外，本次会议提出要把利用优势特色为新疆发展稳定服务作为民进下一阶段一项重要任务，新疆区委会秘书长杨成栋同志已提出了为当地小学捐建图书馆的提议。对此同志们要认真思考，出谋划策，全会要集智聚力。

（四）服务为本，改进工作

对本次会议上大家集中反映的一些问题，比如会中央接待联系工作中存在的一些问题我们一定虚心接受，认真听取意见，端正态度，整改工作，搭建好工作平台。服务为本是民进的优良传统，要进一步做好学习调研工作，规范工作制度，及时沟通信息，对会员表现出来的热心公益的奉献之心、感人事迹要加以宣传表彰。对各项社会服务工作比如推进“彩虹行动”实施要本着有所为有所不为，务实踏实、尽力而为的原则。争取国家部委一些必要的支持，形成工作合力。希望各地对这次会议的贯彻落实情况在适当时候向会中央作报告，以便更好地促进工作开展。

会议结束后，大家就要返回各自的工作岗位。祝同志们工作顺利，身体健康，阖家幸福，一路平安！

谢谢！

解放思想　与时俱进
开创民进社会服务工作新局面

——在民进全国社会服务工作会议上的报告

民进中央副主席　王佐书　　　　2010 年 5 月 25 日

各位同志：

今天，我们在北京召开民进全国社会服务工作会议。这次会议的主要任务是学习贯彻中共十七届四中全会和民进十二届三中全会精神，深入学习贯彻科学发展观；总结近年来民进全会在社会服务领域取得的成绩，交流社会服务工作经验，探讨新形势下如何加强社会服务工作，更好地发挥参政党职能，为全面建设小康社会贡献力量。

报告分三部分，分别是近年来我会社会服务工作回顾、基本经验和下一步工作部署。

近年来我会社会服务工作回顾

社会服务是参政党服务国家和人民的重要表现形式之一，是了解国情民意的重要渠道，同时为参政议政工作提供线索和意见。近年来，我会各级组织和广大会员紧紧围绕中国共产党和国家中心工作，发挥党派优势，“顺势而为、集智聚力、有思有行”，采取多种形式，积极开展社会服务工作，取得了可喜的成绩。

一、大力开展支边扶贫工作，为促进科学发展、社会和谐贡献力量

民主党派开展智力支边扶贫是我国扶贫开发工作的重要组成部分，对于建设社会主义和谐社会具有重要作用。近年来，全会以智力为主要服务资源，以项目形式为支边工作的主要依托，集成各方力量，积极推进智力支边扶贫工作。

毕节试验区是多党合作共谋科学发展的试验基地，参与毕节试验区建设具有重要的政治意义和示范效应，是全会智力支边工作重要内容。会中央抓关键，践行落实试验区开发扶贫这个主题，与金沙县政府共同创建了“民心有机农业试验示范园”，投入资金 40 多万元，做好品种引进、示范培训工作，辐射带动周边千

余户农户增收。会中央积极推进试验区生态建设，协调争取国家林业局对试验区的项目资金支持，推动创建毕节林业生态建设示范区；与中国林业科学院签订全面合作协议，在金沙县开展石漠化治理科技示范工作，组织开展对毕节草海治理规划的论证与考察；与国家林业局、试验区共同主办了“中国（毕节）石漠化治理与生态文明高层论坛”，进一步推动了西南地区石漠化治理。会中央抓根本，着力促进试验区教育卫生事业发展与人口素质提高。组织力量到毕节深入调查研究，提出了促进试验区职业教育发展的思路和举措，得到中共中央和有关部门以及毕节地区的重视和采纳；适时启动了支持毕节教育的“彩虹行动”，筹集125万元资金和价值150万元的教育设备，帮助当地改善教育条件，北京、上海、浙江等9个省级组织与金沙县有关乡镇，签订了教育对口支援协议；协议签订以来，各级民进组织举办了培训活动，开办了远程教育讲座，数十位发达地区教育专家走进试验区进行讲学，还推动发达地区的职业院校与试验区进行合作办学，产生了良好的政治效益和社会效益。

会中央和地方组织还继续做好定点联系的黔西南州、滦平县、甘肃石羊河流域与河西走廊星火产业带智力支边扶贫工作。在会中央的积极提议和呼吁下，甘肃石羊河流域的治理被列为国家项目。会中央与甘肃省人民政府共同举办了“民进百企入甘暨河西走廊星火产业带发展论坛”；组建了“河西走廊星火产业带”建设专家顾问组，组织专家团到武威开展设施农业科技服务活动等；支持民进江苏省委会出资，在江苏省科技厅协助下，三年来共培训了来自河西走廊星火产业带100余名农业科技人员、企业管理人员，努力推进河西走廊星火产业带的建设发展。会中央帮助引进多家北京农业龙头企业将生产基地转移至滦平。我会还积极支持黔西南州30万亩金银花种植项目，帮助当地建立金银花专业合作委员会，开拓金银花销售市场。根据近年来滦平县已基本脱贫的实际，经协商国务院扶贫办，2009年民进中央定点扶贫县由滦平县调整为黔西南州安龙县。

二、鼓励、支持办好民办学校，推动我国的教育改革和发展

会中央十分重视民办教育工作，通过支持会员学校办学，为社会提供更多的优质教育资源，培养更多优秀合格人才，不断扩大民进组织的社会影响。

我会各级领导与干部主动联系会员学校，通过各种方式帮助民进会员所办的学校解决实际困难。各级组织通过调研、走访等多种方式，对民办学校带有共性的问题加以反映。在民进的大力支持、推动下，中国民办教育协会于2008年正式成立，我会领导在协会中担任重要职务，许多民进成员成为协会首批会员。民办

教育协会发挥联系政府和学校的桥梁和纽带作用，努力为维护民办学校及其师生的合法权益服务，为提高教育质量服务，认真开展调查研究，为有关政策的制定、完善和落实提出对策建议。

经过多年的竞争和优胜劣汰，我会一批民办学校脱颖而出，这些学校办学质量不断提高，社会影响越来越大。据统计，我会各级组织和会员共举办各类民办学校 341 所，其中高等学校 23 所，职业学校 45 所，基础教育阶段学校 105 所，在校生规模超过万人的有 18 所。学校的创办人、负责人也成为民办教育界代表人物。

三、努力做好新的社会阶层人士工作，充分发挥他们的重要作用

我会企业界会员是民进开展社会服务工作不可或缺的重要依靠力量。据不完全统计，民进现有 114000 名会员中，共有经济界会员 3996 人，新社会阶层 4549 人，共计 8545 人，占会员总数的 7%。

从 2006 年以来，会中央分别在湖南等地召开了多次全国企业界会员会议。会议进一步明确了民进企业界会员的地位和作用，提出继续贯彻“团结、引导、支持、服务”的八字工作方针，鼓励企业不断发展壮大，号召企业界会员积极参加民进组织的活动，不断奉献国家与社会。多年来，民进涌现出一大批以强国富民为己任，在国内重大自然灾害和国际金融危机冲击面前，坚持顾大局、讲贡献，积极捐款捐物，自觉不裁员、不减薪的民营企业家，有力地维护了社会稳定，展示了他们心系国家、情牵人民、致富思源、富而思进的品格。

目前，全国已有 17 个省级组织和一些地市级组织成立了“企业（经济）界会员联谊会”。自 2008 年起还建立了企业界会员联谊会联席会议轮值主席制度，在南京召开了首届联席会议。联谊会在民进各级组织领导下，充分发挥桥梁、纽带作用，开展咨询服务、考察调研等活动，加深了组织与会员之间的沟通联系，促进了会员间交流合作；组织带领企业界会员积极参与毕节试验区建设、西部教师培训、抗震救灾等工作，参加在西部地区举行的招商引资洽谈以及海峡两岸经贸交流活动，做了大量工作，对促进地方经济社会发展发挥了积极的作用。

四、全力投入抗击重大突发灾害工作，为国分忧、为民解难

近年来在历次重大突发灾害面前，会中央坚决贯彻中共中央、国务院的统一部署，迅速行动，带领全会各级组织和广大会员积极投入抗灾救灾工作。

“5.12”汶川特大地震发生后，会中央立即在全会开展了“为了灾区的孩子

们”系列爱心捐助活动，全会通过多种形式累计向灾区人民捐助款物1.4亿元，其中包含了862万元“特殊会费”。会中央将“特殊会费”全部用于地震灾区教育文化复建项目。全会在会中央的统筹协调下积极为灾区捐献优秀少儿读物，累计捐献92936册，码洋175万余元；会中央启动“紧急抢救、保护羌族文化遗产行动”项目，已经出版了5册关于羌族文化的书籍；举办了民进中央2009年地震灾区部分学校校长暑期培训班，帮助部分灾区校长提高教育管理水平和心理调节能力。

今年以来，我国西南五省遭遇了前所未有的特大旱情，会中央紧急部署，号召全会通过各种形式支持西南地区抗旱救灾工作。会中央急旱区人民之所急，务旱区人民之所需，向旱灾地区捐款120万元，用于抗旱救灾工作；联合贵州省消防总队到干旱严重地区安龙县进行抗旱捐赠，捐赠现金、物资计150万元。云南、广西、贵州等旱情严重省份的民进组织密切关注灾情，动员会员为抗旱救灾献计出力；其他地方民进组织将一笔笔捐款送往旱灾地区。目前，民进地方组织共捐款304727元，民进企业界会员共捐款750768.3元。玉树地震发生以后，会中央领导和机关干部纷纷捐款献爱心。各级组织和广大会员纷纷响应会中央号召，迅速行动起来，通过捐款捐物、义卖义演等多种方式投入到抗震救灾之中。目前，民进中央、民主杂志社、开明出版社共捐款126100元，民进地方组织共捐款361695元，企业界会员和书画界会员共捐款30940000元。

五、打造平台，积极参与公益慈善事业，为促进民生改善多办实事

会中央注重加强平台建设，鼓励支持民进会员积极服务社会、参与社会公益活动；积极引导和支持地方组织开展西部教师培训活动，广泛开展面向农村、面向社区、面向基层的社会公益活动。各级组织创建民进艺术团和书画院等工作平台，更好地凝聚文艺界会员，积极开展公益文化活动。据不完全统计，2006年以来，我会各级组织累计捐建学校94所，资助学生1.6万多名，培训西部地区教师6万多人次，培训农民近3万人次，通过各种途径向农林项目投入资金近1亿元，捐赠物资折合人民币约1.8亿元，开展医疗服务、文化下乡等公益活动2327次，参加服务的人员达20万人次，受益人数达140多万人。

六、广泛联系团结台港澳同胞，为祖国和平统一大业贡献力量

加强海峡两岸的交流，推进祖国和平统一进程是参政党的重要责任。近年来，我会充分发挥教育、文化、出版领域的优势，拓宽工作思路，积极开展对台交流

活动和海外联谊工作。五年来，全会共举办面向港澳台侨的大型活动 23 次，参加人数达 2721 人；接待港澳台侨和国外人士 462 批次，人数达 3107 人。

多年来，我会紧紧依靠各级有关部门，联合有关社会团体，统筹利用我会对外联系的多种资源，发挥地方组织的积极性、主动性和创造性，根据两岸四地的发展势态，调整、深化和创新现有的交流交往内容与形式，共举办了七届“海峡两岸中华传统文化与现代化研讨会”、四届“海峡两岸企业发展与合作论坛”和四届“海峡两岸基础教育论坛”，累计邀请两岸四地各界人士 1000 多位与会。通过这些交流交往活动，我会与台港澳政界、经济界、教育界建立了广泛的联系，搭建了两岸交流合作平台，进一步联系团结台湾同胞、港澳同胞和海外侨胞，推进了大陆与台湾、内地与港澳在教育、文化、出版、科技、经贸等领域的交流交往，为弘扬中华传统文化，推动两岸关系和平发展发挥了有益作用。

会中央拓宽工作领域与渠道，主动走出去做好海外联谊工作，做好接待来访工作，多交朋友，广交朋友，交好朋友。2009 年，严隽琪主席访问香港，原主席许嘉璐率团访问了台湾，以学术文化交流的形式做了大量增信释疑的工作，有效宣传了中国共产党领导的多党合作和政治协商制度。会中央先后接待台港澳客人近 60 批次，约 700 人次，涵盖了文化教育、政党社团等多个领域。今年台湾两岸民意代表联谊团首次访问大陆，民进中央予以热情接待，会中央领导与台湾蓝营、绿营民意代表进行了坦诚深入的交谈，为增进互信和共识，进一步加深了解和友谊做了大量工作。

多年来，我会积极服务社会，作出了可喜的成绩，但随着形势的发展变化，面对复杂多变的国际形势和我国改革发展不断遇到的困难与挑战，我们在工作思考上还需要进一步提高前瞻性和预见性；面对执政党与社会各界的高度期待，我们在工作安排上还需要进一步改善统筹性和协调性；面对有限的资源和各地情况的差异，我们在工作机制上还应该进一步激发全会各级组织的活力和集成大家的智慧力量；我们自身还存在着认识不到位，开展工作力度、深度不够，方向与重点不甚明确等问题。我们在今后工作中要切实采取措施，解决这些突出问题。

我会社会服务工作的基本经验

改革开放 30 多年来，特别是进入新世纪、新阶段以后，我会社会服务工作积累了较为丰富的成功经验和做法，应当认真总结、研究并为今后的工作提供借鉴。

一、围绕中心、服务大局，是社会服务工作的根本原则

民主党派的社会服务工作是一项重要的政治任务。我会的这项工作之所以能够取得一定成效，是在执政党的理论和路线方针政策指导下，始终把我会的社会服务工作放在中国共产党和国家的发展战略与工作大局中去谋划、去推动的结果。改革开放以来我会社会服务工作的内容不断变化发展，从"服务四化"到"六个西进"、再到"彩虹行动"，无一不是围绕中国共产党和国家中心任务和发展战略开展的，这也是民进一贯遵循的指导思想，是我会社会服务工作的根本原则和出发点。实践证明，只有坚持围绕经济建设这个中心，自觉服从服务于改革发展稳定的大局，我会社会服务工作才能找准位置，发挥作用，有为有位。

二、解放思想、开拓创新，是社会服务工作发展的内在动力

解放思想、开拓创新是一切事业发展的内在动力。当前我会社会服务工作要适应执政党和政府的新要求、人民群众和广大会员的新期待，就必须坚持解放思想、开拓创新。随着全面建设小康社会、科学发展观、构建社会主义和谐社会、建设社会主义新农村和转变经济发展方式等理论和目标任务的提出，我会的社会服务面临新的工作领域和新的课题。目前不少领导干部和骨干会员已意识到，我会的社会服务工作正在逐步转型，即由单一服务型向服务咨询决策型转变，由传统模式向创新模式转变，由分散、单向、随意、短期的服务活动向集中、互动、固定、长期的服务活动转变。社会服务本身就是富有创造性的工作，各级组织和领导班子只有积极适应时代要求和形势变化，不断研究新情况，解决新问题，努力在体制、机制、方法、手段、内容等方面进行探索与研究，才能树立新观念、形成新思路、提出新举措、实现新发展。

三、发挥优势、体现特色，是社会服务工作的基本策略

民主党派开展社会服务工作，没有优势和特色就没有生命力，优势一定是在自己熟悉的领域，特色一定是在自己的界别范畴之内。社会服务工作的领域非常广阔，我会在人力、资源、资金各方面的条件有限，战线不能太长，不可能面面俱到，必须从自身的优势和特色出发，扬长避短，在一定的范围内做到扬长补短，坚持有所不为、有所为，形成明确的工作思路和工作重点。近年来，我会一些省市级组织充分发挥自身优势，形成了社会服务的特色项目，如安徽省委会利用本省的农网，开展农业科技信息咨询服务，解决了不少问题，受到农民和农业技术

人员的极大欢迎；重庆永川区委会发起“经典诵读”、建设书香校园活动，已成为当地一项“执政党认可、老百姓满意”的文化建设工程，这些都是成功的范例。只有根据自己的优势选准工作的切入点和突破口，才能做出更大的成绩。

四、联动联合、借势合力是社会服务工作的基本模式

近年来，我会社会服务工作发挥统一战线“大团结、大联合”的优势，形成了上下联动、左右联合的基本模式。上下联动，是指从会中央领导到基层会员，从会中央机关到各级地方组织，上下一心，集智聚力；左右联合，是指会中央、各级组织与政府部门、社会单位的沟通和协作。逐步形成全局眼光和系统思维的工作思路，逐步形成统筹兼顾、借势合力的工作模式。近几年，我会开展的支边扶贫、海外联谊等工作，从谋划到实施，普遍采取了这种工作模式，形成了会中央与政府部门、高等院校和科研院所，与省级组织和会员等多种合作形式。要进一步在全会推广这一工作模式，使更多的领导干部和工作骨干运用系统思维方式，促进民进全会与政府部门和社会各界加强协作、优势互补、形成合力，延长我会的工作手臂，加大工作的力度，突破自身工作的局限，实现社会服务工作的新跨越。

五、有机结合、相互促进，是社会服务工作优化成效的重要途径

社会服务工作是我会参政议政、自身建设的实践基础，参政议政、自身建设为我会社会服务工作提供导向、动力和人才支撑。换届以来，会中央进一步向全会提出参政议政要与社会服务相互促进，自身建设要充分依托社会服务的实践平台。社会服务工作通过深入调查研究和实践取得第一手资料，为我会参政议政提供重要依据；参政议政成果通过社会服务工作来落实和实施，提高了社会服务工作的实效性和示范性。社会服务工作，特别是抗灾救灾工作，成为我会开展政治交接、走中国特色社会主义道路等主题教育活动的生动课堂，激励广大会员树立正确的人生观、价值观，在本职岗位和会务工作中创先争优。社会服务工作促进各级组织发现和培养人才，增强了组织凝聚力和社会影响力。可见，我会社会服务工作与参政议政和自身建设有机结合、相互促进，更容易取得最优化的成效。

六、求真务实、真抓实干，是推进社会服务工作的重要保证

坚持求真务实精神和真抓实干作风是我会的优良传统，也是做好社会服务工

作的重要保证。坚持求真务实，“真”就是讲真话、使真劲、出真招；“实”就是查实情、出实招、办实事。多年来，我会开展社会服务各项工作，始终注意把情况摸透，把思路想清，把措施搞实，注重工作的实效，不搞“花架子”、“形象工程”，不做“表面文章”，得到了执政党和政府以及人民群众的肯定和信任。坚持真抓实干，就是以端正态度、得力措施、过硬作风抓落实。社会服务工作关键是见行动、见实效。近年来我会不少地方组织面对资金、资源、人力、物力缺乏的情况，没有停留在“等一等”、“缓一缓”的被动状况，而是主动进取，开动脑筋、积极想办法，寻求支持，最终打开了工作局面。社会服务工作落在实效上才是根本，只有坚持求真务实、真抓实干，雷厉风行、锲而不舍，才能克服困难，突破制约，做好新形势下我会的社会服务工作。

全会下一步工作部署

2010 年我会社会服务工作的指导思想和总体要求是：

高举中国特色社会主义伟大旗帜，坚持中国共产党的领导，以邓小平理论和“三个代表”重要思想为指导，深入学习贯彻科学发展观，牢牢把握发展这个第一要务，主动服务于执政党和国家的工作大局，服务于地方党委和政府的重大决策，服务于改善民生和群众需求，服务于基层组织和会员，坚持找准角度、求真务实、力所能及、竭尽全力、务求实效的基本要求，努力为促进中国特色社会主义的经济建设、政治建设、文化建设、社会建设与生态文明建设，为推进祖国和平统一进程，实现中华民族伟大复兴作出贡献。

当前，我会各级组织和领导干部要认清社会服务工作的性质和意义，统一思想认识，切实加强领导；要遵循我会社会服务工作的基本原则，推广成功经验和做法；要把握社会服务各领域工作的方向和重点，注重规划，选准项目，打造品牌；要建立健全社会服务的工作机制，提高制度化、规范化和程序化水平；要促进社会服务工作的观念更新、思路创新、制度创新、方法创新、内容创新，开创我会社会服务工作的新局面。

这里，根据社会服务工作新的形势与总的要求，我谈四点意见：

一、在实践中发展、继承中创新，积极探索支边扶贫新模式

开展智力支边扶贫，是我会社会服务工作的首要任务。针对新阶段扶贫开发形势与任务的变化，要带着感情扶贫，带着责任扶贫，要准备并能吃大苦耐大劳扶贫，要带着明确的任务扶贫，有能力有方法把我会的智力和有限资源发挥出最

大效益，具备使贫变富的能力（富指物质和精神财富）。要鼓励和引导各级组织、会员深入基层、深入群众，在支边扶贫过程中继续坚持以教育、文化、科技、医卫等智力服务为主，以项目为依托，逐步变“输血式”扶贫为“造血式”扶贫，促进服务对象实现自我“造血”功能。

会中央要充分调动和紧紧依靠各省级组织资源和广大会员，继续做好贵州及被服务地区、被服务对象的扶贫工作。各级组织要带领广大会员落实会中央扶贫工作的部署，结合本地区党委和政府的重大项目，把扶贫工作与社会主义新农村建设、精神文明建设和生态文明建设结合起来，让先进文化、科学技术、健康情趣深入农村、深入社区、深入校园，为促进城乡区域的协调发展和人的全面发展竭智尽力。

会中央鼓励每个省市级组织建立自己固定的扶贫联系点或基地，鼓励在支边扶贫过程中广泛建立与政府部门、专家、企业家的日常联系，建立与受援方的对口互动机制。会中央在重点参与毕节试验区建设，抓好“彩虹行动”实施，做好贵州安龙县定点扶贫工作的同时，因地制宜、实事求是地将“彩虹行动”效益扩展，推动全会参与、惠及教育的这一重要载体，在工作中努力体现民进的特色优势，力求最大的效益。在力所能及前提下，继续参与西部荒漠化治理、河西走廊星火产业带建设等工作。

借此机会，讲一下开展扶贫工作的具体事项。

我会扶贫工作主要有三大块：一是金沙县的扶贫工作，由中央统战部统一部署安排；二是安龙县定点扶贫工作，这是国务院扶贫办分配的扶贫任务；三是各省扶贫联系点的工作。

我会在金沙县的主要任务是：1. 教育扶贫（培训校长、教师；支持管理；扶持极贫的师生）；2. 卫生事业帮扶（支持中心乡镇卫生院改善硬件设施，培养人才）；3. 其他。

我会在安龙县的主要任务是：1. 教育扶贫（培训校长、教师；支持管理；扶持极贫的师生）；2. 卫生事业帮扶（支持中心乡镇卫生院改善硬件设施，培养人才）；3. 探索新体制、机制，帮助建设一个金银花加工厂；4. 其他。

扶贫的主要形式：民进中央与地方组织相结合；集中与分散相结合；各省市与扶贫点相结合。

几点说明：一是在扶贫工作中不讲形式，不讲排场，不搞大哄大嗡；二是不讲步调一致，不讲方法一致，不讲效果一致；三是务求实效（求社会效益、自身效益）；四是探求最优化的工作方式方法。

二、发挥民营企业和民办教育界会员的作用，为促进社会公平、和谐稳定作贡献

民营企业界会员、民办教育界会员，以及更多的新阶层会员，是中国特色社会主义事业的建设者，是我会开展社会服务工作的一支重要力量。新世纪新阶段，我会新阶层会员的参与意识、竞争意识、奉献意识十分强烈，知识结构、能力结构进一步改善，在追求实现自身价值的同时抱有强烈的回馈社会、报效国家的愿望，也有强烈的政治参与和利益表达的诉求。各级组织要给予理解、支持和引导，关心新阶层会员的成长和发展，切实帮助他们增强大局观念和参政党意识，在社会服务实践中提高参政议政、民主监督的能力和水平。

我会各级组织要以企业（经济）界会员联谊会为龙头，进一步做好企业界会员工作。要健全完善联谊会的组织结构与功能，重视联谊会作用的发挥，为会员提供回馈社会、实现价值的平台与机会，积极开展面向企业和会员的服务，促进交流合作，增强组织凝聚力。要贯彻“充分尊重、广泛联系、加强团结、热情帮助、积极引导”的方针，加强对企业界会员的思想政治工作，帮助会员企业解决实际困难，推进企业界代表人士队伍的建设，积极协助联谊会开展好有意义的活动。要引导他们在加快转变经济发展方式、保障和改善民生、提升自身素质上有更大作为，为完善社会再分配机制、协调利益关系、促进共同富裕、维护社会和谐稳定作出更大贡献。今年重点办好在山西举行的民进企业（经济）界会员联谊会联席会议，落实好轮值主席制度，提供给会员更多交流发展的机会。

民进组织内汇聚了不少优秀知名的民办教育家或办学者，他们是促进民办教育事业发展的骨干力量。我会各级领导应当通过调查研究帮助解决学校发展面临的实际困难；有条件的地方要引导会员本人或学校加入中国民办教育协会等社团组织，鼓励、引导民办教育界会员之间开展横向交流；办好民进民办教育研讨会，达到增进交流，凝聚会员，推动民办教育发展的目的。会中央希望民办教育界会员立足本地，面向全国，坚持以质量求生存，以特色求发展，坚持以育人为核心，以就业为导向，办好各自学校，培养学生的实践能力、创新精神、创造能力，为建设人才强国和创新型国家作贡献。

三、积极参与社会慈善公益事业，增进社会和谐，推进社会文明进步

参与慈善公益事业是我会各级组织和广大会员参与社会建设的重要方式之一，有利于会员弘扬中华民族扶危济困的传统美德和我会的优良传统，有利于树立和

践行社会主义核心价值体系，履行社会职责，增进社会和谐，推进社会文明进步。在重大自然灾害面前，紧急行动起来，积极捐款捐物，已成为我会各级组织和广大会员，特别是民营企业界会员，参与社会慈善公益事业的主要形式。近年来随着气候变化、极端天气频发而导致的重大灾害增多，各级组织要建立捐赠活动的工作机制，条件成熟的地方组织和企业（经济）界会员联谊会还可以探索建立基金会这一新的工作平台，明确管理运行方式，制订规章制度，使捐赠工作纳入正常工作轨道，为我会参与社会慈善公益事业提供持久支撑。

四、摸清资源，明确思路，拓展平台，促进海外联谊工作广泛深入发展

促进两岸关系和平发展与实现祖国完全统一，是海内外中华儿女的共同心愿。当前海峡两岸关系取得了历史性进展，“大三通”已基本实现，两岸呈现出良性互动、携手共进的发展态势。新形势下，迫切需要我会适时拓宽工作领域，开辟工作新渠道，扩大接触面，挖掘新资源，千方百计地开展工作，把海外联谊工作做实做深入，并做出成效。

要突出民进特色，发挥叶圣陶研究会、开明画院等平台的优势，打造我会对台交流的特色项目，特别是对已成功举办多年的海峡两岸传统文化与现代化研讨会、基础教育论坛要精心策划和组织，以更好地促进交流、加深了解、凝聚共识。要鼓励、引导有条件的地方组织把交流重心向台湾中南部转移，向台湾专业人士和青年转移，做好接待来访工作，使台湾同胞感受到大陆的亲情。要变“请进来”为“走出去”，组织我会文化教育出版界会员入岛开展交流，深入细致地做台湾人民工作。要利用各种机会和条件广泛接触港澳各界人士，为维护香港澳门繁荣稳定多做增信释疑、凝聚共识的工作。

要进一步总结对台工作经验和规律，及时充分掌握中央对台工作方针政策和前沿信息，保持与政府对台部门和对台社会组织及会内外专家日常联系沟通，积极发挥联委会和有条件的地方组织的作用，开展对台专题调研活动，做好涉台的参政议政工作，为促进两岸关系和平发展、不断增强中华民族的凝聚力和实现祖国的完全统一做出积极努力。

同志们，在本次会议上，我会开展社会服务工作的指导思想、方向重点、部署要求都已明确，关键在于抓紧抓细抓落实。我们要在中国共产党的领导下，以邓小平理论和“三个代表”重要思想为指导，深入学习贯彻科学发展观，坚持解放思想、与时俱进、开拓创新、扎实工作，为全面建设小康社会，开创中国特色社会主义事业新局面贡献民进的力量。

在西部教师培训工作座谈会上的讲话

民进中央副主席兼秘书长　朱永新

同志们：

今天的会议开得非常及时。今年年初我们已经将会议列入工作计划，暑期前后很多省级组织都要举行一些教师培训的会议，另外，四川也正在面临灾后教育重建问题，在这个时期开这个会是非常必要的，所以我们按期进行。下面我想讲三个问题：

第一个问题，民进中央关于社会服务工作的思路。

社会服务工作概括为四句话：

第一句话是社会服务工作要体现党派特点。作为一个参政党，参政议政和民主监督是我们最重要的两项基本职能。为了完成好参政议政工作和民主监督工作，需要加强自身建设。只有党派自身建设好了，才能把参政议政和民主监督工作做好。在这个过程中，社会服务工作是一个非常好的途径。作为党派来说，在社会服务过程中去发现问题，解决问题，在直接参与区域经济发展、区域四个文明建设过程中锻炼队伍，扩大影响力。作为参政党，社会服务工作也是非常重要的方面军。民主党派对外的两个重要平台，一个是参政议政，一个是社会服务。参政议政主要是在每年的两会上闪亮登场，说得精彩；那么，社会服务在很大程度上是体现在具体工作中，做得精彩。我们的影响力往往是通过这两个方面体现出来的。我们的宣传部是把这两个部门做的工作放大出去，把声音传播出去，把形象树立起来；我们的办公厅做好后勤服务；我们的组织部做好队伍的保障。整个参政党最重要的两个前沿作战队伍是参政议政队伍和社会服务队伍。所以在座的各位是我们民进很重要的方面军，是不可或缺的。更重要的是我们的工作和参政议政紧密结合的，很多重要的选题，重要的建议都是在这个过程中实现和完成的。

例如，最近在贵州召开的石漠化治理和生态文明的高层论坛，实际上既是参政议政的会议，也是一次社会服务的会议。它是我们在社会服务工作过程中发现了问题以后召开的。我们在帮助贵州智力支边扶贫的过程中发现这个地方石漠化非常严重，严重到有40%～60%的山石漠化，寸草不生，生态环境恶劣，水土流失严重。这样下去，当地老百姓很难致富。因此，我们在会中央领导的带领下，想方设法去恢复当地植被，在黔西南州种植了30万亩的金银花。金银花的叶子很大，生存能力很强，只要石缝中有一点点土就能成活。金银花种下去是固土，能把石头覆盖成绿色，而且不需要每年去种。现在这个地区每户农民平均年收入在一万元以上，农民脱贫致富了，当地农民说金银花是幸福花。金银花的种植对石漠化的治理起了很大作用。民进中央的领导同志还给中共中央写信，呼吁全国都来帮助治理石漠化。这一呼吁的结果是，现在国务院给全国100个县每年拨付2000万元，作为治理石漠化的专项资金。所以我们从社会服务走到了参政议政，提升了民主党派的品牌。在甘肃民勤的沙漠化治理也是一样的，有两个大沙漠在民勤即将合拢，这个县即将消失。会中央领导在“星火产业带”建设过程中发现了这个问题，连续几次给温总理写信，最后温总理批示，绝不能让民勤成为第二个罗布泊。国家下拨40多亿元解决这个问题，当地老百姓都非常感动，民进中央在当地知名度很高。我们既解决了参政议政问题，又解决了自身组织建设问题。我们民进组织在当地受到好评，很光荣，同时在老百姓中的威望也很高。在毕节地区虽然没有我们的组织，但事实上很多人已经成为民进之友。所以我们做社会服务工作一定要和党派特点紧密结合起来。严格来说，我们能调动的资源和政府组织、企业家相比，是极其有限的，所以我们还是应该立足于自身建设和参政议政来做好社会服务工作。社会服务工作不是孤立的，不能仅仅理解为扶贫济困，做善事，如果这样想就太狭隘了。

第二句话是要发挥民进优势。当前，各党派在发展中有趋同化的特点。相对说，文化教育是民进的强项。严隽琪主席说，我们做社会服务工作主要以智力为主，发挥智力优势。进行智力支边扶贫，也是要以教育、文化、新闻出版界为主。在这次抗震救灾中，我们的思路要变，应该研究怎么在教育文化上做文章，而不是在建房子上做文章。原来的设想是将筹集的600多万元善款，在四川广元建一个学校，这是不符合民进特点的。我们要做其他党派不能够做和没有想到做的事情，或者他们想到了而没有我们做得好的事情，那才是我们的优势和特点。我们的社会服务工作一定要突出我们的优势，并且我们做了以后，其他党派很难复制。西部教师培训如果按照以前的方式做，其他党派也能做，因此，我们要进一步想到把工作做得精致化、系统化，做出品牌来。

还有一个问题是，在工作方法上如何重点突破。民进社会服务工作要举全会之力，上下联动，左右互动，要致力于文化建设，品牌建设。我们现在互不通气的问题很严重。每个省都做了大量的工作，这些工作放到民主党派大的背景下，就是一粒沙子和一滴水。我们怎样通过一粒沙子看到世界，通过一滴水看到海洋，怎样把每个省的社会服务工作整合起来，凝聚起来，发挥我们的基层优势。严主席专门讲过，社会服务工作要重点突破，坚持品牌，做出影响。所以发挥民进的优势是值得研究的课题。我们在做社会服务工作时，脑子里要始终绷紧这根弦。

第三句话是继承优良传统。民进这些年在社会服务工作方面做了大量的工作，形成了自己的品牌特色。概括起来在三个领域里有自己的品牌。

第一个在智力支边扶贫方面，已经有了特殊的品牌。例如在毕节地区。毕节地区是胡锦涛总书记在20年前担任贵州省委书记时，邀请八个民主党派和工商联到那里帮扶的。八个民主党派和全国工商联各帮扶一个县，民进帮助的是金沙县。我调任到会中央工作时提出过一个目标，就是面不要太大，一定要集中力量把金沙的事办好。因为这是八个党派统一战线工作的主战场，要有战略意识。在黔西南，我们有金银花项目和民族村，民族村是我们牵头的一个重点项目。在甘肃民勤，我们有沙漠治理项目和星火产业带的建设项目。在河北滦平，我们有扶贫项目。智力支边扶贫项目主要在这几个领域。要做一两个项目，做3－4年是做不出品牌效应的，必须是锲而不舍，坚持不懈，重点突破，才能做出品牌。同时，我们全国的各个省级组织也要形成自己的品牌，才能做出影响。

第二个在海外联络交流方面，这也是很重要的内容。对台工作是我们民进最有特色的一个项目，这也是历任会中央领导使用个人的资源和文化的积累长期以来形成的品牌。我们在对台工作方面有三个重要的平台，一个是海峡两岸的传统文化和现代化论坛，每年举办一届，现在已经是第六届了。主要是邀请海峡两岸的文化名人一起探讨文化问题，实际上就是研究中国的传统文化。我们认为，最后两岸统一，不是靠枪和炮，而是靠文化。海峡两岸的人都认同这一文化，自然就统一了。最关键的统一问题是人心的统一，文化的统一。第二个是海峡两岸的企业合作论坛，每两年举办一届。影响政治的不是政治家，而是企业家，特别是在台湾的企业家在后面悄悄地左右着政治家，企业家的力量影响着政治家的力量。所以我们在做企业家工作的同时，在一定意义上是在做政治家的工作。大陆和台湾的经济已经联系的非常紧密，经济利益的一体化，有助于两岸的和平统一。第三个平台是教育平台——海峡两岸的中学校长论坛，也在积极地推动，每两年举办一届。今年台湾方面主动提出来，希望明年的论坛放到台湾去，由台湾承办。通过这个论坛，我们想凝聚更多的教育界的人士，扩大民进的品牌和影响力，更多地交朋友，扩大影响。

第三个在支持民营企业和民办教育方面。尽管民进不是以企业界为主体的，但是我们知道企业界对民进的生存发展，对民进的影响力是非常重要的。很多戏是要企业家来唱的，没有企业家，民主党派不好做工作。例如西部教师培训工作，表面上是教育界在做，实际上是企业家在后面给予财力支持。怎样把企业家服务好，怎样把企业家凝聚起来，这一点很重要。社会服务部要做好为企业家的服务，企业家再和我们一起服务社会。

今年在湖南，我们正式成立企业家联席会议制度。所谓联席会议制度，第一，我们推选年度主席。现在全国没有一个平台，往往是一个省或几个省在活动。我们希望把全国的平台做起来，加强企业家的凝聚力。每年开一次会，会议内容包括，请年度主席发表主旨报告，讲成长历程，成功之道，并参观他的企业，这是企业家们非常感兴趣的；再有，请国家部委或著名的经济学家讲企业家最想了解的经济问题、政策问题、思想观念的问题等，企业家可以得到大量的信息。第二，可以把企业家分组，达到相互认识的目的。如分成房地产组，民办教育组等，和关联企业相互认识交朋友，相互讨论，有一个交流的平台。第三，每年出版一本年刊，刊登这一年企业家发生的故事，优秀的事迹。每个省将材料报上来，由执行主席汇制成刊，全面介绍企业家为四个文明建设做出的贡献。社会服务部首先要服务好，才能调动企业家为社会服务。民办教育家也是如此，现在全国有300多个民办教育家，参照企业家联席会议，自主开展活动。严主席在常委会上讲过，社会服务工作是有所不为，才能有所为。实际上就是说，不要开辟太多的战场，集中优势把重点工作做好。这是我们长期要做的。如果每个省市把力量聚集到这三个领域，我们的工作思路就清晰了，同时与会中央建立即时的通报制度，一起做好社会服务工作。

第四句话是创新服务机制。最重要的是要搭建工作平台。社会服务部门人员少，力量有限，所以工作的关键是做好平台，有较强的平台意识。除了以上提到的两个平台外，还有开明公益基金会。会中央领导已经统一思想，一定要下决心建立基金会。基金会要做成公募基金会，可以开发票免税。以后我们的民营企业家做公益活动，可以有更大的积极性参加。另外，我们不要为每一件事去筹款，而是全国统筹用这笔款。有了基金会后，我们今后的慈善事业，公益活动就有了平台，许多项目可以在基金会的平台上展开，而且基金会长期运作后，基金会10%的费用可以用于管理费用的开支，这就可以有工作人员，这些工作人员可以成为社会服务部的帮手，很多扶贫的工作就可以有人手去做。我们等于既多了钱，又多了人，何乐而不为呢。还有一个平台就是开明画院，民进书画家如何凝聚起来，就要靠开明画院。许多省市都有名称不一的书画院，下一步会中央将其整合起来，统一名称叫开明画院，冯骥才先生将出任第一任院长。书画家们可以举办书画展，出画册；开展笔会的作品留在会中央，通过拍卖行将书画作品拍卖，筹得资金可以用于公益事业。这个平台的建立，会对增强民进在书画界、文化界的影响力起到很大的作用。再有一个平台是叶圣陶研究会，这是全国一级学会。这个资源我们利用的不够，很多会员都不知道。我们要将这个平台做成面向全国的优秀中小学教师为主体的，以民进会员为主、兼顾民进之友的平台。每年可以搞一次论坛，搞一次十佳教师的评选，扩大民进在中小学的影响力，让那些最优秀的特级教师、校长进入研究会的班子，把这个研究会打造成凝聚中小学教师的平台。以后我们还可以建一个开明博物馆，把民进最珍贵的文物收集起来展出。通过这样一个个平台，把民进各界别凝聚起来。搭建平台，创新服务机制是很重要的，这样做以后，我们就可以利用专一团队的力量去做民进的工作。思路决定出路，只有理清思路，才能创出品牌。

第二个问题是关于西部教师培训工作的想法。

听了各位的发言，了解到几年来大家为西部教育做了大量的工作。从大局说，没有西部的现代化，就没有中国的现代化；没有农村的现代化，就没有中国的现代化；没有西部农村教育的现代化，就没有中国教育的现代化。而教育的问题始终是影响着未来的一个最重要的因素，因此，做西部教育就是关注中国教育的未来。而西部教育的关键是教师。过去很多情况下谈的都是以学生为本，一切为了学生，很少关注教师。中小学好坏与否，不是看校舍，而是看教师。有一个好教师，就有一班好学生；有一个好校长，就有一个好学校。因此，教师问题是西部教育的“牛鼻子”，是西部教育的关键。我们选择西部农村教师培训这个方向，是选对了。以前大家都有许多经验，我们需要系统地梳理一下西部教师的培训工作，全面进行总结，我们要思考如何深化、细化、系统化，把它做出品牌，做出影响，把它做成除了海外联络工作的三个论坛、智力支边的三个重要点以及我们民企民教工作以外的又一个智力支边扶贫的新亮点。现在它还不能成为真正的亮点，还没有形成核心竞争力。要形成品牌，就必须有核心竞争力。

以我的思考认为：

第一，培训规模上可以进一步扩大。总体来说，我们现在的规模还不够大，这个规模不仅仅是数量上的规模，即培训教师数量上的规模，更重要的是工作方向。首先，各省要做好本省的工作，对本省的“西部”农村教师培训要加强；第二，原来已经做的点要继续坚持，也要做出品牌。在工作过程中要不断改进、更新、提高。第三，如果各省要开辟新的培训点，希望考虑民进中央帮扶的点。今年11月底，民进中央要召开从今后开始每年一届的社会服务工作年会。我们要把会中央对社会服务工作的基本思路、每年要做的重点工作以及智力支边扶贫的具体情况通报给大家，使每个省在制定下一年度工作计划时有所借鉴，这样我们就可以上下联动。大会可以开的时间长一些，从工作思路上跟大家沟通，充分讨论。各省若有好的项目，也可以同时作为会中央的项目。会中央的工作不仅仅是把自己做的当作会中央的工作，每个省、每个会员做的工作都是会中央的工作。到最后，会中央只提供项目和服务，具体的工作由省级组织来完成，会中央不承担项目。有些项目可以由重点省市轮流牵头。如西部教师培训工作可采取轮值主席制度，把工作重心下移。西部教师培训工作要做成品牌，必须有更多的省介入，必须举全会之力共同来做。

第二，方法上可以多元化。可以把西部教师请进来，也可以到西部去。这样做成本底，效果更好。会中央可以把大家好的经验总结推广，从群众中来到群众中去。

第三，在内容上可以进一步深化。现在培训的内容多少有些形式化的倾向，时间很短的培训有些慰问奖励的意思。在培训教师的模式上和内容上如何深化值得思考，要做真正改变教师的培训。

第四，在管理上进一步规范化。例如，什么样的教师可以来，选送对象必须是一线教师，年龄有限制；在具体管理上有规范，如不搞大型宴请；在参观考察方面时间要统一，只许半天，而且参观地点尽量与授课内容有关；培训结束后提交总结；教师回去后一定要给全校教师做一个报告等等。会中央将着手出台《关于西部教师培训的若干意见》，将西部教师培训工作进一步制度化和规范化。

第三个问题是关于四川灾后重建问题。

四川汶川大地震后，会中央上下一心捐款捐物，表达我们对灾区人民血浓于水的情意，涌现了许多可歌可泣的事迹。特别是在四川灾区的民进的同志们做了大量的工作，让我们非常感动。到目前为止，全会共捐款捐物累计达到1.2亿元，直接到会中央账上的是703万元。这笔钱如何使用？我在这里谨代表社会服务部思考几个问题。第一个项目，建设四川广元师范学校艺术楼。最好叫“开明艺术楼”，同时立一块牌子——中国民主促进会西部教师培训基地。基本建设资金320万元。第二个项目，在每个受灾地区建设“开明图书馆”（“开明书屋”），每个初步的图书馆捐赠5万元的图书，由会中央推荐基础书目。各省市可以将捐款用于对口支援的灾区，建设图书馆。图书馆的管理者由该学校的教师中推选出，计划由新教育团队对馆长进行培训。今后图书馆的维护工作，由捐赠的省市负责。第三个项目是，紧急抢救羌族文化。这一次灾难，羌族文化受到极大的破坏，具有3000多年历史的羌族，在这次地震中死亡人数占羌族总人口的十分之一。羌族仅有30万人口，羌族的孩子不会唱羌歌，不会说羌语，也没有羌族的服装。羌族文化的抢救工作已经开始，由民进中央牵头，会同中国民间文艺家协会和中国文化学院，正在编印一本羌族文化读本，专门为羌族的孩子学习了解羌族文化，加强他们的文化认同感。正在北京筹备一个大型的羌族文化展，民进中央将出资文化展总费用的三分之一。会中央围绕这三个项目来做，不仅仅在四川，在甘肃、陕西等受灾地区都要支持，每个省捐的钱都要用于对口支援的地区。

目 录 | Contents

■理论篇

■实践篇

理论篇

MINZHUDANGPAI
SHEHUIFUWUGONGZUO
LILUNYUSHIJIAN

为深入贯彻民进全国社会服务工作会议精神，提升对民主党派社会服务工作规律的认识，以理论研究推动工作实践，切实提高我会社会服务工作水平，民进中央于2011年1月向全会发出了开展以民主党派社会服务工作的理论与实践为主题的“民主党派社会服务工作的理论与实践”征文活动的通知，共收到北京、上海、天津、重庆、河北、山西、辽宁、江苏、浙江、安徽、湖南、湖北、四川、贵州、陕西、甘肃等16个省报来论文170篇，本书以征文为基础，收集选取40篇论文作为理论篇。征文活动得到了周淑真、李金河、郑宪、徐国宝四位专家的大力支持，在此向他们表示感谢！

关于“同心”品牌的几点思考

中央统战部办公厅巡视员、副主任　申占华

一、“同心”品牌的形成及其意义

“同心”品牌，是统一战线在参与毕节试验区建设实施“同心工程”中形成，在总结统一战线服务科学发展和实现自身科学发展“毕节模式”的基础上提出的。毕节试验区是“同心”品牌的发源地。“同心”品牌是近几年来统战工作实践创新最具代表性的成果之一。“同心”品牌所蕴含的“同心”思想，是统一战线根本任务和主题在新世纪新阶段的集中体现和创造性运用，是统一战线“五大关系”本质的生动写照和深化发展，与统一战线理论是一脉相承的。一经提出，便引起统一战线及社会广泛关注和欢迎。

打造“同心”品牌意义重大。一是政治意义。对于加强党对统一战线的领导，巩固和发展多党合作事业，坚持走中国特色社会主义政治发展道路具有重要意义。二是经济意义。围绕参与经济社会建设和改善民生，出智、出资、出力等，产生了巨大经济效益，直接推动社会生产力发展。三是社会意义。有利于密切党同人民群众的血肉联系，巩固党的执政地位和群众基础，促进社会稳定与和谐。四是文化意义。“同心”品牌打造的过程，实际上也是塑造统战特色文化的过程，必将对统战理念、价值、精神和文化的形成产生长远影响。五是自身建设意义。统一战线成员在调查研究中增加积累，在建言献策中贡献才智，在服务社会中实现价值，在实践锻炼中得到提高。“同心”品牌已经和正在成为统战工作的一道亮丽风景线。完全有理由相信，随着时间的推移，将会愈来愈显示出其强大生命力。

二、“同心”品牌的含义及其依据

“同心”品牌主要包含两个方面内容：一是“同心”思想教育层面，主要是通过“同心”思想教育，巩固和夯实共同的思想政治基础。二是“同心”实践活动层面，主要是指服务经济社会发展和改善民生。二者相辅相成，虚实结合，相得益彰，构成“同心”品牌的基本框架。

“同心”品牌具有三个显著特性：一是鲜明的思想性。坚持中国特色社会主义理论体系，坚持社会主义核心价值体系，坚持“同心、民主、包容、共赢”的价值理念。二是明确的目标性。坚持中国特色社会主义道路，坚持中国特色社会主义政治发展道路。三是丰富的实践性。围绕中心，服务大局，发挥优势，积极参与，统一战线只有置身于伟大时代的生动实践才会大有作为。

“同心”品牌之所以短时期内，在统一战线形成广泛共识，在社会上引起热烈反响，得到中央领导和各级党委的重视，根本原因在于：坚持以“思想上同心同德、目标上同心同向、行动上同心同行”为指导；坚持以科学发展观和社会主义生产关系中“以人为本”的思想为核心；坚持以中华民族优秀文化和统一战线“风雨同舟、和衷共济、肝胆相照、荣辱与共”的优良传统为传承；坚持以“求同存异、体谅包容”为原则；坚持以“凝聚人心、汇聚力量”为根本任务；坚持以“大团结、大联合”为主题；坚持以履行统战部门政治工作职能为己任。“同心”品牌不仅思想内容好、形式好，而且名字起得也好。简洁、鲜明、通俗、亲切，最具有统战特色，最容易被最大多数人所接受、所记忆、所传播。

三、“同心”品牌的思路及其对策

基本思路：认真贯彻“同心”思想，围绕打造“同心”品牌，从统一战线实际出发，进一步总结推广“毕节模式”，大力开展“同心”思想教育和“同心”实践活动，以服务经济社会建设、改善民生、促进社会和谐为重点，以多种教育、实践活动形式为载体，加强指导，统筹谋划，广泛宣传，推动落实，不断提高统一战线服务科学发展和实现自身科学发展的能力，增强统一战线的凝聚力、向心力和影响力。具体对策：

一是进一步统一对“同心”品牌的认识。正确处理好三个关系：“同心”品牌与“同心”思想的关系。“同心”思想涉及统战工作各领域、各方面，“同心”品牌是“同心”思想实践的载体，二者本质一致，是形式与内容的统一。“同心”品牌与其他品牌的关系。二者是继承和创新、“种”和“属”的辨证统一。打造总品牌，丰富各品牌，有利于从实际出发，继承创新，整合资源，形成合力。“同心”品牌与统战其他工作的关系。统战工作任务繁重，涉及面宽，“同心”品牌作为统战工作的重要载体，二者相互联系，目的一致，但也有区别，既不能完全等同起来，也不能简单地相互替代。打造“同心”品牌，有利于推动统战事业和各项工作的发展。

二是科学地做好工作谋划和设计。在顶层设计上，以“同心”品牌为统领，以其他品牌和活动为分子，形成统一战线“同心”行动总体方案，提出具有全局性的指导意见。各领域具体实施方案的确定，应把握四个要素：中央要求的、富有统战特色的、党委政府支持的、人民群众欢迎的。具体项目的设计，应具有可行性、实体性和可操作性。

三是精心组织指导和推动落实。各级统战部门应高度重视，加强指导，精心组织；积极争取列入各级党委重要议事日程，纳入党委政府的工作部署；从本领域、本地区的实际和特点出发，制定切实可行的工作方案；建立和完善工作机制，坚持以项目为载体，实行工作落实项目化、项目落实责任制，加强督查，务求实效。

四是大力推动毕节试验区建设向深度拓展。“同心”品牌形成于毕节，全国打造“同心”品牌，毕节试验区应当在科学发展试验和多党合作示范方面更好地发挥作用。在继续组织实施好“五大工程”的同时，充分利用试验区新一轮改革和撤地设市的契机，着力在多党合作示范上下功夫。在深入调查研究的基础上，肯定成绩，总结经验，探索规律，明确方向，深度拓展，提升层次，进一步丰富和发展“毕节模式”。

五是加大研究和宣传力度。充分运用信息、情况交流、简报等内部刊物，发挥报纸、广播、电视、网络等媒体作用，精心组织设计“同心”品牌标识、奖章，创作“同心”歌曲，撰写理论文章，召开经验交流会、研讨会等多种形式，广泛深入地开展宣传活动，大力营造和形成浓厚的社会氛围。灿烂的“同心”思想之花，必然结出丰硕的统战工作之果。

“同心·彩虹行动”引发的思考

民进中央社会服务部副部长　刘文胜

摘要：“同心·彩虹行动”是民进中央在参与毕节试验区建设实践中形成的“同心”品牌，是深化“同心”思想的创新成果。如何评价“同心·彩虹行动”的探索价值和实践意义？在归纳梳理三年活动成效的基础上，本文主要从有序政治参与、社会服务实践和自身思想建设等方面进行了研究与思考，并对今后工作的努力方向进行了前瞻性、建设性的探究。

关键词：同心　毕节试验区　社会服务

“同心·彩虹行动”是民进了解国情民情、参与现实政治的窗口，是开展参政议政和社会服务的工作平台。近三年的工作实践启示我们：“同心·彩虹行动”是民进在毕节试验区具体实践、探索多党合作和政协协商制度的重要载体，传承的是“同心”思想、弘扬的是“同心”文化、打造的是“同心”品牌，其探索意义重大，其政治影响深远。

对既往工作成效的思考

中共中央政治局常委、全国政协主席贾庆林指出：统一战线和各有关方面深入贯彻“同心”思想，积极参与毕节试验区建设，取得显著成效。希望认真总结经验，以“同心”思想为引领，发挥优势、突出特色，努力把毕节试验区建设成为服务科学发展的试验区、多党合作的示范区，不断提高统一战线参与毕节试验区建设的科学化水平。

一、“同心·彩虹行动”是民进政治参与的试验载体

在中国特色社会主义政党制度中，民主党派的政治参与具有双重功能，即对其成员和所联系社会群体利益的代表功能、协助中共实现和维护社会公共利益的服务功能。各民主党派在政治参与中强化服务社会公共利益的功能，有利于增强中国共产党同各民主党派为实现共同目标团结奋斗的一致性，有利于凝聚和调动一切社会力量为建设中国特色社会主义事业服务，有利于进一步拓展民主党派发

挥作用的领域和空间。毕节试验区设立之前，各民主党派政治参与的主渠道在政治协商与安排民主党派参与政府工作上。这种参与模式导致民主党派在国家政治生活中参与公共权力运行的主动性不够、政治角色自主性不强、政党意识（政党的自主意识、参政议政意识、行为能力和行为机制等）弱化、淡化。因此，各民主党派必须在组织独立和监督权力保障的基础上，建立起充分的政党意识，才能缩小与执政党在政党自觉和行为能力方面的差距，才能提高与执政党长期合作的主动性，才能与执政党构成政治匹配和优势互补。1988 年，各民主党派中央、全国工商联在中共中央统战部的统一协调下参与毕节试验区建设，搭建的是各民主党派参与现实政治、履行参政职能的平台，架设的是各民主党派提高参政党参政能力和水平的新途径。这也是中国当代政治制度发展的一次重要试验。从 1994 年起，各民主党派中央和全国工商联开始以独立的政党形式对口帮扶毕节试验区的 8 个县市，进而成为毕节试验区战略设计与政治呼吁的载体，较好地解决了民主党派如何发挥作用和发挥什么样作用的问题。

"4. 14"会议后，民进中央整合会内优势资源，面向毕节试验区和金沙县启动"同心·彩虹行动"，迅速集成富有政党属性的政治参与模式。一方面，利用组织优势，吸纳和提取不同阶层、不同利益群体的政治诉求，纳入政治体系之内进行呼吁，弥补了当地缺少中央政府代言人的缺陷。如区域利益协调、石漠化治理、生态保护林业建设、农村职业教育发展等问题，通过政治呼吁在国家西部大开发的战略调整中得以体现。另一方面，整合会内专家学者资源，开展智力支持和决策咨询服务，破解了区域文化基础薄弱、缺少人才的短板，提高了当地决策的科学化。如对岩溶山区生态农业环境保护与修复、喀斯特岩溶山区循环经济、高标准农田基本建设、有机农业建设等问题进行深入调研，形成针对性、有效性、指导性强的意见和建议，很快被纳入决策程序并转化为经济社会建设的实际行动。据不完全统计，三年来民进各级组织先后开展考察调研活动 60 余批次，向国家层面发出重大事项呼吁 9 条；为金沙县协调中央投资项目 3 个，投入资金 2265 万元；向当地党政部门提出决策咨询建议 30 多件次，全部落实到了实际工作中。

二、"同心·彩虹行动"是民进社会服务的实践载体

开展社会服务工作是民主党派的优良传统，是参政议政工作的延伸和拓展。改革开放以来，民主党派社会服务工作先后经历了三个发展阶段：一是组织恢复活动时，开展了一些以办学、咨询和扶贫等拾遗补缺式的服务工作。如原全国人大常委会副委员长、民进中央主席雷洁琼曾在全会倡议开展了"尊师重教一元钱

奉献活动”。二是进入新世纪以来，民主党派社会服务工作随着社会主义市场经济体制、政治文明建设的不断完善和推进而被赋予新的历史使命，开始从“为社会办一点实事、好事”转向“参政议政和服务经济社会的延伸和拓展”，从“传统型的扶贫、办学、咨询”转向“创新型的建立服务阵地”，从“短期、分散、随机、小范围”转向“长期、集聚、固定、宽领域”，从“随机、临时抽调人员”转向“形成一支相对固定的、综合性的社会服务骨干队伍”。三是“4．14”会议以来，民主党派社会服务工作上升到“以经济建设为中心，综合运用经济、科技、法律、卫生、教育、文化等手段开展活动”的层面上来，从“直接的专业服务”转向“为全面建设小康社会服务”，从“一般的社会服务”转向“为构建社会主义和谐社会服务”，步入了可持续发展的快车道，工作质量、工作水平得到了飞速提升。

2009年9月5日，全国人大常委会副委员长、民进中央主席严隽琪在民进中央“同心·彩虹行动”启动仪式上提出：“力争通过几年的努力，支援毕节与金沙教育面向未来、面向现代化、面向世界，助推一支有现代化专业素质的教师队伍，为该地区教育质量和教师队伍得到提升做贡献。”为了圆满完成“教育支持全面覆盖金沙县26个乡镇”的帮扶计划，全国政协副主席、民进中央常务副主席罗富和要求：“面对社会服务工作的新需求，必须进一步解放思想、转变观念，在继承中创新，努力探索新的工作思路和工作模式，改革和优化社会服务工作的体制和机制，争取更多更广的合作资源。”从那时起，民进中央开始指导各省级组织和部分地市级组织与金沙县26个乡镇和县直学校签订“1＋1”结对帮扶协议，形成了“一乡一品”、“一镇一特色”的新局面。如江苏帮扶沙土镇，开展姊妹校结对子；上海帮扶西洛乡，注重医卫支持、专家义诊；贵州帮扶桂花乡，支持小城镇建设、连户路建设；重庆帮扶官田乡，捐助同心计算机室；广东（深圳）帮扶禹谟镇，设立100万元教育培训基金；北京帮扶县直学校，开设“民进大讲堂”，组织示范教学；浙江省建立金沙幼儿教师培训基地，等等。2011年11月，“同心·彩虹行动”在各民主党派、工商联和无党派人士为全面建设小康社会作贡献表彰会上，被评为社会服务优秀成果。据不完全统计，三年来民进组织累计捐赠资金600多万元，远程教学设备、核磁共振、四排CT设备、流动舞台车等物资价值1600多万元；引进开明·同心大市场、朗月煤机装备制造基地、生猪养殖基地等项目8个，投资30多亿元；援建村级卫生室50个、民心提灌站1个，教学综合楼1栋、图书室2个，计算机室4个；组织国内外30多位教科文卫方面的专家入黔指导20余次，举办中小学校长、教研员、骨干教师、幼儿教师、医卫、农业科技培训班67期，培训人员6640多人次。

三、"同心·彩虹行动"是民进思想建设的创新载体

加强自身建设是民主党派实现有序政治参与的关键和核心，而思想建设又是自身建设的核心内容和基础性工作。近些年来，随着经济社会的不断发展和国际国内形势的深刻变化，不同思想观念激烈碰撞，各种利益矛盾日益尖锐，民主党派成员"思想多元开放"、"动机复杂多样"、"注重自我价值实现"、"政治诉求强烈而政治参与热度减退"等问题也日益凸显。同时，各民主党派在思想教育工作中"重活动过程，轻活动效果"、"重集中活动，轻基层活动"、"重传统形式，轻现代手段"等问题也日益显现。面对这些新变化、新情况和新问题，仅仅靠本本或停留在经验层面上去认识和把握是远远不够的。

在没有现成经验可借鉴的情况下，民进中央把"同心·彩虹行动"看作"同心"思想的物化载体、"同心"文化的实践平台，从三个方面进行了一些有益探索与创新。一是与干部队伍建设相结合。深入贯彻落实《2010—2020 年党外代表人士教育培训改革和发展纲要》精神，有计划地安排会内各级班子成员、后备干部到金沙学习考察、议政调研，让他们在基层学习受教育、在基层思考受锻炼，不断提升思想政治素质和参政议政技能。如民进中央社会服务部支边扶贫处处长和宣传部副部长先后挂职金沙县副县长，深入体验保增长、保民生、保稳定重任，直接与群众打交道，与决策者打交道，加深了对国情民情的了解，加深了对参政党性质、地位和历史使命的认识，加深了对党和国家路线方针政策的理解，加深了对执政党的信任。二是与基层组织建设相结合。2011 年 9 月，民进毕节地区金沙支部正式成立，标志着民进自上而下的组织体系的形成，标志着民进基层组织有序地参与当地经济社会建设的开始。三是与基层成员发展相结合。为破解民进中央短期注入式政治参与的弊病，实现基层组织及其成员有序政治参与的常态化，民进中央及民进贵州省委会紧紧围绕参政议政这个中心，指导基层组织发现、培养和吸纳高层次的教科文卫界知识分子、高素质的公务员及经济界人士、高水平的"两会"成员，夯实了基层组织有序政治参与的人才基础。金沙支部成立近一年来，先后考察发展基层成员 50 多名，推荐"两会"成员 12 名，指导基层组织和成员开展议政调研、扶危济困、公益服务等活动 100 余场次。

对今后工作努力方向的思考

全国政协副主席、中共中央统战部部长杜青林指出：当今世界正处在大发展大变革大调整时期，越是调整阶段，形势复杂多变，越需要同心同德、站稳脚跟；

越是关键阶段，任务艰巨繁重，越需要同心同向、共同担当；越是攻坚阶段，问题不断显现，越需要同心同行、协力克服。

一、进一步突出“有序政治参与”

民主党派政治参与是现代民主政治的基本内容，其参与水平是衡量一个社会政治生活民主化的重要指标。民主党派的政治参与主要体现在民主党派政治参与内容和方式的有序性。由于党派成员分布在各行各业、各个领域，怎样组织民主党派成员实现有序政治参与，不断提高政治参与的组织化程度，扩大有序政治参与的效果，成为建设社会主义政治文明的重大战略问题。毕节试验区的创设意义就在于为民主党派在基层参与政治实践提供了渠道、方式和平台方面的有益探索和尝试。因此，在纵深推进“毕节模式”的过程中，民进中央更应坚守法律界限，强调制度设计，保持参政特色，更加注重在基层层面开展多党合作和政治协商的实践，以党派组织尤其是基层组织的规范化运作推进组织和成员的有序政治参与，进而带动更多社会成员以理性的方式表达和实现利益诉求，促进地方经济的发展、政治的稳定和社会的和谐。同时，尊重民主党派组织的独立性、利益表达的代表性和监督权力的合法性，是推进基层有序政治参与的重要前提。这一点，需要地方党政部门和领导予以必要的认知和支持。

二、进一步突出“智力支持为主”

作为改革试验区，毕节在制度创新和社会治理上本来可以走在其他地区前面，但其自身文化背景和观念局限，影响和制约了毕节试验向更深、更广的层面推进。如个别被帮扶对象过分地关注资金扶持和物资帮助，轻视来自智力层面的决策服务和科技输入。因此，强调“智力支持为主”原则，在当下显得尤为重要。下一步，民进中央更应突出“智力支持为主”原则，更加注重决策咨询的科学论证，依托人才和智力优势，重点就试验区的重大政策、重大问题和重大项目，帮助做好前期论证、可行性分析和效果评估，提出符合试验区实际、满足群众需求的务实之言；更加注重实用人才的技能培训，推进职业教育，资助培训项目，特别是加大服务业、制造业和建筑业等领域急需人才的培训力度，提高创业就业能力；更加注重兴农惠农的技术支撑，推广先进科学技术，帮助开发高技术含量、高附加值的优质农牧产品，帮助贫困群众掌握现代农业技术，增加科学致富本领。这一点，也需引起地方党政部门和领导的理解和关注。

三、进一步突出"温暖普通民心"

在效益优先的发展阶段，过分关注经济发展而忽视民生问题，是大部分落后地区赶超进程中最容易出现的问题。构建社会主义和谐社会的核心是解决利益平衡和利益兼顾问题，其突出表现就在民生问题的改善上。国办发〔2012〕2号文件指出："要坚持以人为本，切实保障改善民生。始终将解决人民群众切身利益问题摆在全局工作首位，让发展改革成果进一步惠及城乡居民，保护、调动和发挥各族群众盼发展、谋发展、促发展的积极性。"下一步，民进中央更应把对口帮扶的重心下移，更多地突出"温暖普通民心"这个主题，整合组织的优势资源，努力在教育、医疗等公共服务领域加大帮扶的力度，力争有新的突破和进展。这个问题也需地方党政部门及领导给予支持和配合。

在领先探索、具体实践多党合作和政治协商制度过程中，"同心·彩虹行动"要探索的空间越来越大，要实践的领域越来越广；要走的路越来越宽，要做的事越来越多。2011年以来，在总结参与毕节试验区建设20多年经验的基础上，民进中央"同心·彩虹行动"已经从毕节试验区起身，走进新疆，走进四川若尔盖藏区开展教育、医疗帮扶；走进贵州安龙县建设"同心·彩虹水窖"。我们坚信，通过民进各级组织的集智聚力，同心彩虹会开展到更多的西部老少边穷地区，为推动我国经济社会实现又好又快发展、为促进民主党派进一步提高参政议政和社会服务水平、为帮助更多的人民群众早日迈入小康生活架设起一座座坚实的桥梁。

参考文献：

[1] 黄水源. 毕节试验与中国当代政治发展 [J]. 毕节试验区，2011（11），2012（03）.

[2] 骆凯. 探析毕节模式对中国多党合作的价值和意义 [J]. 贵州社会主义学院学报，2011（01）.

[3] 李建，李宝峰. 民主党派有序政治参与的内涵 [J]. 福建社会主义学院学报，2011（05）.

[4] 毕节市委政研室. 毕节试验区23年来改革发展历程回眸 [J]. 毕节试验区新一轮改革发展动态，2011（44）.

[5] 中共贵州省委统战部，贵州电视台，贵州文化音像出版社.《学习"七一"讲话，"同心"助推发展》专题片——贵州省政协副主席、民进贵州省委主委左定超访谈录 [J]，贵州民进，2011（03）.

［6］杜青林. 按照“同心”品牌要求，推进毕节试验区建设［J］. 毕节试验区（“同心”专辑），2012（04）.

［7］栗战书. 科学发展观在毕节试验区的探索与实践［J］. 毕节试验区（“同心”专辑），2012（04）.

［8］毕节市委政研室. 开启毕节试验区发展新征程的几次重要会议［J］. 毕节试验区（“同心”专辑），2012（04）.

［9］赵曦. 中国西部大开发战略前沿研究报告［M］. 成都：西南财经大学出版社，2010.

［10］中央社会主义学院中国政党制度研究中心. 中国参政党参政议政案例选（第一辑）［M］. 北京：中央文献出版社，2012.

［11］中共嘉兴市委统战部课题组. 提高民主党派参政议政能力，推进政治文明建设［J/OL］. 浙江省社会主义学院网站，2009，06.

［12］卞华玉. 新时期民主党派社会服务工作呈现的变化和特点［J/OL］. 中共合肥市委统战部网站，2009，09.

多维度观照下的民主党派社会服务职能

民进温州市委　陈晓晔

摘要： 社会服务是民主党派的重要职能，从民主革命时期到今天的全面建设小康社会时期，经历了从自发到自觉的过程。民主党派的社会服务不但具有改善民生、促进发展的经济学意义，而且还有提高民主党派政治参与质量的政治学意义和推动精神文明建设的伦理学意义。社会服务工作已经实践多年，积累了一定的经验，但理论建树和指导仍严重滞后，务需通过调查研究，总结经验，统一认识，发现规律，形成规范，创造出新的绩效。

关键词： 民主党派　社会服务　政治参与　创新发展

民主党派的基本职能是参政议政、民主监督。此外，社会服务通常被称为“重要职能”。统战理论高度重视民主党派基本职能的研究，而对社会服务的探讨则不够重视、不够深入，成效甚少，一般都从“惠民工程”这一角度切入，侧重于经济学的观照。今天，除此之外，还应该从政治学、伦理学的角度，深入考察，揭示社会服务与政治参与、精神文明建设的关系及其规律，从而开创社会服务工作的新境界、新局面。

一、民主党派社会服务从自发到自觉的历程

辛亥革命建立了中华民国，以“天下兴亡，匹夫有责”自励的知识分子及其他社会精英试图仿效西方国家议会政治和多党制来改造中国，一时间，新型政党如雨后春笋，有人估计不下 300 个。以新中国建国初认可的八个民主党派为考察对象，除个别党派的前期组织可追溯到大革命失败后的 30 年代前后，大多产生于抗战胜利前后的一个时期。民主党派的建立旨在反独裁，反专制，反内战，反迫害，反对国民党的“一个政党，一个领袖，一个主义”，争民主，争人权，争自由，争和平，争取建立民主的联合政府。1949 年新政协的召开，宣告人民民主的新中国的诞生，确立了中国共产党领导的多党合作的政治格局。在整个新民主主义革命阶段，在民主党派的纲领性文件中，未见“服务社会”的概念，在当时，民主党派和共产党一样，关注和忧虑的是“中国向何处去”、“中国应该有怎样的

前途”等政治方面的核心问题。

同时，我们也看到，该时期，民主党派及其前期组织中的一些知名人士，在没有组织号召的情况下，也相当热心地从事奉献社会的工作。如人民教育家、中国人民救国会的陶行知先生，“捧着一颗心来，不带半根草去”，三十年代就在南京创办晓庄师范，注重艺术教育，开展送戏下乡活动。1942 年加入民盟，积极推进民主教育，抗战胜利后又在重庆创办社会大学，教师义务讲课，其宗旨是“在明民德，在亲民，在止于人民之幸福”；同时还在南京创办乡村医院，既出钱出力，又募捐筹药，农民可以免费就医。天花流行的年头，还请医生开设专题讲座，传授接种牛痘的知识和技术。[1]曾长期与毛泽东交往甚密的梁漱溟，40 年代在抗战大后方四川省先后创办了勉仁国学专科学校、勉仁中学，困难学生免交学费，还帮助解决吃饭、住宿困难，为贫苦民众家庭的学生献一片爱心。在战时和平时，农工民主党的医务工作者，不辞辛苦，不取报酬，悬壶济世，为伤者、病家救死扶伤，实践了“医乃仁术”的传统医德。

这些事例可以看出，民主革命时期，民主党派成员的社会服务，并不是党派的组织行为，而是个人自发的社会爱心的体现。服务的内容多为自身岗位职业的拓展，把职业工作扩大到义务性质的社会服务。因为没有组织号召，这种社会服务不具有普遍性。

新中国成立后，民主党派欢欣鼓舞，迎来了阳光灿烂的春天，执政的中国共产党把民主党派视作患难与共的功臣，一批民主党派领导人进入了政府的领导岗位。国家开始了恢复国民经济和建设社会主义的宏伟事业，以知识分子为主体的民主党派责无旁贷地把振兴中华作为自己的神圣职责，立志为建国大业奉献自己的聪明才智，即使经过 1957 年那样的政治风暴，民主政治的诉求严重受挫，而可以聊避政治风险的服务社会、建功立业的志向依旧未变。十年动乱期间，民盟前领导人之一，著名数学家苏步青已年逾古稀，在下放江南造船厂“劳动改造”的艰难岁月，仍把个人荣辱恩怨置之度外，以极大的热情与厂里的技术人员和工人一起，寻找资料、翻译外文、刻苦研究、反复试验，终于创造性地攻克了船体数学放样的重大难关。“苏步青先生把自己的一生献给了科学事业和教育事业，在民主同盟的建设中，在复旦的发展历程中，乃至在新中国的科学史、教育史上，苏步青都留下了重要而光辉的一页。”[2]

经拨乱反正，我国进入历史发展新时期，跨入了以经济建设为中心的新征程，民主党派的政治境遇逐步改善，往日经受的创伤逐步愈合，民主党派的组织也逐步加强。同时，人才发展的障碍逐步清除，奉献社会的路径逐步拓宽，鼓励创新的机制逐步完善，中国民主党派迎来了第二个春天。30年来的事实证明，今后的事实必将继续证明，摒弃阶级斗争的荒唐逻辑，加快经济建设的科学决策，稳步迈向小康社会的治国理念不会再改变，民主党派不会再有意外政治风险的忧虑和恐惧。在这样的社会背景下，民主党派在履行参政议政、民主监督基本职能的同时，凭借自身的人才资源优势，适时提出社会服务的重要职能，标志着民主党派社会服务从自发行为到自觉行为，从个人行为到组织行为，从附属行为到重要行为的重大转变，是民主党派顺应历史发展的重大进步，也是参政党理论建设的一个新的课题。

二、民主党派社会服务职能的多维度观照

迄今为止，民主党派的社会服务大致上包括科技、法律咨询，医疗、文化下乡，扶贫帮困、公益服务、职业培训、就业指导、经济开发、引资兴业、智力惠民、台海交流、对外联谊等多种形式。从现象看，社会服务就是一方付出，一方受益。这仅仅是直观现象。要建立对民主党派社会服务的深入一步的认知，必须有一个由表及里，由浅入深的考察、探索过程，从多个角度揭示事物的本质意义。

首先，民主党派的社会服务具有促进欠发达地区和未富裕人群兴业致富的重要的经济学意义。改革开放以来，我国经济持续快速发展，民众的生活水平明显提高，但，我国幅员辽阔，各地资源、气候、交通、人才等条件差别很大。因而导致不同地区经济发展的不平衡；对于一家一户或一个群体来说，由于人员结构不同或天灾人祸等复杂原因，总还有部分人陷于贫困。有资料表明，这种贫富差距仍呈现扩大的趋势，与社会主义共同富裕的方向背道而驰。针对这种现实，民主党派围绕改革开放大局，通过智力扶贫，招商引资等有效途径，为发展经济牵线搭桥，取得了显著成效。

贵州毕节原是国家级贫困地区，1994年，为解决8000万人口的温饱问题，国家制定了“扶贫攻坚计划”，各民主党派按国务院的部署，积极参与支边行动，措施是：为国家制定扶贫政策建言献策；对贫困地区经济发展战略考察论证；协助贫困地区引进资金、技术、人才；兴办各类学校、培训班，开发智力；开展各类专业咨询服务。民革中央全力促成和落实交通、能源、农技、医药等20多个项目的建设，民盟中央组织北京优秀大中学校教师到毕节开办高中教师培训班；民进中央除了为当地培训人才外，还在教育硬件设施方面提供帮助；农工民主党中央重在建立科技示范点，推广农林优良品种。其他党派也倾力投入这一行动。经几年努力，毕节地区经济发展有了长足进步，GDP年均增长10%，财政收入从全省

倒数第一上升为第三位；农民人均收入年增长13.1%，生态环境也有了较大改善。民主党派齐心协力对毕节地区的支持服务，被称为“成功的典范”。[3]

现在，各民主党派从中央到地方、基层，都有社会服务的安排，对促进各地经济发展和改善贫困人群的生活，将发挥越来越大的作用。

其次，民主党派的社会服务具有促进党派政治参与和提高参政议政质量的深刻的政治学意义。深入揭示民主党派社会服务与政治参与的密切联系，是认识民主党派社会服务职能的极其重要的思路。民主党派作为参政党，其政治参与的职能究竟履行得如何，很发人深思。坊间议论，称民主党派为“政治摆设”者，时有所闻，政治参与质量不如人意，甚至有流于仪式化走过场之嫌；当年那种指点江山的政治锐气和社会担当精神，业已成为昨日的辉煌。其原因固然可以从以往多次政治风暴的后遗症中去寻找，但是，今天民主党派的脱离群众，脱离本党派的社会基础，同样是一个必须引起重视的问题。《我国的政党制度》白皮书把多党合作的功能概括为五个方面，其中之一就是利益表达功能，在当今社会结构深刻变动，利益格局深刻调整，思想观念深刻变化的时期，体现这一功能尤为重要。民主党派一旦脱离了群众的利益表达，势必使本身成为“空中楼阁”。因此，民主党派必须在指导思想上把社会服务的过程当作联系基本群众的过程，深入体验民间疾苦的过程，倾听民众呼声的过程。

在这里，还必须明确，所谓“政治参与”，并不是简单地指参加政治活动的行为。政治学原理认为，政治参与是公共决策过程中，政治主体要求利益关系人和一般社会公众提供信息、发表意见、提出利益诉求，从而影响决策的机制。全国人大常委会研究室蔡定剑教授明确地指出，政治参与是“公共权力行使过程中，要听取利益受影响的人的意见的程序和机制。”[4]郭永秋博士的阐述更加明白：政治参与应当是“影响政府人事或决策为其目标”的行为，不包含“仪式性的参与”、“支持性的参与”、“符号性的参与”。[5]再看看我国政治领袖的论述。1957年毛泽东在论及中共与民主党派的关系时指出：“为什么要让民主党派监督共产党呢？这是因为一个党同一个人一样，耳朵很需要听到不同的声音。”[6]据毛泽东前秘书李锐回忆：“反右前，毛说过，要鼓励民主党派唱对台戏。”[7]邓小平也说：“一个政党，就怕听不到人民的声音，最可怕的是鸦雀无声。”[8]由此可知，民主党派参政议政，实质上就是为公共决策提供不同的意见，反映民众的呼声。对政府决策而言，不同的声音比顺从的声音更有意义、更有价值。民主党派只有以这种理念为认识基础，在社会服务过程中忠实地实现为民立言，才能在理论与实践的统一上把政治参与上升到新的高度，提高到新的水平。

再次，民主党派的社会服务具有促进社会主义精神文明建设的鲜明的伦理学意义。伦理学，即道德哲学。同西方世界比较，我国的道德理念具有显著的民族特征。西方道德理念的基础是商业文明，强调的是外向扩张、人际竞争，而我国道德理念的基础则是悠久的农耕文明，坚守的是内向修养和亲善和睦，因而形成了格外深厚的亲情、友情，并扩展为中华民族大家庭的同胞之爱。所谓“四海之内皆兄弟”就是同胞之情的写照。这种传统道德的渊源可以追溯到儒学。儒学即“仁学”，“仁者爱人”，以及“老吾老，以及人之老；幼吾幼，以及人之幼”等等。民主党派是文化人群体，对传统文化情有独钟。民主党派的社会服务，关爱弱势群体就是对传统道德的继承和发扬，是社会主义精神文明建设一种方式。

古往今来，我们民族体恤贫弱的人道主义情怀有着顽强的生命力，发展到今天，升华为“以人为本”，“关注民生”的执政治国理念。先前，信奉“以官为本”，百姓必须是官方的驯服工具；今天“以人为本”，人民是国家的最高统治者，政府应当是人民的驯服工具。政党，一方面是人民的驯服工具，同时也是沟通人民与政府之间的桥梁。管理学上有“木桶理论”：决定木桶能装多少水，不是看那些较长的木板，而是取决于最短的那块木板。考察政府治理得好坏，评价一个社会的文明水平，不是看有多少富人，而更重要的是看对穷人关爱到何种程度，让他们得到了多少帮助。

经济改革大潮，使一部分人先富起来。致富以后怎么办？这是对先富者的严峻考验。民主党派中不乏先富者，“富而思源，回报社会”已经成了他们的共识和实际行动。民进浙江省平阳县总支企业家会员林圣雄十几年如一日，先后累计捐资近二亿元，在浙江、新疆、云南、贵州、山西、内蒙古等省区援建了百所希望小学，并设立奖教助学基金，使大批贫困学生得以完成学业，他们进入社会后最先想到的大事也是回报社会。这种爱心接力将使我国整个社会充满精神文明的阳光。换个角度看，民主党派服务社会，不但是社会的需要，而且也是自身思想建设的需要。“送人玫瑰，手有余香”，民主党派在体察民情中受到鞭策，在服务成效中受到鼓舞，从民生的愿望、呼声中受到教育，从而党派的道德情操和整体素质得到提高，党派的社会形象更加美好。

三、民主党派社会服务的创新和发展

民主党派社会服务已经实践多年，开始引起重视，但理论研究明显滞后。统战理论专著《多党合作的历史与现实》在四级标题上才出现“社会服务”字样，全书 264 页，仅用四页文字介绍社会服务事例。《中国政党制度建设的理论与实

践》在“参政党职能”部分，只有“参政议政”、“民主监督”两项，无“社会服务”内容。《中国特色社会主义政党制度》全书仅在四级标题“我国各民主党派的作用”下，用七行文字提及“智力支边”、“参与国家扶贫计划”等问题。网上搜索可看到较多关于社会服务活动、会议、讲话的报道，理论成果则凤毛麟角。理论先导的不足，必然使实践徘徊于无序、随意状态。作为“历史经验总结”的《中共中央关于进一步加强中国共产党领导的多党合作和政治协商制度建设的意见》指出：“要拓宽民主党派和无党派人士发挥作用的渠道。中共党委和政府及有关部门要积极创造条件，支持民主党派和无党派人士紧密围绕建设小康社会开展各种形式的社会服务活动。”根据中共中央的这一要求，民主党派应当对社会服务问题给予更多的重视。

第一、要在深入调查研究的基础上总结经验，统一认识，由各党派中央制定出开展社会服务的原则性规范，党派地方组织相应地出台实施细则，使这项工作有据可依，有章可循。现在，媒体上可以看到民主党派社会服务的原则是“求真务实、量力而行、服务社会、讲求实效”，工作方针是“发挥优势、与时俱进、拾遗补缺、持之以恒”，对诸如此类重要问题的表述，要重新审查修订，形成如同“十六字方针”那样的规范文本。同时，如有异议，仍可商榷、争鸣。

第二、社会服务要在服务中创新，在创新中发展。现有的经验是创新、发展的基础。例如，一个党派县一级的组织，少则几十个人，多则百余人，开展某专业性质的社会服务，往往力不从心，有的地方采用多党派联合行动，互助互利，优势互补，使活动显得有声有色，大大增强了效果。内容可以创新，形式可以创新，机制也可以创新。只有创新才能发展，才能有所作为，才能提高服务水平，才能扩大社会影响。

第三、科学地把握社会服务在党派整体工作中的位置，防止浅薄的功利思想。有的党派组织鉴于送文艺下乡中自身人才的不足，就大量从中小学及幼儿园音乐教师中发展新成员，其中甚至包括个别口碑不佳者。文艺演出问题固然解决了，但党派的整体素质却受到了负面影响。过犹不及，值得警惕。

第四、要在服务群众的过程中展示民主党派的良好形象。民主党派的社会服务是党派的组织行为，自然而然地呈现着党派的形象，每个人的一举一动一言一行都必须不逾规矩，否则，在群众眼光的聚焦下，一个细节的失误都可能产生“一票否决”的后果，导致得不偿失。所以，社会服务活动前置的动员和预警不能掉以轻心，实际上这一重要的程序往往被忽视。有时，群众的议论已经产生，而组织者却蒙在鼓里。

第五、重视民主党派社会服务的理论研究，并为研究工作提供必要的支持。信息来源是理论研究的基础和前提，但在社会服务问题上，这一概念何时提出、背景怎样、反响如何，都缺乏资料，利用网络也不得其详，需要帮助。理论探讨需要交流，新思想新创见往往产生于不同见解的碰撞。在切磋讨论中应实行内外有别、言论自由、思想豁免政策。成果评价务求科学公正。建议党派中央能按专题向下属组织提供基本的信息资料，视专题研究进展情况召集研讨会。

我们认可社会服务是民主党派的重要职能，就有关问题作一些未成熟的思考，聊作抛砖引玉。实际上，参照中共的党建理论，对“重要职能”一说以及究竟如何定位社会服务等问题，仍有待讨论。无论如何，把社会服务作为民主党派的一项重要工作，应无可非议。我们期待着这项工作在实践中不断创新发展，在探索中不断改进完善。

参考文献：

[1] 袁振国．伟大的人民教育家陶行知［M］．南京：江苏教育出版社，1991. 345.

[2] 王增藩．苏步青传［M］．上海：复旦大学出版社，2003. 385

[3] 李金河．多党合作的历史与现实［M］．北京：中央编译出版社，2007. 250.

[4] 蔡定剑．民主是一种现代生活［M］．北京：社会科学文献出版社，2010. 184.

[5] 郭永秋．当代三大民主理论［M］．北京：新星出版社，2006. 137.

[6] 毛泽东文集．北京［M］．人民出版社，1999. 235.

[7] 李锐．李锐反“左”文选［M］．北京：中央编译出版社，1998. 13.

[8] 邓小平文选（第三卷）［M］．北京：人民出版社，1994. 1447.

科学应对新形势　社会服务上水平

民进湖南省委　隋国庆

开展社会服务，是民主党派作为参政党的重要职能，更是民主党派履行政治职能的重要支撑。长期以来，民主党派积极探索社会服务工作新途径，广泛开拓社会服务工作新领域，取得了社会服务水平整体提升、民主党派形象整体提升、党派成员社会意识明显增强的良好效果。随着社会主义市场经济体制的不断完善，社会公益事业发展步伐的不断加快，民主党派社会服务环境正在发生广泛而深刻的变化。因此，必须充分认识民主党派社会服务的新形势、新要求，不断拓展民主党派社会服务的新领域、新途径，努力提升民主党派社会服务的新水平、新成效。

一、正确应对民主党派开展社会服务所面临的全新形势

随着经济社会的迅猛发展和利益格局的不断调整，民主党派开展社会服务的环境正在发生多元而深刻的变化。因此，民主党派要更好地履行社会职能，必须正确认识其开展社会服务所面临的新形势、新情况、新要求。

1. 正确应对公共服务体系日益健全的新形势。

在市场机制不断健全、政府职能加快转变的双重作用下，社会中介体系、法律服务体系、终身教育体系、科技推广体系等公共服务体系越来越健全，市场的调节作用由经济领域向社会领域延伸，政府的调控职能由行政强制向公共服务转变。民主党派及其成员必须顺应以上趋势和变革，按照市场发展规律来思考社会服务工作，依据市场运行机制来谋划社会服务工作，围绕优化公共服务来推进社会服务工作。

2. 正确应对社会保障体系日益健全的新形势。

在运用市场机制解决经济社会发展效率问题的同时，各级党委政府开始越来越关注民生，越来越维护民利，越来越注重民本。随着福利待遇、医疗保障、生活保障、权益维护等社会保障体系的不断健全，社会保障范围越来越大，社会保障质量越来越高。社会保障体系的不断健全，对民主党派开展社会服务提出了新的更高要求。面对新的社会服务形势，如何处理好民主党派履行社会服务职能与

党委政府履行社会管理职能的关系，已成为民主党派开展社会服务必须面对和解决的崭新课题。

3．正确应对社会救助体系日益健全的新形势。

随着我国综合国力的增强和国民收入水平的提高，社会公众的社会责任意识和社会救助能力均得到明显提高，社会慈善事业已进入体系完备、反应灵敏、渠道畅通、运行规范的全新发展阶段。正因如此，向社会献爱心、向弱者施援手正成为大多数人的自觉行动，从而确保了弱势群体、困难群众生活有保障，确保了重大灾难、自然灾害援救有基础。社会救助体系的不断完善，要求民主党派在开展社会服务的过程中，必须因势而动、顺势而为、乘势而上，创新社会服务思路，摆正社会服务位置，健全社会服务机制。

二、科学把握民主党派开展社会服务应坚持的基本原则

社会服务是民主党派的重要职能，但不是民主党派的唯一工作。因此，民主党派必须从党派自身特点出发，科学把握开展社会服务的基本原则。

1．坚持量力而行的原则。

民主党派在整个社会服务中的角色定位，决定了其不是社会服务的决策者、主导者，而是社会服务的推行者、参与者。因此，民主党派开展社会服务必须坚持量力而行、尽力而为的基本原则，也就是说民主党派开展社会服务不能超越自身的经济实力、不能偏离自身的资源优势，不能摆脱自身的专业特色。与此同时，也不能影响党派成员的本职工作，更不能影响党派组织的全局工作。

2．坚持以人为本的原则。

科学发展观的核心是以人为本。民主党派开展社会服务的工作对象是人民群众，而人民群众是最务实、最朴实、最现实的，任何华而不实、哗众取宠的行为都不可能受到人民群众的欢迎，更不可能得到人民群众的拥护。因此，民主党派开展社会服务必须始终坚持以人为本的原则，真正把人民群众最关注、最急需、最紧迫的问题摆在开展社会服务的首要位置，提上推进社会服务的议事日程。

3．坚持应时顺势的原则。

当今社会瞬息万变，社会服务工作如果不立足现实、不遵循规律，就有可能事与愿违、南辕北辙，甚至弄巧成拙、贻害社会。实践证明，做任何工作只有应时顺势、乘势而上，才有可能取得实效、产生影响。民主党派开展社会服务既要体现自身优势，更要顺应群众需求，及时掌握群众的现实需求及变化趋势，以此来确定社会服务的类别、内容和对象，方能确保社会服务健康有序的顺利推进。

4. 坚持注重实效的原则。

社会服务关键在于服而有得，务而有效。民主党派开展社会服务，最终的落脚点在于产生实效、取得实绩。因此，必须充分发挥民主党派智力密集的人才优势，为社会服务出谋划策、出劲使力；必须充分发挥民主党派精英聚集的资源优势，为社会服务赞助钱物、奉献爱心；必须充分发挥民主党派贴近群众的情感优势，为社会服务提供帮助、搞好保障。

三、更加明确民主党派开展社会服务需把握的发展取向

民主党派开展社会服务既面临着不少新问题、新挑战，也呈现出很多新情况、新机遇。因此，民主党派及其成员一定要摒弃懈怠意识、清算消极态度，强化责任意识、树立科学观念，在新的历史条件下强力推进社会服务工作、扎实做好社会服务工作。

1. 进一步拓展社会服务渠道。

深入研究社会公众的物质文化需求，在充分利用现有渠道开展社会服务的同时，积极拓展社会服务的新渠道、新途径、新载体。一要拓展服务空间。民主党派开展社会服务，必须改变过来局限于本地区、本部门的狭隘观念，真正把社会服务的触角延伸到所有需要服务的地方、所有需要服务的群体，以此来提高服务效能、提升服务效率、彰显服务效果。二要延伸服务时间。改变过来运动式、激情型的社会服务模式，大力倡导有求必应、不限时段的全天候社会服务理念，积极推行跟踪服务、全程服务和个性化服务，真正做到服务对象有需求能第一时间满足，有困难能第一时间受助。三要创新服务形式。社会服务工作要与时俱进、推陈出新，不能长期是老面孔、旧套路，必须顺应社会公众要求，符合社会公众意愿，反映社会公众心声，积极开展形式多样、丰富多彩的社会服务活动。

2. 进一步整合社会服务力量。

社会服务是个大课题，也是个大难题，必须形成工作合力，方能取得服务成效。一要构建社会力量整合机制。民主党派要想在社会服务中塑造形象、有所作为，必须完善社会服务工作机制，将社会服务工作纳入民主党派年度目标考核内容，通过各类社会服务资源的有效整合、有序引导，提高社会服务的组织化程度和可持续水平。二要增强党派成员服务意识。民主党派开展社会服务，归根结底靠党派成员。因此，必须积极调动党派成员的积极性、主动性和创造性，充分发挥党派成员的资源优势、专业特长和服务特色，以此来拓展社会服务领域，形成社会服务合力。三要促进社会服务协作共进。民主党派在开展社会服务的过程中，

要变各自为政为协同配合，变争功诿过为推功揽过，整合社会服务党派资源，推行社会服务优势互补，形成社会服务强大合力。

3. 进一步提升社会服务质量。

社会服务工作要受得群众欢迎、博得群众喝彩，必须提升服务水平、注重服务质量。一要强化社会服务意识。摒弃社会服务可以松懈一些、随便一点的错误观念，树立社会服务必须尽力做好、努力做到最好的进取意识。因为社会服务体现着一种境界、倡导着一种意识、展示着一种风尚，没有质量和水平的社会服务，实质就是没有责任感、使命感的应付服务。二要提升社会服务水平。注重研究社会服务的工作规律，了解人民群众的现实需求，努力做到党派自身优势和群众现实需求无缝对接，切实提高社会服务的针对性、科学性和有效性，全力确保社会服务的执行力、战斗力和影响力。三要打造社会服务品牌。要严防社会服务力量分散、没有亮点的局面，基于民主党派的界别分工来推行服务分工，推行社会服务专业化运作、精细化管理，确保社会服务产生一批特色项目，形成一批闪亮品牌。

4. 进一步扩大社会服务影响。

民主党派要扩大社会影响必须依靠自身的努力，而社会服务是拉近党派与群众距离的重要载体。加强和改进社会服务工作，可以增进社会公众对民主党派的理解了解，从而为多党合作和政治协商制度奠定坚实的群众基础。一要加强社会服务工作的宣传。大力宣传社会服务的重大意义，积极推介社会服务的先进典型，这既是对民主党派社会服务工作的舆论回报，更是民主党派扩大社会影响的有效途径。二要展示社会服务工作的成果。采取召开新闻发布会、举办社会服务成果展等多种形式，经常性、不定期展示社会服务工作的业绩和成果，以此来推动社会服务工作的深入开展。三要加强社会服务工作的谋划。社会服务不能“悄悄地来、默默地走”，要扎实做好社会服务的前期准备工作，尤其是要动员好、组织好服务对象，努力实现社会公众受益与民主党派受誉双赢。

浅析社会服务与参政议政相结合

民进北京市委　徐　路

党派的社会服务是以全面建设小康社会和构建和谐社会为目标，坚持面向社会，以人为本，关注民生，突出特色，以服务为宗旨，运用经济、科技、教育、法律、医卫、文化等形式，为经济和社会发展做贡献所进行的活动。民进中央严隽琪主席提出“社会服务与参政议政相结合”的要求，为民进做好社会服务工作拓宽了视野，创新了形式，丰富了内容。但是，在实践工作中，如何实现社会服务与参政议政相结合，仍然是一个庞大的命题。本文力求破解这一命题，并从分析社会服务与参政议政相结合的可能性入手，探讨实现二者结合的可行模式与现实途径。

一、社会服务与参政议政相结合的可能性

（一）社会服务与参政议政存在的共同点为二者结合奠定了基础

一是有着共同起源。社会服务与参政议政都体现统战工作和中国政党制度的价值理念。统一战线的本质是大团结、大联合，根本任务是争取人心、凝聚力量，为实现共同目标而团结奋斗。社会服务与参政议政就是通过两项具体工作，以政治联盟特有的进步性与广泛性，带领党派各级组织和广大成员，充分发挥党派智力密集、资源丰富、联系广泛的优势，服务于社会主义建设事业。

同时，社会服务与参政议政也都体现着中国政党制度的五大价值功能，也就是政治参与、利益表达、社会整合、民主监督、维护稳定。这五大价值功能归纳为一句话，即与中国共产党同心同德，为和谐社会做贡献。

二是有着共同性质。社会服务与参政议政都要体现党派工作的政治性、集合性、展示性、公益性、局部性。政治性表现在无论开展社会服务或是参政议政工作，都必须坚持正确的政治路线和思想路线，把握正确的政治方向。集合性呈现出社会服务或参政议政工作主要通过党派组织召集成员进行，是一种有组织的行为，体现集合效应。展示性反映出社会服务或参政议政工作是向社会公众展示党派形象、扩大党派影响的重要载体，任何一个活动都事关党派的社会声誉和公众影响。公益性强调服务项目或政策咨询必须以非赢利为目的，重视社会效益，忽

视经济效益。局部性突出了社会服务或参政议政有所为有所不为的特点，根据党派的界别特色、人力资源和经济状况，在重点领域和方向贡献力量。

三是面临共同转型。其一是由务虚向务实转型，社会服务与参政议政工作由坐而论道转向实践体验，表现为更为广泛地接触社会，更为深入地影响决策。其二是由分散向系统转型，社会服务与参政议政工作由过去的“单兵作战”，转向“集团作战”，工作队伍日渐壮大，工作方式逐步规范。其三是由会内向会外转型，社会服务与参政议政工作已不再局限于民进内部的资源，逐渐引入社会各方面的力量，共同完成各项任务。其四是由临时向常态转型，在不断摸索中，社会服务与参政议政工作正在形成固定的工作项目，特定的工作渠道，常规的工作方法，逐步克服了过去工作中的随意性、临时性。

（二）社会服务与参政议政方式方法的不同并不会影响二者的结合

社会服务与参政议政工作的不同主要体现在定位、方向和方法上。在定位上，《中国民主促进会章程》将参政议政作为参政党必须履行的职责，出现在会章的总纲部分，与民主监督一道列为民进的政治职能。而社会服务内容出现在会章的工作总则第五条，作为民进的社会功能之一予以重点强化。在方向上，参政议政工作面向决策层，影响公共政策，社会服务工作面向基层，影响特定社会领域或群体。

在方法上，开展参政议政的方法多为“立言”，通过考察、座谈等形式形成对党和政府有益的政策性意见建议。而进行社会服务则更注重“立功”，即通过办实事、做好事服务于社会。

方式方法的不同并不影响二者的结合，由于工作性质的一致，社会服务与参政议政都是党派存在价值的支撑点，均体现政党功能，它们的结合不仅有着较大可能，而且极有意义。

二、社会服务与参政议政相结合的可行模式

基于目前的制度设计和党派工作水平，社会服务与参政议政相结合存在三种模式。

（一）社会服务与参政议政相结合的初级阶段，即“单向转化”模式。

一是将社会服务接触的个案问题，上升为对公共政策的反思与考量，从微观服务中发现宏观问题，进而形成参政议政选题或社情民意信息。二是也可以将参政议政成果服务于社会，在社会实践中检验成效。这类单向转化的模式现阶段较为常见。

（二）社会服务与参政议政相结合的中级阶段，即“同时推进”模式。

在参政议政过程中同时开展社会服务，实现研究成果与社会实践双丰收。2010年，民进北京市委对这种模式进行了一次有益尝试，针对“槽式太阳能热发电技术产业化”同时开展建言献策和社会服务。经过不懈的努力，参政议政有关成果引起市委书记等高层领导的关注，形成了较好的社会影响。社会服务也取得了较大成效，相关企业顺利落户中关村国家自主创新示范区，北京市政府划拨100亩土地，给予1亿元贴息贷款和2000万元投资。此次尝试是“同时推进”模式的完美体现，最终实现了参政议政与社会服务的共赢。

（三）社会服务与参政议政相结合的高级阶段，即“交替推进”模式。

参政议政取得初步成果后，即用于社会服务，通过社会实践加以检验。随后，在更高层面上寻找问题，进行更为深入的参政议政，再将成果用于更大范围的社会服务。通过社会服务与参政议政交替推进，在党派内部进行履职成效的自我验证和自我衍进。这一模式将会是未来工作努力的方向。

三、社会服务与参政议政相结合的现实途径

（一）要具备结合的要素。

1. 社会服务或参政议政要在同一地理空间内相结合。

中央、地方组织都可以开展不同层面的社会服务或参政议政活动，但接受社会服务或被调研的对象最好在同一地区。例如，中央统战部组织各个党派开展的对毕节地区的扶贫开发活动，八个党派都可以针对毕节地区社会服务工作发现的问题进行参政议政，也可以通过参政议政有效指导当地的社会服务工作。但超出毕节地区，则存在参政议政不适用或社会服务不对口的问题。

2. 社会服务或参政议政要在同一主题内相结合。

支农、支教、扶贫、对台联络等社会服务的主体工作可以发现许多有益的参政议政素材，转化为高质量的参政议政成果。但社会服务工作最好与同一领域的参政议政相结合，也就是必须保持主题的一致性。

3. 社会服务或参政议政要在同一支队伍里相结合。

即开展社会服务和进行参政议政活动的应为同一批民进会员或会友。这支队伍整体上最好既有参政议政能力，又有社会服务能力。

（二）要明确结合的内容。

1. 信息平台相结合。

保证会员可以通过信息平台，及时了解社会服务与参政议政工作动态，需求

状况，进行便捷顺畅的交流，参与感兴趣的社会服务或参政议政活动，并随时转换。

2. 工作部门相结合。

社会服务和参政议政两个履职部门应保持密切的联系和沟通，随时通报工作进程、工作重点，及时把握社会服务与参政议政相结合的动态与时机。同时，积极争取主管领导的支持与理解，协调好人力、财力资源。

3. 工作机制相结合。

社会服务与参政议政相结合必须兼顾三方利益：党和政府的需要、党派的需要和会员的需要。在建立工作机制时尤其要注重三方利益的整合，矛盾的处理，问题的化解。既要通过组织发动会员，形成服务决策、服务社会的力量，也要保护会员个人的知识产权，尊重会员劳动，维护会员合法权益。如，在开展社会服务工作时，应给会员购买人身意外保险，特别是到老少边穷地区开展支边扶贫或讲学活动时，从工作机制上保证会员的人身安全。

（三）要提升结合的水平。

1. 从多党合作的制度设计和内在要求出发，倡导“大履职观”。

当前，民进会员有资源缺整合，有热情缺平台，有诉求缺途径，有知识缺实践。通过社会服务与参政议政相结合，可以更好地整合会内外资源，打造适合会员发挥作用的平台，完善促进会员发展的途径，提供会员在实践中锻炼的机会。然而，实现这一愿望的前提，是倡导一种新型的“大履职观”，改变过去只有参政议政、民主监督才是履行党派职责的传统观念，从多党合作制度赋予党派的功能与定位出发，适时将社会服务工作纳入民进会员职责，重新界定“履职”概念，并设计相应的评价体系。重点包括建言献策的数量与质量，服务社会的次数与时间，引进资金的投入与产出。明确赋予专委会社会服务职能，可以尝试首先在专委会中推行新型的评价体系，实行量化考核。

2. 从社会发展进程和客观现实出发，树立“新社会服务观”。

现阶段社会服务工作多是“点”对“点”的直接服务，相关工作部门从头至尾，事无巨细全程包揽所有的环节。然而，随着社会的发展，直接服务的模式存在一些瓶颈，难以可持续发展。一是工作部门人员有限，不可能组织过多的社会服务活动。二是社会服务需求广泛，仅靠民进机关自身进行甄别取舍，难以保证客观全面。三是社会服务的要求不断提高，某些地区已经从单纯的“支农支教支边”转向了“引资引智引项目”，传统的社会服务工作方法很难适应。因此，树立“新社会服务观”迫在眉睫。“新社会服务观”以动员民进会员参与社会建设，推动社会发展为目标，以服务社会为最终评价标准。不仅肯定开展“点”对“点”的直接服务是社会服务，而且认可输送民进会员参与相关社会团体、慈善机构、公益组织的社会活动，通过这些社会组织贡献自己的才智也是参与党派的社会服务工作，同样是会员履行职责的一种方式和途径。

3. 从现代管理方法和参政议政经验出发，提升社会服务“专业化”水平。

社会服务工作不应追求“多”而应追求“精”，同时，也不应追求“打一枪换一个地方”，而应追求持续稳定地提供所需要的服务。因此，当前的社会服务工作应根据现代管理方法进行适度的转型与升级。如，借鉴发达国家和地区社会组织的运行方式，对参与社会服务的团队进行“运作型”、“支持型”、“操作型”等不同类别划分。“运作型”团队，负责筹集资金，间接支持社会服务工作，民营企业家联谊会就能很好地承担这项任务；“支持型”团队，募集资金只用来培育社会服务工作人员，各类职业学校即可胜任；“操作型”团队，直接从事各项社会服务活动，资金来源于“运作型”团队，工作人员来源于“支持型”团队。专业化的团队划分，不仅能够带来社会服务工作的高效率，还能保持社会服务的公益性，防止腐败的滋生。另外，开展社会服务工作时，还可以借鉴参政议政领域对口联系制度，上接政府部门，下接相关组织，以建立更为广泛的社会联系，得到更多专业力量的帮助和支持。如，在参政议政工作中，民进北京市委与市委教育工委、市教委是对口联系单位，经常通过固定的机制进行交流和联系，获得了在教育领域开展参政议政的特定优势。在某些社会服务工作，特别是品牌性社会服务项目中，也可以引入对口联系的方式或者借鉴这类工作思路。

当前民主党派开展社会服务工作面临的机遇和挑战

民进汉中市委　张　毅

社会服务历来都是民主党派组织的一项重要工作，在新时期更是承接多种社会职能的一个出口，可以有效地缓解社会矛盾冲突，是降解和分化社会问题突变的敞口和舒缓社会不利情绪的一个合理载体。它直接面对社会、面向基层群众，是民主党派以党为师，与时俱进，学习贯彻科学发展观。围绕“发展”这个第一要务，为经济建设服务，为社会全面发展服务的具体体现。

一、社会服务工作的内涵及特点分析

上世纪七八十年代，民主党派各级组织恢复活动时，随即开展了围绕中心任务，利用自身优势，以办学、咨询和扶贫为主要形式的服务社会工作，取得了积极的社会效益。进入新时期，国内外的形势发生了很大的变化，社会服务工作面临着一个开放的、多元的、世界一体化的环境，党和国家的战略目标、中心任务发生转移，社会服务无论在内涵和外延上，都赋予了新的时代特征和历史责任。中共中央〔1989〕14号文件，首次提出了社会服务的概念，明确了社会服务的宗旨和工作范围，肯定了社会服务的功能和意义，为社会服务工作指明了方向，有力地推动了社会服务工作。而中共中央〔2005〕5号文件，对社会服务工作提出了新的要求。社会服务的内涵从直接的专业服务转向为全面建设小康社会服务，社会服务的外延从一般的社会服务转向构建社会主义和谐社会服务，社会服务更加紧密结合国家的形势任务要求，内容上形式上都有了极大的丰富和发展。文件还要求党委和政府有关部门要积极创造条件，支持民主党派开展各种形式的社会服务活动，支持的力度加大。

民主党派的社会服务与政府机构、专业组织、三产部门面向社会提供的服务有所不同，具体表现为以下几个特点：

（一）公益性。民主党派各级组织为各界群众提供的服务不是以盈利为目的，除了民主党派组织举办的教育、医疗、科技服务机构以外，党派组织为群众提供的各项服务大多是义务的、免费的。如民进市委历年来开展的文艺演出均是无偿的，所需各项成本费用由文艺骨干承担。

（二）业余性。除了离退休的以外，民主党派成员都有自己的本职工作，他们分布在各个单位，在工作时间集中起来开展社会服务工作有一定的难度，因此他们大多在党派组织的有序组织下，利用节假日以及其他休息时间开展社会服务，因而具有业余性特点。

（三）灵活性。民主党派开展社会服务活动内容广泛，形式多样，规模可大可小，频率可高可低，对象可多可少，地域可近可远，体现出较大的灵活性。

（四）基层性。民主党派的服务对象以基层群众为主，相对于各群体而言，基层群众对文化、卫生、教育、医疗等服务需求更为强烈，愿望更为突出，面向基层群众开展各类服务，可以使民主党派的社会服务工作获取更好的效果和社会反响，面向弱势群体开展社会服务更是这种基层性的突出表现。

（五）专业性。各民主党派具有一定的界别分工，因而在专业优势方面具有一定差距，所以在开展社会服务过程中表现出一定的专业特色。比如民进成员中教育和文化界人士较多，因而在开展文艺演出、教育帮扶方面有较大的优势；农工民主党以医药卫生界人士为主，在为群众提供的义诊方面有一定优势；九三学社科技界人士集中，在提供科技服务方面有明显优势。

（六）补充性。民主党派各级组织受到经费和人员规模的影响，决定其向社会提供的服务类型不可能很多，范围不可能很广，受益者也不可能很大，民主党派向基层群众提供的服务不能替代政府职能部门和有关单位的服务工作，仅仅是作为一种补充性的服务工作。当然，党派组织开展的各项服务往往具有较大的针对性和应对性，其作用不容小视，不能因为党派社会服务的补充性而否认其价值和功能。

二、民主党派开展社会服务工作面临的机遇

（一）对社会服务工作的定位有了新的认识。

对民主党派社会服务工作的认识和定位，较长一段时间里停留在仅仅是为社会办一点实事、好事上。随着我国政治文明建设的推进，民主党派的参政党职能日益凸现，民主党派参与国家社会政治生活的深度和广度都有了前所未有的拓展。经过多年实践创新和理论探索，从参政党行为的高度着眼，把社会服务工作放到参政党行为的层面上思考，对社会服务工作有了新的、更为准确的定位。

（二）社会服务的方式不断转变，社会服务的能力和水平不断提高。

传统的社会服务以办医办学、咨询服务、支边扶贫和送医送药送戏等方式开展，随着形势的发展和社会服务工作内涵的变化，社会服务的思路也在改变。即从常规的基础服务向决策咨询服务延伸，从单一的业务服务向综合管理服务延伸，从局部服务向区域服务延伸。社会服务的知识含量、层次越来越高，组织协调、宏观指导性越来越强，地域覆盖面越来越大。

（三）逐渐整合民主党派组织资源，建立一支精干的社会服务队伍。

2001年底，各民主党派中央统一将咨询服务机构命名为社会服务机构，社会服务在自身建设上迈出新的步伐。现在省以上民主党派机构都设立了专门的社会服务部门，配备了专职干部，在组织、策划、联络、实施工作方面起到了骨干作用。目前，社会服务队伍建设开始了新的思考和探索，即触及如何形成一支相对固定的、综合性的社会服务骨干队伍，如何建立一套行之有效的学习培训机制、激励机制和保障机制等相关问题。随着这些问题的不断深入和解决，民主党派社会服务工作将走上可持续发展轨道，社会服务工作的质量和水平将得以不断地巩固和提升。

（四）站在科学发展观的高度，提高对民主党派社会服务的认识。

中共中央下发的《中共中央关于进一步加强中国共产党领导的多党合作和政治协商制度建设的意见》中指出："要拓宽民主党派和无党派人士发挥作用的渠道。中共党委和政府及有关部门要积极创造条件，支持民主党派和无党派人士紧密围绕全面建设小康社会开展各种形式的社会服务活动"。社会服务工作是民主党派的社会职能，是每个党派成员应尽的义务和社会职责。每个党派成员应牢固树立社会服务是自身应尽的义务和职责的思想，积极投身到社会服务中去。

（五）把社会服务与参政议政职能相结合，使之成为和谐社会建设的重要阵地。

社会服务工作作为民主党派参政议政的延伸和载体，不是简单地对社会直接做贡献，更重要的是通过社会服务工作才能够深入下去掌握第一手的材料，从而为我们更好地参政议政打下了良好的基础。把社会服务与参政议政职能相结合，使社会服务与参政议政工作相辅相成。

（六）把社会服务与高层次追求相结合，使之成为凝聚人心的重要方式。

中高级知识分子加入民主党派，主要是一种高层次的精神追求，理想追求，民主党派有组织地开展社会服务活动，让广大民主党派成员释放他们自身的潜力和能量，自觉践行报效祖国、服务人民的善举和奉献。在一次次帮困济难、扶贫服务等社会服务中，成员们思想上受教育，精神上有升华，既体现了民主党派成员的整体价值，增强了组织内部的凝聚力，又培养锻炼了骨干，认同了“我为人民作贡献，我为民进添光彩”的理念，为多党合作事业的全面协调可持续发展打好思想和感情基础。

（七）把握社会服务的内涵，融入社会经济发展主战场。

参政党的性质和地位决定了民主党派社会服务又是一项政治性、政策性很强的工作，是一种党派行为，能够进一步调动和激励党派成员正确认识社会发展规律，树立正确的人生观、价值观。通过社会服务实践，促进和鼓励党派成员加强政治理论学习、强化业务技能，切实增强为社会服务的本领。

（八）打造会员双岗建功的平台，形成展示会员风采的窗口。

民主党派结合自身特点，把人才工作作为保证党派队伍后继有人、可持续发展的战略重点，摆上了重要议事日程。人才培养的核心诉求是民主党派对国家对社会的贡献力。社会服务活动，为人才培养、双岗建功搭建了平台。它直接面对社会、面对基层、面对群众，它是民主党派了解群众最好途径，民主党派通过社会服务实践，形成展示会员风采的窗口，使广大人民群众了解认识民主党派，树立民主党派在社会上良好形象。

三、民主党派开展社会服务工作面临的挑战

（一）组织结构难于适应新时期的要求是目前民主党派自身建设的一大难题。

基层组织规模过大，没有专职人员管理；新老成员关注的热点不同，离退休成员有管理需求但管理起来困难；部分成员有被边缘化的感觉，基层组织活动困难；党派工作的专业化要求与业余化的工作方式等问题突出，已经影响到民主党派的自身建设和参政议政。

（二）建设社会主义政治文明的高层次人才明显短缺的问题。

现在党外人士中，不乏学术精英，也有大量政治活动积极分子、社会活动家，缺少的是有影响的政治家。与老一代党外人士相比，一些党外代表人士的学术影响不弱，但是缺少那种深刻的政治见解、政治眼光和政治号召力，特别是在关键时刻、危难时期把握政治方向，处理复杂政治问题的能力和政治影响力。党外政治家的成长既要靠自身的努力，又要靠组织的培养和创造适应他们成长的政治环境。包括提供培训机会，提供挂职锻炼、换岗交流等实践锻炼的条件，给位子、压担子等等。为此，亟待解决“到届不到龄”、岗位交流难、实职安排缺台阶、担任正职的党外干部与党委（党组）关系缺乏可操作的规范文件等制约党外代表人士队伍建设的难点问题。

（三）老龄化问题。

“到届不到龄”，表面看起来是一个技术问题，属于法律标准和有关规定的“摩擦”。由于党外代表人士队伍在年龄层次上断代，这一现象在民主党派干部选拔作用中似乎较为明显。老一代的领导由于年龄原因退出领导岗位，中年干部跟不上，一些地方急于把年轻干部“拔”上去，结果45岁的干部任满两届才55岁，又没有“三线”可退。人才的淤滞，不利于干部的培养、使用以及积极性的调动。

（四）参政议政能力与多党合作事业的要求有差距。

新一代的民主党派人士大多从事教学、科研和专业技术工作，从家门到校门，从校门到机关门，因此在接受政治安排和实职安排前，大多经历比较单一，缺少困难环境的磨炼和多种岗位的锻炼，尤其缺乏应对复杂政治局面的实践；参政意识也存在差异，参政热情容易波动；比较年轻的成员、民营企业家参政议政的主动性比较高，缺乏组织渠道，只能在体制外发表言论；有的人对政治表现漠然；老一代代表人士与中共合作的历史了解不够，对多党合作的历史必然性、现实必要性认识不深；有的人对老一代的优良传统和高尚品德继承不够，全局观念淡漠，群体意识弱化，在处理国家、集体和个人三者利益关系中，过多考虑个人，缺少奉献精神。

（五）基层组织社会服务工作领导机制尚未确立。

目前省以上各民主党派机构都设立了专门的社会服务部门，但基层组织大多还没有设立类似的专业化部门，具体社会服务工作一般通过市委会、支部会传达布置下去，这大大削弱了各项社会服务工作的开展，社会服务工作作为基层组织的一项重要工作，而且是一项只讲奉献、不图索取、吃苦耐劳的工作，由于一没钱、二没权，凡事都要和外界打交道，在组织、策划、联络、实施工作等每一个环节都必须付出大量细致耐心、不辞劳顿的工作，若是缺乏专门的部门领导，势必会造成群龙无首的尴尬局面，出现工作责任心低下、积极性不高、敷衍了事的现象也就不足为怪了。

（六）社会服务后勤保障亟需改观。

中共中央下发的《意见》中指出：“要拓宽民主党派和无党派人士发挥作用的渠道，中共党委和政府及有关部门要积极创造条件，支持民主党派和无党派人士紧密围绕全面建设小康社会开展各种形式的社会服务活动。”毋庸置疑，社会服务工作能否扎实有效开展需要各级党委和政府的大力支持，需要各民主党派和党委政府的相互配合协调，但实际情况是民主党派在人力、物力、财力等资源方面极其有限，社会服务投人严重不足，俗话说得好“巧妇难为无米之炊”，资金捉襟见肘很大程度上制约了社会服务工作的有效开展，甚至会导致部分有着良好社会经济效益的社会服务项目因此搁浅。

（七）社会服务理论研究有待完善。

在民主党派的理论研究工作中，社会服务理论研究长期没有受到足够重视，处于边缘化，这从一个侧面也反映出社会服务工作的实际状况，迄今为止，社会服务工作远没有达到和民主党派其他工作平起平坐的境地，造成这种情况的一个重要原因是社会服务理论研究严重缺位，许多基本理论问题，比如社会服务的原则、性质、任务、职能、方法怎样定位，如何将牢固树立和践行社会主义核心价值体系融入到社会服务之中，社会服务的长效机制和激励机制如何完善等等，基本上仍处于实践探索和理论研究之中，加强社会服务理论研究，摒弃厚此薄彼的理论研究之风，为开展好新时期各项社会服务工作夯实牢固的理论基础，理应成为民主党派每一个理论工作者义不容辞的责任。

四、加强社会服务工作的几点建议

在未来社会服务工作中应从以下几个方面加强社会服务工作：

（一）进一步拓宽社会服务的渠道。

要认真研究人民群众的物质文化需求，在运用现有渠道开展社会服务工作的同时，积极拓宽社会服务工作的新渠道。把服务的触角延伸到更需要服务的地方，并提高服务效应，同时建立服务基地，实现跟踪服务、全程服务和个性化服务，使服务对象真正受益。服务形式和内容要不断推陈出新。

（二）进一步整合社会服务的力量。

要完善社会服务工作机制，增强党派成员的服务意识。通过对各类工作资源的有效整合和有序引导，提高社会服务工作的组织化程度和可持续水平。一是明确社会服务工作是基层组织的一项重要工作职能，列入年度考核内容；二是调动成员积极性，运用其专业特长，拓展服务领域，开展专项服务；三是开展横向联系，实现资源共享、优势互补、联合开展社会服务工作；四是建立社会服务志愿者队伍或社会服务联系点，朝着科学、有序、务实、求新的方向发展。

（三）大力提升社会服务工作质量。

社会服务工作要博得群众欢迎，赢得群众喝彩，必须提高服务的水平和质量。一是要树立服务质量至上的思想，没有一定的质量和水平，社会服务就可能变质变味；二是要注意社会服务工作的规律，努力实现自身优势和群众需求的有机结合，提高针对性和有效性；三是要打造服务品牌，为社会提供优质产品，实现社会服务的专业化、精细化，顺应群众需求高级化的趋势。

（四）努力扩大社会服务的影响。

民主党派要通过自己的努力来赢得社会的认可，增进社会各界对民主党派的了解，从而推进多党合作和政治协商制度奠定更好的群众基础。一是要加强民主党派社会服务工作的宣传，以扩大社会影响，提高其知晓率；二是要做好社会服务的前期准备工作，动员和组织好服务对象，实现群众受益和党派受益的双赢结果。

（五）加强与执政党的联系和沟通，积极争取基本人财物等方面的支持。

一是呼吁各级人大政府将社会服务工作经费列入同级财政预算，为扎实有效开展社会服务工作提供经费保障；二是积极争取各级党委（或党组）增加民主党派机构人员编制，成立专门工作机构，配足专兼职工作人员，为开展社会服务工作提供人力保障措施。

（六）围绕党委、政府中心工作开展社会服务。

把社会服务工作与参政议政工作结合起来，积极主动地掌握社情变化，并及时准确地将掌握的社情变化高效快捷地反映给政府，拿出高质量的提案议案、意见建议、调研报告等成果，为政府决策提供科学依据。

（七）立足服务会员的发展来开展自身的社会服务工作。

及时将会员所涉及的一些问题向相关部门反映，以便解决他们发展中遇到的一些实际问题，确保广大会员都能实现自身恰如其分的发展。

新形势下县（市）民主党派社会服务的本质、能力和策略研究

民进吴江市总支部　庞利英

县（市）民主党派社会服务的本质、能力和策略，通俗地说就是社会服务是什么，县（市）民主党派社会服务具体能做什么和怎么做。

《中共中央关于进一步加强中国共产党领导的多党合作和政治协商制度建设的意见》（以下简称《意见》）下发后，民主党派发展到了一个黄金期。按照民主党派发展的“三个为主”的原则，党派成员主要以协商确定的范围和对象为主，以大中城市为主，以有代表性的人士为主。但是近年来，县（市）区域的民主党派发展势头也十分良好，体现在三个方面，一是健全了工作机制，二是加强了自身建设，三是配备了专职人员。如江苏省吴江市目前有民革总支部、民盟市委和民进总支部 3 个党派组织，2009 年 5 月经市编委批准，成立了吴江市民主党派服务中心，为 3 个民主党派组织分别配备了专职工作人员，有效推动了本区域民主党派的组织建设，也为更好地开展社会服务工作提供了保障。

中共中央《意见》中明确提出，党委和政府及有关部门要积极创造条件，支持民主党派和无党派人士紧密围绕全面建设小康社会开展各种形式的社会服务活动。笔者作为一名基层民主党派机关的专职工作人员，就一些目前困扰我们的理论问题作一些探讨，以期为推进基层民主党派社会服务工作作些微薄的贡献。

一、关于民主党派社会服务的本质

1. 性质的定位。

社会服务作为一个学术词汇，是 1951 年英国伦敦政治经济学院社会管理系理查德·蒂特姆斯教授提出的，理查德·蒂特姆斯教授认为的社会服务就是救济贫困。为区别于社会福利概念，英国将社会服务定义为为人身社会服务，北欧则将之称为社会关照服务。其含义其实大体相同，就是政府、团体或个人为有需求和困难的人和特定的群体提供高水平帮助的过程。对民主党派而言，为社会提供力所能及的服务是其职责所在。但民主党派的社会服务不同于一般公民、社会团体

或者社会慈善机构的“做好事、做实事”，它是民主党派政党活动的重要形式之一。民主党派的社会服务必须突出党派特点，突现政治目的来开展，否则就会迷失方向。

2. 内容形式的定位。

中共中央《意见》第一次对民主党派社会服务的内容作了明确阐述，指出民主党派的社会服务主要是“开展经济、科技、教育、法律、医卫、文化等咨询及社会服务工作”。组织开展社会服务活动，必须突出各民主党派的特点特色，紧扣基层组织建设工作的重点、难点，结合构建和谐社会、社会主义新农村建设等当地政府关注，人民群众关心的热点、难点问题。这样不仅能提升党派的形象，也会给基层组织建设带来无限的生机和活力。社会服务要从单纯的咨询、义诊等初级阶段逐步进入到以着力改善民生，促进和谐社会为主的系列社会服务工作新阶段。

3. 目标的定位。

中共中央《意见》提出民主党派社会服务“要以服务为宗旨，注重社会效益。”这为民主党派开展社会服务指出了方向，明确了目标。民主党派是一个政治组织，围绕中心、服务大局，始终是其各项工作的出发点和落脚点。开展社会服务就是民主党派延伸和拓展参政议政的渠道之一，也是抓好基层组织建设的有效形式和手段。因此，民主党派策划社会服务时必须围绕这一目标，找准活动与“中心”、“大局”的最佳结合点，不求多，只求精。

二、关于县（市）民主党派社会服务的能力

县（市）民主党派社会服务的能力指县（市）民主党派在开展社会服务时能发挥什么作用以及在发挥这些作用时受制于哪些因素。

新形势下县（市）民主党派开展社会服务主要有以下几方面作用：

1. 通过社会服务，民主党派可以更好地履行参政党职能。

作为参政党，除了政治协商、民主监督和参政议政以外，民主党派可以通过社会服务为我国经济与社会发展做出实实在在的贡献，在国家政治和社会生活中发挥作用。作为一个以教育界中高级知识分子为主要成员的政党基层组织，吴江民进从成立小组起就一直把关注的目光紧盯在流动儿童的教育问题上。支部成员通过为教师开设心理讲座、为困难学生捐书捐钱等社会服务，全面了解流动少年儿童教育点的办学条件、学校管理、师资力量、课程设置、食堂卫生、交通安全等问题。在此基础上提交了《关心流动儿童教育问题，办好外来建设者子女学校》

等多份提案，引起了市政府领导的高度重视，在政协建议案基础上，市政府下发了《关于进一步加强我市外来工子弟教育管理工作的实施意见》，提高了外来工子弟学校的办学水平。

2. 通过社会服务，民主党派可以更好地展示参政党的形象。

如果说参政议政是民主党派参政能力的体现，那么社会服务则是民主党派社会责任的具体体现。通过社会服务可以让更多的社会公众了解民主党派，更好体现党派的存在价值，提升形象和影响，得到社会的认同。按照会中央严隽琪主席指出的社会服务要“坚持以智力服务为主的优势发挥原则”，民进吴江市总支部充分发挥有多名具备国家二级心理咨询师资格会员的优势，通过开通手机热线、到全市各中小学巡讲、为高三学生开展一对一心理辅导等活动，有力地加深了公众对民进组织的了解。2009 年以来就有 20 多名同志提出了加入民进组织的申请。

3. 通过社会服务，民主党派可以提高参政议政的能力。

实践证明，通过社会服务，民主党派基层组织的团队意识和凝聚力会明显加强，参政议政的能力也大大提高了。通过社会服务，民主党派成员可以掌握第一手的材料，从而为更好地参政议政打下良好的基础。民进吴江市总支部成立以来，组织开展了心理咨询、家教讲座等社会服务活动。随着活动的深入，会员们感到创设一个规范化、专业化的服务平台，打造新型的引领未成年人健康成长的“绿色通道”以满足全市青少年成长的需求非常必要。2008 年 1 月，参加社会服务的民进会员以政协提案形式呼吁成立“吴江市未成年人健康指导中心”，引起了市政府的高度重视，当年 6 月吴江市未成年人健康指导中心即挂牌成立，现已成为吴江民进社会服务的一个品牌。

4. 通过社会服务，民主党派可以提升成员的整体素质。

县（市）民主党派成员骨干大多数是一些技术型或工匠型人员，他们往往满足于做好本职工作，是本职岗位上的先进，但政党责任意识不强。通过参加各种类型的社会服务活动，教育和引导会员利用自己的聪明才智来回报社会、奉献社会，可以强化会员“立会为公，参政为民”的意识，提高参政党成员的社会责任感；可以“促进各级组织发现和培养人才，增强组织凝聚力和社会影响力。”（会中央副主席王佐书语）

毋庸讳言，在县（市）区域，民主党派在公众中的影响远比不了大中城市，即使是在一些中高级知识分子和中共党员干部中，有些人甚至对民主党派的名称也叫不准确，分不清楚。究其原因，一方面是民主党派在县（市）发展基础较差，人员不多；另一方面也与民主党派不注重宣传策划有关。

1. 民主党派自身对社会服务意义认识不够。

一些民主党派新成员虽然是在党的培养下成长起来的知识分子，有强烈的社会责任感和历史使命感。但是，由于大多是某一领域或行业的骨干，他们的主要精力是从事业务工作，参政议政的机会和时间相对较少，部分民主党派成员对参政党的地位和作用，对社会服务的目的、意义认识还不到位，存在重研究、轻政治参与，重业务工作、轻社会活动的倾向，社会服务的积极性和自觉性不高。

2. 民主党派社会服务缺乏丰富资源支撑。

受发展要求、范围和社会影响力的限制，从对象上看，县（市）民主党派成员中“政治上成熟、作风上过硬、社会影响力大”的代表人士相对匮乏，难以找到高层次、复合型、管理型、影响力大的对象；从结构分析来看，人才结构单一，大多集中在教育、医卫领域，对民主党派开展有深度和广度的社会服务十分不利。

3. 民主党派社会服务缺乏品牌意识。

品牌是一种战略性资产和核心竞争力的重要源泉。对社会组织而言，品牌就是其自身形象的外表化。随着市场经济的发展和社会职能的不断成熟，社会组织往往会通过打造服务品牌的方式来赢得社会的美誉，提高大众的认同度。但在实际工作中，在县（市）区域，由于缺乏策划理念，民主党派的社会服务尚未形成长效机制，也不善于培育自己的品牌，许多社会服务活动往往会依托其他行政部门进行，失去主导话语权，影响了活动的社会影响力，以及这种影响力所造成的公众对民主党派认知度的弱化。

三、关于推进县（市）民主党派社会服务工作的策略

如何发挥民主党派的智力优势，不断开拓社会服务工作新领域，笔者以为可以从以下几方面着手：

1. 加强社会服务理论框架的建设。

正确的理论对实践的指导作用不啻于黑夜里的一盏明灯。目前，民主党派的社会服务尚处于谋划如何“做”的阶段，还未到思考其工作目标、定位、原则、方向的理论研究层面。这种理论研究体系的不健全，导致有些社会服务在谋划时更多地考虑活动形式，而缺乏大局观念和全局意识，没有自觉意识到民主党派的社会服务也是参政议政、拓宽民主党派发挥作用的主要途径之一，是一项政治性、政策性很强的工作。因此，我们必须要从建设有中国特色社会主义的实际出发，从坚持和完善共产党领导的多党合作和政治协商制度的大局出发，统筹考虑社会服务工作，加强对社会服务的理论研究。要明确社会服务工作必须突出参政党的

特点，并最终落脚到参政议政上来。

2. 加强社会服务组织制度的建设。

机构建设是搞好社会服务工作的保障，民主党派要建立健全社会服务机构，制定相关工作制度。县（市）区域可以以共建党派服务基地或党派服务中心形式整合资源，把党派服务基地（服务中心）建设成为提高民主党派合作共事能力的新平台、拓展民主党派参政议政领域的新平台和创新民主党派社会服务工作的新平台。民主党派可以通过跨党派、跨学科，把各方面专家组织起来，就当地经济和社会发展中的难点、热点问题开展联合攻关。社会服务工作要向制度化、规范化、程序化方向迈进，以一系列完整的、系统的规范和程序建立社会服务工作的秩序，确保民主党派的社会服务有序地开展。每开展一次社会服务工作，都要做到策划到位、组织到位、总结到位，保证每次社会服务工作取得实效。

3. 加强社会服务骨干队伍的建设。

民主党派有人才荟萃、智力密集、社会联系广泛的优势，这为开展社会服务创造了良好的条件。但是，也正因为成员来自各行各业，如何妥善处理党派工作与日常本职工作，成为会员能否履行参政党成员职责的重要方面。民主党派必须把好成员发展关、培养关，让会员有更多面向社会、开展社会服务的机会。通过有组织、有计划的教育活动和社会实践活动，建立和完善社会服务的长效机制，才能最大限度地发挥民主党派的知识资源和能量。

4. 加强社会服务品牌体系的建设。

社会服务的领域非常广阔，而县（市）民主党派在人力、物力、财力、信息等方面的资源是有限的，为了使社会服务工作做深做细向纵深发展取得实效，必须要突出各地方组织的特点，充分发挥成员的优势，确定社会服务工作的重点，以群众真正受益为衡量社会服务工作成效的标准，打造个性化社会服务品牌，并坚持不懈地、持之以恒地做下去，才能取得好的成效。民进吴江市总支部通过组织的积极参与和会员的悉心付出，在“群众所需，会员所能”上寻找到了新的结合点，形成了“项目化带动、专业化服务、品牌化打造”的社会服务特色，经过社会公众投票，特色社会服务项目——吴江市未成年人健康指导中心入选年度吴江市社会主义精神文明建设十大新事。

5. 加强社会服务政治功能的建设。

从本质上说，社会服务工作也是民主党派的一项政治活动，是拓宽参政党发挥作用的一个有效渠道。因此，要以对党派高度负责的态度，认真搞好社会服务工作。这一点在县（市）尤为显得重要。因为在县（市），民主党派的作用发挥得如何、公众形象是否良好很大程度上要靠民主党派的社会服务和通过社会服务进行的宣传。民主党派也通过自觉的社会服务活动，加强参政议政职能、基层组织和骨干队伍的建设，使社会服务实践活动成为参政议政丰富的题材库。

随着我国经济社会的发展，统一战线的壮大，民主党派社会服务工作经历了从自发到自觉，从零散、随机的到有组织、有计划的发展过程。民主党派的社会服务工作也不再是简单地为社会或个人、团体做好事，而是为推动社会的整体发展出谋划策。民主党派要以社会服务活动为平台，团结带领广大会员积极履行参政党职责，开拓创新，务实奋进，为实现科学发展、促进本地经济社会的进步作出新的贡献。

参考文献：

［1］王波，张强．我国社会服务发展存在的问题与对策研究．2010．（15）．

［2］严云鸿．树立品牌意识奠定品牌建设的精神基础．商场现代化，2008．（28）．

［3］黄鹂．对民主党派社会服务工作的几点思考．贵州政协报，2006-12-28.

浅论社会服务的四种作用

民进成都市委　唐明远

社会服务是党派的一项重要职能，表面看，社会服务似乎是一种纯公益性的活动，其实不尽然，实践证明：社会服务对党派自身建设具有多方面的促进作用。

一、社会服务对组织建设的作用

组织建设是一项基础性工作，长期的实践证明，社会服务对组织建设具有重要的助推作用。

增强组织凝聚力。组织的凝聚力可以通过多种方式增强，社会服务就是其中的一种。党派成员绝大多数都有自己的本职工作，平时很难相聚。生命在于运动，党派就要活动。从某种意义上讲，党派的组织凝聚力就要依靠党派活动来形成和增强。党派如果不开展活动，不但党派功能不能很好发挥，而且其凝聚力也会受到削弱，久而久之，成员就会人心涣散。社会服务作为党派的一项重要活动，往往是以团队活动的方式进行。在服务社会的同时，可以使组织成员之间，陌生的熟悉，熟悉的了解，了解的亲密。从组织学的角度讲，活动具有显示组织存在的功能。组织成员参加社会服务活动，能够使成员感到组织的关心；同时，社会服务的实质是奉献社会，很容易激发参与者的自豪感和责任心，并产生精神上的一种愉悦。潜移默化，无形之中就进一步增强了组织的凝聚力。我们也注意到，一些会员通过参加社会服务，政党意识得到增强，对组织的感情更加深厚，参加组织活动的积极性更高了。

提高组织影响力。增强凝聚力是对组织内部而言，对外，社会服务能够提高组织影响力。实事求是地说，有关民主党派的知识，社会知晓度还很低，知晓范围也很窄。而社会服务则是提高民主党派知晓度的有效途径。在这一点上，成都民进有丰富的事例证明：2009 年，成都民进组织了近千名 45 个国家在蓉留学生考察灾后重建，就将中国民主促进会的名字传播到了留学生和灾区群众之中。同样，通过一系列的社会服务，比如送文化下乡、智力支教、扶贫济困等，也使很多地区的广大群众知道了中国民主促进会。在我们开展社会服务的地方，不但当地的中共基层组织和政府知道了民进是什么样的组织，而且普通群众也能够将“民进”

和“民进党”区分开了。从这个意义上讲，开展社会服务，不但提高了组织影响力和知名度，也宣传了我国的多党合作制度。

丰富组织发展源。增强凝聚力、提高影响力，都是组织建设的一个重要内容。但不可忽略的是，社会服务的另一个作用就是有助于组织发展。2009年，我们的社会服务走进了我们从未涉足的一个地区，通过参加我们开展的社会服务，当地两名党外干部认识和了解了民进，活动结束不久，这两位干部就向我们表达了入会愿望和提交了入会申请。根据统计和分析，近年来我们发展的会员中，大约有30％的同志就是通过参加我们的社会服务接触民进、认识民进、了解民进、加入民进的。

综上所述，社会服务在组织建设方面确实起着重要的助推作用。

二、社会服务对思想建设的作用

思想建设是民主党派的首要任务。但思想建设工作的方式方法很容易落入老套，从而影响效果。而社会服务则可以避免该不足。因为社会服务也是一种生动、实在的思想教育，是对思想教育形式的扩充和内容的丰富，可以帮助思想建设增强实效。

社会服务具有很强的思想教育功能。这是因为：社会服务的地方，经济发展相对滞后，社会服务的对象，经济条件相对较差，民主党派的成员，基本上都是生活在经济社会发展水平较高的都市，许多人对社会最基层群众的生活状况并不十分了解；参加社会服务，能够使长期居住在城市里、生活相对比较宽裕的会员走入最基层，目睹群众的生活现状，切身感受和认识“我国还处在社会主义初级阶段”这样一个论断的含义，从而进一步增强政治使命感和社会责任心。我们曾经组织会员到地震灾区开展社会服务，会员们到了目的地后，感叹道：简直没有想到，距离繁华都市不到100公里的农村，竟然还如此落后！一年后，会员们旧地重游，看到该地灾后重建翻天覆地的变化，发出由衷的赞叹：简直没有想到，仅过了一年，农民的住房就比我们城里人还好！于是，会员们对社会主义制度的优越性，能够集中力量办大事、迅速处理急事的优势有了切实的认识。中共建党九十周年前夕，我们召开了一次座谈会，一个会员提出慰问贫困老党员的建议，当时就引起热烈争论：参政党成员去慰问执政党成员合适吗？有人认为不合适，也有人认为应该。经过一番讨论，大家达成了共识：十六字方针不是有“荣辱与共”吗？执政党的领导常常慰问参政党成员，为什么参政党就不能够去慰问执政党的成员呢？这些老党员，为今日社会的发展做了大量基础性的工作，慰问他们，不但是我们社会服务的一项工作，也是参政党成员对执政党深厚感情的一种体现。

实践证明，社会服务是思想政治教育的大课堂、活教材，它的生动性、鲜活性、实在性是一般的讲座无法比拟的。

三、社会服务对参政议政的作用

参政议政是民主党派的主要职能。参政议政要上水平出成绩，调查研究非常重要。而社会服务则为我们提供了调查研究的极好机会。

作为一个有心的党派成员，我们发现，在参加社会服务活动中，往往还会在活动中了解民情、体察民意。作为组织，责任和功能之一就是对其成员进行引导。尽管我们的组织是由“中、高级”知识分子组成，但是，“术业有专攻”。其中，参政议政对一些成员来说，似乎是一个陌生的领域，而作为参政党成员，参政议政意识和能力是绝对不可缺少的。因此，在历次社会服务活动中，我们有意识地提示会员，注意观察、善于捕捉各种社会信息。2002 年春节前夕，我们到农村去慰问生活困难的农户，在与当地农民交谈中，一名会员了解到当地农民“因病返贫”、“因病致死”的现象还比较严重，其中，假药、劣质药是农民“因病致死”的一个重要原因。于是，这位会员就此写了一件提案，由组织提交给了市政协。对此关乎民生问题的提案，市委书记和市长先后作了批示，责成有关部门作为民生大事来抓。于是，半年的时间里，成都市农村的药品供应网络和药品质量监督网络建立起来了，这也是中国农村出现的第一个这样的网络。2008 年，在赴地震灾区进行社会服务活动中，我们了解到灾区工作在第一线的基层干部任务重、压力大、收入低，还有一些干部的亲人在地震中遇难，很多人心力交瘁，得不到及时有效的关心。于是，在开展社会服务活动的同时，我们做了深入的调研，撰写并报送了《关于重视灾区干部队伍建设的建议》，得到民进中央和四川省政协采纳；根据我们的统计，2008—2009 年我们一共报送了关于灾区重建的信息和提案 20 余条（件），其中，80％都取材于社会服务活动中。

由此可见，社会服务对参政议政取得实效具有极好的推动作用。

四、社会服务对会务能力的作用

实践证明，社会服务的各项活动，对党派成员的能力，尤其是会务能力是一种极好的培养、锻炼和提高。

众所周知，我们基层组织的会议活动往往开展得很不规范，这在其他党派也不鲜见，这就在一定程度上影响了党派组织的形象。造成这种现象的主要原因是，绝大多数的党派成员是没有行政工作经历和经验的，基本不具备会务工作能力。因此，一些人连会议的议程如何写、如何安排、如何主持也不知道。要培养成员这种能力，就要在其本职工作之外努力。社会服务活动则为党派成员这些能力的生成创造了条件。因为开展社会服务活动，需要一定的组织能力、领导能力、协调能力、策划能力、实施能力。社会服务就是培养、锻炼和提高这种能力的极好平台。在开展社会服务的过程中，我们有计划、有步骤地安排会员参加社会服务活动的整个过程，并在其中承担一部分工作，或者作策划工作、或者作联络工作，或者作主持工作，到一定时候，将一些规模比较大的社会服务活动交与会员承办，让其亲历亲为。实践长才干，经验出能力。经过社会服务这个平台的实践，我们的一些基层干部会务工作能力得到了迅速提高，会议办得像模像样，秩序井然，非常规范，不但体现了组织的政党性，而且也赢得了执政党地方组织领导人和政府领导人的高度肯定。

据此，可以认为：社会服务对培养、形成和提高会员的会务工作能力具有较强的促进作用。

当然，社会服务对构建和谐社会起着非常重要的作用，对促进党派自身建设的作用也不止上述四种，此不再赘述。总之，社会服务作为一项组织职能，我们应该高度重视，运用组织手段推进其发挥并实现其作用最大化。

浅谈新时期民主党派的社会服务工作

民进忻州师范学院　李常生

社会服务是民主党派的重要职能之一，既是民主党派展示自我形象的窗口，又是参与实践、开展调研的有效途径。中国共产党领导的多党合作和政治协商制度已经走过60个年头，统一战线和多党合作事业进入了新的发展阶段，作为民主党派职能之一的社会服务工作，也面临新的挑战。如何在新形势下有效地发挥参政党优势，开拓社会服务工作的新局面，更有序地广泛组织和发动参政党各级组织和广大成员参与社会服务工作，更充分地体现多党合作制度的优越性，更好地与参政议政、民主监督和自身建设相结合，是值得我们不断探讨的问题。

一、新时期民主党派社会服务工作内涵

科学发展观，第一要义是发展，民主党派社会服务发展，就必须正确把握社会服务的内涵。民主党派的社会服务工作不同于一般公民或者社会慈善机构的“做好事”，也同于政府部门为民“办实事”，它具有独特的性质。

（一）政党性

作为参政党开展的社会服务工作必须突出参政党的特点，参政党社会服务工作是政党的活动，脱离了政党这一主要特点，党派的社会服务工作就失去了最终方向和灵魂，就会等同于一般的社会团体和慈善机构的公益活动。参政党的性质和地位决定了民主党派社会服务又是一项政治性、政策性很强的工作，作为党派行为，社会服务工作在关注民生、服务于民的基本功能之上，更有明显的政治功效。要求我们必须从建设有中国特色社会主义的实际出发，从坚持和完善共产党领导的多党合作和政治协商制度的大局出发，来统筹考虑社会服务工作，也就是说我们在做具体事情时一定要有大局观念和全局意识。作为参政党，除了完成政治协商、民主监督和参政议政等任务外，还必须牢牢把握发展这个根本任务，为我国经济与社会发展做出实实在在的贡献。只有这样民主党派才能更好体现自己存在的价值，并得到社会的承认。

（二）整合性

民主党派是参政党，它手中本身没有掌握资源，开展社会服务动用了自己的

有限资源，是广大民主党派成员释放他们自身的潜力和能量、报效祖国、服务人民善举，更是一种奉献。这种力量是微弱，零碎的。要做出更大的事情就要充分发挥界别上的优势，整合资源，集聚人才，突出整体协作力量在特色优势领域有计划、有步骤、有重点地开展服务社会工作。社会服务的领域非常广阔，而参政党在人力、物力、财力、信息等方面的资源是有限的，为了使社会服务工作做深做细取得实效，必须要突出重点。面不能太广，要突出各地方组织的特点和充分发挥社员的优势，紧紧结合当地的实际，来确定社会服务工作的重点，并坚持不懈地、持之以恒地做下去，不断取得成绩。

（三）相辅性

社会服务工作不是简单地对社会直接做贡献，更重要的是通过社会服务工作才能够深入下去掌握第一手的材料，从而为我们更好地参政议政打下了良好的基础。民主党派社会服务工作不仅不能离开参政议政这个中心任务，而且还要把社会服务作为履行职能的重要任务来抓。从国家、社会发展的宏观大局出发，通过社会服务工作的实践，注重调查研究，深入了解情况，向党和政府提出意见和切实可行的建议。

二、新时期民主党派社会服务工作呈现的变化和特点

随着我国经济社会的发展，统一战线的壮大，民主党派社会服务工作经历了从自发到自觉，从零散的、随机的到有条理、有计划的发展过程。社会服务实现了理论和实践上的丰富和积累，拓宽了工作的领域和思路，呈现出不少新变化和显著特点。

（一）社会服务的社会条件、政策环境有了很大变化。

上世纪七八十年代，民主党派各级组织恢复活动时，随即开展了围绕中心任务，利用自身优势，以办学、咨询和扶贫为主要形式的服务社会工作，取得了积极的社会效益。当时民主党派的自身建设和职能履行尚处于起步阶段，社会服务的方式主要以社会效益为主，服务于现代化建设，以“发挥优势，拾遗补缺，服务社会”为活动原则。进入新时期，国内外的形势发生了很大的变化，社会服务工作面临着一个开放的、多元的、世界一体化的环境，党和国家的战略目标、中心任务发生转移，社会服务无论在内涵和外延上，都赋予了新的时代特征和历史责任。中共中央［1989］14 号文件，首次提出了社会服务的概念，明确了社会服务的宗旨和工作范围，肯定了社会服务的功能和意义，为社会服务工作指明了方向，有力地推动了社会服务工作。而中共中央［2005］5 号文件，对社会服务工作

在中共中央［89］14号文件贯彻以来实践的基础上，提出了新的要求。社会服务的内涵从直接的专业服务转向为全面建设小康社会服务，社会服务的外延从一般的社会服务转向构建社会主义和谐社会服务，社会服务更加紧密结合国家的形势任务要求，内容上形式上都有了极大的丰富和发展。文件还要求党委和政府有关部门要积极创造条件，支持民主党派开展各种形式的社会服务活动，支持的力度加大。

（二）对社会服务工作的定位有了新的认识。

对民主党派社会服务工作的认识和定位，较长一段时间里停留在仅仅是为社会办一点实事、好事上。从这种认识出发，有的同志觉得社会服务路子不宽，前途不明，也有一些同志对民主党派作为参政党有无必要开展社会服务活动提出了疑问，有的干脆认为民主党派搞社会服务是“不务正业”，偏离了民主党派的基本职能。随着我国政治文明建设的推进，民主党派的参政党职能日益凸现，民主党派参与国家社会政治生活的深度和广度都有了前所未有的拓展。经过多年实践创新和理论探索，从参政党行为的高度着眼，把社会服务工作放到参政党行为的层面上思考，对社会服务工作有了新的、更为准确的定位。一方面社会服务与民主党派调查研究有机地结合起来，成为参政议政的基础和载体。贴近民众、走进社会的社会服务，为参政议政工作提供了大量的第一手的社情民意信息，为参政议政提供了丰富的素材和资源，形成了大量的真知灼见的参政议政成果。另一方面作为参与国家经济建设的具体实践，民主党派的社会服务也将在协助执政党在构建社会主义和谐社会中，起到凝聚人心，化解矛盾，减少阻力，形成合力的作用。

（三）社会服务的方式不断转变，社会服务的能力和水平不断提高。

传统的社会服务以办医办学、咨询服务、支边扶贫和送医送药送戏等方式开展，主要是利用组织和党员的自身优势，“量力而行，尽力而为”。随着形势的发展和社会服务工作内涵的变化，社会服务的思路也在改变。在此基础上，实现了服务方式的两个转移。即：由传统模式向创新模式转移，由分散的、小范围的、短期的服务模式向固定的、集聚的、长期的服务模式转移。在实现两种方式转移中，社会服务工作建立了不少服务阵地，如农工党组织在各地分别建立了法律援助工作站、心理咨询站、医学专家下乡服务基地、定点帮扶乡镇卫生院等，这些阵地不仅是民主党派参与实践、服务社会的载体，也是联系群众、深入一线的重要纽带。在服务项目上，结合自身优势，形成了一些服务品牌，如各民主党派共同参与的国际科学与和平周活动，已连续开展十多年，参与的人数和社会影响均越来越大；农工党组织近年来开展的定点帮扶乡镇卫生院，在全国各地也产生了极大的影响，取得了明显的帮扶成效。社会服务方式的转移同时还带动了服务领域的拓展和延伸。即从常规的基础服务向决策咨询服务延伸，从单一的业务服务向综合管理服务延伸，从局部服务向区域服务延伸。社会服务的知识含量、层次越来越高，组织协调、宏观指导性越来越强，地域覆盖面越来越大。

（四）逐渐整合民主党派组织资源，建立一支精干的社会服务队伍。

2001年底，各民主党派中央统一将咨询服务机构命名为社会服务机构，社会服务在自身建设上迈出新的步伐。现在省以上民主党派机构都设立了专门的社会服务部门，配备专职干部，在组织、策划、联络、实施工作方面起到了骨干作用。社会服务工作是一项与外界打交道、较艰巨的工作，同时又是一个一无权、二无钱的工作，凡事都要专职干部上门求人，耐心解释才能解决问题，长期的摸打滚爬，锻炼出一支甘于清贫、乐于奉献，勇于进取，善于思考的专职干部队伍。社会服务每次都要组织大量的民主党派成员，这些成员大多是临时性、分散性的抽调人员，利用自己的专业知识，无偿地付出劳动，在奉献中参与社会实践，在奉献中体现自身价值。目前，社会服务队伍建设开始了新的思考和探索，即触及如何形成一支相对固定的、综合性的社会服务骨干队伍，如何建立一套行之有效的学习培训机制、激励机制和保障机制等相关问题。随着这些问题的不断深入和解决，民主党派社会服务工作将走上可持续发展轨道，社会服务工作的质量和水平将得以不断地巩固和提升。

三、新时期开展社会服务工作对策

社会服务工作是一项开创性工作，也是一项与时俱进的任务，民主党派基层组织应该围绕地方党委和政府的中心任务不断拓展社会服务工作的新形势，新方法、新内涵，为推进社会主义经济、政治、文化和社会建设贡献力量。开展社会服务工作要树立科学发展观，要有有序社会参与的理念，与社会发展阶段相适应，正确认识和开展社会服务工作也是一种政治把握能力。

（一）社会服务工作要坚持“三个不同”

随着中国特色社会主义事业的发展，多党合作制度不断完善，民主党派也在不断加强自身建设。但是不得不看到，随着经济社会的进步，民主党派组织结构和作用发挥出现趋同化的现象。在这种形势下如何在社会服务中体现把各民主党派各自的优势和特色，需要在实际工作中坚持三个不同。

1. 坚持党派界别的不同。

因为八个民主党派分别有自己的界别特色，一定要根据自己的优势，用己所长、避己所短。如九三学社应积极发挥科技、高教、医卫界专家的优势服务于民，民建则应注重挖掘经济界代表性人士，惠及于众等等。

2. 是坚持区域的不同。

就全国来讲，要根据不同区域经济发展程度，来探索社会服务的途径、提供社会服务的需求，如沿海发达地区、中部地区、西北部地区等，会出现极大的区别。就北京市来讲，十八个区县经济发展不同、社会服务需求也不尽相同，需要民主党派认真分析，切不可“一刀切”。

3. 坚持服务模式的不同。

过去社会服务工作多为义诊、捐书、捐物、科普宣讲等等。随着城乡一体化建设的发展，这些模式已经远远不能适应市民、村民的需要，需要探索新的多样化服务模式。

（二）社会服务工作要开拓创新

创新是形势的要求，2010 年随着国际金融危机将逐渐回暖复苏，随着首都“人文北京、科技北京、绿色北京”建设和率先实现城乡一体化建设不断深入，首都新农村建设会赋予新的内容，需求也会有所转变。

1. 要计划长久。

九三学社北京市委正在制定自 2010 年起，“科技服务直通车”三年规划。其目的就是利用中央驻京单位成员属地化管理的优势，整合在京各级、各领域的专家资源，通过社市委的牵线搭桥，用最快捷的速度、最简单的途径将高端人才、前沿技术介绍到首都基层和乡村，为首都的经济、文化、社会建设服务，充分体现出“科技服务直通车”中人员直通、技术直通的特点。

2. 要有依托、有重点。

民主党派社会服务工作要着眼于目前北京市发展的需要，要根据中共北京市委对民主党派社会服务提出的要求，依靠统战部的领导，将北京市目前发展的中心工作列为今后工作的重点，围绕首都西南区域发展计划、推进首都城乡一体化进程和“人文北京、科技北京、绿色北京”的建设等核心工作、重要任务、战略目标开展工作。

3. 要挖掘、整和资源。

在社会服务实践中，将发现人才、使用人才，作为社会服务的保障机制抓紧抓好，要不断建立、充实、完善社会服务工作人才库，要借鉴社市委“科普志愿者宣讲团”的成功经验，根据“科技服务直通车”的需要，建立成立“科技服务专家团”，收集、掌握、熟悉各领域、各层次专家学者和科技项目的情况，确保直通车发挥快捷、有效的作用。

4. 要有韧劲、有探索。

科技示范，量力而行是民主党派社会服务工作要遵循的原则。九三学社北京市委“一村一博”科技助农工作在过去的两年时间里取得了初步的成果，其中板栗剥壳机、板栗产业链以及果酒果醋的酿造技术得到了各方的认可，但却面临着技术如何推广、产品如何进入市场等一系列的问题。对此，我们需要及时总结阶段性成果，及时盘点成果清单，促使成果的转化，树立锲而不舍的信念。所以需要客观的设定项目前景，提出项目推进办法，以信息的形式上报，积极向相关决策人员和部门进行反映，同时提供给受益方和有关企业作为投资的参考。民主党派的专家学者在从事社会服务工作，推广科学技术过程中，要避免产生急于求成的现象，要有持之以恒的精神。

（三）社会服务工作要研究理论

自新中国成立到今天，尤其是改革开放以来，民主党派社会服务工作已经坚持了几十年了，这项工作为推进社会主义发展，为维护社会稳定做出了重要的贡献。

为了进一步推动社会服务工作进步，提高参政党履职水平，需要对社会服务工作进行深层次的理论探讨。如社会服务工作如何与参政议政相结合；如何将牢固树立和践行社会主义核心价值体系融入到社会服务之中；如何探索和研究新形势下民主党派社会服务的定位、职能和途径，探讨社会服务的长效机制；如何探索社会服务稳步有序、务实有效的办法和有效途径等等。

总之，中共领导的多党合作制度，需要执政党和参政党在实践中共同维护、共同推动其发展，而民主党派在履行参政议政、民主监督、社会服务等各项职能中，尤其要审时度势，认真思考，积极探索，不断创新，努力建设成为适应新形势要求的参政党。

民主党派社会服务工作如何与参政议政、民主监督、自身建设相结合

民进甘肃省张掖市委　谢　荣

社会服务是民主党派履行参政党职能的重要组成部分，它直接面对社会、面向基层群众，是民主党派围绕发展第一要务，为经济社会全面发展服务的具体体现，也是民主党派树立自身形象、体现自身价值、扩大社会影响的有效途径。如何在新形势下有效地发挥参政党优势，把社会服务与参政议政、民主监督和自身建设有机结合起来，更加有序地广泛组织和发动参政党各级组织和广大成员参与社会服务工作，是值得我们不断探讨的问题。

一、把社会服务与参政议政结合起来

参政党的社会服务工作是政党的活动，不同于社会团体和慈善机构的“做好事、做实事”。脱离了参政议政这一主要任务，党派的社会服务工作就失去了最终方向和灵魂。

1. 通过社会服务实践，广泛了解和反映社情民意。

作为参与国家经济建设的具体实践，民主党派的社会服务将在协助执政党在构建社会主义和谐社会中，起到凝聚人心，化解矛盾，减少阻力，形成合力的作用。贴近民众、走进社会的社会服务，为参政议政工作提供了丰富的素材和资源，有利于民主党派了解和反映社情民意。近年来，民进张掖市委会领导经常组织成员深入工厂、农村、社区和学校等地，在实际服务过程中，发现和了解了群众比较关心的一些问题，并及时将这些问题写成社情民意报市政协或者在有关会议上直接提出。同时充分发挥自身的资源优势，扶持贫困地区、民族地区教育，呼吁社会各界人士关注教育，在教学基础设施、教学设备补充、失学儿童资助、开展师资培训等方面贡献自己的力量。积极参与卫生事业改革发展，就加强农村医疗机构建设和社区卫生站建设，完善农村医疗保障制度，巩固新型合作医疗改革成果等建言献策。我们还密切关注并积极调研资源开发、征地拆迁、城镇建设、环境保护等热点、难点问题，积极向市委、市政府反映群众的意见和建议，争取各

级政府的更多关注，帮助他们解决实际问题。

2. 通过社会服务实践，提高调研成果质量。

民主党派的社会服务与调查研究有机地结合起来，成为参政议政的基础和载体。社会服务工作是民主党派参与实践、开展调研的有效途径。

在开展社会服务工作的实践中，民进张掖市委会坚持从本市经济社会发展的宏观大局出发，紧紧围绕中共张掖市委、市政府的中心工作，通过社会服务实践，深入开展调查研究。近年来，市委会先后组织开展了“全市劳务输出情况调研”、“全市农民工培训工作调研”、“全市农村劳动力技能培训工作调研”、“全市肉牛产业发展情况巡诊”、“全市设施农业发展情况调研”等，由于这些成果来源于社会服务过程中的实践活动，具有较强的客观性和科学性，容易被决策部门采纳，因此得到中共张掖市委、市政府领导的充分肯定，并积极采纳。

3. 通过社会服务实践，提交高质量的提案。

提出提案的过程，就是深入调查研究、体察社情民意的过程。民进张掖市委会在开展社会服务过程中，坚持面向基层、面向群众，深入了解和发现人民群众比较关心的热点、难点问题，然后整理成一件件提案，由市委会或市政协委员负责提交到每年召开的市政协会议上。近年来，市委会及会员政协委员联名或以个人名义提交提案100多件，被确定为政协主席、副主席重点督办的提案10余件。其中，《关于加大对民族文物抢救和保护力度的提案》、《关于推进我市矿产资源可持续开发利用的提案》、《关于加大我市治污减排力度的提案》、《关于对张掖城区因地下水上涨造成的水患问题进行治理的提案》等被市政协评为优秀提案。高质量的提案促进了办理的高质量，展现了良好的经济社会效果，更进一步激发了会员参政议政的工作热情。

二、把社会服务与民主监督结合起来

社会服务是民主监督的有效载体与基础，它能为民主监督提供实际案例、信息线索、试点经验，帮助我们增强民主监督实效，把监督工作落到实处。民主监督反过来又可促进社会服务在更深的层面，更全局的视角，更宏观的背景下开展，能够进一步增强社会服务的政策性、针对性和自觉性。两者紧密结合，以小见大，由点到面，可使党派在履职中发挥更加切实有效的作用。

近年来，中共张掖市委、市政府坚持广开言路，开门纳谏，积极支持市级各民主党派在开展社会服务工作的过程中围绕全市中心工作和经济社会发展中的热点难点问题进行深入调研，帮助市委、市政府为推进“十大工程”把脉会诊，建言献策，为全市各民主党派充分发挥民主监督职能作用创新载体、搭建平台、畅通渠道。中共张掖市委、市政府专门召开“十大工程”巡诊报告会，虚心听取民革、民盟、民建、民进、九三学社 5 个市级民主党派对“十大工程”建设的意见建议，对完善发展思路，科学有序地推动“十大工程”，实现张掖经济社会又好又快发展起到了积极的促进作用。

通过开展“十大工程”巡诊活动，采取“一帮一”、“多帮一”等形式，各民主党派与各责任单位建立了稳定的“医患”关系，经常性组织专家学者开展调研，定期对“十大工程”建设情况进行“巡诊”，对工作落实情况及时进行监督。针对民主党派在“巡诊”活动中提出的意见建议，市政府召开常务会议专题研究，进一步理清工作思路，优化实施方案，完善工作措施，确保提出的合理化建议真正落到实处。

三、把社会服务与自身建设结合起来

社会服务工作是参政党自身建设的重要组成部分，民主党派开展社会服务活动，也是自身建设的自觉要求。?

第一，民主党派开展社会服务活动，可以充分调动广大成员奉献社会的积极性，有利于党派的思想建设。

民主党派的成员之所以加入民主党派，就是为了有一个报效社会的舞台，而参加社会服务活动，正是为他们提供了一个直接报效社会的机会。因此，广大民主党派的成员总是乐于参加党派组织的社会服务活动。他们可以在参加社会服务活动的过程中，更加深入地了解社会、奉献社会，进一步加强热爱祖国、热爱家乡、热爱人民、为富民兴国贡献力量的思想教育。当四川汶川、青海玉树地震和甘肃舟曲泥石流特大灾害发生后，我市民进会员积极响应中共张掖市委和民进甘肃省委的号召，紧急行动起来，伸出援助之手，慷慨解囊，奉献爱心，踊跃捐款 43000 多元，支援灾区抗震救灾，重建家园。

通过社会服务实践，引导党派成员正确认识社会发展规律，树立正确的人生观、价值观；教育和激励党派成员把个人前途命运与国家强盛，民族振兴紧密联系起来，把个人奋斗融入建设祖国现代化的伟大实践中；促进和鼓励党派成员加强政治理论学习、强化业务技能，切实增强为社会服务的本领；使广大人民群众逐渐了解了民主党派，树立了民主党派在社会上的良好形象。从一定意义上讲，社会服务是加强民主党派思想建设的有效途径之一。

第二，民主党派开展社会服务活动，可以丰富基层组织活动的形式与内容，

有利于党派的组织建设。

社会服务工作是增强民主党派凝聚力的一个非常有效的措施。通过开展社会服务工作，可以发挥基层组织的作用，把党派成员的积极性调动起来。通过组织基层和成员参与社会服务工作，可以丰富基层组织活动内容，增强组织的凝聚力与号召力，从而促进民主党派的组织建设，

将社会服务列入民主党派基层组织的活动内容，就可使民主党派的基层组织根据自身的条件与特点，既可在本单位、也可以多个基层组织一起或参与上级组织的社会服务活动。这就大大拓展并丰富了民主党派基层组织活动的内容与形式，这对于增强基层组织的活力无疑是十分重要的，大量的实例也充分证明了这一点。

民进张掖市委会通过组织开展一系列社会服务活动，大大丰富了民进组织的工作内容，增加了工作活力，提升了自身品味和社会知名度，增强了影响力，也增进了社会各界对民进组织的认可，并在工作中结识人才、壮大队伍，从而也促进了市委会的参政议政、自身建设等工作的顺利开展。

第三，民主党派开展社会服务活动，可以促进骨干成员的锻炼与成长，有利于党派的队伍建设。

履行参政议政职能，要有结构合理、素质较高的队伍。在民主党派所组织的社会服务活动中，必然会涌现出一大批富有爱心与责任心的积极分子与骨干成员，也必然使得他们在活动中提升自己的政治把握能力、合作共事能力、参政议政能力和组织协调能力。在社会服务活动中发现、培养、使用骨干成员，是民主党派组织建设的重要一环。各党派在做好参政议政工作的基础上，应该把社会服务作为加强队伍建设的切入点纳入重要议事日程。根据自身特点和优势、因地制宜、量力而行，有计划有组织地开展社会服务活动。

民主党派的社会服务是民主党派的一项十分重要的工作，也是一项理论与实践紧密结合的工作，泛泛而做易，做出品牌难，我们必须在理论上深入研究，在实践中加强探索，不断总结经验与教训，才能真正把实事做好，把好事做实。

关于社会服务内在价值及其规律性问题的两点思考

民进安徽省委　陈德鸿

社会服务工作是民主党派重要职能之一。如何在新形势下，更广泛地动员党派各级组织和广大成员参与社会服务，开拓社会服务工作的新局面，是值得我们不断探讨的问题。笔者结合从事社会服务工作的经历和体会，认为新形势下，做好社会服务工作，当务之急是要廓清无所作为、可有可无等模糊认识，摆正其位置，理清其价值，认识其意义；在此基础上，结合社会服务实践，从中探求和研究其内在规律性。这对于促进社会服务主体履行其社会职能，发挥其独特作用，实现其科学、可持续发展，具有重要意义。

一、提升境界，科学理解社会服务工作的内在价值

（一）充分认识社会服务工作的政治价值。

从本质规定和固有职责上讲，民主党派的社会服务工作具有其特定的政治价值。中国共产党领导的多党合作和政治协商制度是我国的基本政治制度，开展社会服务工作是民主党派坚持和完善中国共产党领导的多党合作和政治协商制度的具体体现，是参政党一项基本职责。围绕党和政府的中心工作，发挥参政党的作用，做好社会服务，是为了建设和谐社会，为了多党合作的政党制度建设做工作，为了更好地宣传这一基本政治制度。民主党派的社会服务工作是一项政治任务。它不同于一般公民或者社会慈善机构的简单公益行为，具有特定的政治性和政策性。要从完成政治任务的高度去认识社会服务工作的政治价值。

（二）充分认识社会服务工作的社会价值。

从社会服务对象和直接作用来讲，民主党派的社会服务工作具有其相应的社会价值。通过社会服务平台，可以更多地深入社会，了解国情民意，看到差距，发现经济社会某些不协调、不和谐发展的情况，从而增加作为民主党派成员的社会责任感，更加自觉的树立和贯彻科学发展观，并通过民主党派组织和成员的努力为社会的和谐发展、为人的全面发展做贡献。在社会服务工作中，深刻领会和

践行胡锦涛总书记提出的科学发展观及“同心”思想。因此，要从促进社会科学发展、可持续发展的高度去认识社会服务工作的社会价值。

（三）充分认识社会服务工作的政党价值。

从对党派自身内在的建设发展作用来讲，社会服务具有不可替代的政党价值。与时俱进的执政党要求她的盟友——民主党派要在新的政治格局中主动寻求自己的合适位置，在履行参政议政政治职能的同时，以高度的使命感，履行好自己的社会职能，全面发挥好自己的作用。民主党派从成立至今，在各个时期社会服务活动的实践证明，社会服务能够塑造党派在社会上的良好形象，是成员认识社会，认识民主党派，社会认识党派组织的“窗口”。社会服务能够增强党派组织的活力、凝聚力和向心力，是党派组织加强自身建设的“抓手”。社会服务能够为参政议政提供第一手资料，是开展参政议政的“基础”。所以，要站在参政党的高度，充分认识社会服务工作在参政党整体工作中的地位和作用，充分认识社会服务工作的政党价值。

因此，对民主党派来说，社会服务既不是可有可无或不务正业，更不是创收、“搞副业”，而是参政党的一项基本社会职能。具有与之俱来的政治价值、社会价值和政党价值。要以参政党的高度来认识社会服务，以参政党的角度开展社会服务，以参政党的力度来推进社会服务。

二、反复实践，积极探求开展社会服务工作的内在规律

社会服务对民主党派来讲，是一项实践性很强的工作。就现行的开展社会服务的外部环境和内部条件而言，有其“个性”，更有其“共性”，即内在规律性。在充分理清其内在价值的前提下，积极探索和研究其内在规律性，对于做好新形势下的社会服务工作有着重要意义。以民进省级组织为例，笔者试从五个方面对其隐含的内在规律性加以探析。

（一）从建立和完善长效机制入手，夯实社会服务工作的“支撑点”。

夯实“三位一体”的“支撑点”，包括领导分工、制度保障和队伍建设。

1. 领导重视是关键。

“火车跑得快，全靠车头带”。做好社会服务工作，领导重视是关键。在班子成员中要有明确分工，明细责任，特别是主委及分管副主委的引领、示范和带头作用尤为重要。此为支撑一。例如，安徽民进多年实行主委分工负责制，且有两位班子成员分管、协管社会服务专项工作；重大社会服务活动，主委及班子成员都亲自参加，为全省民进各级组织做出了表率，起到了带头带动作用。

2. 激励机制是保障。

建立有效的激励机制，最大限度地激发社会服务主体（基层组织及成员）潜能，并在一定时期、范围内给予成员以表彰奖励（包括精神奖励和物质奖励），对提高组织及成员个人社会服务的积极性和创造性，稳定社会服务专职队伍、推动社会服务可持性发展具有重要意义，也是做好社会服务工作的必要保障。此为支撑二。典型实例：安徽民进自1996年省级组织社会服务部成立以来，坚持两年一度的工作总结表彰会议，建立和完善了表彰社会服务先进集体和个人的激励机制，十多年来，已有逾百个（次）基层组织和骨干会员受到表彰。

3. 队伍建设是基础。

搭建专门的社会服务工作平台或机构，建立专业、精干的社会服务专职队伍，实行动态有效的分类管理，社会服务才能有抓手、有依托。反之，再好的服务项目也只能是“空中楼阁”。此为支撑三。例如，安徽民进各级组织都分别成立了以领导领衔、兼职骨干会员为成员的社会服务工作专委会、工作小组及社会服务工作部等机构，成立了企业界会员联谊会、安徽民进开明书画院。此为组织保障；同时建立包括医卫、法律、农业科技、书画界及企业界会员等在内的社会服务会员专家人才库，此为智力支撑。

（二）从注重社会服务效果入手，强化社会服务工作的“着力点”。

强化社会服务工作的“着力点”，讲求工作“三效”原则。

1. 求实效的原则。

开展任何一次社会服务活动，都要有其明确目标，追求看得见、摸得着的实际效果，体现其应有价值，从而取信于民、取信于社会，而不是只摆“花架子”，只图一时热闹场面。例如，坚持十年的扶贫联系点——休宁县的定点扶贫，与省直帮扶团队共为休宁筹集资金超过3亿元，帮助实施扶贫项目447个，扶贫帮扶工作取得了实实在在的效果，受到休宁百姓的赞誉。

2. 求长效的原则。

就是着眼长远，注重开展某项社会服务活动的可持续性，重视工作的长效机制建设，不东张西望、不左顾右盼、持之以恒抓落实。注重项目的典型示范作用，着力打造工作品牌。如安徽民进坚持连续14年开展的义诊活动，连续13年开展的“芜湖民进助学会”，连续10年对口开展帮扶休宁工程，连续5年开展的法律咨询活动，连续4年开展的农网专家团工程，连续2年开展的“环保宣教乡村行”活动等，都已成为较有影响的品牌项目。

3. 求高效的原则。

针对社会关注度高的焦点、难点、热点问题或突发事件，帮助党委、政府拾遗补缺，敏锐把握其时效性，准确准点、及时到位；结合形势变化、结合会员专家大多兼职、结合会员熟悉领域，更加有效、有针对性地开展社会服务，注重社会服务活动的高效。如安徽民进在农网专家团工程中开展的“专家在线”中，开展的防治甲型 H1N1 流感、两会代表话“两会”及家电下乡，适时为“三农”提供服务等。

（三）从社会服务与参政议政结合入手，寻求社会服务工作的“结合点”。

民主党派开展社会服务活动，不能就事做事，一做了之，仅停留在“做事”的浅层面，而要做参政议政的“有心人”。要结合“三情”，即形势变化的时情（国情），结合本省省情、结合民进会情（会中央的总体工作思路和省级组织社会服务工作的重点），努力寻求并把握与执政党实现科学发展要求、社会及基层需求相适应、相符合的有机“结合点”，并最终落脚到参政议政上来，否则社会服务就失去了其深层次意义。

如农网民进专家服务团工程就是社会服务与参政议政有效结合的范例。顺应中共党委、政府要求、安徽新农村建设需求、基层渴求，组织专家团参与农网专家在线，既服务了社会，又了解了第一手社情民意，提交了《关于充分发挥安徽农网综合信息平台作用的建议》提案，取得良好成效，国家发改委和省财政厅决定拨款 3600 万元支持安徽农网建设。

（四）从借智、借力、借势入手，找准社会服务工作的“切入点”。

众所周知，民主党派有专家人才智力优势，无可掌控的社会服务专项财力物力。这就要求民主党派在开展活动时要扬长避短，突出成员智力优势，顺时借势，适时借力，并将党派智力优势与政府相关部门管理优势及物质优势相结合，集智聚力，不面面俱到，找准社会服务工作的“切入点”。民进组织在寻求“切入点”的过程中，要突出自身在教育、农业科技、医卫法律、企业界会员等方面的人才特色，贴近社会需求（即贴近“三农”、贴近民生、贴近和谐社会建设），找准社会服务工作与党和政府工作“同步共振”的“切入点”。

如在实施帮扶休宁县过程中，安徽民进在具体帮扶内容上找准了“切入点”，如农业专家帮扶的农业产业结构调整，医卫专家赴休宁的扶贫义诊，法律专家开展法律咨询、借力向农民送科学储粮仓、捐建希望小学等。“星星之火，可以燎原”。由于民进社会服务的以点带面和示范影响，使得参与帮扶的社会服务队伍越来越壮大，由最初的 6 个，发展到 24 个。

（五）从创新和优化服务模式入手，开辟社会服务工作的“创新点”。

民主党派在多年的社会服务实践中形成了传统方法和模式，但新形势下，全面建设小康社会、构建和谐社会、新农村建设以及同心工程的实施，都为民主党派的社会服务开辟了新领域、提出了新课题。这就要求我们要继承创新，顺势而为，努力开辟“创新点”。要做到“六个注重”：注重将服务手段、方法的创新；注重服务内容的创新；注重会员专家各种服务力量的统筹与整合；注重将参政议政职能与社会服务职能的同步延伸；注重经济效益和社会效应的同步放大；注重工作的规范化与常态化的同步建设。

比如，安徽民进联手安徽农网，连续 4 年打造“农网民进专家服务团工程”，尤为典型。走出了一条党派（民进）与政府部门（省气象局）“联姻”、“大脑”与“电脑”结合、人才与网络（民进会员专家与先进科技网络载体）“牵手”，共同搭台，联袂“唱戏”开展服务社会、服务“三农”的新型之路，探索出了一条适合安徽民进会情的社会服务工作新型模式。

综上所述，参政党开展社会服务工作具有丰富的内在价值，社会服务工作作为民主党派履行参政党职能的重要实践，有着因时而变的新内涵，有着可以把脉的内在规律性。充分认识社会服务的内在价值，探求和把握其内在规律性，是民主党派履行社会职能的迫切需要。民主党派组织和成员要充分认识其内在价值，进一步增强做好社会服务工作的积极性和自觉性；积极投身社会服务实践，在实践中探索规律，在实践中利用规律，进一步增强开展社会服务活动的科学性和有效性。在实践中，不断以长效机制推动服务模式创新，以服务模式创新促进长效机制完善，不断夯实“支撑点”、强化“着力点”、寻求“结合点”、找准“切入点”、开辟“创新点”，社会服务工作才会充满生机和活力，才会常做常新，社会服务之路才会越走越宽广。

夯实社会服务民意基础 增强民主党派履职能力

民进湘潭市委　马石城

摘要：社情民意工作是民主党派发挥优势、履行社会服务职能的客观依据和实践基础。社会服务是民主党派参与实践、开展调研、体现社会责任、为参政议政和民主监督积累素材的重要途径。当前，社情民意的“缺位”影响和制约了民主党派社会服务的深入开展，具体表现为三种矛盾：社会需要与资源匮乏的矛盾，拓展领域与效果不佳的矛盾，发挥优势与特色不强的矛盾。解决这些矛盾，不断增强民主党派的履职能力，推动社会服务的创新发展，就必须准确把握社情民意。要畅通社情民意反映渠道，整合社会服务优势资源，着力提升社会服务的层次。

社情民意反映基层和群众的真实情况，反映社会各界人士的愿望和呼声。从本质上来看，社情民意工作体现着一种实事求是的思想路线、从群众中来到群众中去的群众路线和工作方法，是治国理政的重要根基，也是民主党派发挥优势，履行参政议政、民主监督、社会服务以及自身建设职能的实践基础。作为民主党派的重要社会职能和政治任务，社会服务直接面对社会、面对基层、面对群众，是民主党派实现自身价值、塑造党派形象的窗口，也是民主党派参与实践、开展调研、体现社会责任、为参政议政和民主监督积累素材的重要途径。把社会服务扎根于社情民意基础之上，使社会服务更好地切合基层实际，符合群众需要，是民主党派推进社会服务工作创新发展的必然要求。

一、社情民意是民主党派履行社会服务职能的实践基础

社情民意是民主党派履行职能的“第一信号”。综观民主党派开展社会服务的历史，它是随着中国共产党领导的多党合作和政治协商制度不断发展的过程，随着我国经济社会的进步而明确地位、凝聚共识、丰富内容及形式的，社情民意始终是其客观依据和实践基础。

1. 社情民意为民主党派履行社会服务职能提供基本依据。

重视民情、关注民生、反映民意、广集民智，是民主党派作为参政党性质的本质要求。民主党派各项职能的实现，没有那一项能够离开对社情民意的深刻了解和及时反映。要深化参政议政，需要全方位、多渠道了解社情民意，才能参政到点子上，议政到关键处；要强化民主监督，必须在知情的前提下针对时弊，有的放矢地提出批评、意见和建议；要加强自身建设，必须广泛联系群众，广求善策，广集群言，最大限度地集中党派内外的智慧与力量；要推进社会服务，更要深入社会、深入群众，了解社情民意，把人民群众的呼声作为第一信号，把服务人民群众作为第一责任，把人民群众满意作为第一标准。

2. 社情民意为民主党派增强社会服务能力提供有效途径。

加强参政能力建设，是民主党派永恒的主题。民主党派精英荟萃、智力优势明显，如何把这一优势集中利用起来，采各家所长来增强履职能力、提升工作水平，社情民意是已经被实践证明了的行之有效的重要途径和手段。通过社情民意工作，党派一方面可以使党派各级组织更深入了解每一名成员的思想动态和工作状况，有针对性的引导他们增强心系百姓、奉献社会的责任意识，并且在工作中发现人才、培养锻炼人才，促进党派的思想建设和组织建设；另一方面可以发挥党派各级组织及其成员的作用，调动各方面的积极性，增强党派的战斗力、创造力和凝聚力，从而为开展社会服务提供强大的智力支持、力量支撑、组织保证和优质服务。

3. 社情民意为民主党派衡量社会服务水平提供重要标尺。

社情民意自身的性质和特点使之能够成为衡量党派各项工作水平的重要标尺。社情民意来源于广大党派成员，党派成员的参与面和参与热情，能够直观地体现党派的参政能力和组织程度，能够直接反映党派社会服务工作的深度和层次。社情民意具有时效性和代表性，能够更好地检验党派社会服务的敏感性、针对性、实效性以及对工作的把握能力。民主党派的社会服务要紧紧围绕党和政府的中心工作，能否敏锐地把握住当前的中心工作，捕捉到基层群众关注的热点难点，有针对性地加强服务，是检验党派工作能力与水平的重要标准。同时，有关社会服务的社情民意，其被采用的情况和领导的批示，也直接体现了党派社会服务质量的高低。

二、社情民意缺位制约民主党派社会服务的成效

开展社会服务是民主党派的优良传统。各民主党派经过多年的探索实践，积

累了丰富的经验，取得了大量成绩，受到了社会各界的广泛赞誉和充分肯定。但必须看到的是，当前民主党派的社会服务还存在社情民意“缺位”现象，在一定程度上影响和制约了民主党派社会服务的深入开展。主要表现为三种矛盾：

1. 社会需要与资源匮乏的矛盾并存。

人民群众对民主党派社会服务的认同、信任和支持，主要是看它的服务效果怎样，看能否满足自己的需要以及由此给自己带来的切实利益。在我国经济社会快速发展的新时期，人民群众对社会服务的需求日益呈现多元化、多样化、丰富化的特征。受限于参政党的地位，民主党派无法拥有丰富的执政资源来开展社会服务，普遍受到资金、人力、物力等资源匮乏的困扰，不可避免地存在“等一等”、“缓一缓”、“看一看”的现象。可想而知，这种局面下的社会服务，无论是数与量都不可能充分满足人民群众的需要。

2. 拓展领域与效果不佳的矛盾并存。

长期以来，民主党派的社会服务主要集中在支边扶贫、抗灾救灾、送教送医、“三下乡”等社会公益领域，趋同于一般的社会团体和慈善机构的公益活动。近几年来，在“巩固老阵地、拓展新领域”的思路指导下，民主党派社会服务的触角延伸到了科技、教育、医疗、文艺等多个领域，特别是在以民生为重点的社会管理服务领域，都采取了系列措施，收到了很好的效果。但由于各种因素的制约和影响，仍不同程度存在形式化倾向，突出表现在两个方面：一是一些党派的组织和人员热衷于做“表面文章”，社会服务活动成了“花架子”、“形象工程”，缺乏实质性效果，人民群众并没有从中真正受益；二是社会服务的层次不高，许多活动面窄、量小、层浅，难以切合人民群众的实际需要。

3. 发挥优势与特色不强的矛盾并存。

我国的民主党派都有自己的界别领域，体现各自的党派特色和优势。各民主党派在开展社会服务工作中，把坚持特色、发挥优势作为基本工作方针，逐渐形成了一批有影响、有规模的精品项目，如民进的“彩虹行动”，九三的“百名专家进乡村入学堂”和“亮康行动”，民盟的“烛光行动”等。但总体来看，受到覆盖面、参与面等影响，真正反映社情民意需要的社会服务仍然缺乏，人民群众对贴近民生、贴近实际的社会服务项目充满更多期待。

三、推动社会服务创新发展要准确把握社情民意

随着国际国内形势的发展变化，民主党派社会服务工作面临许多新情况新任务和新挑战，人民群众对党派社会服务的客观需求更为广泛，这就要求民主党派

不断推动社会服务创新发展，以发挥出更大的效应。笔者认为，推动社会服务创新发展，必须准确把握社情民意，这是民主党派做好社会服务工作，增强民主党派履职能力的基本前提和必然要求。

1. 畅通社情民意反映渠道。

只有真正符合社情民意所需，民主党派的社会服务才能具有强大的生命力与活力。及时捕捉群众的“第一信号”，把握群众的第一愿望，是民主党派做好社会服务工作的首要任务。要通过建立调研制度、群众接待制度、联系基层制度等，开辟民主党派及其成员同人民群众联系的多种渠道。要探寻网络民意等新兴民意的汇集机制，有效引导群众通过各种论坛、博客等公共舆论平台参与各种重大事务的讨论。要注重研究人民群众的现实需求及变化趋势，制定出有针对性的社会服务方案和措施，明确社会服务的种类、内容和对象，着力解决群众最现实、最关注、最需要的问题。

2. 整合社会服务优势资源。

社会服务是民主党派的一项重要政治任务，是必须做并且要做好的工作。在资源相对有限的情况下，必须坚持量力而行、顺势而为的基本原则。要充分发挥党派内外各方面的积极性，注重整合优势资源，汇聚工作合力，突破自身局限。要增强党派成员的服务意识，把参与社会服务作为成员的一项基本义务和要求，有序引导他们参与社会服务。要建立社会服务工作的长效机制，设立专门工作机构和工作班子，提供必要工作经费和条件，搭建各种形式的社会服务平台，尤其要集中党派骨干力量打造社会服务队伍，促进社会服务的专业化，切实提升社会服务工作的能力和水平。

3. 着力提升社会服务的层次。

社会服务既是一项传统工作，也是一项与时俱进、不断创新的任务。民主党派要顺应人民群众的要求，迎合人民群众的意愿，不断丰富和完善群众喜闻乐见、真切需要的各类服务。要着眼人民群众的现实需要，着力提升社会服务的层次和质量，从深层次来解决人民群众关心的热点难点问题，确保社会服务取得实效。要积极发挥社情民意工作的特点和优势，通过发动党派成员深入社会，广集民意，特别是对一些民生的重点问题要深入调查研究，通过调研报告，为党和政府加强和改进社会管理与服务提供意见建议，促进党和政府出台相应的政策，惠及广大人民群众。比如，将关心扶助下岗职工、贫病群众等弱势群体的行动发展到建立社会保障以及新型农村合作医疗制度的层面上来，将送医送药、免费义诊的行动发展到加强乡村卫生基础设施建设层面上来，等等。

参考文献：

[1] 唐华生．参政党社会服务的价值探讨和机制构建［J］．云南社会主义学院学报，2008（1）：33－35.

[2] 民进中央宣传部．严隽琪解答我会社会服务三个关键问题［EB/OL］．http://www.mj.org.cn/xwll/jqgzzd/201005/t20100525_93339.htm，2010－08－20.

[3] 施洪生．关于加强参政党社情民意工作的思考［J］．广西社会主义学院学报，2008（1）：39－42.

[4] 吴孟钰．把做好社情民意工作作为民主党派履行职能的主动要求［J］．江苏省社会主义学院学报，2006（3）：35－37.

与时俱进　顺势而为　不断推进民进社会服务工作

民进南昌市委　钟初文

社会服务工作是民进履行参政党职能的重要组成部分，是参政议政的重要实践活动，是民进坚持中国共产党领导的多党合作和政治协商制度的具体体现，也是民进树立自身形象、扩大社会影响的有效途径。民进是以教育、文化、出版等界别为主的参政党，长期以来在服务社会方面做了大量工作，作出了自己的特色、亮点和品牌。从民进多年来的社会服务工作实践中我们深刻体会到，包括民进在内的各民主党派社会服务工作仅凭政治热情是不够的。根据民进中央建设高素质的参政党要求和“有思有行、集智聚力、顺势而为”方针，我们的社会服务工作要永葆生机活力、适应时代发展需要，就必须与时俱进、不断创新，探索如何与参政议政、民主监督、自身建设等方面相结合，走出一条发挥民进自身优势、体现民进自身特色的社会服务工作新路子。

一、与参政议政相结合，体现社会服务工作民进特色

各地民进组织大都在开展助学帮困工作，此项社会服务工作主要是面向社会、面向学校、面向弱势群体，服务内容实在。但要体现民进社会服务工作特色，就应该把助学帮困工作提升到履行参政党职能的高度，即与参政议政结合起来。离开了参政议政这个中心，民进的社会服务工作就会失去方向和灵魂，就会等同于一般的社会团体和慈善机构的工作。我们一方面要把在具体社会服务工作中发现的问题用参政议政的形式表达出来，供决策参考；另一方面要善于将我们的参政议政通过社会服务工作体现出来，并通过我们的社会服务工作使参政议政的内容得到深化。

二、与自身建设相结合，切实为巩固和发展民进组织服务

民主党派的社会服务工作不同于政府部门和社会团体，没有具体的考核目标。当前，一些民进基层组织主要开展学习、参观和文体活动，还没有真正把助学帮

困、支教扶贫等社会服务工作作为其组织活动的经常性内容，有的会员以个人身份积极参加社会上的慈善事业，也捐了不少的款项和物质，却没有向民进各级组织汇报。这是与民进的优良传统和自身建设的要求不相符的。要扭转当前这种状况，实现两者的有机结合，我们可以做一些有益的探索：

1. 用先进的思想理论，提升会员素质。

一是积极组织会员开展形式多样的政治理论学习，宣讲民进的会章会史，提高会员政治素质；二是在非公有制经济会员中开展致富思源、富而思进的活动，引导会员致富不忘社会，回报社会；三是组织企业家会员参加各类论坛、讲座和项目洽谈会等活动，为企业家会员及时充电。

2. 用人性化的组织关怀，凝聚会员人心。

每年春节前夕，民进组织可以上一次门、寄一封慰问信、发一份慰问金等形式，慰问老领导、老会员、离退休职工和生活上有特殊困难的会员；会领导要经常走访企业家会员，深入会员企业考察调研，了解情况，现场帮助解决问题。

3. 用多彩的活动形式，增强组织向心力。

以专委会为平台，开展丰富多彩的会务活动，企业家专委会、企业家支部、企业家联席会等要积极开展诸如招商引资、扶贫助学等活动；其他专委会、支部也适时开展凝聚人心、奉献爱心的活动。

4. 用诚恳的学习态度，加强内外交流。

组织会员和机关干部赴外地民进组织访问交流，虚心学习兄弟民进组织的先进经验，共同探讨新时期社会服务工作的思路方法。同时，邀请一些外地的经贸考察团就两地经贸项目合作进行深入的探讨。通过“走出去，请进来”的方式，加强民进组织间的交流，也为企业家会员搭建寻求商机、促进企业联盟与协作的交流平台。

5. 用现代的管理方式，建立骨干体系。

对非公企业家会员进行全面摸底调查，建立“非公经济会员数据库”。在此基础上，建立“教育”、“文化”、“出版”、“三胞”等会员数据库。这种数据库的管理方式，不仅方便我们更详细地了解会员的情况、特长、要求和困难，也会极大地支持日常的会务工作，还为考察会员，推荐人才提供依据。

因此，要真正实现社会服务工作与自身建设的有效结合，就应该把社会服务工作列入基层组织生活的重要内容，通过社会服务工作来发现、锻炼、培养人才。各级民进组织在评定先进支部和优秀会员时，在选拔人才、推荐人才时，也应将社会服务工作情况纳入考核项目之中。

三、与宣传工作相结合，有效传递信息外塑民进良好形象

社会服务工作体现的是社会效益性，如果只做不宣传，那就会大大降低民进的影响力，是对有限资源的极大浪费。因此，我们在做社会服务工作规划时，应该同时制定好宣传工作的规划，在工作执行过程中要进行跟踪报道和及时宣传，不仅要会内的宣传到位，还要联系公共媒体向会外宣传，外塑民进良好的社会形象。在开展社会服务活动后，要通过简报、动态、会讯、会刊、民进网站及时宣传。对于具有特色的、创新性的、较大的社会服务活动，我们除做好会内宣传外，还应根据需要联系公共媒体以加大宣传力度，争取电视上有影像，报刊上有报道。

四、与创立品牌相结合，关心民生工程形成规模效应

以往社会服务活动的开展缺乏一个长效机制，时间、地点比较分散，形式也不固定，没有形成规模效益。我们应该根据民进的自身优势，集中力量，因地制宜，持之以恒，努力做好一个地区、一个项目的工作开展，抓好一个社会服务的“点”，坚持多年，逐步铺开，一年上一个新台阶，创造出不同于其他党派、社会团体和慈善机构的民进自有“品牌”。

五、与建立机制相结合，健全工作制度完善激励程序

社会服务工作是民进一项长期性的基础工作，需要密切结合民进特点，建立完善的工作机制，实现社会服务工作的制度化、规范化和程序化。一是各级组织和专委会要建立分管领导负责制，加强对社会服务工作的领导；二是从年度计划、工作开展、人才储备、总结工作等方面要有相应的制度，做到全年有计划、活动有规划、完成有总结，以保证工作的有的放矢、有条不紊；三是建立对口联系制度，争取各级领导和相关部门的大力支持，以克服行政、经济等支撑条件的困难；四是建立表彰制度，对在社会服务工作中作出突出贡献的集体与个人进行表彰，增强会员参加活动的荣誉感和积极性，增强社会服务工作的活力和张力。

总之，民进的社会服务工作在新时期面临着许多新情况，需要我们认真地研究和思考。同时，新时期也给我们的社会服务工作带来了许多新机遇。我们要按照建设高素质的参政党要求和“有思有行、集智聚力、顺势而为”方针，提高思想认识，把握思路方向，诚心诚意办实事，尽心竭力解难事，坚持不懈做好事，不断开创民进社会服务工作的崭新局面。

浅议从信息捕捉看成果转化

民进营口市委 王国庆

社会服务工作是民主党派履行职能、扩大社会影响的一项重要工作。它对于全面提高民主党派履职能力，充分实现民主党派社会价值具有重要作用。

然而，在民主党派开展社会服务的实践中，我们所感受和获得的有益之处不止这些，我们在通过开展社会服务活动，通过认真发掘、捕捉社会信息，对所获信息进行梳理、加工和转化中，尝到了开展社会调查，反映社情民意，直接推动参政议政工作上档次、上水平的甜头，也就是通过成果转化，取得了意外收获。本文仅就民主党派在开展社会服务工作中，不仅仅局限于社会服务本身，而是有意识地将社会服务与开展社会调查，捕捉有用信息，直接为履行参政议政、政治协商、民主监督职能服务的必要性和可能性做一些探索。

一、捕捉信息是开展社会服务的重要目的之一

民主党派开展社会服务，主要目的是发挥优势，扩大影响，表达爱心，解决问题，帮人所帮，急人所需。民主党派是按界别划分和组成的参政党，每个党派内部都汇聚了一大批主界别的专家和有识之士，同时，在界别以外，又有一定比例的代表人士加入。因此，民主党派内部精英荟萃，人才济济，也就成为人所共知了。这些人士将他们的专长、专业、技术和影响力提供给本职岗位以外的人群和领域，这就是社会服务。然而，在实际工作中，民主党派开展社会服务的目的和作用往往被我们很自然地局限在扩大影响，实现职能和解决问题上，仅此而已。而一个稍加调整便即可达到的另一个目的，或另一种收获——捕捉有用信息，常常被我们所忽略。正因如此，在社会服务工作中加强调研，注重信息捕捉，便是一个应当引起高度重视的问题。

1. 善于捕捉信息是民主党派成员应当具备的基本素质

民主党派成员的一个传统优势是善于自我教育，即自己提出问题，自己分析问题，自己解决问题。提出问题要依靠实践，分析问题需要调研，而解决问题则恰恰需要把实践和调研结合起来。民主党派开展社会服务的过程，客观上也是一个实践的过程和分析问题、认识问题、解决问题的过程。一个合格的民主党派成

员，应该具备较强的捕捉有用信息的能力，也就是说，对有用信息有一种本能的、特殊的敏感性，并且具备分析、加工处理和转化有用信息的能力。因此，也就会自觉地将社会服务的过程当成一个难得的捕捉有用信息的机会，自然就会有超出社会服务本身的收获——信息，这种收获的好处一是节约性，二是意外性，三是及时性。特定的专题调研往往要有先前准备，甚至要有相关的投入。同时，这种专题性调研往往又掩盖了意外性，淡化了及时性。

2. 忽略有价值信息是一种失职

一种有价值信息从眼前消失，或对有用信息视而不见，对身兼参政议政、建言献策职能的民主党派成员来说，损失是严重的，其严重程度不亚于失职，或者说是缺乏社会责任感，政治上麻木不仁的表现。因为一条有价值的信息可以直接为领导者决策提供重要依据，可以使许多人合法权益得到保护，可以使党和政府的形象受到维护，可以使不法分子得到及时惩治，可以使社会消极、不稳定的因素得到及时化解。所以，从这个意义上说，每一个民主党派成员都应重视调查研究，都要有一种高度的政治责任感和社会使命感，注重在包括社会服务在内的各种活动中捕捉信息，养成习惯，而且要具备分析和解决的能力，使有价值的信息能够及时得到转化和利用。

二、成果转化是捕捉信息的最终目的

把开展社会服务的过程当作深入社会、开展调查研究的过程，目的就是要多开辟、多利用一些获得各种信息的机会。而多获得各种信息的目的就是为民主党派建言献策所用、参政议政所用，即为党派的中心工作服务。

1. 社会服务活动中蕴藏着丰富的信息量

以民进营口市委为例。多年来，我们通过充分发挥各基层组织自身的优势，开展了丰富多彩的社会服务活动。这些活动立足于自身优势，形成了品牌，体现了特色。例如，教育系统的基层组织开展扶贫助教活动；文化支部开展送戏下乡活动；医疗卫生支部开展送医、送药、送健康到社区、乡村活动；图书馆支部送书到乡村小学，偏远农村，在那里建立流动的图书馆活动；法律支部开展法律援助，为农民工追讨工资，送法下乡、下社区；科技支部送科技下乡等等。这些基层组织在高质量完成了社会服务工作的同时，也把活动本身当成社会实践的课堂和获得更多信息的又一个机会。积极深入农家、深入田间、地头、工厂、社区，了解广大工人、农民、市民所想、所需、所盼。将获得的信息进行梳理、加工、归类。通过实践，我们感到社会服务的课堂的确非常广阔，蕴藏了我们所需要的大量的知识、营养和参政议政的素材。我们在这个课堂里不仅受到了锻炼，学到了知识，而且也得到了许多我们非常需要的东西。大概，这就是开展社会服务活动给我们带来的回报吧。

2. 丰富的信息量是参政议政、履行职能不尽的源泉

通过开展社会服务活动，获得大量的信息，并将之合理有序的转化，发挥其应有的影响和作用，既是我们的一种理念，更是我们在实践中的一个总结，或者说是我们在开展社会服务活动中所尝到的一个甜头，所获得的一个意外收获。几年来，我们通过开展社会服务所获得的信息量不下于百条，转化成社情民意或信息的也有六七十件之多。例如：2006 年 6 月，民进市委组织联合支部的会员到营口市德育教育基地开展社会服务，为他们送去了应用之物，却获得了一条重要信息：近年来，我市中小学生体质下降问题十分严重，令人堪忧。这条信息受到了民进市委的高度重视。随后，我们组织了相关调研，到营口市中小学健康保健所、市教育局、全地区部分中小学校进行调研。调研的结果触目惊心，大多数学生患有沙眼、近视眼、龋齿，中小学生耐力、体能明显下降。本来营口市中小学体育教育工作在全省是先进单位，在全国也有经验可谈。然而，现实告诉我们，不采取积极相应的措施，不仅现有的成绩保不住，而且中小学生的健康状况将直接成为不可回避的严峻的社会问题。基于这种认识，民进市委形成了《我市中小学生体质下降问题应立即引起高度重视》的调研报告，并在市政协常委会上做了大会发言，引起了市委、市政府领导的高度重视。现在看来，几年过去了，经过采取多项积极措施，我市中小学生身体健康问题有了明显的提高；2006 年－2008 年，民进市委机关支部和七中支部联合到盖州市陈屯乡、开发区熊岳镇开展送教下乡活动，当经过当地乡镇的时候，发现熊岳河、大沙河及盖州的大清河满目疮痍，河床高低不平，破烂不堪，犹如遭到了浩劫，河沙无序开采情况十分严重，乡村公路破坏十分严重，严重破坏了当地的生态环境，给防洪减灾带来了严重隐患。这期间，还发生过几名少年儿童河中暗坑溺水事件。针对这种情况，民进市委在全地区开展了河道管理和“村村通”公路管理情况的专题调研。形成了《关于禁止无序开采河沙和加强河道景观化建设的建议》和《“村村通”公路弃管现象应引起高度重视》两篇调研报告，并转化成民进市委集体提案，这两件提案都得到了市委、市政府的积极采纳。我市在改造熊岳河、大沙河、大清河、民兴河和“村村通”公路建设中都认真吸纳了民进市委的意见和建议，其中，熊岳河被省长誉为辽宁最靓的河；2009 年，民进市委和九三学社市委共同到老边区柳树镇开展扶贫帮困活动。在活动中得到一条信息，当地村委会和镇政府不履行与有关村民签

订的土地承包合同，对当地部分村民毁坏承包者林木的仇富现象置之不理，给承包者带来重大经济损失，给党和政府形象带来极坏的影响，直接导致了当地社会的不稳定，双方村民都在酝酿一起庞大的上访事件。我们得知这一信息之后，回到市里立即向有关部门作了汇报，同时，又邀请了市内知名律师对此事进行了分析论证，向当事人双方提供了法律宣传和法律援助，使得问题得到了妥善合理的解决；2008 年春节，民进市委在开展春节走访慰问活动中，发现部分不法车主、路霸抢占城乡部分运输线路经营权，严重干扰了“春运”秩序，也严重影响了城乡居民合理有序的流动，针对这种情况，民进市委向市政协、市公安部门、客运部门和综合执法部门提出了严厉打击车匪路霸、迅速整顿春运秩序的建议，使不良局面得到了控制和扭转；2008－2009 年，民进营口市委到盖州市青石岭镇欣欣希望小学开展扶贫助教活动，这次活动的内容本来是送去现金一万元用于打一眼深水井，解决师生饮用水问题。同时，又送去若干数量的教学器材、学习用品等等。在这次活动中，我们获得了一条极为有价值的信息是：该校作为有关部门援建的希望小学，建设质量严重不合格，好多校舍墙体裂痕斑斑，随时都有坍塌的危险。针对这种情况，民进市委对全地区的部分小学的安全情况进行了相关的调查研究，得出的结论是：许多中小学校舍存在严重的安全隐患，给师生带来严重的人身安全威胁，于是，民进市委在当年的政协大会上，提出了《关于加强我地区危险校舍普查和改建的建议》，市政府和市教育局在第一时间采纳了这个建议，会议结束第十天，市教育局便将全地区的危险校舍全部认真勘察，并立即列入抢修计划当中，市政府拨出了近千万的资金，使问题当年得以解决。

上述事例告诉我们，社会服务不仅是一个扩大党派影响的载体，不仅是开阔广大党派成员视野的课堂，更是我们开展调查研究，获得有价值信息的第一现场。我们在社会服务中展示了自己，受到了锻炼。同样，我们也在社会服务中尝到了甜头，获得了收益，这就是在社会服务中捕捉信息，在信息转化中实现职能，在实现职能中体现价值。

民主党派开展社会服务工作面临的机遇和挑战

民进上海市委　崔　晋

开展社会服务是民主党派存在的基本社会属性，是民主党派开展社会活动的基础，更是提升民主党派自身影响力的重要载体。目前民主党派开展社会服务活动的形式主要是科技、教育、扶贫、医疗、文艺三下乡等活动，侧重于关心社会弱势群体和公益事业。对民主党派来说，利用自身优势，以参政党的身份开展社会服务工作，为解决当前经济社会问题贡献自己的一己之力是义不容辞的。民主党派应该围绕中国共产党和国家的中心任务不断拓展社会服务的形式、方法和内涵，为推进社会主义经济、政治、文化和社会建设贡献力量。

一、当前民主党派开展社会服务工作所面临的形势

（一）面临的机遇

1. 学习和践行社会主义核心价值体系活动为民主党派开展社会服务提供了思想基础。

中共中央统战部佟一指出："民主党派树立和践行社会主义核心价值体系，是当前和今后一个时期思想建设的重大战略任务"。民主党派具有人才荟萃的优势，聚集着大批各行各业的代表人物，或有专长特长，或有知识见识，或有阅历资历，或有名望威望，这些都能够而且可以成为民主党派开展社会服务的有利资源。通过学习和践行社会主义核心价值体系的活动，有利于统一党派成员的思想，增强党派成员投身社会服务的热忱和动力，团结和动员更多社会力量，以科学发展观为指导，鼓励民主党派成员心系国家、服务大众，围绕中心、服务大局，推动我国经济社会全面协调可持续发展。

2. 国内外经济社会形势的变化为民主党派开展社会服务提出了新的要求。

当前，中国社会正处于一个社会转型期，全面建设小康社会，构建社会主义和谐社会以及建设社会主义新农村等一系列目标的提出，都为民主党派社会服务工作开辟了新的领域，对社会服务工作提出了新的要求。鉴于民主党派主要大中

城市发展，所以要特别关注下岗失业人员、进城务工人员、效益欠佳的职工以及退休职工等弱势群体，了解他们对实际生存环境的感受和心理承受能力等问题，充分利用民主党派作为参政党和中国共产党的亲密友党的身份，发挥自身的优势和特点，关注弱势群体，对心态失衡的人要重点跟踪帮扶，组织他们进行文化和技能的培训，提高他们社会竞争力，力所能及地解决弱势群体问题。

3. 社区管理的规范化为民主党派成员开展社会服务提供了平台。

要充分利用社区网格化管理的契机，将越来越多的民主党派成员纳入到为社区服务的志愿者队伍中来，为有效发挥民主党派成员的技术长、智力专长提供平台。民主党派要将服务社区工作是做自己光荣的使命，拥有了这样的使命感的同时，要利用党派的人才优势，邀请民主党派中的有关专家走进社区，为基层群众开展义诊、教育、法律等方面的咨询，一方面是为广大群众做一些实实在在的服务工作，一方面也促进群众对民主党派的了解和认识，既拓宽了党派开展社会服务的领域，又为构建和谐社区提供支持。

（二）面临的挑战

1. 各民主党派社会服务的同质化倾向。

当前从中央到地方，基本上民主党派都是以送医、送教、送科技为主的，这客观与民主党派成员主要是从事教育、医疗、科技为主的中高级知识分子为主有关，而服务的对象也都是以贫困地区的人们或者地区中贫困的弱势群体为主。相比较而言，对于一个地区或者一类人群的针对性的社会服务工作开展的比较少。由于这种情况的存在，导致民主党派在开展社会服务的时候，难以体现作为党派个体的界别特色，也使得各民主党派的智力优势和资源优势出现同质化倾向，以至于在客观上限制了民主党派从事社会服务的影响力。

2. 民主党派开展社会服务的百姓认知度需要进一步提升。

由于民主党派的成员比较少，主要活动也集中在贫困地区和弱势群体之中，从整个社会的角度来看，民主党派开展社会服务活动的范围相对受限，开展服务的种类也比较单一，造成民众对民主党派的社会服务工作的认知度较低，对民主党派的界别特色也易混淆，对民主党派参与社会服务的认知往往也等同于其他社会团体。

3. 社会服务对参政议政工作的作用力需要进一步加强。

当前，不少民主党派的基层组织都把社会服务作为履行职能的一个重要形式，却忽视了与参政议政的结合。一方面，是党派内领导分管领导不同，所以难以形成参政议政与社会服务的有机结合；另一方面，参政议政的视角与社会服务的视角无法形成对接。在扶助弱势群体的时候，更多的是考虑到“授之以鱼”，而在“授之以渔”方面相对弱化，形成了社会服务与参政议政两个职能两张皮，因此需要大力提升社会服务对参政议政的作用力，清楚地认识到民主党派的社会服务不同于社会团体和慈善机构的“做好事，做善事”，脱离了参政议政这一主要任务，民主党派的社会服务工作就失去了最终的方向和灵魂，就会等同于一般的社会团体和慈善机构的公益活动。

二、提升民主党派社会服务效果的想法和建议

1. 与参政议政相结合，不断提升社会服务工作的实效。

要从参政党履职的角度着眼，全面准确定位社会服务工作，把社会服务与民主党派调查研究有机地结合起来，使之成为参政议政的基础和载体。要通过社会服务，走进社会，深入群众，更深刻、更广泛地了解社情民意，更准确反映广大群众的意愿，获取调查研究和实践的第一手资料，为参政议政工作提供大量的第一手的社情民意信息，为参政议政提供丰富的素材和资源，形成大量的真知灼见的参政议政成果，为参政议政和民主监督工作提供重要依据，进而找准服务社会的着眼点，有效促进社会服务的影响力。要通过的社会服务和参政议政工作，有效参与国家经济建设的具体实践，协助执政党在构建社会主义和谐社会中，凝聚人心，化解矛盾，减少阻力，形成合力。

2. 与社区建设相结合，不断扩大社会服务工作的社会效果。

社区是社会的小细胞，能够反映出社会的很多问题，参与社区建设的最有效的方式就是深入社区提供服务。民主党派的成员是来自社会各个领域，也来自于社区，民主党派成员要通过积极参与社区建设，发挥好党派成员的积极作用。

同时加强党派建设与社区建设相结合，尤其是民主党派的基层组织要积极把参与社区建设纳入组织建设工作中，创造条件，完善机制，拓宽工作领域，从实际出发，通过发动党派志愿者、党派服务小组等形式，定期不定期地参与到社区服务活动当中去，积极发挥民主党派的人才优势，加强与社区基层中共党组织的沟通与协作，密切与群众的联系，倾听群众的呼声，促进多党合作制度向社区延伸，在参与社会服务过程中树立党派形象，同时扩大党派在社区内普通群众的中的影响力。

3. 与党派界别相结合，突出彰显民主党派服务特色。

社会服务的领域非常广阔，而参政党在人力、物力、财力和信息方面的资源是有限的，为了使社会服务工作真正取得成效，要按照各民主党派界别划分，深

入挖掘民主党派成员的技术优势、智力优势和资源优势，充分整合民主党派的资源，做到深入沟通，突出重点，加强协作，结合各级组织及服务对象的实际，确定社会服务工作的重点。完善社会服务机制，以点带面，注重品牌打造，持之以恒地做下去，以不断凸显党派界别特点，彰显党派服务特色。

4. 与自身建设相结合，不断提升党派组织凝聚力。

要确保民主党派所做的社会服务工作是在研究中共中央各项政策法规，研究当前经济社会发展形式的基础上所做的有选择的活动，是政治活动。. 这样的活动不仅要体现执政党的工作方向，更要体现作为参政党积极投身社会主义建设的决心和信心。要加强宣传，积极在媒体上反映党派开展社会服务的活动，以从参政党的角度验证执政党的方针路线的正确性，合理引导公民行为。要结合社会服务活动，继承发扬以身作则、率先垂范的优良传统。要充分发挥基层组织的作用，调动民主党派成员服务社会的积极性，有意识地宣扬服务社会中涌现出来的先进党派成员事迹，达到锻炼人才，培养人才的目的。通过展示智力优势，资源优势，缩短党派成员与普通百姓的距离，增强民主党派成员自身的使命感、荣誉感，从而不断促进党派成员的组织归属感，提升党派组织建设的水平。实践证明，通过社会服务，不少基层组织的力量得到了充分体现，组织的凝聚力也得到明显加强，有力促进了参政议政能力的提高。

新形势下民主党派如何搞好社会服务

民进霍州总支　李秀玲

社会服务工作是民主党派参政议政工作的延伸，也是服务国家经济建设和社会发展的实际行动。新时期下，政治经济环境发生了变化，对民主党派社会服务工作提出了新的要求。如何顺应时代要求，拓展社会服务内涵，探寻社会服务新形势、新方法、新途径，是民主党派进行社会服务实践中不可回避的理论问题。

中共中央下发的《中共中央关于进一步加强中国共产党领导的多党合作和政治协商制度建设的意见》中指出："要拓宽民主党派和无党派人士发挥作用的渠道。中共党委和政府及有关部门要积极创造条件，支持民主党派和无党派人士紧密围绕全面建设小康社会开展各种形式的社会服务活动"。这为各民主党派在我国全面建设小康社会和构建和谐社会的历史机遇期，围绕以经济建设为中心，服从和服务于改革发展稳定大局，在中国共产党的正确领导下继续做好社会服务工作创造了很好的条件。各民主党派经过过去 20 多年不断开拓创新，社会服务工作在智力支边、兴教办学、举办书画社、开展"三下乡"活动、利用联系广泛的优势招商引资为地方经济建设作贡献方面，取得了显著成绩。社会服务工作是一项开创性工作，也是一项与时俱进的任务，民主党派应该围绕市委和政府的中心任务不断拓展社会服务工作的新形势，新方法、新内涵，为推进社会主义经济、政治、文化和社会建设贡献力量。

一、新形势对民主党派社会服务提出的要求

民主党派社会服务工作是民主党派面临的一项政治工作，她随着社会、经济、政治形式的变化而变化。为探索民主党派社会服务工作的新内涵，必须深入分析当前社会经济新形势，以便发现新形势对社会服务工作提出的新要求。经过这么多年的探索和努力，民主党派在社会服务上积累了一定的经验，有非常扎实的基础，树立了良好的社会形象，为更好地履行参政议政职能掌握了第一手材料，是自身建设不可或缺的实践，各党派都非常重视。

新形势对民主党派社会服务工作提出了新要求，民主党派的社会服务工作是一项系统性的工作，各级组织在服务之前，可以通过深入基层、深入群众、深入

实际的调查研究，切实了解本地区、本系统乃至全社会范围内和谐社会建设的有关情况，为开展有效的社会服务工作奠定坚实的基础。在服务内容的选择上，可以是送医助教之类的事，也可以是舆论宣传之类的事，在民主党派的社会服务工作中，不仅要务实，也要务虚。要自觉改变那种“一阵风搞运动、完成任务式”的不良习气，做到服务前有调研、有计划；服务中有内容、有检查；服务后有反馈、有提高。

1. 要以对党派高度负责的态度，认真搞好社会服务工作。

社会服务是民主党派的社会职能，是民主党派在国家政治和社会生活中发挥作用的另一种形式和途径。参政议政是参政能力的体现，社会服务是社会责任的体现。因此，每个党派成员应牢牢树立社会服务是自身应尽的义务和职责的思想，积极投身到社会服务工作中去。

2. 要以科学的发展观为指导思想，认真搞好社会服务工作。

要正确树立科学的发展观就要不断加强理论学习，只有弄懂、弄会、弄精科学发展观理论，才能以正确的理论为先导，更好地、科学地开展社会服务工作。

3. 要以解决当前主要经济问题为重点，认真搞好社会服务工作。

新形势下经济的主要问题是如何克服国际国内环境影响，在科学发展观指导下实现经济的又好又快发展。因此，民主党派应充分发挥自身优势，有针对性地开展科技、教育扶贫、医疗文艺三下乡活动等公益活动，积极开展社会服务工作，为解决当前经济问题贡献一己之力。

4. 要以勇于创新的精神，认真搞好社会服务工作。

办有面对新形势积极探索社会服务的理论创新，才能开辟社会服务工作的新局面，才能更好地搞好社会服务工作。因此，要充分发挥社会服务的传统优势，把传统的社会服务搞得更好，同时又要用创新精神积极开拓社会服务工作的新领域。

二、民主党派社会服务的价值

民主党派的社会服务工作不同于一般公民或者社会慈善机构的社会服务工作。作为党派行为，社会服务工作在关注民生、服务于民的基本功能之上，更有明显的政治功效。新形势下民主党派社会服务的价值体现在以下几个方面：

1. 社会服务工作能体现参政党存在的价值，取得社会承认。

社会服务工作是民主党派履行参政党职能的重要组成部分，是坚持中国共产党领导的多党合作和政治协商制度的具体体现，也是民主党派树立自身形象，扩大社会影响的有效途径。作为参政党，除了完成政治协商、民主监督和参政议政等任务外，还必须牢牢把握发展这个根本任务，为我国经济与社会发展做出实实在在的贡献。只有这样民主党派才能更好地体现自己存在的价值，并得到社会的承认。

2. 社会服务工作通过深入调查研究和实践取得一手资料，为做好参政议政和民主监督工作提供重要依据。

社会服务工作不是简单地对社会直接做贡献，更重要的是通过社会服务工作才能够深入下去，从而掌握第一手的材料，为我们更好地参政议政打下良好的基础。

3. 社会服务工作是增强民主党派凝聚力的一个非常有效的措施。

通过开展社会服务工作，可以发挥基层组织的作用，把各党派成员的积极性调动起来，通过社会服务把基层组织的力量体现出来，从而使组织的凝聚力明显加强，参政议政的能力大大提高。

三、民主党派社会服务应遵守的原则

1. 社会服务要与参政议政紧密结合的原则。

民主党派是中国共产党领导的多党合作和政治协商体制中的重要成员，是与中国共产党亲密合作的参政党。作为参政党开展的社会服务工作必须突出参政党的特点，要最终落脚到参政议政上来。参政党社会服务工作是政党的活动，不同于社会团体和慈善机构的“做好事、做实事”。脱离了参政议政这一主要任务，党派的社会服务工作就失去了最终方向和灵魂，就会等同于一般的社会团体和慈善机构的公益活动。

2. 发挥优势，突出重点的原则。

社会服务的领域非常广阔，而参政党在人力、物力、财力、信息等方面的资源是有限的，为了使社会服务工作做深做细取得实效，必须要突出重点。面不能太广，要突出各地方组织的特点和充分发挥会员的优势，紧紧结合当地的实际来确定社会服务工作的重点，并坚持不懈地、持之以恒地做下去，不断取得成绩。

3. 务求实效，开拓创新的原则。

要取得社会服务的成功还必须开拓创新。新形势下从事党派工作，继承和创新必须结合。长期以来，各民主党派在社会服务实践中形成了一套优良的传统和行之有效的方法，这是我们的宝贵财富，需要很好的学习和继承。但随着我国改革开放的深入和国际国内形势的变化，我们面临的形势和任务发生了深刻变化，全面建设小康社会、构建社会主义和谐社会以及建设社会主义新农村等一系列目标的提出，都为民主党派的社会服务工作开辟了新领域，提出了新课题。这就要求我们要跟上时代的步伐，不能停留在原来的水平和方式上，不能只满足于沿用以前的做法。要适应新形势，不断更新理念，创新思路。

4. 加强学习，服务社会的原则。

社会服务工作的实践性很强，所应对的大多是一些具体事情，但参政党的性质和地位决定了民主党派社会服务又是一项政治性、政策性很强的工作，要求我们必须从建设有中国特色社会主义的实际发，从坚持和完善共产党领导的多党合作和政治协商制度的大局出发，来统筹考虑社会服务工作，也就是说我们在做具体事情时一定要有大局观念和全局意识。这就需要我们真正把学习摆在更加突出的位置，加强政治理论学习。

5. 整合资源，加强协作的原则。

社会服务要做出更大的事情就要整合民主党派的资源，加强协作，促进沟通，避免各党派在相互攀比中造成资源浪费。同时，社会服务工作要加强宣传。民主党派所做的社会服务工作是在研究各项政策法规、研究当前经济形式下有所选择的活动，是一种政治活动。这样的活动反映了当前执政党的工作方向，这些活动应该在媒体上得到反映，以从参政党的角度验证执政党的方针路线的正确性，有益引导公民行为。

四、新形势下民主党派社会服务的内涵与方法

（一）社会服务的新内涵。

在民主党派的各项工作中，思想政治工作是民主党派工作的生命线，因为思想政治工作是一切工作的基础，是一切工作的保障；本职工作是民主党派工作的地平线，因为干好本职工作是立身之本，是干好一切工作的起点；参政议政工作是民主党派工作的水平线，因为参政议政工作是衡量参政党参政能力的主要指标；而社会服务则是民主党派工作的责任线，因为社会服务工作是每个成员应尽的义务，是发挥个人智力优势的具体体现。在新的历史条件下，对民主党派社会服务工作赋予以下内涵：

1. 扶贫济困搞建设，着眼边区谋发展。

在现阶段，民主党派的社会服务工作开展的主要形式是智力支边扶贫，是民主党派充分发挥人才和智力优势，服务社会，实现民主党派社会价值的重要形式，也是动员和组织广大成员深入实际，参与社会实践，了解社情民意的一个重要参

与方式，同时还是扩大民主党派社会影响，宣传多党合作形象的一个重要窗口。对民主党派来说，社会服务既不是可有可无或不务正业，也不是创收、“搞副业”的一项普通工作，而是我国参政党的一项基本社会职能。这项工作的主体是民主党派，其客体是边远贫困地区经济社会的进步与发展，其主要对象是广大边远地区的贫困人民群众。因此，要做好民主党派的智力支边扶贫工作，就要正确理解开展这项工作的意义和原则。这是民主党派社会服务工作的根本指针和行动指南，要坚定明确，不能偏离。所以，这项工作就是要针对边远贫困地区实施扶贫济困，着眼边远贫困地区谋求发展，而不是在一些发达地区做锦上添花的事，走了弯路，变了形式和模样，那样就失去了开展这项扶贫开发工作的真正目的和意义。

2. 长期跟踪奠基础，以点带面做示范。

民主党派的社会服务工作，主要是集中民主党派各方面的优势和力量，努力做好一个地区、一个项目的工作开展，起到一个以点带面的示范性作用，在边远贫困地区形成一个良好的发展基础，以此牵引和带动当地经济社会的各项建设，即“点燃智力星星之火，以成发展燎原之势”。这是民主党派社会服务工作的基本路线和主题要求。

要做好智力支边扶贫工作，需要各民主党派在全党派的范围内充分发动和运用各方面的智力资源和社会资源，集中各方面的优势和力量，形成一个上下互动、横纵联系共同开展工作的大好局面，做好帮扶工作。不能有走过场、急功近利的思想，要选准一个点、一个地区、一门技术、一项工程的实施，坚持长期不懈、深入扎实、持续有效地开展跟踪帮扶。不求大而全，不搞形式主义，不搞一些花架子，要针对地方实情，因时、因地制宜，务求实效，与时俱进、开拓创新，持之以恒、坚持不懈。要自始至终明白这项工作将起到播种和引子的作用，目的是要通过这项工程和技术的实施，能够在当地得到很好的推广普及和应用。只有这样，才不违背开展这项工作的初衷，才能真正达到为边远贫困地区谋利、实现共同富裕、进步、发展的目的。

3. “鱼”“渔”同授探路子，“智”“志”共扶求长远。

智力支边扶贫工作，就是要以贫困地区和贫困农户为帮扶对象，不光要让他们解决温饱问题，还要让他们有志气站起来、富起来、强起来，有生存的空间，实现可持续发展。所以，要以科学发展观为指导，注重以人为本，切实为边远贫困地区的人民群众解决生产和生活中的实际困难和问题，这是民主党派智力支边扶贫工作的工作重心和发展方向。

授人以鱼是帮助边远贫困地区人民群众解决基本的生存问题，创造基本的生存条件，也即捐款捐物帮助解决群众的生产生活困难，筹资进行各项基础设施的建设，实行输血工程。民主党派开展扶贫工作所获得的物质基础，一是中共党委和政府给予的大力支持，二是由党派成员和其他部门和团体、社会的无偿提供和帮助。要开展好这项工作，就要在中共党委的正确领导下积极争取得到中共党委和政府的支持，以及党派成员和其他相关团体部门的帮助。而授人以渔是以开展各种教学讲学、技术培训、业务咨询等活动，帮助边远贫困地区群众掌握一技之长，以期让他们能获得长远的发展，即造血工程。这两方面都要兼顾并重，以授人以渔为主，寻求一条能使边远贫困地区得到长期、持续、有序发展的路子。

4. 做好辅助建小康，拾遗补缺构和谐。

民主党派的智力支边扶贫工作，最根本的目的是为我国全面建设小康社会出力，为构建和谐社会尽责，这是民主党派开展一切社会服务工作的目标任务和服务宗旨。在开展这项工作时，民主党派可做的事情有很多，但我们不可能事事都做、面面俱到。要提高认识、摆正位置，选好角度，找准切入点，不可盲目从事。民主党派的社会服务工作是为中共党委和政府在建设社会主义事业中起到一个辅助和参谋的作用，为中共党委和政府分忧解难，为全面建设小康社会做好辅助建设工作，为努力构建和谐社会拾遗补缺，这是做好社会服务工作的指导思想和基本原则，必须充分认识。因此要在党委的正确领导下，紧紧围绕党的中心任务，在政府及其他部门的帮助指导下，按照自己的条件和力量，结合自己的特点，发挥各方面的优势，以符合边远贫困地区经济社会发展需求为根本出发点，团结和带领党派各级组织和广大党派成员，量力而行，尽力而为，使“做好事实事做到关键处，出主意想办法出到点子上”，有所为有所不为地开展好工作。

（二）社会服务的新方法。

20多年不断开拓创新，各民主党派社会服务工作在智力支边、兴教办学、举办书画社、开展“三下乡”活动、利用联系广泛的优势招商引资为地方经济建设作贡献方面，取得了显著成绩。在新形势下，必须认真学习当前政治经济环境，在为“三农”服务、智力支边扶贫、建设社会主义新农村、建设文明和谐社区、维护经济稳定发展等方面，发挥人才荟萃优势，不断开拓社会服务工作的新形势、新方法、新途径，进一步做好社会服务工作。具体思路如下：

1. 围绕经济建设中心开展社会服务，夯实社会服务的经济基础。

十七大强调：“要牢牢扭住经济建设这个中心，坚持聚精会神搞建设、一心一意谋发展，不断解放和发展社会生产力”。发展是中国共产党执政兴国的第一要务，也是民主党派参政议政的第一要务，同样也是民主党派社会服务工作的突破口。构建社会主义和谐社会，关键是通过发展社会主义社会的生产力，不断夯实构建和谐社会的物质基础。我们必须以发展经济、促进社会进步作为出发点和落脚点，立足于发展、致力于发展，树立和落实科学发展观，把成员和所联系的群众的智慧和力量凝聚到实现全面建设小康社会的奋斗目标上来，在促进经济发展和社会事业进步中建功立业，发挥作用，赢得社会支持和认同。

2. 以改善民生为重点，促进社会保障体系建设。

十七大报告提出，要以社会保险、社会救助、社会福利为基础，以基本养老、基本医疗、最低生活保障制度为重点，以慈善事业、商业保险为补充，加快完善社会保障体系。这对我们社会服务工作提出了新的任务和要求。要密切关注并积极调研资源开发、征地拆迁、城镇建设补偿方式以及建立农民群众在资源开发和城镇建设中长期受益的开发建设机制等重大问题，积极向致公党中央、省级组织反映当前社会保障体系建设、“三农问题”、新农村建设中的具体困难等社情民意，积极为农民和社会弱势群体呼吁，争取各级政府的更多关注，帮助他们改善生活状况。

3. 创新智力支边模式，推进教育卫生事业发展。

十七大报告指出：教育是民族振兴的基石，教育公平是社会公平的重要基础，要扶持贫困地区、民族地区教育，健全学生资助制度，保障经济困难家庭、进城务工人员子女平等接受义务教育。民主党派应充分发挥自身的资源优势，呼吁联络社会各界人士关注教育事业，在教学基础设施、教学设备补充、失学儿童资助、开展师资培训等方面贡献自己的力量。

4. 搞好项目结合，充分发挥社会服务效益。

民主党派的社会服务要突出导向性、典型性、示范性，必须加强项目规划管理，提高项目效益。一是坚持科学认证，精选项目。二是完善管理机制，强化激励效应。三是搞好项目结合，提高项目效益。我们要将社会服务与自身建设结合起来，健全组织、锻炼党员、培养人才；将社会服务与参政议政结合起来，扩大实践平台，提高参政议政能力；将社会服务与海外联谊工作结合起来，扩大社会服务的海外影响，联系海外华侨华人、贫困学生资助等方面提供帮助；将社会服务与当地经济与社会发展需要紧密结合起来，做到点面结合，以点带面，整体推进，提高社会服务实效。

今年是“十二五”的开局之年，也是民主党派大有作为的一年，我们民进各级组织要承前启后继往开来，在社会服务上有新的发展，创新的业绩。

深入推进社会服务工作 积极履行参政议政职能

——对当前加强和改进民进社会服务工作的几点建议

民进绍兴市委　曹兴强

社会服务是民主党派的重要职能之一，是民主党派展示自我形象的窗口，是参与实践、开展调研的有效途径，是政治协商、参政议政、民主监督职能的延续和发展，是民主党派生存与发展的根基。严隽琪主席说，“社会服务是参政党服务国家和人民的重要职能，是了解国情民意的重要渠道，是增加社会影响力与组织凝聚力的重要抓手”。在全面建设小康社会和构建社会主义和谐社会的历史新时期，民主党派的社会服务其实就是在科学发展观的指导下，结合自身智力优势和政治优势，深入社会、了解社会、全意为人民服务，尽心尽力地推动经济繁荣和社会发展的过程。

在新的历史时期，社会环境和经济环境都发生了巨大的变化，社会服务领域大大拓宽，社会服务工作也相应地呈现出一些新的特点，这是一种挑战，更是一种机遇和优势。及时发现和总结这些新的东西，并结合其发挥出优势，推进社会服务工作品牌化建设，实现精品效应，对促进参政议政水平的提高，实现“内强素质，外塑形象”的目标具有重要意义。

一、转变服务观念增强服务能力

社会服务工作，是民主党派参政议政工作的有效途径，它直接面对社会、面对基层、面对群众，也是民主党派履行参政党民主监督职能的一项重要工作。当前民主党派对社会服务工作认识不够深刻，认识不到位直接导致角色定位不准，角色定位不准造成了在实际的社会服务工作中流于形式，走场子，效果大打折扣，因此要从参政党职能的高度着眼，要树立全心全意为人民服务的公仆意思，把社会服务工作放到参政党职能的层面上思考，对社会服务工作有新的、更为准确的定位。一方面将社会服务与民主党派调查研究有机地结合起来，成为参政议政的基础和载体，贴近民众、走进社会的社会服务，为参政议政工作提供了大量的第一手的社情民意信息，为参政议政提供了丰富的素材和资源，形成了大量的真知灼见的参政议政成果。另一方面要在协助执政党在构建社会主义和谐社会中，起到凝聚人心，化解矛盾，减少阻力，形成合力的作用。譬如民进浙江省委会积极响应省委书记赵洪祝支持景宁畲族自治县加快发展的倡议，多次深入该县实地考察，在人、财力方面对该县的大张坑村进行帮扶，当地村民自发为民进立碑铭谢，这也是该县第一次为民主党派立碑表意，这种才是取得实际效果、真正惠民的社会服务，我们民进应该持之以恒地进行下去。

笔者在过多年的社会服务工作中深刻认识到扶贫不只是简单的财力物力投入，不能总是光输血，更重要的是对贫困地区的造血功能进行改造。通过产业培育带动贫困地区经济社会可持续发展，是实现扶贫由“输血”向“造血”转变的治标之举，这也是会中央推行“彩虹行动”的意义所在，这是一种真正走在时代前沿的观点，笔者相信，如果这种观念普及开去，将会十分积极、有效地推动全国的扶贫开发工作；而且它也是各民主党派开展扶贫帮困社会服务工作的可鉴借模式，唯有此才可以开创社会力量参与产业扶贫的新局面，才能真正让贫困地区的百姓受惠。

二、拓宽服务层面畅通服务渠道

民主党派的社会服务工作，要围绕党和政府的工作中心，深入农村调查研究，了解农村发展的要求，了解农民的实际需求，在结合党派自身特点和实际的同时，利用社会力量选准项目、扶贫扶智，等方面扎实做好支边扶贫的每一件实事，为推进社会主义新农村建设添砖加瓦，献计出力。要积极向中共各级组织反映当前社会保障体系建设、“三农问题”、新农村建设中的具体困难等社情民意，积极为农民和社会弱势群体呼吁，争取各级政府的更多关注，帮助他们改善生活状况.

笔者通过多年来在贵州社会服务的经历，总结出我会开展的以解决农村问题为主的社会服务工作要围绕当地农村农业农民的现状，着重提升当地农村发展面貌、农业发展水平和农民的自身素质。一是落实政策，认真做好农村富余劳动力的转移就业工作，争取有意愿转移就业的劳动力实现转移，切实加强培训工作，解决劳动力转移促进农村脱贫工作。二是加强农户的专业种养技能培训，促进当地农民科技兴农、富农的意识，转变农村耕作观念。通过农技培训和服务，提升农业的种植能力，切实通过增产实现农户增收。三是推动做好当地农村基础教育工作，让农村教育在引导农民脱贫致富中发挥更大作用，促进他们形成勤劳致富的意识，尤其是要做好当前农户在校就读小孩的持续教育扶持，争取让每个希望接受更高教育水平的小孩能上学。只有从根本上提高农民素质，才能真正实现对农村、农民的造血工程，才能实现农民脱贫致富。

今年民进中央联络委员会继续关注安龙县德卧镇金银花种植业，将在资金、技术、流通渠道等各个方面加大帮扶力度，以早日实现该县的脱贫计划；民进应充分发挥自身的资源优势，呼吁联络社会各界人士关注教育事业，民进各会员应积极配合会中央继续推进“彩虹行动”，深入开展对贵州省金沙县开展以教育为重点的智力帮扶，通过资金援助、师资培训、校舍修缮、设备更新等方式进行帮扶，这部分资金来源由各省省委会按照本省会员的实际情况予以筹措，包括动员社会各界特别是民进企业家会员捐赠；在积极参与卫生事业改革发展，就加强农村医疗机构建设和社区卫生站建设，完善农村医疗保障制度，巩固新型合作医疗改革成果等建言献策，更多地惠及广大群众，民进中央联络委员会将继续通过实地考察调研、制定切实可行的帮扶计划、整合各方资源，力争今年在贵州省龙安县建起 10 座卫生站。

三、延伸服务职能完善服务机制

在社会服务工作中，一方面要认真总结和继承发扬民主党派在多年社会服务工作中形成的好经验、好作风；另一方面要用开拓创新的精神积极面对当今社会给民主党派社会服务工作提出的新需求、新问题，改革和优化社会服务工作的体制和机制，争取更多更广的合作资源，要创新服务领域，突出自身特色，选准社会服务工作领域和角度，讲求社会效益，要准确定好位，“顺势而为、集智聚力、有思有行”，有所为有所不为。要坚持思想上尊重群众、感情上贴近群众、工作上依靠群众，把群众满意不满意作为加强和创新社会服务工作的出发点和落脚点。

我们民主促进会必须要多方动员，依靠社会各阶层的力量，团结起来，共同帮扶，共同前进，才能真正做好社会服务这项工作，民进中央联络委员会将继续组织、协调好各地民进企业家协会的社会服务功能，以最大限度地调动各企业家带头参与到我们的社会服务活动中来，为我们的社会服务开展提供强大的物力、财力支持。

四、培养服务人才彰显服务活力

随着我国改革开放事业的不断向前发展，各种新的社会问题和新的社会矛盾逐渐凸显出来，社会服务工作需要更多的人才发挥他们的聪明才智和实干精神。人才的作用体现在社会工作的各个层面，而社会服务工作对人才的需要同样突出，同时，社会服务工作可以培养锻炼人才，社会服务工作和人才培养相辅相成。

1. 社会服务工作任重道远，急需大批人才

当前有些社会服务流于形式，未形成良好的运作机制；有些社会服务与当地政府的沟通合作不够深入，导致服务效率不高；有些社会服务未能长期坚持，呈现出社会服务工作的短期性与间歇性等问题。随着我国改革开放事业的不断向前发展，各种新的社会问题和新的社会矛盾逐渐凸显出来，社会服务工作需要更多的人才发挥他们的聪明才智和实干精神。虽然，民主党派主要是以科学技术界高、中级知识分子为主体，不乏有才之士，但是社会服务工作是一项长期艰巨的工作，需要一大批有识之士投身其中。

2. 深入开展社会服务工作，培养造就人才

社会服务工作是一项与外界打交道、较艰巨的工作，同时又是一个一无权、二无钱的工作，凡事都要专职干部上门求人，耐心解释才能解决问题，长期的摸打滚爬，锻炼出一支甘于清贫、乐于奉献，勇于进取，善于思考的专职干部队伍。社会服务每次都要组织大量的民进成员，这些成员大多是临时性、分散性的抽调人员，利用自己的专业知识，无偿地付出劳动，在奉献中参与社会实践，在奉献中体现自身价值。

社会服务工作是调动会员积极性，发挥基层会组织作用，发现、培养和锻炼人才，增强会组织凝聚力的需要；能为广大会员提供施展才能、展现价值的场所，使会员得到培养和锻炼，使会组织的活力、凝聚力和向心力不断增强。目前，社会服务队伍建设开始了新的思考和探索，即触及如何形成一支相对固定的、综合性的社会服务骨干队伍，如何建立一套行之有效的学习培训机制、激励机制和保障机制等相关问题。随着这些问题的不断深入和解决，民主党派社会服务工作将走上可持续发展轨道，社会服务工作的质量和水平将得以不断地巩固和提升。

民主党派在自我发展的过程中，必须坚持社会服务这条生命线持之以恒地开展各项工作，以社会服务作为我们民主党派生存与发展的基地，在今后的工作中，我们必须遵照王佐书副主席2011年8月13日在陕西西安举行的民进中央联络委员会年中工作会议上关于切实做到“找准角度、力所能及、竭尽全力、讲究实效”的要求做好各项社会服务工作，只有做好我们赖以生存与发展的社会服务工作，我们才能进一步提高参政议政水平，从而促进民进在新的世纪随着经济社会的发展而发展，进而成为一个形象崭新的参政党。

统战理论诠释社会服务的价值与路径

民进重庆市委　苏　宁

社会服务是民主党派的重要职责，是民主党派展示自我形象的重要窗口，是党派增加社会影响力与组织凝聚力的重要抓手，是民主党派政治价值、社会价值的重要标准，是体现民主党派立会宗旨的重要形式。它既是时代的客观需要，也是民主党派自身发展的内在需要。

一、社会服务的价值与路径

1. 科学认识社会服务的价值，走出思想误区。

民主党派的社会服务具有政治价值、党派价值、社会价值等三大价值，所谓政治价值是指它是中国共产党领导的多党合作和政治协商制度的具体生动体现。所谓党派价值是指通过社会服务活动有利于促进党派自身发展，有利于为党派成员发展搭建平台，有利于树立政党形象。所谓社会价值，是指通过活动能有效推进社会事业的发展，对社会产生积极效果。社会服务不存在干与不干的问题，只有如何努力把它干好的问题。但有些党派成员不理解，甚至在认识上出现了偏差、误差，如认为参政议政、民主监督才是党派的职责所在，社会服务不是党派分内之事；也有人认为党派既无权，又无钱，资源十分有限，对党派社会服务工作表示质疑；也有成员认为党派搞社会服务工作，会削弱党派职能的履行，有不务正业、本末倒置之嫌；也有将它与参议、民主监督完全割裂开来。

2. 社会服务对参政议政、民主监督的促进作用

发展是中国共产党执政兴国的第一要务，也是各民主党派参政议政的第一要务。以上论述表时，社会服务不是党派的分外之事，而是其职责所在。从实践上看，社会服务工作搞得有声有色的党派，参政议政、民主监督的职能发挥也十分充分，反之亦然。实践证明：通过社会服务，可引导成员正确认识社会发展规律，树立正确的人生观、价值观；通过社会服务，可教育和激励成员把个人前途、命运与国家强盛，民族振兴联系起来，把个人奋斗融入到建设祖国现代化的伟大实践中；通过社会服务，可促进和鼓励成员加强政治理论学习，强化业务技能，切实增强为社会服务的本质；通过社会服务，使广大人民群众，逐渐了解党派，树

立党派在社会上的良好形象；通过社会服务，可得到执政党的认同，促进多党合作良好局面的形成。社会服务是参政议政、民主监督的延伸与拓展，是参政议政、民主监督的有效载体与基础，为参政议政、民主监督提供实际案例、信息线索、试点经验，帮助我们“参到点子上”，“监督到位有力”。参政议政、民主监督又可以促进社会服务，使之在更深的考虑，更全局的视角，更宏观的背景下开展，能够增强政策性，针对性和自觉性。两者紧密结合，以小见大，由点及面，可使党派在履职中发挥更加切实有效的作用。

3. 力克社会服务“五忌”

要做好社会服务工作，真正把好事做实，把实事做好。需在以下几个方面很好把握，力克社会服务“五忌”。

一忌单纯从事社会服务工作。民主党派的社会服务工作不能孤立进行，必须与参政议政、民主监督工作紧密结合。社会服务工作不仅不能离开参政议政这个中心任务，而且还要把它作为履行职能的重要任务来抓，从国家、社会发展的宏观大局出发，通过社会服务工作的具体实践，深入调查研究，掌握第一手材料，向党和政府提出切实可行的建议意见。社会服务工作应与民主监督相结合，在服务中监督，在监督中服务，不断推进民主政治建设，切实加大民主监督的力度。

二忌毫无特色的社会服务。各民主党派的社会服务工作，不仅是在一般意义上的作秀，而应根据自身的优势，选择适合本党派能够做，做得好，有特色，出效果的项目内容，扎实推进，各创特色，切忌做党派没能力，不适合的劳民伤财，没有效果的服务，否则就会等同于社会团体、慈善机构所做的公益事业。丧失社会服务工作的政治原则。

三忌割裂社会服务的传统与创新的关系。过去各民主党派把社会仅仅作为一般性工作来进行，把持量力而行，尽力而为的观点。能做就做，做多少算多少，服务的范围十分狭窄，如民进的社会服务主要限于支边扶贫，送教下乡等活动。这些传统的服务要不要，回答是肯定的，但应在这些传统服务的基础上创新领域，提升服务质量的档次，创新服务的方式方法，扩大工作的实与影响力。

四忌社会服务工作的短期性，随意性、盲目性。社会服务是民主党派的重要职责，要把此项工作落实到位，必须要有工作的计划目标，任务及人员、资金保障措施，绝不能没有目标计划，想做什么就做什么，任意改革服务项目内容，不带服务的恒常性。结果是什么都做，像小猫钓鱼那样，没有哪样有效果。

五忌服务中的畏难情绪。民主党派既无权，又无钱，能做好哪样工作哟？问题一大堆，困难不少，畏难情绪严重，这为做好社会服务工作是十分不利的。就民主党派的社会服务工作不要“有条件上，没有条件也要上”，但要遵循“创造条件也要上”的观点，克服消极悲观的思想，力图解决革除畏难情绪。

4. 提高社会服务质量的路径。

各民主党派的各级组织，为了提高社会服务的质量，进行了深入的理性思考与大胆的实践探索，积累了大量的经验，找到了强有力的理论支撑，社会服务质量提高的路径就在脚下。

(1) 发挥优势强特色，打造精品彰个性。

民主党派的社会服务工作，有别于群团组织的公益活动，具有鲜明的政治特性。我国的八大民主党派尽管都是具有政治联盟性质的参政党，但从党派成立之初，以至几十年来的过程中，各党派吸取的成员在界别上尽管有一些交叉，但区别是十分明显的。如民进主要是教育文化出版界的同志组成，九三学社主要是科技界的同志为主，民建主要是经济界的同志为主，八大党派各有各的优势，教育的优势，科技的优势，经济的优势，为此，在社会服务的问题上，必须根据各自的情况，充分发挥自身的优势，强化社会服务的特色，也只有如此才能彰显各党派的个性，打造出社会服务的精品，全面提升服务的质量。

(2) 强化职责服务，机制完善是保障。

社会服务工作是民主党派的一项重要职责，不存在做与不做的问题，只有想尽一切办法做好的问题，各民主党派及其广大成员必须牢固树立职责意识，强化“发展是第一要务”的理念，把社会服务纳入“参政为民”、“多党合作”的政治格局中来，全面提升社会服务的政治影响和工作的政治含金量。要坚决杜绝和和减少服务工作的盲目性、随意性和短期效应，而要在全面性、计划性、长效性上狠下工夫。在经费支撑、人员保障、合作配合、夯实载体等方面形成切实的保障，以完善社会服务工作的长效机制，巩固和提高报务的质量与水平。

(3) 把传统做到极致，创新成为习惯。

传统、常规做到极致就成了创新，把创新做成常规就成了习惯，也就是说，在社会服务工作上，既要保留一些好的传统，同时也要有创新，然后把创新的成果巩固下来，最后形成一些较为固定的，长期坚持进行下去的东西。过去，民主党派的社会服务工作面窄、量小，浅层的情况，但也有较大的现实意义，如民进的教育支边扶贫，就发挥过一定的作用，现在，社会服务已由“一般性工作”上升为重要职责，不创新就难以跟上合作与社会发展的步伐，所以在服务的领域、服务的范围、服务的手段、服务的实效等方面要有所突破，有所创新，最后成为一种习惯，不做都困难的境界。

(4) 选准服务的方向角度，整合资源顺势而为。

有利于社会主义小康建设的内容均应是社会服务的内容，也就是说既包括物质性的服务，也包括精神性服务的内容。社会主义小康建设主战场，大事件理应党委政府来承担，也只有党委、政府具有这个条件，具备这样的能力，民主党派在资源上毕竟相当有限，故在社会服务的方向角度上必须选好选准，既要有政治意义，老百姓满意欢迎，党派又有能力，具有优势，科技含量、智力要求高的项目进行，否则就会出现心有余而力不足，或劳命伤财，没有实效。在社会服务上，既有要物质的支撑，又要有智力人才的保障，有的项目，单凭党派本身的力量是有困难的，所以，要注意党派与党派之间的配合，也要注意寻找一些“党派之友”，借其经济、智力之势，实现多种资源的整合，把社会服务工作完成好。

(5) 执政党全心助发展，老百姓满意奔小康。

执政党放心，老百姓满意是社会服务工作的重要标准，执政党放心的含义是对民主党派的社会服务工作业绩，持肯定的态度。十分乐意希望党派通过社会服务助推经济社会发展。老百姓满意是指党派通过调研积极反应他们的心声与疾苦，认认真真，实实在在为扶贫解困，增收致富，民生改善努力工作，服务到位质量高，老百姓对党派服务工作认同满意。民主党派的社会服务工作，既要让执政党放心，又要让老百姓感到满意，二者均不可偏废，否则就是不受欢迎的劳而无功，失之偏颇的服务，是没有价值和意义的。

二、社会服务中蕴含的统战思想

社会服务的内容是十分丰富的，形式是多种多样的。本文仅以重庆市永川民进所开展的“倡导经典诵读，建设书香校园”赠书活动系列工程来谈社会服务中蕴含的统战思想。

1. 党派优势成大事

《经典诵读工程》的实施，对于资源（主要指财力）有限的民主党派，能根据联系面广的特点，借社会各方之力，谋教育发展、儿童成长之大事，且恒久有序，实乃难得。赠书活动具有较强的针对性、公益性、先导性及社会性，旨在倡导和谐理念，培育和谐精神，弘扬中华优秀传统文化和民族精神，提升儿童人文素养，弥补少年儿童经典阅读缺失，促进中小学语文教学改革，切实加强未成年人思想道德建设，倾力构建文化建设。

2. 社会服务出实招

民进永川区委员会在组织讲师团到各中小学开展献课的活动中发现：各学校

硬件建设还比较好，但各校图书资源严重短缺，特别是适合青少年儿童的正版经典读物，无论是古代的，还是现当代的都不成体系，很多学校甚至根本就没有。同学们除了课本、教辅读物外，没有什么可阅读的，阅读严重缺乏，“童年生态遭破坏”是现在青少年儿童的一种真实写照与悲哀。如何恢复童年生态，弥补儿童经典阅读缺失，提升儿童人文素养？首先是要有这方面的书籍供他们阅读；其次是在学校要营造读书的氛围。通过社会服务，知晓了真情、实情，掌握了第一手材料，从而启动了《经典诵读工程》。

3．社会服务献真情

社会服务是民主党派的一项重要任务。社会服务质量的好与坏、高与低，更能表现出党派的价值、社会影响及社会地位，因此，搞好社会服务工作，不是党派分外之事，而是分内之举。《经典诵读工程》的实施，给区内各中小学送去了珍贵的经典图书，让中小学师生有了精神的食粮，对于提高人文素养，加大语文教学改革注入了新的活力。在送经典的同时，专家还现场进行专题演讲，指导、鼓励教师学生共同阅读。可以说，成效已初步显现，诵读活动在我区中小学异彩纷呈、扎实推进。如每天“经典十分钟”、“经典阅读课”、“读书笔记展评”、“读书成长册”、“经典知识竞赛”等经典诵读系列活动有序进行。

4．合作共事创良局

《经典诵读工程》由民进永川区委和中共永川区委统战部共同牵头主办，这本身就是合作共事的良好范例。实施过程中得到了中共永川区委、区人大、区政府、区政协以及各镇街党委政府的大力支持配合，四大班子的主要领导及分管领导都先后参与，见证了赠书全过程。由于领导重视参与，媒体强势推进，在社会上引起了强烈的反响，参与赠书的单位、个人十分踊跃。如果说没有中共的大力支持、配合，活动开展将是十分困难的。通过活动的开展，使中共加深了对党派的认识，强化了合作共事的意识，为多党合作良好局面的形成，奠定了良好的基础。

5．统战知识活宣传

时常有人说：“你们民进党如何如何……”，有的是笑话玩笑，有的是真的不了解中国民主促进会为何物，性质是什么，与台湾的民进党的区别是什么。过去，党派的自我宣传力度不够，影响不大。通过《经典诵读工程》的开展，很多人真正了解了中国民主促进会是一个参政党，成员主要是从事教育文化出版的中高级知识分子，也让人们重新认识了民主党派的地位与作用，也让人们初步认识了独具特色的中国政党体制。有人感慨：中国的民主党派与西方的在野党原来是两个截然不同的概念，中国的民主党派是参政党，与执政的中共是亲密的友党；西方的在野党与执政党之间存在不共戴天的矛盾等新的正确认识。实际的行动与作为所产生的效果，比照本宣科枯燥的宣传要好一百倍。

我们期待着《经典诵读工程》辐射功能的进一步发挥。在重庆乃至全国发挥其示范带动作用，“读经典、读正版、读行天下”，为培养儿童阅读习惯的养成，创新精神的培养，为优秀传统民族文化的传承，发挥其独特的作用。为书香机关、书香社区、书香企业的建立产生其良好的推动作用。

"棍扫一大片"不如"枪扎一条线"
——社会服务要找准"力点"

民进金华市委会　邵发明

摘要：当今社会服务的普遍存在的问题是把力量平均用在教育、科技、文化、医疗、资金五个方面，且各民主党派的服务内容和形式大同小异，缺失党派特色。本文认为，民主党派从成立之初就暗藏着"力点"，即界别特色，只有充分发挥民主党派的界别资源优势，集中力量，找准力点，注重长效，才能真正搞好社会服务工作。

关键词：社会服务　党派　界别　力点

社会服务是新时期民主党派的一项重要任务。2007年11月发布的《中国的政党制度》，其中第七条"多党合作制度与现代化建设"指出："各民主党派坚持把促进发展作为团结奋斗的第一要务，紧紧围绕国家的中心工作，认真履行参政议政、民主监督的职能，积极推进社会主义经济建设、政治建设、文化建设和社会建设"。可见，社会服务是民主党派在国家政治和社会生活中发挥作用的另一种重要形式和途径。参政议政是参政能力的体现，社会服务是社会责任的体现。社会服务是民主党派的形象之源，最能体现民主党派的形象。民主党派通过社会服务对外可提高党派形象和影响，对内可增强党派凝聚力和党派成员的责任感，同时又切实地为社会做好事、做实事，体现民主党派自身的价值①。

一、社会服务的普遍问题：棍扫一大片，抡到哪里算哪里

当今各民主党派的社会服务工作开展得如火如荼，但内容、形式雷同、重叠，大同小异，像是从复印机上复印出来的文件。主要内容是"五下乡"，即教育下乡、科技下乡、文化下乡、医疗下乡和资金下乡。

（一）教育下乡。又称"智力支教"，形式有三：一，民主党派的基层组织组织一批城区教师，前往农村特别是山区学校举办公开课、讲座等活动，时间一般为半天或一天。二，"党派搭台，专家唱戏"，由党派邀请大学教授、教研专家等

专业人士对某一地区的教师进行业务培训和专题辅导。三，支援西部地区教育，因为人事制度等原因，目前还没有形成规模。

(二) 科技下乡。又称"科技支农"，即用科技手段扶植农业发展。主要形式：1. 科技咨询会。在乡镇农民集中之地，拉一条横幅，摆一溜桌子，发一些资料，接受农民咨询。2. 专家进入村间田头，对一些种植大户、养殖大户进行技术指导。

(三) 文化下乡。主要形式有：1. 送书下乡，将收集到的书籍免费赠送给"农村图书室"。2. 送戏下乡，将地方戏曲送到农村。3. 送节目下乡，即在乡间组织一台文艺演出，请农民现场观看。4. 送电影下乡。

(四) 医疗下乡。又称"送医送药"，主要内容是：1. 义诊。专家们为农民免费听诊、把脉、量血压、测心跳、开药方、做按摩，讲解卫生知识和心理健康知识。2. 送药。赠送感冒、腹泻等常用非处方药物。

(五) 资金下乡。由民主党派人士捐资，用于帮助贫困学生，帮助薄弱学校，帮助薄弱医院，结对为农村兴办公益事业（如建造公路等）。

从实践看，民主党派的社会服务有以下特点：

(一) 内容雷同。从内容来讲，各民主党派社会服务的范围，均在教育、科技、文化、药疗、资金等五个方面，用力平均。像武术中的"棍扫一大片"，抡到哪里算哪里。

(二) 流于形式。有的重视"开幕式"，领导讲话，记者到场，新闻报道，类似于"开会"。有的又像"摆地摊"，农民还以为他们是卖狗皮膏药的，纯粹为了完成任务。花里胡哨，浮于表面，做做样子，流于形式。棍扫一片，力道不实。

(三) 非群众所需。比如城区教师到山区上公开课，对山区教师并无助益，因条件有别，他们表现得也比较冷漠，学校还要破费高规格接待；一些赠送的电脑都是淘汰下来的，只能勉强开机充数；桌子、椅子足够学生坐了，大家还源源不断地赠送；一些书籍是废旧收购站找来的，放映的电影已过时；送戏下乡，一些高档次的文艺节目因为缺乏优质场地和配套舞美设施而只能束之高阁。很多活动，并非是人家需要的。

武术界有一种说法，"棍扫一大片，枪扎一条线。"说的是棍子扫起来，看着像风卷乌云，听着是呼呼作响，好看又好听，就是不中用。"棍扫一片，不如枪扎一线。"枪扎一线，是对准要害，集中力量，用最短的距离和最少的时间，一枪见效。所以古代战场上，绝少用棍的，多是用枪的，这是生死战场上留下来的经验。这个经验，是否也可以在社会服务工作上借鉴借鉴呢？

二、枪扎一条线：各民主党派都暗藏着“力点”

虽然中国的民主党派都是参政党，但党派与党派之间各有区别、各具特色。否则，党派就没有独立存在的理由。八个民主党派如果趋向一致，则可合八为一。因此，在坚持中国共产党领导的总原则之下，民主党派无论是参政议政、民主监督还是社会服务，都应有不同的领域和侧重点，体现不同党派的不同特点。

各民主党派在成立之初，都有各自不同的界别基础。如民革，以同原中国国民党有关系、同民革有历史联系和社会联系、同台湾各界有联合的有代表性的中上层人士和中高级知识分子；民盟主要由从事文化教育以及科学技术工作的高中级知识分子组成；民建主要由经济界人士组成；民进主要由从事文化、教育、出版工作的高中级知识分子组成；农工党由医药卫生界高中级知识分子组成；致公党主要由归侨侨眷中的中上层人士组成；九三学社主要由科学技术界的高中级知识分子组成；台盟由台湾省人士组成[②]。

各民主党派人士来自不同的界别，其代表人物在相应的界别中有着非常大的影响和作用。以民进为例，民进创始人马叙伦[③]，致力于六法训诂、经史、韵文兼治新学，曾任商务印书馆《东方杂志》编辑、《新世界学报》主编、《政光通报》主笔，在广州方言学堂、浙江第一师范、北京大学执教过，一生著述有40多部，解放后，他担任中国人民共和国教育部的第一任部长，和中国人民共和国高等教育部第一任部长。马叙伦在教育界的影响力，是任何人都难以替代的。民进主要领导人叶圣陶[④]，教师出身，解放后先后出任教育部副部长、人民教育出版社社长和总编、中央文史馆馆长，他是“五四”新文化运动的先驱者，是文学研究会在创作上最有成就的作家，是五四时期除鲁迅外最重要的现实主义小说家。他撰写过十多本语文教育方面的论著，为中国语文教育事业作出了巨大贡献，其在教育界和出版界方面的影响力，可谓不同凡响。被称为“世纪老人”、“文坛祖母”的冰心[⑤]，是现代著名的诗人、作家、翻译家、儿童文学家，其作品《再寄小读者》等脍炙人口，广为流传，是一代又一代中国人的“孩提伙伴”，她在文化界的影响力，又有谁能够替代呢？民进在教育、文化、出版方面的影响力，是其它任何一个民主党派都不能比拟的。

又如民建的创始人章乃器[⑥]，中国资信业第一人，解放后历任中央人民政府政务院政务委员，中央财经委员会委员，中央人民政府第一任粮食部部长。黄炎培[⑦]，中国近代职业教育的创始人和理论家，曾联络教育界、实业界人士在上海发起成立中国近代史上第一个研究、试验、推行职业教育的全国性团体——中华职业教育社，其目的是推广、改良职业教育，改良普通教育，力求做到学校无不用之成才，社会无不学之执业，国无不教之民，民无不乐之生。同样，民建也能充分发挥自身的优势和特点，积极开展智力扶贫、非公有制经济发展、职业教育、社会公益等方面的活动，如成立中华思源工程扶贫基金会；每年与有关部门联合举办的风险投资论坛和非公有制经济发展论坛已经成为该会的知名品牌，产生了积极的社会影响。民建在经济界的影响力，恐怕也是任何一个民主党派都无法比拟的。

民主党派是有界别特色的。这个“界别特色”，就是各民主党派暗藏的“力点”。各民主党派在进行社会服务时，一定要牢牢抓住“界别特色”这个“力点”，否则，民进就不是民进，民建就不是民建了。试想，如果民进失去了教育，民进还有什么？民建失去了经济，民建还有什么？民主党派在参政议政的时候，要考虑到党派的界别特色；在社会服务的时候，也要考虑到党派的特色。既涉足教育，又涉足科技，还涉及文化、医疗，那就只能像蜻蜓点水，浮光掠影了。

三、“枪扎一条线”的经典基层案例：做高复，汤溪民进学校一做就是27年[⑧]

汤溪民进学校由中国民主促进会金华市委会于1983年7月创办，是金华市最早的高考复习班。该学校创下四个“唯一”：浙江省唯一一所连续27年办高复班未中断过的学校（直到2010年金华市教委将市区四所高复学校合并之后，才不再独立存在），唯一多次被教育行政部门授予教学成果一等奖、浙江省办学优秀奖，唯一被市、区两级政府授予“文明单位”，唯一对社会公益实业捐款逾60万元的高复学校。

校园坐落在金华市婺城区汤溪镇护城街，东屏桔园，南邻国道，西北环水。教室内有大屏幕彩电、大功率空调及教学多媒体设施；公寓式学生宿舍内有单独的卫生间、淋浴、洗衣间；校园操场上有各种体育活动设施。环境宁静怡人，是莘莘学子读书成才的好地方。

学校精聘金华、兰溪、龙游等地省一级重点中学的高/特级教师（其中有国家级、省级优秀教师、电视台高考辅导讲座教师），都具有多年高复班教学经验，并专聘心理健康指导师。

最近8年，平均高考升学率高达97.6%，考入北京大学、复旦大学、中国科技大学、中国人民大学的人数占金华市区高复班的75%。考入全国一流名牌大学人数处于绝对优势。

据近3年统计，考生通过一年复习，比原高考成绩提高100分以上的达60.5%，最多提高265分，原高考成绩在第三批的考生有81%上重点线，原高考成绩在第四批的考生，有96.3%上本科线。

完善的教育管理优良的学风是学生提高分数的重要保证，这是一条颠扑不破的真理。学校实行严格的全封闭管理，每班配一名专职班主任实行坐班制管理。在管理中，注重过程，讲究效果，在“严、细、勤、爱”上下功夫。学校非常重视人性化教育，以生为本，以德促智，营造和谐、愉悦的校园氛围。用家长的话说，“民进”读书风气真好，子女在这里读书我们放心。

27年来，学校不以营利为目的，以培养人才为己任，坚持按教育成本收费，所收学费是金华所有高复班中最低的。为了资助贫困生和奖励高考成绩优异者，学校专门设立了奖学助学基金，历年来捐助社会公益事业逾60万元，其中捐资10万元在省一级重点中学汤溪中学设立“民进扶贫奖学基金”，先后有几百名学生受到资助。

这所学校，在汤溪镇乃至整个金华市，都赫赫有名。落榜学生一提到高复，首先想到的是“民进”，它的影响力之大，可见一斑。27年来，上万名落榜生垂头丧气进来，意气风发出去，成就梦中理想。这难道不是最好、最实的、最受老百姓欢迎的社会服务吗？

民进，抓住了“教育”，就等于对准了“力点”。

四、枪扎一条线，对准着力点

（一）“力点”不可对歪了

首先要纠正一种不好的态度，就是以为搞社会服务活动，是为了完成“任务”。年终总结的时候可以写上“举办了N次活动，服务了M人次”，等等。用这样的心态去搞社会服务，当然就没有动力，工作也做不好，做不到位，敷衍应付了事。套变一句流行的话：“不管群众需要不需要，反正我是做了。”

其次，还要纠正一种片面认识，以为社会服务是做给人家“看”的，特别是做给领导看的。持这种认识，就会产生形式主义。拉横幅，带记者，邀“演员”，领导讲话，群众鼓掌，媒体报道。这是纯粹作秀，“社会影响”是有了，却是负面的。

如果这样走过场，搞形式，扯虎皮拉大旗，岂不是坏了党派的形象？上一节公开课，搞两小时讲座，做半天咨询，搞一场会议，播一条新闻，到底能产生多大的作用，产生多大的影响？这样的社会服务，是真的在为社会做服务吗？

这样的社会服务，搞了还不如不搞。不搞，顶多老百姓不知道有这么个党派；搞了，反而让老百姓对这个党派有了不好的印象。老百姓“群众演员”做多了，心知肚明着呢。

（二）明确着眼点，找准着力点

棍扫一大片，抡到哪里算哪里；枪扎一条线，扎的都是要害。那么，社会服务的着眼点在哪儿？不是领导，而是老百姓。社会服务，注定了是为“社会”服务，而不是为领导、为政绩服务。这是首先需要明确的。民进马叙伦、叶圣陶、冰心的社会影响力巨大，既是因为他们个人的人格魅力，也是因为他们在文化教育事业上踏踏实实做了事情，人民认可。民建的章乃器，堪称中国资信业第一人；黄炎培，中国近代职业教育的创始人。这些人的影响力，都是他们“做”出来的。不是因为官位有多高，实在是因为他们做了许多许多为世人称道的实事好事。作为后辈，我们应该从老前辈身上学到一些东西。

明确了着眼点，就要找着力点。着力点在哪儿？前面说过，在各民主党派的界别特色上。我们现在搞的社会服务，面铺得很广，好像味精五香粉，每一碗面上都洒上那么一点，“教育、文化、科技、医疗、资金”五个方面全占，大有“棍扫一大片”之势，不但力量集中不了，还失去了党派特色。这就是没有找到着力点。社会服务一定要从界别特色中去找，才能创建党派的社会服务特色。更何况，各民主党派的界别不同，拥有的党派成员优势也不相同。比如民进就拥有教育资源的优势，民建就拥有经济资源的优势，民进的教育专家密集，民建的经济人才辈出。如此的优势不发挥，又怎么能搞好社会服务呢？

（三）让发力保持长效

民主党派的社会服务，目前基本都是“扶贫式”的，即目标在乡下，或贫困地区，于是社会服务变相成为“下乡扶贫”。“扶贫”固然是需要的，但民主党派的扶贫力度，无论如何都远远不如中共和政府的力度。党派扶贫，充其量不过是在一头大象的力量基础上加一只蚂蚁的力量而已。更何况，民主党派在“资金扶贫”本身就是弱项，党派没有资金来源，其“扶贫资金”基本由党派成员个人捐赠，数额微乎其微。

服务不等于扶贫，这一点我们需要明确。社会服务的概念⑨非常广，它是指以提供劳务的形式来满足社会需求的社会活动。狭义指直接为改善和发展社会成员生活福利而提供的服务，如衣、食、住、行、用等方面的生活福利服务。广义的社会服务包括生活福利性服务、生产性服务和社会性服务。生产性服务指直接为物质生产提供的服务，如原材料运输、能源供应、信息传递、科技咨询、劳动力培训等；社会性服务指为整个社会正常运行与协调发展提供的服务，如公用事业、文教卫生事业、社会保障和社会管理等。社会服务按服务性质可分物质性服务和精神性服务；按服务的程度又分为基本性服务、发展性服务和享受性服务。社会服务的面这么广，党派的力量又那么有限，因此党派的社会服务，一定要从党派界别特色中去发挥，用最有效的方式去发力。扎要用枪尖，防要用枪颈，砸要用枪柄，格要用枪杆，不能混起来用。

还是以民进为例，教育界是其一大界别，所以，民进应该在教育上多动动脑子，想想办法。前述的“汤溪民进学校”就是一个很好的案例。在特定的历史长河中，“汤溪民进学校”发挥了它不可磨灭的作用，“民进”在教育方面的社会影响力可谓巨大。当然，高复学校的历史使命已经完成，那么，民进能不能与时俱进，集聚党派成员捐助的资金，汇集教育方面的资源，开办“民进民工子弟学校”、“民进幼儿园”、“民进职业培训学校”，持久地为社会服务，取得长久的社会效应呢？我想，这是可以做到的，就看我们愿不愿意去做。

“棍扫一大片”，不如“枪扎一条线”。

参考资料：

①李军．新时期民主党派搞好社会服务工作的“四要”人民网．http://cpc.people.com.cn/GB/34727/56414/56456/56500/4135753.html.

②资料来源：各民主党派官方网站。

③马叙伦．百度百科，http://baike.baidu.com/view/36596.htm.

④叶圣陶．百度百科，http://baike.baidu.com/view/34089.htm.

⑤冰心．百度百科，http://baike.baidu.com/view/1718.htm.

⑥章乃器．百度百科，http://baike.baidu.com/view/69196.htm.

⑦黄炎培．百度百科，http://baike.baidu.com/view/69061.htm.

⑧金华市汤溪民进高复班．http://www.shaoer.com/px/2009-09/1663.html.

⑨社会服务．百度百科，http://baike.baidu.com/view/452054.htm.

关于社会服务是民主党派重要职能的综述

民进上海市委　谈　玲

摘要：社会服务是民主党派重要的职能之一。通过文献检索和文献研究，可以发现，国内学术界、理论界开始加强对民主党派社会服务的研究力度，并形成一些理论成果。这些理论成果主要集中在民主党派社会服务的必要性、内涵和定位、价值及工作思路等领域。本文主要介绍近年来对民主党派社会服务职能的前沿热点问题研究，对民主党派开展社会服务有一定指导作用。

关键词：民主党派；社会服务；职能

社会服务工作是民主党派参政议政的拓展和延伸，也是服务国家经济建设和社会发展的实际行动。从1978年中共十一届三中全会到1982年中共十二大，中国共产党确立了以经济建设为中心、实行改革开放、建设有中国特色社会主义的路线、方针和政策，恢复了民主党派在4个方面的作用，并指出民主党派在为社会主义现代化建设方面，可以发挥积极作用。民主党派及时把工作中心转移到为经济建设服务上来，拓展了民主党派发挥作用的新领域，开始把工作重点由政治领域转移到社会经济领域。[1]2005年中共中央5号文件指出："要拓宽民主党派和无党派人士发挥作用的渠道。中共党委和政府及有关部门要积极创造条件，支持民主党派和无党派人士紧密围绕全面建设小康社会开展各种形式的社会服务活动"，该文件为民主党派继续做好社会服务工作创造了极好的条件。

迄今为止，理论界关于民主党派社会服务职能研究取得了一些学术成果。对于这些成果加以梳理，不但具有重要的现实意义，而且，对于今后相关研究的深入开展和深化大有裨益。通过文献检索和文献研究，可以发现，现有的相关理论研究成果，主要集中在以下几个方面。

一、民主党派社会服务的必要性

1. 民主党派社会服务是参政党必备的品格。

许嘉璐认为，了解国情、服务社会，是参政党必备的品格。工人和农民依然是中国社会的主体，作为知识分子，如果对这些基层人民的所思所想不了解，就不了解国情，不能正确理解国家的方针政策。参政党发挥自身的作用，不仅要表态支持执政党的方针政策，更重要的是要提出有建设性的意见和建议。而要做到这些，就必须通过参与社会服务工作。参与社会服务工作就是我们尽到自己心力的平台和渠道。我们要高扬社会服务这杆大旗，应合着执政党、各级政府的各项工作为全面建设小康社会作出实实在在的努力务工作就是我们尽到自己心力的平台和渠道。我们要高扬社会服务这杆大旗，应合着执政党、各级政府的各项工作为全面建设小康社会作出实实在在的努力。[2]

2. 民主党派社会服务是参政党基本职能的延伸。

曲晓鸣认为，民主党派的社会服务具有特殊的政治意义，是民主党派在国家政治生活和经济领域中发挥作用的另一种形式，也是民主党派“内增活力、外树形象”的有效途径。[3]焦平生认为，社会服务是民主党派参政议政的基础和载体。民主党派的参政议政实践表明，调查研究过程就是民主党派社会服务的活动。民主党派的重大提案，有影响的参政议政意见，发挥作用的协商会议发言，无不出自民主党派的调查研究社会服务的过程之中。[4]龙长启认为，多年来的实践充分证明，社会服务活动同时也是开展调查研究，为参政议政建言献策准备素材。真正把参政议政和社会服务结合起来，提出可行性的建议，帮助政府部门强化对农村的教育。科技文化。扶贫工作。今后民主党派应配合社会服务活动的开展，进一步加强调查研究，通过社会服务，加强参政议政工作；通过参政议政，争取更多的经费来源，加大社会服务工作的力度。[5]

3. 民主党派社会服务工作是参政党自身建设的需要。

高友东认为，民主党派积极参加社会实践，是理想与现实的最佳结合，是参政议政与社会实践的最好的结合。一方面通过社会服务不断地丰富自己和充实自己，在祖国现代化建设中更好地施展才华，贡献聪明才智；一方面在改造客观世界的同时，逐步改造自己的主观世界，提高思想认识水平，克服弱点，健康成长。同时，民主党派在参加社会实践、开展社会服务工作中，也可以发现人才，对自身组织建设也有重要的意义。[6]

二、民主党派社会服务的内涵和定位

社会服务是以全面建设小康社会和构建和谐社会为目标，运用经济、科技、法律、卫生、教育、文化等形式，为以经济建设为中心的社会全面进步与发展所进行的活动。民主党派通过经济、科技、法律、卫生、教育、文化等活动，以服务为宗旨，注重社会效益，做到“到位不越位，帮忙不添乱”，促进社会全面和谐和可持续发展，便是民主党派社会服务的内涵所在。

社会服务是民主党派的重要职能已经得到越来越多人的认可。焦平生认为，民主党派的基本职能是参政议政、民主监督，而社会服务、利益表达和协调关系、自身建设也是民主党派的职能。社会服务是参政议政、拓宽民主党派发挥作用渠道的主要途径，所以把社会服务定位于参政议政的基本职能范畴之内是恰当的。[4] 方志平认为，社会服务是参政党的基本社会职能，是参政党参政议政、民主监督的实践基础，也是政治职能的拓展和延伸。[7] 戚建庄认为，社会服务是民主党派直接面向社会履行参政党职能，为经济建设服务的重要渠道，是中国共产党和民主党派通力合作的具体表现之一，也是中国共产党领导的多党合作和政治协商制度优越性的生动体现。[8]

桑卫国认为，以往的咨询服务工作的主要内容是办医办学、支边扶贫，社会服务工作的内容应该包括这八个字，但我们面临的新形势、新任务和新要求决定了社会服务工作不仅仅是这八个字所能包括的，它应该有更高层面的意义。社会服务工作是以国家发展为大前提的社会服务，就势必要始于参政议政，终于参政议政，要把参政议政贯穿于社会服务的全过程。[9]

三、民主党派社会服务的价值

民主党派的社会服务工作不同于一般公民或者社会慈善机构的社会服务工作。作为党派行为，其在关注民生、服务于民的基本功能之上，更有明显的政治功效。新形势下民主党派社会服务的价值体现在以下几个方面：

1. 体现参政党存在的价值。

赵道静认为，社会服务工作是民主党派履行参政党职能的重要组成部分，是坚持中国共产党领导的多党合作和政治协商制度的具体体现，也是民主党派树立自身形象、扩大社会影响的有效途径。作为参政党，除了完成政治协商、民主监督和参政议政等任务外，还必须认真抓好社会服务工作，为我国经济与社会发展作出更实在具体的贡献。只有这样，民主党派才能更好体现自己存在的价值，并得到社会的广泛认可。[10]

2. 能为参政议政和民主监督工作提供重要依据。

朱培康认为，社会服务工作不仅是简单地对社会直接做贡献，更重要的是能帮助民主党派在调查研究和实践中获取第一手资料，从而为更好地参政议政打下良好的实践基础。[11]

3. 增强民主党派凝聚力。

通过开展社会服务工作，可以充分发挥基层组织的作用，把各党派成员的积极性调动起来。实践证明，通过社会服务，基层组织的力量得到了充分体现，组织的凝聚力也明显加强，参政议政的能力也大大提高。

四、民主党派社会服务的特点

方志平认为，新时期社会服务工作的特点包括以下几个方面：一是服务性。民主党派开展社会服务活动的目的和宗旨，是非盈利性的公益活动，是发挥民主党派成员的特长，运用人才、信息、社会联系广泛三大优势，造福社会的举措。二是知识性。民主党派主要由高中级知识分子组成，尤其是直接参加社会服务的民主党派成员，在某一专业技术领域中掌握较高的专业技能或有独特造诣，有自己的一技之长或多技之长。三是补充性。民主党派各级组织开展社会服务活动，难以采取“大兵团”形式．“作战”，主要是从各地区发展特点出发，以拾“遗”补“缺”为主，在国家法律和政策允许范围内，量力而行地开展一些服务活动。四是业余性。民主党派成员参加社会服务活动，绝大部分是利用休息时间，不影响正常工作。[12]

曲晓鸣认为，民主党派社会服务有几个特点：一是突出服务特色。民主党派不能仅局限在党派范围内工作，而要站在更高的角度，以更加开阔的视野，关注社会公共利益，协助中国共产党为实现和维护人民的根本利益服务。二是突出参政党特色。民主党派组织社会服务，必须坚持与中国共产党的政治方向保持一致，必须配合、支持执政党和政府的中心工作。同时，民主党派也要在社会服务中发挥参政党的政治作用。三是突出本党派特色。民主党派掌握的资源有限，社会服务工作不可能面面俱到。民主党派多选取最能体现本党派特色和优势、具有最大社会效益、最擅长和力所能及的项目，当然也是最能反映本党派社会服务能力和水平的项目开展社会服务。[13]

五、民主党派社会服务的工作思路

1. 提高对民主党派社会服务工作职能的思想认识。

高友东认为，做好民主党派社会服务工作是时代的要求。我国政府把实行科学民主决策、坚持依法行政、加强行政监督作为自己的行为规范，把重大问题决策前的征求意见和事后通报情况作为工作制度，不仅更加重视民主党派在管理国家中的参政议政作用，而且更加重视民主党派在国家现代化建设中的作用。民主党派只有把自己组织的力量调动起来，发挥自身优势，在全面建设小康社会宏伟事业中，做好社会服务工作，才能在国家政治生活和社会生活中拥有真正的地位，才能真正体现自身的价值，从而赢得国家和人民群众的理解和支持。[14]

2. 民主党派社会服务职能的指导原则。

主党派开展社会服务活动，要紧紧依靠中共各级组织和政府有关部门的支持帮助，坚持依法办事，特别是要坚持“量力而行，尽力而为”的原则。焦平生认为，民主党派的社会服务要认真贯彻中共十六大、中共中央 5 号文件和科学发展观，必须从全面建设小康社会和构建社会主义和谐社会，巩固执政基础、参政议政成效的高度来认识社会服务的目标，并作为社会服务全部行为的出发点和归宿。社会服务工作要坚持把握围绕中心、服务大局、维护稳定、促进发展的大方向，关注社会发展中的热点问题。从关心扶助下岗职工，因病致贫、因病返贫群众上升到社会保障和新型农村合作医疗制度，从送医送药上升到定点帮扶乡镇卫生院，加强农村卫生基础设施建设。这都是社会服务和参政议政相结合，拓宽民主党派在国家各项事业中发挥作用的渠道的重要体现。[15]

3. 民主党派社会服务工作模式。

桑卫国认为，在社会服务工作模式上，过去主要是发挥、利用党的组织和党员个人的自身优势参与社会服务活动，现在我们应当更多地考虑利用社会各方面的资源与发挥自身优势相结合的工作模式。在社会服务工作的管理模式上，逐步要由直接操作具体项目为主转变为以组织协调、宏观指导为主，要加强对项目的总体把握、分类指导和规范管理。在项目的选择上，也可以从单个的各自独立分散的小型项目进而探索搞一些规模较大、可以形成品牌的项目。在支边扶贫的具体方法上，应当探索一种物质支持与智力支持相结合的办法。在项目的效果上，不但要考虑近时的经济效应更应该重视可持续发展的长期效应等等。[16]

总的来说，有关民主党派社会服务职能的理论研究多半出自各民主党派从事社会服务工作的领导之手，具有明确的政治导向性和实践指导性的特点。研究内容多为民主党派社会服务职能的内涵、必要性、价值、特点和工作思路。在既有的研究成果中，实证研究较多，而理论研究较少。关于社会服务是民主党派的重要职能的理论研究，尚有拓展和深化的空间，这对于各民主党派更好的开展社会服务工作具有一定的指导意义和启迪作用。

参考文献：

[1] 郭溪土．民主党派进一步服务社会主义现代化建设［J］．民主党派福建发展史，2009，(9)：164-180.

[2] 许嘉璐．了解国情、服务社会，是参政党的必备品格［J］．民主，2006，(9)：1-2.

[3] 曲晓鸣．浅谈具有参政党特色的社会服务［J］．辽宁社会主义学院学报，2009，(2)：43-45.

[4] 焦平生．新世纪新阶段民主党派社会服务的理性思考［J］．中国统一战线，2005，(10)：22-25.

[5] 龙长启．开拓民主党派参政议政和社会服务工作相结合的新思路［J］．贵州社会主义学院学报，2007，(1)：23-25.

[6] 高友东．浅谈新时期参政党社会服务工作［J］．民主，2004，(1)：17-19.

[7] 方志平．发挥优势 服务社会［J］．前进论坛，2010，(1)：21-22.

[8] 戚建庄．开展“九地合作”，创新社会服务模式［J］．协商论坛，2007，(7)：24-25.

[9] 桑卫国．找准定位、与时俱进、全面开创社会服务工作新局面［J］．前进论坛，2003，(12)：7-9.

[10] 赵道静．新形势下民主党派社会服务工作相关问题探析［J］．湖北省社会主义学院学报，2009，(5)：44-47.

[11] 朱培康．团结创新 开创社会服务工作新局面［J］．团结，2004，(3)：4-7.

[12] 方志平．发挥优势 服务社会［J］．前进论坛，2010，(1)：21-22.

[13] 曲晓鸣．浅谈具有参政党特色的社会服务［J］．辽宁社会主义学院学报，2009，(2)：43-45.

[14] 高友东．浅谈新时期参政党社会服务工作［J］．民主，2004，(1)：17-19.

[15] 焦平生．新世纪新阶段民主党派社会服务的理性思考［J］．中国统一战线，2005，(10)：22-25.

[16] 桑卫国．找准定位、与时俱进、全面开创社会服务工作新局面［J］．前进论坛，2003，(12)：7-9

民进组织加强社会服务工作的路径探析

民进丽水市委会　梅焕根

摘要： 社会服务是民进组织的职能和社会责任。新时期国际国内政治经济环境发生了变化，对民主党派社会服务工作提出了新的要求。如何顺应时代要求，拓展社会服务内涵，探寻社会服务新形式、新方法、新途径，是民进组织必须探讨和思考的重要问题。本文通过对丽水市民进组织社会服务工作的调研，总结其的成功经验，并提出加强和完善社会服务工作的可行路径。

关键词： 民进组织　社会服务

一、引言

社会服务是参政党的基本社会职能，是参政党参政议政、民主监督的实践基础，也是政治职能的拓展和延伸。民主党派的社会服务之说始于 1989 年中共中央 14 号文件《中共中央关于坚持和完善中国共产党领导的多党合作和政治协商制度的意见》。根据 14 号文件对社会服务工作的阐述，我们可以对民主党派的社会服务给出一个阶段性的定义："社会服务是以全面建设小康社会和构建和谐社会为目标，运用经济、科技、法律、卫生、教育、文化等形式，为以经济建设为中心的社会全面进步与发展所进行的活动。"[1]

为适应国际国内形势的深刻变化，发展社会主义民主政治，建设社会主义政治文明，推进中国特色社会主义伟大事业，2005 年 2 月颁布的《中共中央关于进一步加强中国共产党领导的多党合作和政治协商制度建设的意见》指出："要拓宽民主党派和无党派人士发挥作用的渠道。中共党委和政府及有关部门要积极创造条件，支持民主党派和无党派人士紧密围绕全面建设小康社会开展各种形式的社会服务活动。"这为丽水民进组织在全面建设小康社会和构建和谐社会的历史机遇期，围绕以经济建设为中心，服从和服务于改革发展稳定大局，在中国共产党的正确领导下继续做好社会服务工作创造了很好的条件。丽水民进组织经过多年的不断开拓创新，社会服务工作取得了显著成绩。然而，社会服务工作是一项开创性工作，也是一项与时俱进的任务，民进组织还应该围绕中国共产党和国家的中心任务不断拓展社会服务工作的新形式、新方法、新内涵，为推进社会主义经济、政治、文化和社会建设贡献力量。[2]有鉴于此，笔者对丽水民进组织开展的社会服务工作进行了深入调研，在总结成功经验的基础上提出了相应的策略。

二、改善民进组织社会服务工作的重要意义

社会服务既是各民进组织的社会职责，也是每个会员应尽的社会义务。同时，社会服务工作还是各民进组织在国家政治和社会生活中发挥作用的另一种形式和途径，是社会责任的体现。就当前而言，各民进组织通过开展各种形式的社会服务活动，至少具有以下三方面的重要价值。

（一）开展社会服务工作是民进组织践行科学发展观的迫切需求。

贯彻和落实“科学发展观”，关键是要实现“五个统筹”，即“统筹城乡发展、统筹区域发展、统筹经济社会发展、统筹人与自然和谐发展、统筹国内发展和对外开放”。各民进组织通过深入开展多层次、宽领域的丰富多彩的社会服务活动，如送医下乡、科技扶贫、下乡支教等，不仅能够促进当地经济社会迅速发展，而且能够让广大民进会员乃至整个民进组织更加清楚地了解、认识到当前我国经济社会发展中所存在的不平衡的现状，尤其城乡之间、区域之间所存在的巨大差距，进而更加深刻的领会胡锦涛总书记、中共中央提出的树立和落实科学发展观的重要意义。我们看到了差距、看到了经济社会某些不协调发展的状况，就会增加自己肩上的责任，增强树立和贯彻落实科学发展观的紧迫感，继而通过自身的努力去为区域的协调发展、为社会的和谐发展、为人的全面发展做好服务工作。

（二）开展社会服务工作是民进组织加强自身建设的内在需要。

加强自身建设，进一步提高自身素质和参政议政能力，既是民进组织的一项长期性的重要任务，也是一项带有全局性和根本性的工作。基层组织建设是民进组织加强自身建设的重点和难点。而要加强民进组织的基层组织建设，一个重要的途径就是把民进会员的本职工作、社会需求和民进组织履行职能发挥作用有机地结合起来，从而达到丰富基层组织活动内容、增强基层组织活力和提高组织成员凝聚力的目的。实践证明，通过开展丰富多彩的社会服务工作，既为民进组织提供了发挥作用、扩大影响的良机，使民进组织能够更多地接触社会，使社会群众更多地了解民进组织，而且还促进了民进会员间的交流、合作和提高。同时，社会服务的实践活动还为民进会员提供了发挥专长、在更广领域为社会多做贡献的平台，是各民进组织发现人才、锻炼人才、培养人才、使用人才的重要阵地和渠道。[3]

(三)开展社会服务工作是民进组织充分发挥参政职能的重要抓手。

在“中国共产党领导、多党合作,中国共产党执政、多党参政”的多党合作政治格局中,民进组织的主要职能是参政议政和民主监督。而这其中,又以参政议政最为突出。因为参政议政的广度和深度,质量水平的高低,是否能提出真知灼见,将直接关系到民进组织的实际地位、存在价值和社会形象,关系到对广大成员的凝聚力和向心力的强弱。[4]因而,如何提高参政议政的质量和水平,一直是各民进组织孜孜不倦的研究课题。实践已经证明,各民进组织通过开展社会服务,面向全社会“做好事、做实事、献爱心”,不仅能够找准开展调研的切入点,提高调研质量,加强参政议政工作,而且还可以以此为契机,主动加强与有关政府部门建立可靠的联系,从而为参政议政开展课题调研铺就平台。

三、丽水市民进组织在开展社会服务工作方面的实践

近年来,在市委会的领导下,丽水市民进组织始终遵循“发挥优势,突出重点;量力而行,尽力而为;持之以恒,讲究实效”的方针,积极探索新形势下社会服务工作的途径和形式,逐渐走出了一条符合丽水实际的社会服务新路子。

(一)传承传统富内涵:开展社会服务工作的基本方法。

送文化、送科技、送医疗为主的“三下乡”活动是民进组织社会服务工作的主要形式,也是丽水民进多年来坚持的传统和特色。市委会充分发挥会员的智力优势和专业特长,每年举行一至两次大型的为农“三下乡”社会服务活动,为村民书写春联、放映电影、免费拍摄全家福、免费体检,开展医疗、农业科技咨询服务和访贫问苦等活动。革命老区、景宁畲乡和边远农村都留下了民进会员的足迹,所到之处,受到当地群众的热烈欢迎和好评。在民进市委会的领导和带动下,各基层组织也相应开展了以“三下乡”为主的社会服务活动:莲都区委会坚持送教到农村,开展教研活动,帮助农村学校提高教学质量和教育水平;缙云县总支坚持每年送教送医到革命老区,受到老区人民欢迎;遂昌县总支则发挥文化艺术界会员的优势,组织送戏到农村,丰富农村的文化生活;市中心医院支部发挥优势,分批派出医疗专家到革命老区、少数民族地区等基层单位及农村,以讲座、会诊、专家门诊和手术等多种形式进行技术指导。

在传承优良传统的基础上,丽水民进组织还根据实际需求不断丰富社会服务内涵。丽水民进市委会连续多年配合省委会组织的医疗队赴遂昌进行巡回医疗服务,为农村“三老”(老党员、老红军、老交通)送医送药送温暖,为当地百姓义诊,受到当地群众的热烈欢迎,“要看病,找民进”道出了遂昌老区群众对民进组

织的无限信赖和由衷感谢。市委会还与杭州市委会联合连续3年开展城乡“手拉手”结对助学活动；配合民进省委会教工委在景宁开展讲学活动；与缙云县红十字会在缙云县溶江乡溶溪小学联合开展了爱心助学活动，向学校师生捐赠价值1.6万多元的学习用品和体育用品，并向8位困难学生送上了慰问金。丽水中学支部每年都举办民进暑期文化补习班，帮助提高学生学习成绩，受到学生家长的欢迎。市医卫支部结合爱眼日的主题，每年都开展爱眼护眼知识宣传活动。

据不完全统计，2008年至2010年，丽水市各级组织开展的下乡服务和社会公益活动30多次，参加会员200多人次，服务群众5000多人，捐书、捐赠各种教学设备、学习用品价值5万余元，资助贫困学生和扶贫赈灾3万余元，社会服务工作得到市、县领导和各界群众的好评，塑造了丽水民进的良好形象。

（二）发挥优势拓领域：加强社会服务工作的优化路径。

近年来，民进各级组织在社会服务工作中解放思想，改变观念，加强领导，紧紧围绕政府中心工作，进一步拓宽了服务领域。在丽水市委、市政府提出建设生态文明和推进全面小康的发展战略目标后，丽水民进组织利用自身优势协助党委政府开展新农村建设，在帮助调整农业产业结构，促使农业增效农民增收方面做了大量工作。

科技支部是个以农业科技人员为主组成的基层支部，支部的会员大多是工作单位的业务骨干，会员们在做好本职岗位工作的同时积极参加市委会组织开展的送科技下乡社会活动，为农村农业生产解决了许多技术难题，深受农民朋友的欢迎。在民进全国社会服务工作会议上，丽水市科技支部曾受到了会中央的表扬。支部主委薛石玉作为丽水市农科所作物引育种专家，丽水育种带头人，近年来，先后承担完成了多项省市科研项目，培育成功了多个水稻新品种（品系），同时还引育筛选了10多个适合丽水山区推广应用的瓜果、蔬菜新品种2万余亩次，为农民增加经济收益200多万元。市科技支部22名会员中有7人是退休人员，但他们退而不休，凭着自己的专业技术知识、工作经验和一颗为农服务的赤诚之心，为当地农民解决了许多农业生产中的实际问题，成为支部为农服务的生力军。

除了市科技支部，丽水职业技术学院支部、莲都区委会、遂昌县总支也都发挥组织内农业科技会员的优势，参与新农村建设活动。如市职业技术学院支部主委潘芝梅副教授是一名果树专家，业余时间几乎都花在了指导农民种植果树上，为全市的水果产业发展做出了积极贡献。

据统计，从2008年至2010年，丽水市民进组织共有50多人次参加过有组织的送农业科技下乡活动，先后30多次赴农村基层开展农业技术咨询服务，发放科技资料数万份，辅导培训农民2000多人。会员们深入田头地角了解和帮助解决农业生产中出现的技术难题，为丽水市新农村建设做出了积极贡献，涌现出以王仲明、薛石玉、潘芝梅、李子山等为代表的一批民进先进科技为农工作者。

（三）突出重点献良策：强化社会服务工作的有效举措。

社会服务的领域非常广阔，而参政党在人力、物力、财力、信息等方面的资源是有限的，为了使社会服务工作真正取得实效，必须要突出重点。而民主党派的基本职能是参政议政，民主监督，所以民主党派的任何工作都要围绕这项基本职能来开展。[5]为此，丽水民进组织把每次的社会服务活动都与参政工作结合起来，开展调研，体察民情，反映民生，建言献策。

丽水市民进组织许多有价值的社情民意信息都是在下乡服务的过程中发现线索，然后组织会员进行调研而产生的。如涉及新农村建设的《森林起大火村民为何袖手观，建议重视调整林业利益结构》、《浙西南山区发展经济林应适度》、《建议国家出台综合开发山垅田的指导性政策，解决山区山垅田抛荒问题》、《对珍稀濒危植物“中华水韭”采取抢救性保护措施刻不容缓》等信息分别得到了中共浙江省委、省政府领导的高度重视。

丽水民进组织还紧紧围绕市委市政府工作大局和工作重心，以社会主义新农村建设为切入点和着力点，组织会员深入农村基础组织开展调研，先后撰写了多篇事关农村长效发展的调研文章，如《采取有效措施，改变农村厚葬浪费之风》、《建议加大政策扶持力度保护瓯江水系中上游生态环境》、《关于解决农业产业化发展资金瓶颈问题的几点建议》、《关于我市千万农民饮用水工程建设的建议》等分别得到了省委、省政府和丽水市委、市政府领导的重要批示。

四、结论

近几年，社会服务通过富有成效的各项工作，做出了大量对国家和社会有益的事情，扩大了影响，提高了地位，使社会服务真正成为促进社会发展的平台和展现丽水市民进组织良好形象的窗口。当然，社会服务工作任重道远，有很多方面的工作还有提升的空间。诸如树立品牌意识，创新社会服务工作载体。即以“品牌服务”为龙头，使社会服务工作向更深的层次和更广的领域发展，引导广大会员树立强烈的社会责任感，增强民进组织的凝聚力和社会影响力。结合新时期形势和特点，把握时机和注重实际效果，筹划有创意、形式多样的活动。使社会服务成果扩大效应，使丽水民进组织扩大社会影响，体现自身价值。[6]二是整合资源，注重社会服务工作实效。改变以前单兵作战的服务模式，联合政府职能部门或其他民主党派组织，上下联动，做大做强社会服务工作。同时在社会服务实效上下功夫，发挥典型示范的作用，以点带面，扶出成效，扶出我们民进的社会影响力。三是加大投入，加强社会服务工作保障。民进组织在物力、财力等资源方面极其有限，社会服务投入严重不足，资金匮乏，获取的政府和社会支持的配套资金不足，资金捉襟见肘，很大程度上制约了社会服务工作的有效开展。为此，应加争取大社会服务项目经费的投入，把有限的经费用足、用好，并积极争取把民主党派开展社会服务工作列入政府财政预算，为党派开展社会服务工作提供一定的资金保障，逐步形成一个良好的社会服务工作保障机制。[7]

社会服务工作已进入一个全新的时代，围绕经济、社会发展中的重大问题，开展各类社会服务活动，努力开创社会服务工作的新局面，不仅能让广大服务对象直接受惠，还能通过自身努力来带动社会力量，扩大社会服务效应，并最终形成一种社会化行为，带来社会效益。更重要的是，通过社会服务实践，倾听民声、发现问题、建言献策，对于充分调动会员以及所联系群众的积极性、创造性、主动性，最大限度地发挥他们的聪明才智，积极履行参政党职能、建设高素质的参政党具有十分重要的意义。

参考文献：

[1] 焦平生．新世纪新阶段民主民进组织社会服务的理性思考［J］．中国统一战线，2005（10）：22－23.

[2] 赵道静．新形势下民主党派社会服务工作相关问题探析［J］．湖北省社会主义学院学报．2009（05）．

[3] 唐华生．民主民进组织加强自身建设的基本原则和途径［J］．中央社会主义学院学报，2006（6）：27－29.

[4] 沈启鹏．参政议政是参政党的主要职能〔EB/0L〕．http://zys.bl.gov.cn/admin/Newsfile/200610161044194465601.asp，2007－09－10.

[5] 曲晓鸣．浅谈具有参政党特色的社会服务［J］．辽宁省社会主义学院学报．2009（02）．

[6] 农工党广西区委．努力做好新时期的社会服务工作——农工党广西区委参与扶贫工作的实践和体会〔J〕．广西社会主义学院学报，2006（3）：30—31.

[7] 赵柱家．参政为民服务为本——民进山西省委工作纪实［J］．山西社会主义学院学报．2006（04）．

从重要战略机遇期谈当前民主党派开展社会服务工作面临的机遇与挑战

民进北京市委　陈　平

开展社会服务工作是民主党派的一项重要职责，围绕中心，服务大局是这项工作的出发点和落脚点。这就决定了它是民主党派一项必须做，而且要与时俱进、不断创新地去做的重要任务，决定了民主党派要随着社会的发展和需要，不断面临开展社会服务工作的新机遇和新挑战。

开展社会服务工作是民主党派的一项优良传统。中国的民主党派在民主革命时期，就在为争取新民主主义革命的胜利和新中国的建立作贡献的同时，参与了社会救济，解困救难的工作。新中国成立后，随着党领导的多党合作制度的不断完善、发展，民主党派开展社会服务工作被明确提出，工作任务和要求也越来越明确，经历了从小到大，从弱到强，从虚到实的发展阶段。在新中国成立之初，民主党派参与了社会调查，帮助国家恢复重建的工作。“文革”后，民主党派根据党的工作重点转移，一方面开展落实政策，恢复组织、活动的工作，一方面积极组织成员参加为四化建设服务的工作。开展了办学讲学、咨询服务、支边扶贫、“三下乡”等工作。这些活动一方面为民主党派扩大了影响，赢得了地位与荣誉，同时也为组织的发展壮大发挥了积极作用。八十年代中期，中共中央颁布了59号文件，明确支持鼓励民主党派开展不以盈利为目的的为四化建设服务工作，民主党派的社会服务工作开始走上规范化制度化的轨道。1989年，中共中央颁布了14号文件，我国多党合作事业更加规范，开展社会服务工作成为民主党派的重要职责和更加自觉的行动，工作队伍和机构建设也因此得到加强。进入新世纪，中共中央颁布了5号文件，民主党派社会服务工作更加紧密围绕党的中心工作，工作内容与形式得到了丰富和发展，民主党派社会服务工作进入了新的发展时期。

一、当前民主党派开展社会服务工作面临的新机遇

民主党派社会服务工作在经历了改革开放后30多年的发展，形成了不少传统的和品牌工作，如支边扶贫、捐资救灾、扶危济困、支持“三农”、促进祖国和平

统一工作和参与毕节建设、“温暖工程”等等。作为一项既是传统的，又要与时俱进开展的社会服务工作，在当今我国面临的重要战略机遇期，存在着许多机遇：

（一）国家实施“十二五”规划，为民主党派开展社会服务工作提供了广阔的空间和舞台

目前我国正处于重要的战略机遇期，面对国内处于全面建设小康社会的关键时期和深化改革开放、加快转变经济发展方式的攻坚时期这样一种形势，国家制定并开始实施“十二五”规划，明确了“十二五”期间国家发展的战略目标、重点任务和发展路径，这不仅是执政党和各级政府未来五年的行动纲领，也为民主党派发挥优势，开展社会服务，体现自身价值和作用指明了方向，提供了广阔的空间和舞台。规划中提出了“加快社会主义新农村建设”；“实施区域发展总体战略，推进新一轮西部大开发”；“加大对革命老区、民族地区、边疆地区和贫困地区扶持力度”以及“推进两岸关系和平发展和祖国统一大业，努力加强两岸文化、教育、旅游等领域交流，积极扩大两岸各界往来”等重要战略和工作，这些工作都是民主党派开展社会服务并取得显著成效的老阵地，这些战略为民主党派以新作为巩固老阵地，开展社会服务工作创造了大好时机。

（二）国家实施科技、教育和人才规划，繁荣发展文化事业和产业，为民进开展社会服务提供了大显身手的机遇

发挥特色和优势是民主党派开展社会服务，并能取得成效和影响的重要原则。作为以教育、文化、出版工作的高中级知识分子为主要成员的民进，过去在促进教育均衡发展，实施素质教育，发展职业教育和加强学前教育等方面开展了大量支教扶贫、讲学培训等社会服务工作。当前国家在重要战略机遇期，开始全面落实中长期科技、教育、人才规划，加快教育改革发展的步伐；繁荣发展文化事业和文化产业。这些都无疑为民进发挥特色和优势，顺势而为开展社会服务工作，为我国实行科教兴国和人才战略提供了大显身手的难得机遇。

（三）党中央、国务院对首都的新期待，为北京市民主党派开创社会服务工作新局面带来了机遇

作为全国政治、文化、国际交往中心和正在形成的国家创新中心的首都北京，党中央、国务院对其发展寄予了厚望，要求它在科学发展，加快转变经济发展方式上走在全国最前面，率先形成创新驱动的发展格局，率先形成城乡经济社会一体化发展的新格局，努力打造“五个之都”，建设具有中国特色的世界城市。党中央、国务院的新期待，首都的表率作用，要求北京市民主党派社会服务工作也要具有示范、引领作用。2010年，中共北京市委统战部就对北京市统一战线履行职能提出了“建言献策与服务发展相结合”、“出主意与办实事并重”的新要求，要求各党派根据各自资源特点和优势，开展为首都经济社会科学发展建言出力的“凝心聚力”工程。该工程的重点是要求民主党派创新社会服务工作机制，为促进首都经济发展方式的转变“引资、引智、引项目”。这项工作已经成为衡量北京市民主党派履职能力和水平的一个重要方面。2011年，中共北京市委又提出民主党派社会服务工作要积极引导、组织党派成员参与社会建设工作。可以说，目前北京市民主党派社会服务工作已经直接参与首都经济社会发展，这既为党派开创社会服务工作新局面带来了机遇，同时也使北京市民主党派社会服务工作面临巨大挑战。

二、当前民主党派开展社会服务工作面临的新挑战

首先是对民主党派开展社会服务思想观念的冲击与挑战。

民主党派开展社会服务工作是一项政治任务，围绕中心，服务大局是它的根本原则，这要体现在思想和行动上，而不是停留在口头上。改革开放后，民主党派开展社会服务工作30多年，随着社会的进步、发展，百姓、社会和政府的需求都发生了很大变化，民主党派开展社会服务工作的需求多了，工作层次和水平要求高了，甚至要求民主党派社会服务工作直接参加到国家经济社会建设的主战场。因此，民主党派在认识上不应该还停留在社会服务工作是可做可不做的事情，或者将党派社会服务工作与社会团体，慈善机构所做的公益活动等同起来；工作内容和形式也不能停留在捐资捐物、义诊下乡等传统项目和做法上（特别是对于省级组织来讲）。要认识到，民主党派开展社会服务工作是政治需要，是坚持党领导的多党合作制度的需要。将它与公益活动等同起来，是把党派社会服务工作意义和作用看低了。民主党派开展社会服务工作的思想观念和工作思路要跟上时代的步伐，不能麻木和滞后。

当前民主党派开展社会服务工作不缺队伍和技术，缺的是工作思路和平台。民主党派开展哪些社会服务工作要从百姓需要什么，政府急需解决什么问题，我们能干成什么事情来考虑。要把党派的特色用足，将自己的优势充分发挥出来，同时借助更多的社会、政府和党派成员的资源、力量，顺势借力开展工作，最大限度地实现资源共享，成果共享。多搭建平台，积极引导、组织会员和基层有序参与社会服务工作。民主党派社会开展服务工作要尽力而为，力所能及，不在于干多少，关键在于干在“点”（国家中心工作）上，干出“彩”来（干得精彩），干出“响”来（干出影响来），体现出民主党派的社会价值和开展社会服务工作的目的。提高思想认识，弄清工作思路，找对工作方法，这是对当前民主党派开展

社会服务工作的一个挑战。

其次是对民主党派建立社会服务工作机制的挑战。

开展社会服务是民主党派一项重要职责，它是一项长期的工作任务，应该建立起完善的工作机制。如长效工作机制，应急机制。由于党派社会服务工作有一个逐渐发展，被认识的过程，工作机制也有一个逐步建立和健全的过程。过去党派社会服务工作面窄，项目单一，工作机制是否建立，对于工作成效和产生的影响关系不大。现在社会情况变了，要求党派开展社会服务的领域宽了，要求高了，而党派成员参与党派工作的客观条件和主观想法都发生了变化，这就需要党派不断建立、创新工作机制，适应这些变化，集智聚力开展工作，取得好的工作成效。如上、下联动工作机制，内、外合作工作机制等等。另外，党派各级组织需要建立不同的工作机制来应对工作需求。如省级组织，处在承上启下的位置，既要组织成员和基层完成好本党派中央的社会服务工作，又要做好中共地方组织要求开展的社会服务工作，同时还要因地制宜自主地开展一些工作活动。工作任务和要求的变化与不同，对民主党派各级组织社会服务工作机制建设提出了挑战。

第三是对民主党派社会服务工作队伍建设的挑战。

随着各条战线改革的深入，客观上使党派成员不再像过去那样有更多的时间、精力参与党派工作，使党派社会服务工作更加业余化；同时随着人们价值观念发生变化，主观上也使党派成员不再像过去那样参与党派工作只讲奉献，不求回报。另外，经过改革开放30多年的发展，现在党派成员多了，队伍壮大了，开展社会服务工作不像过去那样内容单一，工作面广了，要求高了。这些变化无疑给民主党派建设社会服务工作队伍带来困难和挑战。

四、我们的对策

面对上述民主党派在当前重要战略机遇期，开展社会服务工作所面临的机遇与挑战，我们的对策主要有以下四个方面：

一是加强对形势、政策理论的学习。

这样才能把握大局，提高认识，掌握政策，使党派的社会服务工作紧密围绕中心，抓住重点，顺势而为，取得好的成效，使党派工作具有全局性和开创性。

二是社会服务工作队伍建设从头抓起。

从党派成员加入组织时做起，宣传党派开展社会服务工作的重要意义和任务，了解他们参与社会服务工作的意愿和可能性、专业领域和水平、所在单位和任职情况、掌握的资源等方面情况，摸清家底，建立人才、资源信息库，组建好开展社会服务工作队伍。

三是做好搭建平台、组织引导工作。

根据党派特色和优势，积极搭建工作平台，让更多的党派成员能有机会参与到社会服务工作中来。根据党派中央、中共地方组织和自身工作任务，积极组织、引导基层和会员有序地参与到这些工作中来，使党派社会服务工作取得更好的成效。

四是做好总结宣传工作，有思有行。

要使党派社会服务工作不断取得进步，就要有思有行，不断总结经验，提高认识，促进工作，弥补不足。民主党派开展社会服务工作还要加强宣传，扩大影响，不光是为了激励会员，这是政治需要。

发挥行业优势、实实在在服务、科研引领创新

——当前民主党派开展社会服务工作面临的机遇和挑战

民进上海市委　陈国强　潘婷婷

社会服务工作是民主党派的社会职能，是民主党派在国家政治和社会生活中发挥作用的重要形式与途径之一，同时也是民主党派的形象之源。社会服务工作是否到位与科学直接影响了民主党派社会职能的发挥以及自身的形象。因此科学正确地开展社会服务工作，对于民主党派是至关重要的。然而，随着时代的发展，科学技术、知识经济的日新月异，无疑给我们的工作带来了许多便利的条件，但同时也增添了几分挑战，如何充分地利用这些机遇，迎接新时期的挑战，即如何使我们的工作能够随着社会的发展而不断完善与创新，为推动社会进步尽力，将是新时期民主党加强自身建设的重要任务之一。

一、当前民主党派开展社会服务工作的机遇

1. 具备新时期社会发展所需的高端行业及人才。

知识、经济甚至是文化的全球化趋势日益明显，社会各行各业都急需大量的人才，以作为迎接社会、经济飞速发展的储备力量。而民主党派的成员向来是一支素质好、知识储备量相对较高的队伍，所居社会发展的高端行业。此时如果能将我们自身所具备的优势运用于社会服务工作中，变传统工作“施之以鱼”的方式，为“授之以渔”的方式，教其技能而不仅仅是给其面包，以此形成人才的良性循环，相信我们社会服务工作的整体水平会有明显的提升。

2. 社会透明度与社会影响力的同步提升。

随着科学技术特别是计算机、网络技术的发展，我们的世界变得越来越小，社会的透明度明显提升。同时，社会服务工作是最能体现民主党派形象的一项重大工程，是民主党派的形象之源。因此，科学有效的社会服务工作相较于以前会更快更广地传播开来，正面的社会影响力大幅度提高，有利于民主党派通过社会服务对外提高党派形象和影响，对内增强党派凝聚力和党派成员的责任感，同时又切实地为社会做好事、

做实事。

3. 各种理论与实践的丰功硕果。

社会的发展离不开理论与实践的创新。在知识全球化的今天，各种理论与实践经验的充实，为我们的发展引领了方向，使我们少走了许多弯路。因此，正确运用与吸取理论知识与成功的实践经验也是新时期赋予我们的新机遇。

二、当前民主党派开展社会服务工作的挑战

事有利弊，同样，新的时代给我们带来了众多机遇的同时我们也面临着艰巨的挑战。

1. 挑战社会服务工作的领域与深度。

社会的飞速发展对知识、技能的要求可谓与日俱增，如今仅靠体力而不管知识与技能的工作微乎其微，各行各业都需要有头脑、有知识的工作者。因此，新时期我们的社会服务工作，不能仅留在一般的捐赠或是简单的培训这一层面上，而应更深层次的挖掘所服务领域的精准内容，提升社会服务工作的整体水平。

2. 挑战社会服务工作的质量和效果。

社会透明度与社会影响力的同步提高虽是一种机遇也是一种挑战。社会透明度的提高意味着越来越多的人可以时时关注我们社会服务工作的质量和实效性，意味着我们要时时、事事接受领导和群众的监督，监督我们的工作是否是实实在在，切实可行。若仅仅是做门面功夫，反倒会影响民主党派的整体形象。

3. 挑战社会服务工作的理论创新与实践总结。

实践——理论——实践——新理论，是一个不断循环往复的过程，也是一个不断完善的过程。社会服务工作亦是如此，新时期要求我们的工作不仅仅停留在实践的层面上，而应不断的总结经验，凝练为理论，在更高的角度指引着我们的工作。

三、当前民主党派开展社会服务工作的对策

针对以上新时期民主党派开展社会服务工作的机遇与挑战，我们可尝试以从以下三个方面，着手改进，以求更好地适应社会并促进社会的发展。

1. 发挥行业优势，做深做精。

新时期民主党派开展社会服务工作要注意充分利用自身可以利用的资源，即发挥自己的行业及专业优势，加强社会服务工作的针对性、实效性。例如民进进华支部在民进上海市区委、普陀区委和学校中共组织的领导下，于进华中学所组织的西部教师培训班，通过西部教师的进班听课，与优秀教师交流等方式，使得西部教师切实地学

到了一些东部发达地区教育的成功经验。民进进华支部就是发挥了自己的行业及专业优势，转变传统的“施之以鱼”而为“授之以渔”的方式，将此次社会服务工作做的深而精。

2. 实实在在服务，做牢做实。

社会透明度的提升意味着我们的工作要不断地接受大众的监督与评价，这是机遇也是挑战。这就要求民主党派的社会服务工作应落到实处，而非只是表面功夫。就如民进进华支部成员朱芳芳教师回顾两次深入贵州偏远地区支教时所讲：“我们的出发点很纯粹，很简单，就是想做点实实在在的事情，给最需要的人一点力量和方向。我们只是在业余的时间里尽自己的力量为社会做一些该做的事。”朱芳芳老师曾随同进华中学的三位语数外一线老师，专职教育研究员，心理专任教师以及上海红十字造血干细胞（骨髓）捐赠志愿者俱乐部的爱心大使两次深入贵州的偏远地区，将上海英语教学的一些先进的理念和做法传递给了那里的老师和学生。其中教师的安排是组织者深思熟虑后的决定，是因为既有教学方法又有教育心理，还有一对一的爱心资助。要把最直接的，最有效的东西无过滤，无保留地带给大山那边，带给那些渴求知识的兄弟姐妹们。也正是出于这点，当她们在活动开展遇到一些困难和阻碍时，还能有坚持到底的信念，并最终以他们的真诚和执着把活动顺利地完成了。从中我们体会到了实实在在的给予，朴朴实实的奉献。

3. 科研引领创新，总结提升。

我们不仅要在社会服务工作中发挥自己的行业优势，踏实有效，同时我们还应注重科研理论的引领与创新，不断讨论与研究实际工作中出现的问题与对策，学会将各种有价值的理论运用于实际工作之中，并不断总结经验，进行提升。

总之，我们需要以对党派高度负责的态度、以科学发展观为指导思想、以勇于创新的精神，认真做好社会服务工作，积极地接受新时期的各种机遇与挑战。

新时期民主党派社会服务工作面临的机遇与挑战

民进石家庄市委联合一支部　张韶华

社会服务是民主党派的重要职能之一，既是民主党派展示自我形象的窗口，又是参与实践、开展调研的有效途径。多年来，民主党派的社会服务工作经历了从自发到自觉，从零散、随机到有条理、有计划，由分散的、小范围的、短期的服务向固定的、集聚的、长期的服务发展的过程，各民主党派在智力支边、兴教办学、“三下乡”活动以及利用联系广泛的优势招商引资服务地方经济建设等方面，取得了显著成绩。进入新时期，国内外的形势发生了很大的变化，社会服务工作面临着一个开放的、多元的、世界一体化的环境，党和国家的战略目标、中心任务发生转移，社会服务无论在内涵和外延上，都被赋予了新的时代特征和历史责任。

一、正确认识和把握民主党派社会服务工作的科学内涵

1. 社会服务是民主党派的社会职能。

社会服务工作是民主党派在长期的发展过程中对所从事的为社会、公众提供服务、做贡献的实践活动的一种约定俗成的表述。就其实质而言，是相对于民主党派政治职能的社会职能，有着特定的含义，除了与民主党派的政治职能有着明显的区别外，还与民主党派成员自身工作和以盈利为目的企业经营活动不同。它的实施主体是民主党派，体现的是公益性、服务性和奉献性，与社会慈善事业、公益事业的区别是其主体政治性、政党性。

2. 民主党派社会服务的价值。

民主党派的社会服务工作不是简单地对社会直接做贡献，更重要的是通过社会服务工作深入调查研究和实践取得一手资料，从而为更好地参政议政打下了良好的基础，为做好民主监督工作提供重要依据。另外，民主党派的社会服务能够协助执政党起到凝聚人心，化解矛盾，减少阻力，形成合力的作用。同时，民主党派通过开展社会服务工作，可以把各党派成员的积极性动员起来，增强基层组织的凝聚力。

二、民主党派社会服务工作面临新的形势和新的困难

（一）面临新的社会环境

新时期、新阶段，民主党派开展社会服务工作的社会环境发生了明显的变化，开展为社会服务的各项工作面临新的课题。

1. 社会公共服务体系日益健全。

由于社会主义市场机制的调节和政府职能的日益完善，由社会中介体系，法律服务体系，职业教育体系，科技推广体系等构成的社会服务体系越来越健全和完善，市场的调节作用由经济领域向社会延伸，民主党派及其成员的一些社会服务工作也必须按市场规律办事，政党职能性和政治影响弱化。

2. 社会保障体系日益健全。

进入新时期，党和政府极为关注和解决民生问题，社会公平问题，社会福利问题。最低生活保障、失业保障、养老保障、医疗保障等社会保障、福利体系逐步建立和完善。贫困家庭儿童失学问题，城乡统筹发展问题，贫富差别问题都有了具体的措施和办法。民主党派履行社会职能与政府履行社会管理职能的关系问题显现出来。社会发展对参政党开展社会服务工作的层次和水平提出了更高的要求。

3. 社会救助体系日益健全。

目前，我国慈善事业有了较快发展，达到较高水平。社会弱势群体得到了较好的帮助照顾，社会突发灾难、自然灾害造成的临时性群体性困难得到了及时援救，向社会献爱心成为大多数人的自觉行动。社会慈善事业已经发展到体系完备，反应灵敏，渠道畅通，运行规范的阶段。客观现实要求民主党派履行社会职能，必须创新工作思路，形成民主党派社会服务工作的新机制。

（二）面临新的社会形态

1. 公民政治参与意识和利益诉求日益增强。

多年来，经济政治体制改革的不断深入和发展，使得公民政治参与的社会基础日趋扩大、参与热情日渐高涨，如果没有正确的参与、表达渠道，一些制度外、非常规的利益诉求和利益表达就会大量出现，极易诱发社会的不稳定。因此，搭建多种形式的沟通平台，拓宽利益表达渠道，促进党和政府决策的科学化、民主化，是民主党派社会服务工作面临的一项重要任务。

2. 社会矛盾处于易发多发期。

目前，我国正处在人均 GDP 从 1000 美元向 3000 美元提升的社会冲突高发期，

各种矛盾表现突出，如城市化步伐加快，但各类基础保障与城市化速度形成矛盾；人们生活水平逐步提高，但收入差距逐步扩大；我国在经济、政治上的国际地位逐步提高，但对外依存度过高威胁经济安全等等。由社会各种利益矛盾引发的群体性事件呈上升趋势，发挥好联系广泛的优势，协助中共各级党委和政府做好协调关系、化解矛盾、理顺情绪的工作，是各民主党派面临的一个新挑战。

三、当前民主党派社会服务工作中存在的不足

（一）角色定位不准。

不少党派成员认为，民主党派的存在只是当前政治生活的需要，民主党派社会活动的开展也仅仅停留在形式上。这从一个侧面反映了各党派对社会服务的角色定位不准，开展活动注重形式较多，与参政议政工作相结合的工作思路有待进一步探索和提高。

（二）社会支持有限。

首先，各级党委、政府在引导、鼓励，帮助上不够到位。对民主党派的社会服务工作，国家没有出台相关政策、法规，更没有什么具体精神指导，全凭各党派自身定位，自愿服务。其次，活动经费压力大。目前，社会服务相关工作经费并没有完全纳入地方财政预算之中，而且民主党派也不能通过活动来募集各类经费，使得社会服务活动经费的瓶颈制约较为明显。再次，活动参与人员所获支持不够。民主党派成员参与社会服务活动，绝大多数是请假或者牺牲业余时间参加活动。不同基层单位对民主党派工作的认识不同，使得长期的持续的社会服务活动往往得不到党派成员所在单位的理解和支持。第四是社会服务的人员调配组织协调问题。各民主党派成员都散布在各行各业，与各党派机关没有隶属关系。参加社会服务的成员，不可能放弃本职工作，长时间在外搞服务，人事关系也客观限制了社会服务工作深入持久进行下去。

（三）民主党派依靠人才、智力密集进行社会服务工作的优势受到挑战。

民主党派具有鲜明的行业界别和目标意志特点，在反映群众利益诉求、协调社会利益关系方面具有独特的比较优势。民主党派受地方和部门利益的局限性较少，地位超脱，视角特殊，“共产党总是从一个角度看问题，民主党派就可以从另一个角度看问题，出主意”。

然而，随着近年来中共领导干部知识化、年轻化的推进，一大批硕士、博士以及具有国外留学背景的高学历、高智能人才进入党和政府的决策层，从而构成了“专家型官员”队伍。各级政府也极为重视政策研究和决策咨询，组建了各种

专业研究中心和专家咨询委员会，使每一个重大决策都建立在反复研究论证的基础之上。而民主党派的专家学者，多集中于学校和科研院所，与“专家型官员”

以及专业研究中心和专家咨询委员会的专家学者相比，其数量、质量、资源占有量以及整合度方面，都还有相当大的差距，使得民主党派的社会服务工作面临严峻的挑战。

四、民主党派开展社会服务工作的未来走势和取向

1. 提高认识，精准定位。

各级党委应按照《中共中央关于进一步加强中国共产党领导的多党合作和政治协商制度建设的意见》的要求加强对民主党派社会服务工作的引导、帮助和鼓励，要借鉴对参政议政工作的扶持经验，定期召开民主党派社会服务工作研究、指导、汇报会议，定期对各民主党派的社会服务工作进行量化考核；重新划拨参政党经费，增加参政议政、社会服务两块，经费使用可以根据各党派社会服务工作的质量进行上下浮动划拨，如果有好的社会服务项目可以另行申请资金；民主党派成员所在单位，应对党派成员进行本职工作考核的同时，增加参政议政、社会服务工作的考核，作为评优选先的一个依据。

2. 整合资源，加强协作。

做好社会服务工作必须整合民主党派的资源，避免各党派在相互攀比中造成资源浪费。首先是会内聚力，包括组织与组织、组织与会员的聚力。中央、省、市纵向、省市之间的横向聚力，会员与组织、会员之间的聚力可以体现在专业联合、企业联合等多种形式。其次是会外聚力，会外聚力的重点是与政府相关部门建立联系，承担力所能及的项目。三是要挖掘、整和资源。不断建立、充实、完善社会服务工作人才库，收集、掌握、熟悉各领域、各层次专家学者和科技项目的情况，建立多层次、多形式的科普志愿者宣讲团、科技服务直通车，科技服务专家团。四是拓宽思路，开展联合服务。通过强化各党派的优势联合，整合各民主党派的人才优势和政治优势，突破党派在社会服务领域上的体制束缚和各自为政的单打型服务模式，开展联合服务。

3. 继承传统，打造服务品牌。

各党派在开展社会服务工作时，要立足党派优势，努力形成品牌服务。把现有品牌做大、做强，使之形成品牌化行为，带动社会力量投身到其中。各党派要不断创造、创新公益品牌，使社会服务工作形成专项产品，建立社会公信度，融入和谐社会建设的主旋律。要将教育、文化、出版主要界别作为凝聚力量的主战

场，积极拓展教育服务项目、科技、文化普及服务项目。此外，要努力在建立社会公德、社会责任、扶贫帮困、协调矛盾、服务经济建设、转化参政议政的成果等方面建立特殊品牌。

4. 建章立制，强化队伍建设。

2001年底，各民主党派中央统一将咨询服务机构命名为社会服务机构，现在省以上民主党派机构都设立了专门的社会服务部门，配备专职干部，在组织、策划、联络、实施工作方面起到了骨干作用。但是基层支部组织的社会服务大多是临时性、分散性地抽调人员，参与者无偿地付出劳动，在奉献中参与社会实践。因此，各党派要建章立制，要建立一套行之有效的学习培训机制、激励机制和保障机制，通过制度建设来带动、规范干部队伍建设，首先要建立一支相对固定的、综合性的社会服务骨干队伍；其次是要建立一支能够策划、实施大型服务工作的专家人才队伍；三是建立一支具有爱心，关心国家建设，关注弱势群体，愿意长期服务社会，愿意奉献智力、财力、人力的基层社会服务队伍。

民主党派做好社会服务工作的几点体会

民进张家口市委　吴　全　刘　晓

社会服务是民主党派的社会职能，是民主党派重要职能之一，也是民主党派走向社会，扩大影响的重要方式，是民主党派在国家政治和社会生活中发挥作用的另一种形式和途径，是社会责任的体现，是最能体现民主党派形象的一项重大工程。每个党派成员应牢牢树立社会服务是自身应尽的义务和职责的思想，积极投身到社会服务工作中去。

长期以来，张家口市委会按照民进中央“以政治交接为主线，以自身建设为重点，把民进建设成适应21世纪的高素质参政党”的基本工作思路，坚持增强接受中国共产党领导的自觉性和坚定性，坚持中国共产党领导的多党合作和政治协商制度，贯彻“巩固老阵地，开拓新领域”的工作方针，提倡“继承传统，以党为师，立会为公，参政为民”的共同价值理念，开创了各项工作的新局面。多年来我们充分发挥智力、人才密集的优势，调动各级组织和广大会员的积极性，采取多种形式广泛开展了以科技示范、发展教育、引进资金和项目、培训人才为主要内容的活动，在讲学办学、科技咨询、智力扶贫等方面做了大量工作，多次受到民进中央和民进河北省委的表彰和奖励。我们做好社会服务工作的几点粗浅体会是：

一、必须以科学发展为统领

科学发展观是以胡锦涛为总书记的中共中央对中国共产党三代中央领导集体关于发展的重要思想的继承和发展，以科学发展观为指导，开展民主党派在新形势下的社会服务工作，是我们民主党派应该遵循的主要原则。

科学发展观，第一要义是发展。从科学发展观角度看民主党派的社会服务，应该是民主党派参政议政的延伸和拓展，是服务国家经济建设和社会发展的实际行动，社会服务工作在关注民生、服务民众的基本功能之上，更有明显的政治功能。社会服务工作能体现参政党的存在价值，是民主党派履行参政党职能的重要组成部分，是坚持中国共产党领导的多党合作和政治协商制度的具体体现，也是民主党派树立自身形象，扩大社会影响的有效途径。

科学发展观核心是以人为本。社会服务工作是一项与社会各界打交道的具体工作，一方面我们要充分调动现有会员社会服务的主观能动性，为会员中专门人才找寻社会服务的平台，另一方面在发展新会员时，我们也应注意吸收优秀的有社会服务能力的人才。这样，不但在社会服务可以为民进增光添彩，还可以在参政议政等履行民主党派职能上更好地发挥作用。

科学发展观的基本要求是全面协调可持续。过去传统的社会服务以送医送药、扶贫帮困、捐资助学、咨询服务等方式开展，主要是利用党派和会员的个人优势。随着形势的发展和社会服务内涵的变化，我们开展社会服务工作，不但要依靠会员，还要调动社会各方面的积极因素，变一方主动成多方主动。

科学发展观的根本方法是统筹兼顾。民主党派社会服务要紧紧围绕参政议政这个中心任务，从党委政府的中心工作出发，从经济、社会发展的宏观大局出发，收集社情民意，为参政议政掌握第一手资料，向党委政府谏诤言献良策，提高参政议政工作的质量。

二、必须与参政议政相结合

参政党的参政议政与社会服务是一个问题的两面，参政议政是通过与执政党的政治协商、在国家的政治、经济、社会发展等重大问题上以参政党的名义向执政党和政府提出我们的建议和意见，而参政党的社会服务工作就是参政党参政议政思想的具体实践，是参政党参政议政的具体体现。民主党派是中国共产党领导的多党合作和政治协商体制中的重要成员，是与中国共产党亲密合作的参政党派。作为参政党开展的社会服务工作必须突出参政党的特点，要最终落脚到参政议政上来。参政党社会服务工作是政党的活动，不同于社会团体和慈善机构的“做好事、做实事”。脱离了参政议政这一主要任务，党派的社会服务工作就失去了最终方向和灵魂，就会等同于一般的社会团体和慈善机构的公益活动。社会服务工作通过深入调查研究和实践取得第一手资料，为做好参政议政和民主监督工作提供重要依据。社会服务工作不是简单地对社会直接做贡献，更重要的是通过社会服务工作才能够深入下去掌握第一手的材料，从而为我们更好地参政议政打下了良好的基础。

通过社会服务工作，我们可以充分接触社会最基层的群众，倾听人民群众的呼声，掌握丰富的第一手材料，为参政议政打好基础。

我们在开展社会服务活动时多次到过张家口坝上地区，深切体会到这里人民生活的贫困和自然生态环境的脆弱。为此，多年来我们进行了长期调研和考察，

2008 年市政协全会上提出了《在加快我市经济建设的同时，进一步关注坝上地区节水的建议》、2011 年市政协全会上我们又提出了《关于坝上地区林木树种改良的几点建议》，这两个提案受到高度重视，市委市政府领导都作了重要批示，分别被列为 2008 年、2011 年市政协 1 号提案，作为市政协主席会议督办件重点监督落实，为强化节水、改善环境、增加收入起了很大的作用，受到社会各界的肯定和赞誉，充分体现了我们参政议政的能力和水平。节水的同时为了增加农民收人我们就如何发展新型蔬菜种植技术，提高农民尤其是城郊农民收入，丰富城市居民“菜篮子”等广大群众关心的热点问题进行专题调研。2010 年市政协全会上提出《关于在我市推广冬暖节能式蔬菜温室》的建议，此提案受到市委、市政府及有关部门高度重视，目前全市已发展设施蔬菜 7 万亩，其中冬暖节能式蔬菜温室 3.5 万亩，收到很好的社会和经济效益。同时我们又与我会会员的企业联系，邀请中国农科院等科研机构于 2009 年在坝上创建了“高寒蔬菜研究实验示范基地”，该基地已经开始发挥带动当地蔬菜产业健康发展、为当地提供新的优良品种、增加农民收入和为专家提供选育和试验高寒蔬菜平台的作用。

我们通过多次开展扶贫义诊，送医送药下乡活动了解到农村特别是河北坝上地区留守儿童、空巢老人现象非常普遍，他们的生活条件和生存环境极为恶劣，好多社会问题急需解决，为此市委会就这些问题进行专题调研。先后两次在市政协全会上提出了《农村空巢老人的养老问题应引起高度关注》、《应切实解决好农村留守儿童的教育和心理健康问题》的提案受到市委市政府领导的高度重视并作出重要批示。市民政局、教育局等部门多次到我会座谈、沟通、联系、征求意见，并拿出了切实可行的办法。为解决农村弱势群体的生活、生存、成长起了一定的积极作用。

我们在张北、沽源、万全等县区多次开展送教下乡智力扶贫活动，通过活动我们了解了教育现状和存在的问题，为此我们先后提出《促进义务教育均衡发展的建议》、《关于重视解决农村中小学代课教师问题的建议》、《关于我市中小学校园建设规划的几点建议》等有关教育的提案，分别被市政协主席和两位副主席选为督办件，强化落实，为促进我市教育事业发展做出了贡献。根据我市贫困学生上学难的现状，我们还与会员单位华耐集团在 2003 年共同成立了“张家口民进华耐助学金”，8 年来累计出资 160 余万元，资助了 150 多名特优特困大学生圆了大学梦。还经常联系会员和社会各界，积极为贫困地区中小学生提供无私资助。

我们还围绕省市党委、政府的中心工作，开展社会服务和参政议政工作，特别是号召和鼓励广大会员积极参加社会服务工作，深入基层，了解情况，调查研究，勤于思考，为制定“十二五”规划广泛征求意见，谏言献策，充分发挥我们参政议政的作用。

三、必须以责任和能力为基础

首先，要以对党派高度负责的态度，带着感情做好社会服务工作。社会服务是民主党派的社会职能，是民主党派在国家政治和社会生活中发挥作用的另一种形式和途径。参政议政是参政能力的体现，社会服务是社会责任的体现。第一，社会服务工作能体现参政党存在价值，取得社会承认。社会服务工作是民主党派履行参政党职能的重要组成部分，是坚持中国共产党领导的多党合作和政治协商制度的具体体现，也是民主党派树立自身形象，扩大社会影响的有效途径。作为参政党，除了完成政治协商、民主监督和参政议政等任务外，还必须牢牢把握发展这个根本任务，为我国经济与社会发展做出实实在在的贡献。只有这样民主党派才能更好体现自己存在的价值，并得到社会的承认。第二，社会服务工作是增强民主党派凝聚力的一个非常有效的措施。通过开展社会服务工作，可以发挥基层组织的作用，把各党派成员的积极性动员起来。社会服务实践证明，通过社会服务，把基层组织的力量体现出来了，组织的凝聚力会明显加强，参政议政的能力也将会大大提高。

其次，要求以勇于创新的精神，认真搞好社会服务工作。面对新形势，积极探索社会服务的理论创新，落实“有思有行、集智聚力、顺势而为”的方针，才能开辟社会服务工作的新局面，才能更好地搞好社会服务工作。因此，要充分发挥社会服务的传统优势，把传统的社会服务搞得更好，同时又要用创新精神积极开拓社会服务工作的新领域。长期以来，民主党派在社会服务实践中形成了一套优良的传统和行之有效的方法，这是我们的宝贵财富，需要很好的学习和继承。但随着我国改革开放的深入和国际国内形势的变化，我们面临的形势和任务不同了，全面建设小康社会、构建社会主义和谐社会等一系列目标的提出，都为民主党派的社会服务开辟了新的工作领域，提出了新的课题。这就要求我们要跟上时代的步伐，适应新形势，不断更新理念，创新思路。

再次，必须紧密结合组织建设和自身的优势做好社会服务工作。我们必须将社会服务工作与我们的自身建设紧密结合起来，通过社会服务工作来丰富和活跃我们的组织活动，增强组织的凝聚力和影响力，并且在社会服务工作中发现人才、锻炼人才、培养人才，比如我们为了提高社会服务和参政议政的能力与水平，一次就从河北北方学院发展了 5 名副教授以上专业人才，优化了会员结构。民主党派的优势是在联系广泛。我们既可以在教育培训、科技咨询、文化医疗服务等方面做好我们的社会服务工作，我们还可以利用我们联系广泛的优势调动社会的方方面面的力量来从事社会服务工作。社会服务要做出更大的事情还要整合民主党派的资源，加强协作，促进沟通，避免各党派在相互攀比中造成资源浪费。同时，社会服务工作要加强宣传，必须与宣传工作紧密结合起来，因为我们社会服务工作追求的是最大的社会效益，如果我们只做而不宣传，那就会大大降低我们社会服务工作的影响，这实际上就是对于我们有限资源的极大浪费。民主党派所做的社会服务工作是在研究党中央各项政策法规、研究当前经济形式下有所选择的活动，是一种政治活动。这样的活动反映了当前执政党的工作方向。这些活动应该在媒体上得到反映，以从参政党的角度验证执政党的方针路线的正确性，有益引导公民行为。

最后，要以满足当前当地的经济与社会发展的需要为重点，认真搞好社会服务工作。我们的社会服务工作必须与当地的经济与社会发展的需要紧密结合起来，力求在当地的经济与社会发展最需要解决的问题方面来寻找我们开展社会服务工作的项目。民主党派应充分发挥其自身优势，有针对性的开展科技、教育扶贫，医疗、文艺三下乡活动、社会力量办学、关心社会弱势群体，积极开展公益事业等等形式的活动，积极开展社会服务工作，为解决当前经济问题贡献一己力。要围绕经济建设中心开展社会服务，夯实社会服务的经济基础，以改善民生为重点，促进社会保障体系建设，创新智力支边模式，推进教育卫生事业发展，搞好项目结合，充分发挥社会服务效益。

以长效机制确保民主党派社会服务工作与时俱进

民进吕梁市委　李　媛

社会服务工作，是坚持和完善中国共产党领导的多党合作和政治协商制度的一个重要形式，是民主党派围绕发展第一要务，围绕经济建设这个中心，参与国家经济社会建设和社会发展的具体实践，也是各民主党派履行党派职责，加强自身建设的重要内容。随着我国社会经济的持续快速发展，民主党派社会服务工作在社会更宽领域，以更加灵活多样的方式积极展开，为推进社会主义发展，维护社会稳定做出了重要的贡献。然而，进入新世纪以来，民主党派社会服务工作却遭遇了发展瓶颈，“重提案、轻服务”思想的影响，特别是社会服务工作激励保障机制的缺失，使得目前的社会服务工作难以适应国内外新形势、新变化对民主党派社会服务的新要求，社会服务工作仍然停留在义诊、捐书、捐物、科普宣讲等层面，难以取得较大突破。为此，从建立健全民主党派社会服务领导机制、后勤保障机制、反馈跟踪问效机制和考核激励机制等方面，探究民主党派社会服务工作长效机制的建立问题，显得尤为重要。

长效机制是一种能够保证工作长期正常运行并发挥预期功能作用的制度体系，建立民主党派社会服务长效机制，能够使民主党派广大成员进一步明确民主党派社会服务工作的宗旨、原则、范围、标准、责任等基本内涵，确保民主党派社会服务工作规范化、程序化和制度化开展，以适应新形势、新要求，保证社会服务活动与时俱进、取得实效，从而为各民主党派加强自身建设、积极履行参政议政和民主监督职能奠定实践基础，为经济社会发展做出积极贡献。

一、建立健全民主党派社会服务工作领导机制

社会服务工作作为的一项重要工作，而且是一项只讲奉献、不图索取、吃苦耐劳的工作，凡事都要和外界打交道，在组织、策划、联络、实施工作等每一个环节都必须付出大量细致耐心、不辞劳顿的工作，若是缺乏专门的部门领导，势必会造成群龙无首的尴尬局面，出现工作责任心低下、积极性不高、敷衍了事的

现象。因此，必须建立健全社会服务领导机制。

1. 建立健全民主党派基层组织社会服务专门机构。

目前，各民主党派基层组织大多还没有设立类似的专业化部门，具体社会服务工作一般通过市委会、支部传达布置下去，没有专门机构负责，必然影响社会服务的开展。必须通过合理配备、精心挑选，打造一只甘于清贫、乐于奉献，勇于进取，善于思考的专职干部队伍，为有声有色、高质高效推进基层民主党派社会服务工作奠定坚实的组织基础。

2. 建立健全民主党派社会服务活动领导责任制。

建立一把手负总责，分管领导负全责的领导责任制，特别是对定点合作和重要项目合作而言，必须由主要领导挂帅，并由专家及相关部门负责人组成领导组，发挥领导与决策双重作用，分工明确，责任到人，确保实效。

二、着力完善民主党派社会服务工作后勤保障机制

后勤保障机制的建立和完善是民主党派社会服务活动高质高效开展的重要保障，建议从以下两方面加强机制建立。

1. 建立资金保障机制。

目前民主党派社会服务工作获取的政府和社会的支持严重不足，特别是在资金方面的资金捉襟见肘很大程度上制约了社会服务工作的有效开展，因此，加强与对口政府职能部门的联系，积极争取把民主党派开展社会服务工作列入市级财政预算，为党派开展社会服务工作提供一定的资金保障，同时要千方百计想办法把有限的经费用足、用好。

2. 建立人才保障机制。

要将发现人才、使用人才，作为社会服务的保障机制抓紧抓好，不断建立、充实、完善社会服务工作人才库，探索建立“社会服务专家团”，收集、掌握、熟悉各层次专家学者和专业人员的情况，逐步形成一个良好的社会服务工作人才保障机制。

三、尽快建立及时反馈、跟踪问效机制

以有为求有位、以实绩树形象是民主党派履职的宗旨。社会服务工作是社会各界认识党派、了解党派的重要窗口，是民主党派的“形象工程”，因此，社会服务的可持续性和实效性就至关重要。近年来，各民主党派的社会服务工作越来越重视信息反馈和跟踪问效工作，但对这方面工作的经验总结和创新还很不够，尚

未建立行之有效的、科学的、可持续的社会服务工作及时反馈和跟踪问效机制。建议建立社会服务活动台账，对活动时间、活动内容、活动影响等进行详细登记，并在台账中专门设立基层反馈情况和跟踪问效情况栏，对社会服务的群众反映情况、遗留问题的处理情况、服务效果持续情况进行详细记录，跟踪监督、及时总结，并将此作为一切考核的基础。

四、探索建立量化考核激励机制

多年来，民主党派社会服务工作难以取得较大突破的一个重要原因就是缺乏激励机制，社会服务成果考核机制基本空白，社会服务工作难以量化，广大党派成员参与社会服务工作的积极性和主动性不高。因此，为调动社会服务工作参与者的积极性，保证民主党派社会服务高质量、高效益，必须尽快探索建立民主党派社会服务工作量化考核激励机制。

1. 民主党派各级机关要增加对社会服务工作的专项总结评比，对社会服务工作成绩突出的集体或个人及时予以表彰奖励，并对成员参与社会服务活动情况和受表彰情况及时通报所在单位，增强成员参加社会服务的后劲；

2. 有条件的地方还应筹建社会服务专项奖励基金，对社会服务中作出突出贡献的集体和个人，在精神鼓励的前提下，给予适当的物质奖励；

3. 认真总结工作经验，探索建立民主党派社会服务工作量化指标，目前民主党派各级基本建立了参政议政工作量化指标体系，对党派成员履行参政议政职能情况进行量化考核。应当以此为参照，结合地方工作实际，按照参与活动次数、社会服务活动规模（级别）、活动效果等进行分级分类，建立科学、合理的社会服务量化指标体系，为考核社会服务工作提供依据。

总之，各民主党派应握指为拳，加强联系沟通，认真总结经验，搞好理论创新，加强和完善社会服务工作长效机制。只有这样民主党派社会服务工作才能走上可持续发展轨道，社会服务工作的质量和水平也才能得到不断地巩固和提升，社会服务工作才能更有特色，更具活力，更加富有成效。

关于民主党派发挥社会服务职能的几点认识

民进朔州市委　魏志旻

中国共产党领导的多党合作和政治协商制度已经走过62个年头，统一战线和多党合作事业进入了新的发展阶段。新的历史条件下，出现了许多新问题、新挑战，客观上对民主党派的社会服务工作提出了新的要求和任务。

长期以来，民主党派社会服务职能的发挥处于停滞不前、形式简单、时效短暂的状态。民主党派智力密集、人才荟萃、联系范围广、服务面宽的优势没有得到充分发挥。自发的、分散的、小范围的、短期的服务模式，虽然为群众解决当前的实际问题起到了雪中送炭的作用，但短平快的常规的基础服务显然是杯水车薪，是与人民群众日益增长的物质文化生活需求不相适应的。

如何在新形势下有效地发挥参政党优势，开拓社会服务工作的新局面，更有序地广泛组织和发动参政党各级组织和广大成员参与社会服务工作，更充分地体现多党合作制度的优越性，更好地与参政议政民主监督和自身建设相结合，成为值得我们研究和探讨的问题。

一、始终“一个坚持”，以党为师、服务社会

中国共产党是中国工人阶级的先锋队，同时是中国人民和中华民族的先锋队，是中国特色社会主义事业的领导核心，代表中国先进生产力的发展要求，代表中国先进文化的前进方向，代表中国最广大人民的根本利益。在长期的革命和社会主义建设实践中，各民主党派坚持中国共产党的领导，同舟共济、荣辱与共，多党合作、政治协商、民主监督、参政议政的政党制度得到长足的发展，其优越性得以充分体现。在新的历史时期，中国共产党立足中国实际创造性地开辟了中国特色社会主义新局面，在理论创新方面建立了包括邓小平理论、“三个代表”重要思想以及科学发展观等重大战略思想在内的中国特色社会主义理论体系。

中国共产党不愧是全国人民深情爱戴的好领导，不愧是各民主党派肝胆相照的良师益友。

民主党派发挥社会服务职能，必须坚持的一个原则就是以党为师。以党为师，就是要坚持以邓小平理论和“三个代表”重要思想为指导，牢固树立和落实科学

发展观，以发展为第一要务，深入践行社会主义核心价值体系。就是要在思想上、目标上、行动上与党始终保持一致，同心同德、同心同向、同心同行。就是要根据党和政府的中心工作，紧紧围绕全面实现小康社会的目标，走群众路线为人民服务，为促进社会主义建设贡献力量。

二、加强“两个结合”，提高社会服务水平

（一）加强社会服务工作与参政议政工作的结合

一方面，将民主党派的社会服务与民主党派调查研究有机地结合起来，成为参政议政的基础和载体。贴近民众、走进社会的社会服务，可以为参政议政工作提供大量的第一手的社情民意信息，为参政议政提供丰富的素材和资源，为参政议政工作提供实践经验和科学参考依据，形成大量的真知灼见的参政议政成果，为国家和社会的发展做出积极的贡献。另一方面，参政议政工作又可以指导民主党派的社会服务工作，使之更有针对性。

社会服务工作可以说是参政议政的实践基础，是参政议政工作的拓展和延伸，二者相辅相成。通过社会服务实践发现问题，加强调查研究，有针对性地向党委和政府提出合理建议和解决方案；同时，对提出的重要意见与建议，注意在实践中跟踪了解，促进这些意见与建议的落实与实施，更有效地发挥参政党作用。因此，两者可以紧密结合，互为促进，相互为用，共同使民主党派为我国社会主义各项建设事业发挥出切实有效的作用。

（二）加强社会服务工作与自身建设的结合

只有加强民主党派的自身建设和组织工作，注意把一些政治热情高、事业责任心强、学术水平高的，在不同领域、不同范围、不同层次有贡献的中高级知识分子吸收发展进入民主党派队伍中来，输入新鲜血液，保持民主党派队伍的青春和活力，提高参政议政能力和社会服务能力，才能适应新时期社会发展的需要，在不同领域和更大范围内更有作为，使民主党派的社会服务工作得到更快进步与更好发展。

三、实现“三个突破”，开辟社会服务新境界

（一）服务模式的突破

改变长期以来民主党派社会服务工作停滞落后的局面，关键是要与时俱进创新服务模式。根本方法是由分散的、小范围的、短期的服务模式向固定的、集聚的、长期的服务模式转变。比如建立专业工作站、专家下乡服务基地、定点帮扶

单位等服务阵地，这些阵地不仅是民主党派参与实践、服务社会的载体，也是联系群众、深入一线的重要纽带。

（二）服务项目的突破

传统的服务项目虽然便于组织、易于操作，但零散、单一的服务往往对人民群众的帮助微不足道，使得民主党派社会服务职能的社会效益、人文效益流于形式，服务项目的突破势在必行。这就要求我们从直接的专业服务转向为全面建设小康社会服务，从一般的社会服务转向构建社会主义和谐社会服务，使社会服务工作更加紧密地结合国家的形势任务要求，从形式上到内容上都要有所丰富和发展。

（三）服务领域的突破

民主党派要利用好自身的优势，在社会服务职能的发挥中，从常规的基础服务向决策咨询服务延伸，从单一的业务服务向综合管理服务延伸，从局部服务向区域服务延伸。提高社会服务的知识含量、加大宏观指导、拓宽地域覆盖，实现服务领域的突破。

四、做好“四项举措”，促进社会服务工作有效开展

（一）对社会服务工作正确定位

随着我国政治文明建设的推进，民主党派的参政党职能日益凸现，民主党派参与国家社会政治生活的深度和广度都有了前所未有的拓展。新的机遇和新的挑战客观上要求我们对社会服务工作要有新的、更为准确的定位。

民主党派的社会服务工作不仅仅是为社会办一点实事、好事；社会服务工作不仅是参与国家政治经济文化社会建设的具体实践，同时，在协助执政党构建和谐社会中将起到凝聚人心、化解矛盾、减少阻力，形成合力的作用。社会效益可观，现实意义重大。

（二）着力社会服务队伍的建设

社会服务工作要从自发的、零散的、随机的向自觉的、有条理、有计划的发展，必须加强社会服务队伍的建设，形成相对稳定的、综合性的社会服务骨干队伍。

（三）制定长久的社会服务计划

社会服务职能体现得好与不好，在于它的稳定性、持续性，只有科学规划、周详运筹、精心部署、坚持不懈，社会服务工作才有可能走上平稳发展的快车道，从而被群众接受、被社会认可。

(四) 探索社会服务的重点和依托

社会服务工作要着眼于目前发展的需要，要根据党和政府对民主党派社会服务提出的要求，依靠统战部的领导，将当前发展的主要问题列为今后工作的重点，围绕核心工作、重要任务、战略目标开展工作。

在各民主党派组织结构和作用发挥出现趋同化的大环境下，坚持党派界别的不同成为探索社会服务方向的重要依据。八个民主党派分别有自己的界别特色，在选择服务依托和重点的时候，一定要根据自己的优势，用己所长、避己所短，发挥专长、彰显特色。

五、把握“五个整合”，推动社会服务职能充分发挥

(一) 整合人力资源

在社会服务实践中，将发现人才、使用人才，作为社会服务的保障机制抓紧抓好，要不断建立、充实、完善社会服务工作人才库，根据服务的需要，建立成立服务专家团，收集、掌握、熟悉各领域、各层次专家学者和具有的科技项目的情况，确保社会服务工作的高效、快捷。

(二) 整合信息资源

信息时代最显著的特点，就是信息共享成为生产力。民主党派在服务社会的工作中，既要重视对社会信息的收集整合，又要推进成员之间信息的流通与整合。通过现代通讯手段，将先进的科技知识、文化理念、经验总结整合起来，用于服务人民群众，构建和谐小康社会。

(三) 整合服务资源

服务社会的工作载体，因时间、地域、服务对象的不同而不同，服务工作往往既要体现办实事求实效的要求，又无法回避量力而行尽力而为的无奈。通过整合服务资源，可以将有限的分散的人力物力智力集中起来，大刀阔斧地将选定的服务项目做实做好。这是社会服务工作由传统走向创新的转变，也是服务职能从无序、随机走向有计划、重质量的转变。

(四) 整合社会资源

社会主义市场经济空前繁荣的今天，社会化大生产创造了超乎人们想像的各类资源。如何有效地调动丰富的社会资源开展社会服务工作，是挑战更是机遇。各类社会资源之间存在着千丝万缕的内在联系和千差万别的价值取向，充分地发挥民主党派智力密集、人才荟萃、联系范围广、服务面宽的优势，整合社会资源服务社会成为值得我们探索的方向。当中，我们可能扮演的是红娘，也可能扮演

的是伯乐。

（五）整合党际资源

各民主党派在社会服务工作的开展过程中，汲取和整合党际资源，共同探索服务社会的方法、交流服务社会的经验、联合开展服务社会的智力攻关等等，既有助于提高服务工作的质量，又有助于构建和谐的党际环境。

总之，民主党派社会服务职能的进一步发挥，是中国共产党领导下的多党合作制度优越性的重要体现，也是中国特色社会主义现代化建设的客观要求。要充分地发挥好这一职能，需要我们继续努力实践和探索。

关于新时期民主党派开展社会服务工作的理论思考

民进忻州市委　王福应

开展社会服务工作是民主党派五大职能之一。长期以来，我国各民主党派在长期的社会服务工作中积累了丰富的经验，取得了极为丰硕的成果。但随着我国社会政治、经济、文化等各项事业的不断推进，各民主党派已有的社会服务工作思路与方式已不能适应形势发展的要求，加强民主党派社会服务工作理论研究，推进民主党派社会服务工作的全面升级，已成为我国社会政治生活中不容回避的一个重要理论课题。

一、现阶段民主党派开展社会服务工作存在的主要问题

民主党派的社会服务工作，是在中国共产党的领导下，发挥智力密集、人才荟萃、联系范围广、服务面宽的优势，为经济社会发展而采取的主要活动形式之一。做好社会服务工作，对于进一步加强中国共产党领导的多党合作和政治协商制度建设，构建社会主义和谐社会，实现全面建设小康社会，具有重要的现实意义。但目前来看，参政党社会服务工作的总体效果并不理想，存在不少问题，主要表现在两个方面：

（一）客观因素

1. 社会服务工作经费不足。

搞社会服务光有奉献精神是不够的，还要有一定的经济支持，民主党派基层组织有的甚至没有任何活动经费，在出行尚且不可能的情况下，组织社会服务活动所需的经费更是无从谈起，社会服务工作因此受到严重制约。

2. 社会服务工作的主导思想不够明确。

国家对民主党派的社会服务工作，缺乏系统的政策、法规和具体的精神指导。各党派基本处于自己定位，自愿服务，时间上连续性不够，工作方式上系统性不够。实际上，民主党派的社会服务是中国共产党集全民智慧和力量进行国家建设工作的一部分。民主党派的社会服务工作应引起有关方面的高度重视，在提

高认识的同时，通过相关政策法规的制定，保障民主党派社会服务工作的顺利开展。

3. 党派优势潜力没有得到充分挖掘。

我国各民主党派在历史上形成了鲜明的界别，各种专门人才聚集于特定的党派，形成了各党派特有的优势地位。大多民主党派成员在各行各业基本是专业人士，调动他们的积极性，做一些与党与国有利的事，是能够胜任的。但对于这些人，目前只是要求做好本职工作，从党派的视角和范围出发，从事社会服务工作的职能并没有得到充分发挥，为国家做贡献的能量并未得到充分释放。

（二）主观因素

1. 社会服务工作的内容、形式和方法比较单一。

各党派的社会服务工作更多地停留在捐资助学、扶贫济困、义务咨询等传统思路上，形式不够创新、内容不够生动、内涵不够丰富，有些社会服务项目甚至由于前期调查不到位，缺乏足够的针对性，影响了社会服务的实效性。

2. 社会服务工作与参政议政有待进一步结合。

社会服务和参政议政是相辅相成的，社会服务既是服务社会的过程，也是深入社会，深入群众，发现问题，调查研究的过程。没有调查研究就不会有效地参政议政。目前的社会服务工作注重形式多，调查研究少，或者根本没有将社会调查融入其中，对参政议政的促进作用还没有很好地发挥出来，与参政议政工作相结合的工作思路有待进一步探索和提高。

二、民主党派开展社会服务工作面临的新变化新特点

随着我国经济社会的发展，统一战线的壮大，民主党派社会服务工作正面临着从自发到自觉，从零散的、随机的到有条理、有计划的发展过程。社会服务呈现出新的变化和特点。

1. 社会条件、政策环境发生了很大变化。

中共中央［1989］14 号文件，首次提出了社会服务的概念，明确了社会服务的宗旨和工作范围，肯定了社会服务的功能和意义，为社会服务工作指明了方向。而中共中央［2005］5 号文件，对社会服务工作提出了新的要求。社会服务的内涵从直接的专业服务转向为全面建设小康社会服务，社会服务的外延从一般的社会服务转向构建社会主义和谐社会服务，社会服务更加紧密结合国家的形势任务要求，内容到形式都有了极大的丰富和发展。这就要求民主党派准确把握政策环境的变化，及时调整社会服务的基本思路。

2. 社会服务工作需要重新定位。

随着我国政治文明建设的推进，民主党派的参政党职能日益凸现，民主党派参与国家社会政治生活的深度和广度有了前所未有的拓展。从参政党行为的高度着眼，民主党派对社会服务工作应在新形势下准确定位。一方面社会服务应与民主党派调查研究有机地结合起来，成为参政议政的基础和载体。须知贴近民众、走进社会的社会服务，是为参政议政工作提供第一手社情民意的信息源。另一方面作为参与国家经济建设的具体实践，民主党派的社会服务也应在协助执政党在构建社会主义和谐社会中，起到凝聚人心，化解矛盾，减少阻力，形成合力的作用。

3. 社会服务的工作思路需要重新调整。

随着形势的发展和社会服务工作内涵的变化，社会服务的工作思路也应作出调整和改变。逐步实现服务方式的两个转移。即：由传统模式向创新模式转移，由分散的、小范围的、短期的服务模式向固定的、集聚的、长期的服务模式转移。在实现两种方式转移中，社会服务工作应通过建立社会服务基地的方式，围绕区域社会经济社会发展中心逐步深化社会服务的基本内涵。服务基地不仅是民主党派参与实践、服务社会的载体，也是联系群众、深入一线的重要纽带。只有通过定点服务，才能取得明显的综合性帮扶成效。社会服务的层次才会越来越高，民主党派自身的组织协调能力才会进一步提高，社会服务的范围，即地域覆盖面才能在总结经验的基础上越来越大。民主党派自身的影响力才能得到提升。

三、民主党派开展社会服务工作的主要建议与基本思路

1. 社会服务应与践行社会主义核心价值体系相结合。

开展社会服务工作是民主党派坚持和完善中国共产党领导的多党合作和政治协商制度的一个重要形式。社会服务工作是参政党的社会职能之一，是民主党派参政议政工作的延伸和载体，是民主党派践行社会主义核心价值体系，维护多党合作的政治制度，为经济建设服务，为社会全面发展服务的具体体现，也是民主党派履行参政党职能的一项重要工作。因此，民主党派开展社会服务工作必须与社会主义核心价值体系相结合。

2. 社会服务应与增强党派成员凝聚力提高党派整体素质相结合。

社会服务工作是每个会员应尽的义务和社会职责。每个党派成员应积极投身社会服务工作。通过社会服务，进一步了解国情、省情、市情；了解党和政府所制定的路线、方针、政策；了解人民群众的实际需要。在社会服务工作中通过深

入群众、通过认真调研，提高参政议政的能力和水平，丰富基层组织活动内容，增强成员凝聚力，并发现人才、培养人才，进一步加强会员热爱祖国、热爱家乡、热爱人民、为富民兴国贡献力量。不断加强自身建设是一个政党的永恒主题。民主党派通过社会服务，积极投身现代化建设的伟大实践中，才能认清国情、了解民意，夯实基础；才能在错综复杂的矛盾中分清是非，保持政治上的清醒，进一步认识共产党的先进性、保持自身的进步性，在社会服务的过程中，增强群体活力，实现参政党的价值。

3. 社会服务应与参政议政、社会现实以及党和政府的中心工作相结合。

社会服务要与参政议政紧密结合。社会服务工作不仅不能离开参政议政这个中心任务，而且还要把社会服务作为履行职能的重要任务来抓，从区域经济社会发展的宏观大局出发，通过社会服务工作的实践，注重调查研究，深入了解情况，向党和政府提出切实可行的建议；社会服务要与现实状况紧密结合，努力探索社会服务工作的新形式和新内容。脱离于实际的社会服务既不利于当地经济社会的健康发展，也不利于民主党派的自身建设，同时也与民主党派开展社会服务的初衷相背离；社会服务要与党和政府的工作中心紧密结合。要围绕党的政府的工作中心，深入调查研究，了解发展的要求，了解人民群众的实际需求，利用社会力量选准项目为推进社会主义建设献计出力。

4. 社会服务应使每个成员的本职工作与社会兼职工作实现有机结合。

民主党派的性质和现行体制，决定每个民主党派成员应以做好本职工作为己任。要改变实际工作中那种只注重本职工作而轻兼职工作或只注重兼职工作而轻本职工作的做法，实现本职工作与兼职工作的有机结合。这既有利于充分发挥党派成员的专业特长；也有利于解决因兼职过多精力和时间没有保证的问题；更有利于提高社会服务工作的质量和水平。

浅谈新形势下民主党派创新社会服务工作的必要性与主要途径

民进沈阳市直六支部　刘炳旭

摘要： 社会服务工作是民主党派参政议政的延伸和拓展，也是服务国家经济建设和社会发展的实际行动。近年来，国际国内政治经济环境都发生了很大的变化，这无疑对民主党派社会服务工作提出了新的要求。本文尝试从发展的视角，分析新形势下民主党派创新社会服务工作的必要性与主要途径。

关键词： 社会服务　民主党派　发展　创新　解放思想　因地制宜　科学规划　品牌

社会服务是民主党派的重要职能之一，既是民主党派展示自我形象的窗口，又是参与实践、开展调研的有效途径。

《中共中央关于进一步加强中国共产党领导的多党合作和政治协商制度建设的意见》中明确指出："发展是中国共产党执政兴国的第一要务，也是各民主党派参政议政的第一要务。"[1] 把握发展这个要务，围绕经济建设这个中心，履行职能，参与社会服务工作，是新形势下民主党派的重要任务。这就要求我们必须用发展的眼光，认真地研究和探索新形势下民主党派为社会服务的途径和方法。惟其如此，才能使民主党派在社会服务工作中有更大的作为。

一、新形势下民主党派社会服务工作亟待创新的必要性

目前从国民经济发展水平来看，我国已进入中等收入国家行列，人均 GDP 达 4000 美元。与此同时，在经过历时两年半的金融危机之后，国际形势发生了很多新的变化，国际经济金融的复杂性、脆弱性继续加深。而随着统一战线的壮大，民主党派社会服务工作经历了从自发到自觉，从零散的、随机的到有条理、有计划的发展过程。社会服务实现了理论和实践上的丰富和积累，拓宽了工作的领域和思路，呈现出一些新变化和新特点。归纳起来，主要有以下两点：

首先，社会服务的社会条件、政策环境较之过去已经有了很大变化。上世纪

七八十年代，民主党派各级组织开始恢复活动之初，随即开展了围绕中心任务，利用自身优势，以办学、咨询和扶贫为主要形式的服务社会工作，取得了积极的社会效益。当时，民主党派的自身建设和职能履行还只是处于起步阶段，社会服务的方式主要以社会效益为主，服务于现代化建设，以“发挥优势，拾遗补缺，服务社会”为活动原则。中共中央［1989］14号文件，首次提出了社会服务的概念，明确了社会服务的宗旨和工作范围，肯定了社会服务的功能和意义，为社会服务工作指明了方向，有力地推动了社会服务工作的开展。进入新世纪，尤其是近年来，随着国内外形势的变化，社会服务工作也开始面临一个开放的、多元的、世界一体化的环境，党和国家的战略目标、中心任务发生转移，民主党派社会服务无论在内涵和外延上，都赋予了新的时代特征和历史责任。中共中央［2005］5号文件，对社会服务工作在中共中央［89］14号文件贯彻以来实践的基础上，提出了新的要求。社会服务的内涵从直接的专业服务转向为全面建设小康社会服务，社会服务的外延从一般的社会服务转向构建社会主义和谐社会服务，社会服务更加紧密结合国家的形势任务要求，内容上形式上都有了极大的丰富和发展。文件还要求党委和政府有关部门要积极创造条件，支持民主党派开展各种形式的社会服务活动。

如果把形势与环境的变化视为社会服务工作亟待创新的外因，那么各民主党派对自身社会服务工作定位的重新认识就是社会服务工作亟待创新的内因。过去，我们对民主党派社会服务工作的认识和定位，较长一段时间里停留在仅仅是为社会办一点实事、好事上。从这种认识出发，有人觉得社会服务路子不宽，前途不明。随着我国政治文明建设的推进，民主党派的参政党职能日益凸现，民主党派参与国家社会政治生活的深度和广度都有了前所未有的拓展。经过多年实践创新和理论探索，从参政党行为的高度着眼，把社会服务工作放到参政党行为的层面上思考，对社会服务工作有了新的、更为准确的定位。一方面社会服务与民主党派调查研究有机地结合起来，成为参政议政的基础和载体。贴近民众、走进社会的社会服务，为参政议政工作提供了大量的第一手的社情民意信息，为参政议政提供了丰富的素材和资源，形成了大量的真知灼见的参政议政成果。另一方面作为参与国家经济建设的具体实践，民主党派的社会服务也将在协助执政党在构建社会主义和谐社会中，起到凝聚人心，化解矛盾，减少阻力，形成合力的作用。

由此可见，在新的历史条件下，统一战线和多党合作事业已经进入了新的发展阶段，而作为民主党派职能之一的社会服务工作，也必然面临着创新的选择。

二、创新社会服务工作的主要途径与方法

既然创新是一种必然选择，那么如何才能在新形势下更有效地发挥参政党优势，开拓社会服务工作的新局面，更有序地广泛组织和发动参政党各级组织和广大成员参与社会服务工作，更充分地体现多党合作制度的优越性，更好地使社会服务工作与参政议政民主监督和自身建设相结合呢？

我认为，民主党派创新社会服务工作主要应从以下几个方面入手：

1. 解放思想，以科学发展观为指导，推动创新。

回首我国改革开放以来所取得的伟大成绩，无一不是解放思想和科学发展的结果。民主党派自身的发展也很好地证明了这一点。思想的不断解放，是创新取得巨大成功的前提和保证。正是在解放思想的推动下，我们在经济上从流通体制改革创新着手，从而打破了地区分割、部门分割的阻碍，极大地促进要素在国内外的流动，在此基础上，长期被压抑的社会生产力得以充分释放；也正是在解放思想的推动下，我们在政治上坚持和完善了人民代表大会制度、中国共产党领导的多党合作和政治协商制度、民族区域自治制度以及基层群众自治制度，不断地推进社会主义政治制度自我完善和发展。民主党派创新社会服务工作首先依然要靠思想解放。应着重指出的是，新时期新情况下的解放思想，已不再仅仅是对传统理论的突破，而是要紧密围绕全面落实科学发展观和构建社会主义和谐社会的两大主题。

实践证明，思想解放的程度，决定着创新社会服务工作的力度，关系到创新社会服务工作的速度。我们要进一步解放思想，以科学发展观为指导，深刻审视所处环境变化，深刻分析优势与不足，把思想从不适应、不利于科学发展的认识中解放出来，坚决冲破一切妨碍发展的思想观念，坚决改变一切束缚发展的陈规旧习，坚决革除一切影响创新的弊端桎梏，使我们的思想有一个大的解放，作风有一个大的转变，环境有一个大的优化，以新一轮思想大解放推动社会服务工作的创新发展。

2. 充分发挥民主党派特色优势，“以新作为巩固老阵地”。

随着经济社会的进步，民主党派组织结构和作用发挥出现日趋同化的现象。[2]事实上，我国八大民主党派分别有自己的界别特色和优势。只要在社会服务创新中用己所长、避己所短，体现出各自的优势和特色，“以新作为巩固老阵地”，就一定可以能有效规避同化现象。

长期以来，民进就一直非常注重根据自身界别特色和优势，加强联系合作，

保证社会服务质量。始于1997年的长江流域湖泊保护与管理研讨会，就是其中一个比较典型的例子。在这项活动中，民进中央充分利用自身“知力”优势与相关国家部委、科研院所、社会团体密切合作，在加强长江流域湖泊保护与管理方面取得了显著成效。民进十大以来，民进中央又提出“以新作为巩固老阵地”，先后成立了中国民办教育协会和中国教育政策研究院，深入研究国家教育改革和发展中的关键问题，为中央和地方重大教育决策提供科学支持。民进全会围绕农村教育综合改革、义务教育均衡发展、加强中西部教师队伍建设、促进民办教育发展，以及《国家中长期教育改革和发展规划纲要（2010—2020年）的制定和实施，深入调查研究，积极建言献策，做了大量卓有成效的工作。[3]上述服务工作，在社会上产生了十分广泛的影响。

3. 坚持因地制宜和注重实效的原则，有针对性地进行创新。

各地经济发展不同、社会服务的需求也不尽相同。民主党派社会服务工作创新要着眼于目前当地发展的需要，要根据中共对民主党派社会服务提出的要求，将发展的中心列为创新的重点，因地制宜地围绕区域发展规划、战略目标，有针对性地开展工作。

在辽宁省政府今年1月6日召开的各民主党派、工商联负责人及无党派人士座谈会上，陈政高省长强调，做好“十二五”的各项工作，加快推进辽宁全面振兴，我们要牢牢抓住科学发展这一主题、转变经济发展方式这一主线，始终保持发展激情，坚持科学发展、创新发展、和谐发展；进一步加强干部队伍和人才队伍建设，为加快发展振兴提供人才和智力支撑；破解土地和资金这两大制约加快发展的瓶颈；抓好通货膨胀预期管理，进一步做好民生工作，努力提高城乡居民收入。希望各民主党派、工商联和无党派人士充分发挥各自的优势，积极建言献策，为加快辽宁全面振兴作出新的贡献。[4]上述工作重心，无疑也是辽宁省各民主党派创新社会服务工作的重点。在转变经济发展方式和加快发展振兴提供人才和智力支撑等方面，民主党派都大有可为。应按照“因地制宜、讲求实效”原则，有针对性的以智力支持、项目和资金引进为重点，拓宽渠道，积极做好“引资、引智”工作，切实帮助贫困地区和贫困群众转变经济发展方式。

4. 科学规划，拓宽思路，集中资源打造社会服务创新品牌。

是民主党派体现特点和优势，为构建社会主义和谐社会作贡献的具体行动，不仅有利于宣传中国共产党领导的多党合作和政治协商制度，有利于进一步发挥民主党派和民主监督的职能，有利于加强民主党派的自身建设，有利于促进我国的三个文明建设，而且有利于体现民主党派进步性，树立参政党良好的社会形象。

在创新社会服务工作的过程中，切忌急于求成，要有持之以恒的精神。通过科学规划和对自身资源的挖掘、整合，建立服务阵地，使其成为民主党派参与实践、服务社会的载体和联系群众、深入一线的重要纽带。同时加强服务领域的拓展和延伸，完成从常规的基础服务向决策咨询服务的延伸；从单一的业务服务向综合管理服务的延伸；从局部服务向区域服务的延伸，使社会服务的知识含量、层次越来越高，组织协调、宏观指导性越来越强，地域覆盖面越来越大，以点带面地打造社会服务创新品牌。

结论：总之，随着形势的发展和社会服务工作内涵的变化，社会服务的思路也在改变。民主党派应与时俱进，尽快实现传统模式向创新模式的转变，使之由分散的、小范围的、短期的、“量力而行，尽力而为”的服务模式转变为固定的、集聚的、长期的、“科学规范，行之有效”服务模式。通过社会服务工作的创新，引导党派成员正确认识社会发展规律，树立正确的人生观、价值观，把党派成员个人前途命运与国家强盛，民族振兴紧密联系起来，把个人奋斗融入建设祖国现代化的伟大实践中；使广大人民群众逐渐了解民主党派，在社会上树立起参政党良好的形象。

参考文献：

[1]《中共中央关于进一步加强中国共产党领导的多党合作和政治协商制度建设的意见》(中发［2005］5号).

[2] 王琳．关于民主党派社会服务工作的新思考．

[3] 虞音．充分发挥自身特点和优势，民进会更加有所作为．

[4] 辽宁日报，2011.01.07.

新形势下民主党派社会服务工作探析

民进沈阳市汽车工程学校　王　玲

摘要： 社会服务工作是民主党派参政议政的延伸和拓展，也是服务国家经济建设和社会发展的实际行动。新时期下，国际国内政治经济环境发生了变化，对民主党派社会服务工作提出了新的要求。如何顺应时代要求，开展社会服务工作，是民主党派进行社会服务实践中不可回避的理论问题。

关键词： 社会服务　民主党派

中共中央下发的《中共中央关于进一步加强中国共产党领导的多党合作和政治协商制度建设的意见》中指出："要拓宽民主党派和无党派人士发挥作用的渠道。中共党委和政府及有关部门要积极创造条件，支持民主党派和无党派人士紧密围绕全面建设小康社会开展各种形式的社会服务活动"。这为各民主党派在我国全面建设小康社会和构建和谐社会的历史机遇期，围绕以经济建设为中心，服从和服务于改革发展稳定大局，在中国共产党的正确领导下继续做好社会服务工作创造了很好的条件。各民主党派经过过去不断开拓创新，社会服务工作在智力支边、兴教办学、举办书画社、开展"三下乡"活动、利用联系广泛的优势招商引资为地方经济建设作贡献等方面，取得了显著成绩。社会服务工作是一项开创性工作，也是一项与时俱进的任务，是民主党派参政议政的延伸和拓展，也是服务国家经济建设和社会发展的实际行动。

改革开放三十多年来，经济、科技迅猛发展的同时，也出现了一系列的问题：工业化进程加快，国民经济得到长足发展，但工业化进程受到资源的极大制约；城市化步伐加快，城市基础设施建设逐步完善，但各类基础保障与城市化速度形成矛盾；经济结构逐步调整，但各行业自主创新不够；人们生活水平逐步提高，但收入差距逐步扩大；经济体制和政治体制改革步伐加快，但制度创新仍然落后；我国在经济、政治上的国际地位逐步提高，但对外依存度过高威胁经济安全；和谐思想深入普及，但社会与环境的矛盾问题更加突出。新时期下，国际国内政治经济环境发生了变化，对民主党派社会服务工作也提出了新的要求。要适应时代的发展、社会的变革，民主党派应该围绕党和国家的中心任务不断拓展社会服务工作的新方法、新渠道，为推进社会主义经济、政治、文化和社会建设贡献力量。

一、加强学习，提高认识，创新社会服务工作理念。

和谐社会已经成为中国特色社会主义的远景蓝图；全面构建和谐社会，成为今天改革和发展的主旋律。要形成全民学习、终身学习的学习型社会，促进人的全面发展，着眼于提高民主党派的参政能力，必须把加强民主党派的学习作为一项十分重要而紧迫的任务，切实抓紧抓好。对肩负着参政议政、民主监督职责的各民主党派来说，加强参政能力建设，提高民主党派的参政水平和能力同样是极其重要的迫切任务。提高民主党派的参政能力，关键在于加强学习，只有坚持学习，学习，再学习，理论联系实践，准确理解和把握党的路线、方针、政策，参政能力才能不断迈上新台阶。

民主党派要从履行职能和加强自身建设的高度来充分认识做好社会服务工作的重要意义。民主党派开展社会服务工作，是共产党和各民主党派通力合作建设和谐社会的具体表现形式之一，是民主党派为国家经济建设和促进社会和谐发展的重要组成部分。参政党必须要在建设社会主义和谐社会的新格局中主动寻求自己的合适位置，以高度的使命感，发挥好自己的作用；参政党履行职能转变的方向，是围绕构建和谐社会的宏伟目标，站在新的历史高度认识社会服务工作，创新理念，树立与落实科学发展观，以人为本，追求和谐发展。

二、发挥优势，注重实效，创新思路，着眼边区谋发展。

在现阶段，民主党派社会服务工作开展的主要形式是智力支边扶贫。对民主党派来说，社会服务既不是可有可无或不务正业，也不是创收、“搞副业”的一项普通工作，而是我国参政党的一项基本社会职能，是民主党派充分发挥人才和智力优势，服务社会，实现民主党派社会价值的重要形式，也是动员和组织广大成员深入实际，参与社会实践，了解社情民意的一个重要参与方式，同时还是扩大民主党派社会影响，宣传多党合作形象的一个重要窗口。参政党开展社会服务工作的主要形式是智力支边扶贫，必须要结合自身优势特点，创新思路。要真正解决一个社会问题，靠一个基层组织或者一个社会服务工作委员会甚至一个党派的资源，往往是不够的，这就要发挥党派作为一个组织的优势，整合党内党外资源，才能把事做实、做好。

民主党派的智力支边扶贫工作，是以农村边远贫困地区为对象，针对人民群众急需、党委和政府一时顾及不到、而党派又能做好的事情上。通过调查，扬长避短、量力而行，运用民主党派智力集中、人才荟萃、联系面广的优势，突出重点，为边远贫困地区经济社会文化的发展起到积极有效的推动作用。

要做好智力支边扶贫工作，需要各民主党派在全党派的范围内，充分发动和运用各方面的智力资源和社会资源，集中各方面的优势和力量，形成一个上下互动、横纵联系共同开展工作的大好局面，做好帮扶工作。不能有走走过场、急功近利的思想，要选准一个点、一个地区、一门技术、一项工程的实施，坚持长期不懈、深入扎实、持续有效地开展跟踪帮扶。不求大而全，不搞形式主义，不搞一些花架子，要针对地方实情，因时、因地制宜，务求实效。与时俱进、开拓创新，持之以恒、坚持不懈。要自始至终明白这项工作是真正起到播种和引子的作用，目的是要通过这项工程和技术的实施，能够在当地得到很好的推广普及和应用。只有这样，才不违背开展这项工作的初衷，才能真正达到为边远贫困地区谋利、实现共同富裕、进步、发展的目的。

“予人以鱼”莫若“授人以渔”。民主党派的社会服务工作，要在中共党委的正确领导下，紧紧围绕党的中心任务，在政府及其他部门的帮助指导下，不简简单单的停留在贫困地区经济的拾遗补缺上，而是集中民主党派各方面的优势和力量，因地制宜，务求实效，持之以恒，努力做好一个地区、一个项目的工作开展，起到一个以点带面的示范性作用，在边远贫困地区形成一个良好的发展基础，以此带动当地经济社会的各项建设。“星星之火可以燎原”，这是民主党派社会服务工作的基本思路。

同时，也可以发挥各民主党派自身组织的特点，开展智力支边扶贫工作。比如中国民主促进会可以发挥自己组织成员以从教育、文化出版事业的高中级知识分子为主的特点，开展教育下乡、捐赠图书等等，为教育发展贡献力量。

三、适应时代，着眼长效，创新机制。

社会服务是民主党派的一项长期性的基本工作，需要用科学的发展观来指导社会服务工作的本身。这就要密切结合党派自身特点和工作实际，创新机制，尤其要建立长效机制，实现社会服务工作的制度化、规范化和程序化，明确其宗旨、原则、范围、对象、目标、标准、责任；需要大力拓展服务领域，深入社会经济生活各个层面，加大投入，创新服务模式，使之体系化、有序化；并且不断提高自身的服务能力，更好地满足人民群众的需要。

只有创新并且建立健全机制，才能保证社会服务工作健康的发展。民主党派社会服务工作有其自身的特点。在社会服务工作这个大系统中，应包括：一是组织机构，有分管领导负责，对定点合作而言，宜由领导挂帅，并还有各方面专家、相关部门的负责人组成领导小组，发挥领导与决策双重功能，根据自身和受援地的实际情况，找准社会服务工作的切入点、结合点、着力点；二是工作制度，从做规划、年度计划、项目管理、人才储备、总结工作等都应有相应的制度规范，以保证工作有的放矢，有条不紊地进行；三是按照市场经济规律，逐步实行项目的有偿服务，增强社会服务工作的发展后劲；四是加大民主党派社会服务工作的宣传力度，争取各级领导与部门的大力支持，以克服行政、经济等支撑条件的困难；五是激励机制，在有条件的地方应筹建奖励基金，对社会服务工作中做出贡献的集体与个人，在精神鼓励为主的前提下，给予适当的物质奖励，增强社会服务工作的活力。总之，社会服务工作良好的氛围和机制是多方面综合作用的结果，在服务方式与机制等方面都应不断创新与发展，才能保证社会服务工作适应时代的需要，创造出更加辉煌的工作业绩。

构建社会主义和谐社会，是全体中国人民的选择，是中国共产党顺应历史潮流所作出的重要战略举措。我们要把握机遇，以高度的历史责任感对待社会服务工作，“找准位置，认清责任，发挥优势，努力实践”，弘扬本党“致力为公”的光荣传统，以科学发展观指导社会服务实践，充分发挥本党的人才和智力优势，不断提高自身素质，加强自身建设，积极参与，不断创新，谋求实效，为推动社会主义和谐社会的建设步伐贡献积极的力量。

总之，新形势下要求各民主党派要以对党派高度负责的态度、要以科学的发展观为指导思想、要以解决当前主要经济问题为重点、要以勇于创新的精神，来认真搞好社会服务工作。面对新形势，积极探索社会服务的理论创新，才能开辟社会服务工作的新局面，才能更好地搞好社会服务工作。因此，要充分发挥社会服务的传统优势，把传统的社会各民主党派在进行社会服务时，要注意与参政议政紧密结合、要发挥优势，突出重点、要务求实效，开拓创新。这样才能使各民主党派的社会服务工作充他发挥作用。

浅谈新时期民主党派社会服务工作的路径选择

民进南重市委　何志斌

摘要：新时期民主党派社会服务工作有狭义、广义的理解，内涵要努力充实，外延要不断扩大，要与参政议政、自身建设、对外宣传同步实施与考量。

关键词：内涵　外延　载体　平台　抓手　路径　选择

新时期民主党派社会服务工作是扩大自身社会知名度的重要载体，是了解社情、倾听民声、反映民意的重要途径，是深入推进参政议政，积极履行党派职能的有效抓手，是努力促进社会和谐，与中共风雨同舟的必然选择。社会服务与组织发展、对外宣传和参政议政是有机的整体，关系互为补充，工作相互促进，落实不宜偏颇。那么什么是社会服务工作？我认为有狭义和广义的理解。

狭义的理解，通常指发挥民主党派特长和利用人财物所能，为社会、为弱势群体提供一些帮助，奉献一点爱心。而广义的理解，则是囊括了民主党派为社会进步、和谐发展所开展的调查研究，为政府科学决策提出的意见建议所做的许多工作。

在新的历史时期，民主党派作为共同致力于中国特色社会主义事业的参政党，无论是狭义的，还是广义的，社会服务工作应当怎么做，做什么，做到什么程度？其着眼点、立足点和平台又是什么？对此，我们有过尝试，也取得成效，获得殊荣，产生了积极而广泛的影响。笔者联系工作实践谈点粗浅的认识。

首先，新的历史时期，民主党派狭义的社会服务工作应当如何常抓不懈，常做常新，永葆发展态势呢？我的体会在于打牢一个基础，提供一个保障，落实一个关键。

一是党派成员热情参与是做好社会服务工作的基础。俗话说，沙滩上建不成高楼大厦。我们要做好社会服务工作，必须有牢固的基础，这就需要激发成员的满腔热情，唤起他们的关爱之心，努力提高社会服务工作的参与程度。如果离开了广大民主党派成员的热情参与，社会服务工作就如同空中楼阁，失去了可靠的基础，难以落到实处。最近几年来，正是由于党派成员的积极参与，不少地方组织才初步构筑了社会服务的体系，形成了社会服务的机制，打造了社会服务的品牌。

二是相关人员积极支持是做好社会服务工作的有力保障。众人拾柴火焰高，众手浇开幸福花。社会服务工作的道理同样如此。而相关人员的积极支持、热情参与更是不可或缺的有力保障。这里所说的相关人员，是指党派内部有组织能力和活动能力的积极组织者和党派组织以外有一定经济实力的人士。我们要做好社会服务工作，必须调动这些相关人员的积极性，依靠他们的支持与配合。道理很简单，我们自己没有社会服务的经费预算和拨付，有时就处于二难的尴尬境地。

三是经济上的有力支撑是做好社会服务工作的关键。经济是基础。钱不是万能的，可没有钱，巧妇难为无米之炊。社会服务工作要能够有所作为，要真正把我们的着眼点、立足点放在为党和政府分忧，为弱势群体解难上，紧紧围绕党委和政府中心工作，充分发挥组织优势和智力优势，发挥界别特色和联系广泛的特点，努力开展科技咨询、兴教办学、扶贫献爱心等等，没有经济上的有力支撑，民主党派社会服务工作不说寸步难行，至少只能是逢年过节小打小敲，做一些“时令菜肴”，难以在更高平台上发挥作用。

有些民主党派地方组织社会服务工作规模较大、影响较广，都是由于会员的热情参与，相关人员的大力支持，有关单位的鼎力支撑。如果经济上底气不足，自己没有造血功能，要持之以恒地把社会服务工作做出大名堂来，就如同无源之水，无本之木，美好的理想难以成真。因此，社会服务工作应当坚持“尽力而为，量力而行”的方针和原则。

其次，新时期民主党派社会服务工作，不仅要立足做好传统意义上的工作，还要不断充实其内涵，扩大其外延，在更广阔的舞台上彰显特色和亮点。

第一，新时期民主党派社会服务工作的内涵与外延无疑在不断丰富和扩大，应当将其视为与参政议政、民主监督同等重要的职能来履行。工作要体现“五个有”，即有组织、有计划、有主题、有平台、有影响，形成系列，打造品牌。比如我们的社会服务工作就采取了以下几种形式：动员和组织会内外文化艺术界人士，举办“濠滨夏夜”文艺专场，展示统一战线成员的风采，宣传南通“三个文明”建设的成果；开展“江海文化行”，送文艺到军营，送科技下乡进社区，组织“同在蓝天下我们手拉手、心连心”结对帮扶献爱心和“凝心聚力促发展”以及繁华商业街区手语服务行和“让世界充满爱”等主题活动，向残疾儿童，向贫困学生，向汶川、玉树及印度洋地区部分遭受地震、海啸灾难国家和地区难民伸出援助之手，以实际行动托起希望的太阳，展示灾难无情人有情，肤色不同爱无疆的情怀。荣获南通市“助春蕾、手拉手”活动先进集体，被民进中央授予“全国社会服务先进单位”称号。南通电视台、南通日报、团结报、人民政协报等屡次作了宣传和报道。

尽管这些工作无疑是传统思想认识上的狭义的社会服务工作，然而，却扩大了新时期统一战线的知名度，对做好民主党派组织发展工作，搞好自身建设产生了积极而深远的影响，有力促进了参政议政人才的储备，巩固了政治交接的系统工程，取得社会服务意想不到的效果，可谓三全齐美。

第二，新时期民主党派社会服务工作的平台需要搭建，渠道需要拓展，工作需要常做常新。对社会服务工作不同时期有不同要求，有不同的侧重点。七、八十年代，刚刚恢复高考，一般以智力支边和拾遗补缺，兴办民办补习学校为主体；九十年代，则主要开展向失学儿童和贫困家庭献爱心活动；进入新世纪以来，则又注入了新的内容，或者组织送教、送文化、送科技活动，或者开展教育心理、法律知识、医卫健康等咨询；或者为当地经济发展，穿针引线、牵线搭桥，引进项目。近年来，又与时俱进，更新理念，创新了社会服务工作载体，在“实”字上下功夫，在“精”字上动脑筋，在“特”字上做文章，在“深”字上花气力，把服务当作沟通和凝聚会员的桥梁与纽带，把有创意、有吸引力、有收获作为社会服务的重要目标，作为参政议政、获取社情民意，有为履职的重要手段和平台，打造了许多精品和亮点，凝聚了广泛的力量，树立了良好形象，体现了民主党派存在的价值。

第三，新时期民主党派社会服务工作注重为经济建设服务，关注社会和谐，促进社会进步，是履行自身职能的具体表现，是与中共通力合作、共同致力于社会主义事业的生动反映。近几年来，民主党派服务社会的形式不断推陈出新，既有各兄弟党派的整体联动，也有与社会团体的联手合作，而更多的则是依靠各自的优势，在坚持传统，做足文章的同时，更体现时代要求和特征，不断拓宽社会服务的领域，扩大其更广泛的外延，充实其更丰富的内涵。把社会服务工作与组织发展、参政议政工作看作是有机的整体，相互渗透，相互融入，互相促进，甚至把参政议政当作是社会服务的主渠道、主战场，认真加以部署和实施，取得事半功倍的效果。比如，近两年来，我会提出的优先发展公共交通的提案和社会就业比较充分对策研究，就是社会服务、组织发展、参政议政三者结合的产物。《关于加强社区医疗从业人员培训的建议》《关于我市民营企业知识产权保护现状及对策建议》《关于合理配置教育资源，促进义务教育均衡发展的建议》和《关于加强农村乡镇干部廉洁自律情况督查的建议》等数百份调研报告、集体提案等等，更是见证了南通民进加强多党合作、推进政治民主、有为服务社会的坚定步伐。对外宣传同步为社会服务营造氛围，鼓动呐喊，务虚务实获得双赢。

实践证明，参政议政要建有用之言，献务实之策；参政议政要参在关键处，议在点子上。深入调查研究，了解社情民意，是做好参政议政工作、搞好多党合作的重要前提和条件。搞好社会服务工作就是为民主党派更好地履行职能创设了重要载体，提供了宝贵的平台。因此，不少民主党派地方组织正是把社会服务工作当作一种有效途径和重要抓手，将其与履行党派职能有机结合起来，互相渗透，互相促进，通过对社会的广泛关注和热情服务，努力发现、培养和使用人才，并且捕捉和获取参政议政的第一手素材，使参政议政落到实处，为党委和政府的科学决策、民主决策，为促进社会和谐进步，推进民主政治做实事，做好事，建诤言，献良策，捧爱心，在更高平台上展示了社会服务工作的能力、水平和魅力。

民主党派参与社会服务创新策略研究

民进金华市委会　孟　玲

摘要： 社会服务工作是民主党派参政议政的延伸和拓展，新时期国际国内政治经济环境发生了深刻变化，对民主党派社会服务工作提出了新的要求。如何顺应时代要求，拓展社会服务内涵，探寻社会服务新形式、新方法、新途径，是民主党派进行社会服务实践不可回避的理论问题。

关键词： 社会服务　民主党派　参政党理论

民主党派的社会服务之说始于1989年中共中央14号文件《中共中央关于坚持和完善中国共产党领导的多党合作和政治协商制度的意见》。根据14号文件对社会服务工作的阐述，我们可以对民主党派的社会服务下一个阶段性的定义："社会服务是以全面建设小康社会和构建和谐社会为目标，运用经济、科技、法律、卫生、教育、文化等形式，为以经济建设为中心的社会全面进步与发展所进行的活动。"

一、民主党派参与社会服务的价值

民主党派的基本职能是参政议政、民主监督，而社会服务、利益表达和协调关系、自身建设也是民主党派的职能。社会服务是参政议政、拓宽民主党派发挥作用渠道的主要途径，实践证明，把社会服务定位于参政议政的基本职能范畴之内是恰当的。社会服务是民主党派参政议政的基础和载体。社会服务是参政议政的一个重要组成部分，是民主党派参与国家经济建设、社会发展的具体实践，是参政议政的载体和延伸。社会服务是以国家发展为大前提的社会活动，社会服务要始于参政议政，终于参政议政，把参政议政贯穿于社会服务的全过程。在社会服务过程中，围绕参政议政的课题，通过课题调研与实施，提出参政议政的建议，促进社会深层次问题的解决，更好地履行参政议政职能。

二、民主党派参与社会服务工作的着力点

在新形势下，必须适应当前政治经济环境，在为"三农"服务、智力支边扶

贫、建设社会主义新农村、建设文明和谐社区、维护经济稳定发展等方面，发挥人才荟萃优势，不断开拓社会服务工作的新形式、新方法、新途径，进一步做好社会服务工作。

（一）围绕经济建设中心开展社会服务，夯实社会服务的经济基础发展是中国共产党执政兴国的第一要务，也是民主党派参政议政的第一要务，同样也是民主党派社会服务工作的突破口。

构建社会主义和谐社会，关键是通过发展社会主义社会的生产力，不断夯实构建和谐社会的物质基础。我们必须以发展经济、促进社会进步作为出发点和落脚点，立足于发展、致力于发展，树立和落实科学发展观，把成员和所联系的群众的智慧和力量凝聚到实现全面建设小康社会的奋斗目标上来，在促进经济发展和社会事业进步中建功立业，发挥作用，赢得社会支持和认同。

（二）以改善民生为重点，促进社会保障体系建设。

要密切关注并积极调研资源开发、征地拆迁、城镇建设补偿方式以及建立农民群众在资源开发和城镇建设中长期受益的开发建设机制等重大问题，积极向中共各级组织反映当前社会保障体系建设、“三农问题”、新农村建设中的具体困难等社情民意，积极为农民和社会弱势群体呼吁，争取各级政府的更多关注，帮助他们改善生活状况。

（三）创新智力支边模式，推进教育卫生事业发展。

中共十七大报告指出：教育是民族振兴的基石，教育公平是社会公平的重要基础，要扶持贫困地区、民族地区教育，健全学生资助制度，保障经济困难家庭、进城务工人员子女平等接受义务教育。民主党派应充分发挥自身的资源优势，呼吁联络社会各界人士关注中国教育，在教学基础设施建设、教学设备补充、失学儿童资助、开展师资培训等方面贡献自己的力量。十七大报告要求：建设覆盖城乡居民的公共卫生服务体系、医疗服务体系、医疗保障体系、药品供应保障体系，为群众提供安全、有效、方便、价廉的医疗卫生服务。民主党派要充分发挥自身的智慧和才能，积极参与卫生事业改革发展，就加强农村医疗机构建设和社区卫生站建设，完善农村医疗保障制度，巩固新型合作医疗改革成果等建言献策，更多地惠及广大群众。

（四）搞好项目结合，切实提高社会服务效益。

民主党派的社会服务要突出导向性、典型性、示范性，必须加强项目规划管理，提高项目效益。一是坚持科学论证，精选项目。二是完善管理机制，强化激励效应。三是搞好项目结合，提高项目效益。我们要将社会服务与自身建设结合起来，健全组织、锻炼成员、培养人才；将社会服务与参政议政结合起来，扩大实践平台，提高参政议政能力；将社会服务与当地经济与社会发展需要紧密结合起来，做到点面结合，以点带面，整体推进，提高社会服务实效。

（五）突出党派“侨”“海”特色，引资引智促发展。

充分发挥民主党派海外关系众多、联系广泛的优势，广交朋友，多作宣传，扩大团结面，减少对立面。我们要更加注重发挥“侨”“海”特色，联系海外华侨华人、港澳台同胞以及国内外NGO在希望小学建设、贫困学生资助、师资培训等方面提供帮助。

三、民主党派参与社会服务的创新策略

作为参政党，民主党派应在不断领会和准确把握新形势下我国社会主义和谐社会的内涵与规律的同时，明确构建社会主义和谐社会的任务与途径，探索为构建社会主义和谐社会服务的方式与方法，为构建和谐社会做出应有的贡献。

（一）充分发掘民主党派的政治资源，为社会主义政治文明建设作贡献

发展社会主义民主、建设社会主义政治文明，是构建社会主义和谐社会的重要内容之一，也是多党合作的内涵之一。民主党派要以中共十六届六中全会以及《意见》精神为指导，认真研究多党合作制度的优势及民主党派“和而不同、资源兼容”的政治资源体系的特点。按照“长期共存、互相监督、肝胆相照、荣辱与共”的方针，围绕中共中央提出的构建社会主义和谐社会的总体要求与各项战略目标，为加强社会主义民主法制建设，积极稳妥地继续推进政治文明建设，应更好地发挥我国政党制度的特点和优势，进一步加强中国共产党领导的多党合作和政治协商制度的坚实政治基础。我国的各民主党派和无党派人士大都是中高级知识分子和专家学者，他们能在继承中华民族优秀文化传统，学习吸收国外先进文化成果，提高人们群众的思想道德素质和科学文化素质等方面承担重要的角色，并在建设民主政治文化中发挥重要作用。

（二）充分发挥民主党派的集体智慧，为经济社会发展献计献策

发展是和谐社会的基础，是和谐社会的主要特征和内涵。民主党派要牢牢把握发展这个根本任务和永恒主题，紧紧围绕“十二五”期间经济社会发展的新目标，发挥智力密集和社会联系面广泛的优势，把参政议政的工作视野拓展到经济、政治、社会、文化等各个方面。选择综合性、战略性、前瞻性以及党和政府迫切需要研究的重大问题。深入调查研究，积极建言献策，为实现中共十六届五中全会提出的“立足科学发展、着力自主创新、完善体制机制、促进社会和谐”的目

标要求做出应有的贡献。同时，民主党派还要认真研究和积极探索服务社会的有效形式，通过帮困扶贫、捐资助学和“三下乡”等活动，为社会各阶层的人民群众服务，并要在“融合”上下功夫，注意提高人民群众对各项活动的认可度、认知度，为构建社会主义和谐社会提供良好的精神保证。

（三）充分发扬民主党派的人才优势，为营造安定团结的政治局面尽力

民主党派集合了许多社会各界的代表人士，这些人士又分别联系各自的群众，代表各自群众的利益，反映各自群众的意见和要求，这有利于扩大和提高我国政权体系中参与政治事务的群体性，拓宽政治参与的广度，实现人民当家作主，促进社会政治稳定。如在全国政协中，民主党派所占的比例很高。到2004年底，全国各民主党派有3.2万多人在各级政府和司法机关担任县处级以上领导职务。而民主党派是各自所联系的一部分社会主义劳动者、社会主义事业建设者和拥护社会主义爱国者的政治联盟，能够承担起“反映和代表他们所联系的各部分群众的具体利益与要求的责任”，从而缓解、消化“政治参与倾向的迅速增强和民主制度化建设之间的时滞效应可能导致的政治参与的膨胀危机”，有利于扩大公民的政治参与度。

正如胡锦涛总书记所指出：“构建社会主义和谐社会，必须坚持以人为本，始终把最广大人民的根本利益作为党和国家工作的根本出发点和落脚点”。因此，民主党派务必坚持以人为本的科学发展观，广泛联系社会各界人士，及时掌握社会实情，如实反映广大成员及所联系群众的意见和要求，协助党和政府做好广开言路、广求良策的工作。还可以在自己所联系的界别内集聚和表达民众利益，反映和维护他们的合法权益，协助中共各级组织和政府及时理顺人民群众的情绪，有针对性地做好防范工作，发挥协调关系、化解矛盾、减少阻力、形成合力的作用，为构建社会主义和谐社会和营造安定团结的社会环境而努力奋斗。

参考文献

［1］史书林，解彦炯．发挥民主党派的作用为构建和谐社会积极服务．内蒙古民族大学学报．2007.11.

［2］焦平生．新世纪新阶段民主党派社会服务的理性思考．中国统一战线．2005.10.

［3］赵道静．新形势下民主党派社会服务工作相关问题探析．湖北省社会主义学院学报．2009.10.

［4］杨晓红．发挥民主党派优势为构建和谐社会服务．云南社会主义学院学报．

党派开展社会服务面临的机遇和挑战

民进金华市委会　李献智

摘要： 社会服务工作，是参政党履职的重要形式。在复杂多变的国内外形势下，民主党派社会服务工作面临新的机遇和挑战。目前我国民主党派社会服务工作取得了一定成效，但也存在一些问题。为此，我们要明确社会服务的重大社会意义，解决存在的问题，切实做好这项工作。

关键词： 社会服务　意义　问题　怎样做好社会服务

社会服务工作，是参政党了解国情民意的重要渠道，是进一步促进我国经济平稳发展、社会和谐稳定的重要抓手，是参政党服务国家和服务人民的重要体现。近年来，国内外政治经济形势发生了巨大变化，社会服务工作面临着一个开放的、多元的环境，党和国家的战略目标、中心任务发生了转移，中共中央〔2005〕5号文件，对社会服务工作提出了新的要求。社会服务的内涵从直接的专业服务工作转向为全面建设小康社会服务。社会服务的外延从一般的社会服务转向为构建社会主义和谐社会服务，社会服务更加紧密结合国家的形势任务要求，从内容到形式都有了极大的丰富和发展。

温总理在政府工作报告中指出："'十二五'是全面建设小康社会的关键时期，是深化改革开放、加快转变经济发展方式的攻坚时期。从国际看，世界多极化、经济全球化深入发展，和平、发展、合作仍是时代潮流。国际金融危机影响深远，世界经济结构加快调整，全球经济治理机制深刻变革，科技创新和产业转型孕育突破，发展中国家特别是新兴市场国家整体实力步入上升期。"在新的形势下，民主党派如何围绕中心、服务大局、更好地开展社会服务工作面临新的机遇和挑战。

一、民主党派社会服务工作的意义

（一）社会服务是民主党派履行政党职能的需要

社会服务工作是为履行政治职能服务的，是参政党政治职能的延伸。《中共中央关于进一步加强中国共产党领导的多党合作和政治协商制度建设的意见》指出："要拓宽民主党派和无党派人士发挥作用的渠道。中共党委和政府及有关部门要积极创造条件，支持民主党派和无党派人士紧密围绕全面建设小康社会开展各种形式的社会服务活动”。因此，社会服务工作是民主党派的社会职能，是每个党派成员应尽的义务和社会职责。

（二）社会服务工作是坚持和完善中国共产党领导的多党合作和政治协商制度的重要形式

当前，我国已进入全面建设小康社会，加快推进社会主义现代建设的新的发展阶段。中国共产党领导的多党合作和政治协商制度是我国的基本政治制度，在社会主义现代化建设进程中，该制度充分凸显了其优越性。民主党派开展各项社会服务工作，是坚持和完善中国共产党领导的多党合作和政治协商制度的一种重要形式。

（三）社会服务是使广大人民群众了解民主党派，树立民主党派在社会上的良好形象的重要方式

社会服务工作贴近百姓，成效直观，是民主党派了解群众的最好途径；能直接展现组织形象，体现组织水平，打造参政党的惠民工程，树立民主党派在社会上的良好形象，体现其存在的价值。

（四）社会服务是加强民主党派队伍建设的有效途径之一

通过社会服务实践，可以丰富基层组织活动内容，并在工作中发现人才、培养锻炼人才，进一步加强热爱祖国、热爱家乡、热爱人民的思想教育，为富民兴国贡献力量，从而促进民主党派的思想建设和队伍建设。

（五）社会服务是民主党派成员实现自我价值的重要途径

通过社会服务实践，引导党派成员正确认识社会发展规律，树立正确的人生观、价值观，并教育和激励党派成员把个人前途命运与国家强盛、民族振兴紧密联系起来，把个人奋斗融入建设祖国现代化的伟大实践中，在为社会服务的同时实现自我价值。

二、新形势下社会服务工作面临的困难

民主党派的社会服务工作近年来取得了突出成绩，有效地服务于经济建设、社会主义精神文明建设，增进了与党和政府、人民群众的联系。但在新形势下，社会服务工作开展面临的困难依然较为突出，制约因素较多，尚不能完全满足社会需要。

（一）社会整体信仰严重缺失，参政党文化建设薄弱，造成民主党派社会服务内在驱动力不足

新中国成立后的前 30 年，我们提倡“全心全意为人民服务”、“大公无私”、

“助人为乐”、“集体主义”、“公有制”、“共产主义理想”。改革开放后，随着外来思想和价值观念的涌入，人们觉得原先倡导的这些价值过高、过于超前，有的则认为“过时”了，于是它们逐渐淡出了我们的社会生活。社会呈现出一种历史上少有的价值多元，社会的核心价值在价值多元的冲击下陷入了迷失。部分人对金钱、权力、物质享受的追求膨胀、道德水平下滑、信仰缺失，推行及时行乐主义。这些因素直接造成党派成员思想上对社会服务工作不够重视，对开展社会服务工作的意义认识肤浅，开展社会服务活动内驱力不足，积极性不高。

（二）社会服务新领域亟需开拓，社会服务工作质量有待提高

社会服务工作的质量，直接显示参政党履行职能的水平。随着经济政治体制改革的不断深入和发展，我国在经济、政治、文化、社会等各个领域都发生了深刻的变化，人们自我维权的要求越来越强烈，政治参与的热情越来越高涨，对自身良好生活状态的要求也越来越高。这种形势一方面开拓了越来越宽泛的社会服务领域，另一方面也使得社会服务的任务越来越重，困难越来越大。大多数民主党派同志身兼数职，社会事务较多，没有过多精力主动为社会服务，减少了深入为社会服务的机会。由于缺乏社会服务新领域相关经验的探索与积累，社会服务活动又往往走老路，停留在以往的水平上，形式陈旧，范围相对狭窄，服务力度不够大。因此，社会服务新领域亟需开拓，社会服务工作质量有待提高。

（三）社会服务投入严重不足，资金匮乏

党派的经费、工作条件等直接关系到社会服务工作顺利与否。社会服务工作没有专项经费保障，没有明确的、可靠的资金渠道，基本上靠党派机关投入，政府和社会支持的配套资金不足，开展社会服务未列入政府财政预算，部分社会服务的好项目因为资金不足，从而影响整个进度和开展的效果，经费问题不仅增加了工作难度，也影响了人才优势的发挥和办事效率的提高。

三、民主党派如何做好社会服务工作

（一）加强参政党文化建设，统一思想，提高认识，提高社会服务内驱力

1. 党派成员要用社会主义核心价值体系指导参政党文化建设。以正确的意识形态占领参政党的思想阵地，激励参政党成员反对和战胜错误的思想倾向，崇尚科学精神，传播和繁荣先进文化，塑造和培育美好心灵，弘扬和伸张社会正气，从而形成积极向上的政党文化。

2. 要以统一战线的思想理论为指导，热爱祖国，拥护并致力于祖国统一和民族振兴。坚持公有制的主体地位；坚持社会主义制度和共产党的领导地位；坚持马列主义、毛泽东思想、邓小平理论的指导地位；坚定为建设一个富强、民主、文明、统一的社会主义现代化国家而奋斗的信念。

我们只有用坚定的信念武装自己，用高尚的情操提升自己，自觉站在民族与国家的高度，才能放下个人得失荣辱，化被动为主动，化消极为积极，以满腔热情做好社会服务工作。

（二）找准切入点，提高社会服务质量

要认真调查研究，找准“十二五”期间民主党派社会服务工作的切入点。要精确地选择与策划工作的主攻方向、内容、形式，做好服务工作的前期调研工作，开展社会服务要做到有计划、有步骤、有方法、有成效。社会服务要与参政议政、民主监督紧密结合，要注重实效、持之以恒、做深做透，不做华而不实的表面文章。

（三）集智聚力，建立一支高素质高效率的社会服务队伍

社会服务工作直接体现民主党派组织和成员的智力资源的集合力和凝聚力。民主党派要在充分发挥自身特点和优势的同时，整合社会力量，多渠道多层次集中优势和力量办实事。要以服务国家和百姓为宗旨，以实现利国利民、强国强民为目的，以汇聚全社会的力量为途径开展社会服务工作。为此，我们不仅要发挥会内全体会员的作用，还需要紧紧依靠中共各级组织和政府有关部门的支持和帮助，更需要动员、团结全社会有识之士的积极参与，促成 NGOs（Non Governmental Organizations 非政府组织）的加盟，建立高素质高效率的队伍。

（四）多渠道筹集经费，解决资金匮乏问题

民主党派社会服务经费不足是一个普遍存在的问题。可以尝试以下方式进行筹集：1. 积极争取上级组织的支持；2. 积极争取基层组织所在地政府或单位行政领导的支持；3. 发挥会员优势，有钱出钱，有力出力，集思广益，确保社会服务活动的顺利进行。4. 呼吁社会有识之士参与，筹措资金或者提供相应物资帮助。

（五）要加强与党委、政府和有关部门的联系，把社会服务与参政议政、民主监督相互结合，相辅相成，互为促进。

民主党派社会服务要取得党委、政府部门的支持。在社会服务活动中尽量争取相关部门人力、物力、财力上的配合。完善协调机制，建立和完善社会服务成果的交流、汇总、评定等相关制度。要政府的中心任务，从国家、社会发展的宏观大局出发，注重调查研究，收集社情民意，为参政议政、民主监督掌握第一手资料，向市委市政府提出建设性意见和高质量建议。

（六）打造便捷、高效的多种服务平台，开创形式多样的服务渠道

随着网络媒介的快速发展和广泛应用，人们政治参与和利益诉求的表达方式变得更便捷直接。如果没有正确的参与、表达渠道，一些制度外、非常规的利益诉求和利益表达就会大量出现，极易诱发社会的不稳定。因此，怎样搭建多种形式的沟通平台，拓宽利益表达渠道、维护社会稳定，促进党和政府决策的科学化、民主化，是民主党派社会服务工作面临的一项新的重要任务。

搭建畅通、迅捷、互动的信息共享渠道，利用一切可利用的传播媒介资源，如网络、广播、报纸、传单、宣传册，社区宣传栏等，及时充分地展示社会服务的项目内容与服务进程并接受社会的建议与监督，形成与广大群众的良性互动；在多种载体尤其是网络上了解群众的呼声，及时交流信息，从中发现问题并解决问题。各民主党派要创设贴近民生、反映民意、切实有效的各种社会服务活动载体，社会服务工作要不断开拓新领域，探索新路子，开创新形式，积累新经验。

（七）与时俱进，聚焦社会热点问题

邓小平同志指出："党只有紧紧地依靠群众，密切地联系群众，随时听取群众的呼声，了解群众的情绪，代表群众的利益，才能形成强大的力量，顺利地完成自己的各项任务。"党派成员要随时关注社会热点问题、突发事件，及时反映多数人的心声。要了解人民群众的需求，反映关系经济社会发展和关系人民群众切身利益的重大问题，提出有针对性和可操作性的意见建议；做好参政党与人民群众的沟通工作，建立并巩固群众对参政党的信任，维护社会的和谐稳定。

社会服务工作是最能体现民主党派形象的一项重大工程，是坚持和完善中国共产党领导的多党合作和政治协商制度的一个重要形式，也是民主党派实现参政议政职能和党派成员实现自我价值的重要途径。民主党派要加强参政党文化建设，培养高尚情操，提升队伍素质，造就社会服务工作的可持续发展。在"十二五"开局之际，在国内外形势复杂多变、全球经济危机迅速蔓延的恶劣形势下，民主党派成员要胸怀祖国，放眼世界，抓住新的机遇，迎接新的挑战，倾情投入，做好社会服务工作。要以人民群众的需要为出发点，以为社会服务为己任，倾听群众呼声，关注民生问题、热点问题，为建设全面小康社会、促进社会和谐稳定而努力。

参考文献：

[1] 山西民盟网站．江泽民同志关于统一战线的基本观点．

[2] 李玉福．关于加强民主党派参政议政工作的思考．

[3] 王成福．浅谈用科学发展观指导民主党派基层组织社会服务工作．
[4] 戚红亮．学习和践行社会主义核心价值体系加强参政党文化建设．
[5] 黄鹏．对民主党派社会服务工作的几点思考．
[6] 李军．新时期民主党派搞好社会服务工作的“四要”．
[7] 赵道静．新形势下民主党派社会服务相关问题探析．
[8] 陈一令．新形势下民主党派社会服务工作研究．

浅谈新时期民主党派与社会服务工作的变化

民进丽水市委　叶　玲

摘要：本文阐述了社会服务的概念与内涵，以及民主党派对社会服务工作的新认识、新要求，对社会服务能力和水平的提高，加强自身队伍建设为老百姓服务为社会服务能更好地构建和谐社会。

社会服务是新时期民主党派的重要职能和社会责任。是展示自我形象的窗口，又是参与实践、开展调研的有效途径。随着我国经济社会的发展，民主党派社会服务工作经历了从自发到自觉，从零散的、随机的到有条理、有计划的发展过程。社会服务实现了理论和实践上的丰富和积累，拓宽了工作的领域和思路，呈现出不少新变化和特点。

一、社会服务的概念与内涵

民主党派的社会服务之说于1989年中共中央14号文件和《中共中央关于进一步加强中国共产党领导的多党合作和政治协商制度建设的意见》根据文件对社会服务工作的阐述，社会服务的概念就是以全面建设小康社会和构建和谐社会为目标，运用经济、科技、法律、卫生、教育、文化等形式，为以经济建设为中心的社会全面进步与发展所进行的活动。随着社会的进步，社会服务工作是民主党派参政议政的延伸和拓展，也是服务国家经济建设和社会发展的实际行动。

社会服务的内涵从直接的专业服务转向为全面建设小康社会服务，社会服务的外延从一般的社会服务转向构建社会主义和谐社会服务，社会服务更加紧密结合国家的形势任务要求，在内容上形式上都有了极大的丰富和发展。

二、民主党派对社会服务工作的新认识、新要求

社会服务工作是民主党派面临的一项政治工作，它随着国际国内社会、经济、政治形势的变化而变化。随着我国政治文明建设的推进，民主党派的参政党职能日益凸现，民主党派参与国家社会政治生活的深度和广度都有了前所未有的拓展。经过多年实践创新和理论探索，从参政党行为的高度着眼，把社会服务工作放到

参政党行为的层面上思考，对社会服务工作有了新的、更为准确的定位。一方面社会服务与民主党派调查研究有机地结合起来，成为参政议政的基础和载体。贴近民众、走进社会的社会服务，为参政议政工作提供了大量的第一手的社情民意信息，为参政议政提供了丰富的素材和资源，形成了大量的真知灼见的参政议政成果。另一方面作为参与国家经济建设的具体实践，民主党派的社会服务也将在协助执政党在构建社会主义和谐社会中，起到凝聚人心，化解矛盾，减少阻力，形成合力的作用。因此对民主党派社会服务工作提出新要求。

1. 要以对党派高度负责的态度，认真搞好社会服务工作。

社会服务是民主党派的社会职能，是民主党派在国家政治和社会生活中发挥作用的另一种形式和途径。参政议政是参政能力体现。社会服务则是责任的体现。因此，每一个党派成员都应树立社会服务是自身的职责和应尽的义务，积极投身到社会服务工作中去。

2. 要以科学发展观为指导思想，认真搞好社会服务工作。

用科学发展观将社会主义核心价值体系融入到社会服务理论体系之中，才能更好地、科学地保障新时期社会服务工作的开展，才能以正确的理论为先导，根据国家经济科技发展的趋势，有针对性地组织党派成员开展考察、研讨、培训等活动，为他们提供发挥作用的平台，以引导更多的会员参加到社会服务工作中来，增强社会服务工作的活力。

3. 要以解决当前经济问题为重点，认真搞好社会服务工作。

新时期经济发展、社会建设是主要问题，民主党派各级组织，要积极开拓思路，充分发挥自身的优势，在科学发展观指导下实现经济发展。有针对性地开展科技、教育扶贫、医疗、文艺“三下乡”等活动，关心社会弱势群体，积极开展公益事业，开展社会服务工作，为解决当前经济的发展社会的建设出一份力。

三、民主党派对社会服务能力和水平的提高

民主党派社会服务内容丰富，形式多样，主要的特点是要发挥自身的优势，在建设有中国特色社会主义建设事业过程中，为经济、社会科学发展、持续发展提供支持和服务。

民主党派的社会服务工作，是其在中国共产党的领导下，发挥智力密集、人才荟萃、联系范围广、服务面宽的优势，为老百姓、边远贫困地区经济社会的发展而采取的一种主要活动形式。社会服务工作作为参政党的一项重要工作和活动形式，要牢牢把握发展这个根本任务。做好社会服务工作，对于进一步加强中国

共产党领导的多党合作和政治协商制度建设，构建社会主义和谐社会，实现全面建设小康社会，具有重要的现实意义。

传统的社会服务以办医办学、咨询服务、接对服务、扶贫和送医送药等方式开展，主要是利用组织和会员的自身优势，“量力而行，尽力而为”。随着形势的发展和社会服务工作内涵的变化，社会服务的思路也在改变。在此基础上，实现了服务方式的两个转移。即：由传统模式向创新模式转移，由分散的、小范围的、短期的服务模式向固定的、集聚的、长期的服务模式转移。在实现两种方式转移中，社会服务工作建立了不少服务点，如民进市中心医院支部医务人员利用医疗专业知识建立医学专家下乡服务定点帮扶乡镇卫生院等，这些定点不仅是民主党派参与实践、服务社会的载体，也是联系群众、深入一线的重要纽带。在服务项目上，结合自身优势，形成了一些服务品牌，参与的人数和社会影响均越来越大。近年来开展的定点帮扶乡镇卫生院，在当地也产生了极大的影响，取得了明显的帮扶成效。农村缺医少药的现象还严重，老百姓看病难的问题还很普遍，作为市“三甲”龙头医院的专家，我们有责任和义务为广大患者服务，充分发挥大医院医疗技术水平高的优势，经常开展义诊活动，把党和政府的温暖送到老百姓身边，为构建和谐社会贡献医务工作者的一份力量，作为民主党派的医务人员，在共产党的领导下，积极参与服务社会，服务百姓的活动，让群众得到更多的实惠。

社会服务方式的转移同时还带动了服务领域的拓展和延伸。即从常规的基础服务向决策咨询服务延伸，从单一的业务服务向综合管理服务延伸，从局部服务向区域服务延伸。社会服务的知识含量、层次越来越高，组织协调、宏观指导性越来越强，地域覆盖面越来越大。

四、加强民主党派社会服务队伍建设

1. 加强学习。

建立学习型社会服务队伍建设，对推进社会服务工作至关重要。利用自己的专业知识，无偿地付出劳动，在奉献中参与社会实践，在奉献中体现自身价值。新时期民主党派对社会服务队伍建设开始了新的思考和探索，如何形成一支相对固定的、综合性的社会服务骨干队伍，如何建立一套行之有效的学习培训机制、激励机制和保障机制等相关问题。随着这些问题的不断深入和解决，民主党派社会服务工作将走上可持续发展轨道，社会服务工作的质量和水平将得到不断地巩固和提升。

2．发挥优势。

民主党派要发挥各方面的优势和力量，要突出各地方组织的特点，紧密结合当地实际，来确定社会服务工作的重点，采取不同的帮扶方式，并不断创新，坚持以智力扶持为主，在发挥社会服务传统优势的同时，积极开拓社会服务工作的新领域。

3．提高工作能力。

民主党派都有各自专业特点，要充分发挥民主党派在该领域的独特优势把参政议政、社会服务工作做实、做深、做精，使专业能力和参政议政能力相结合，更好地为社会服务。

4．提高服务能力。

社会服务工作是民主党派在国家政治和社会生活中发挥作用的另一种形式和途径，是社会责任的体现。社会服务直接面对社会、面向基层群众，民主党派通过社会服务工作，提高会员的积极性和自觉性，丰富各支部的工作内容，增加工作活力，对外提高民主党派的形象和影响，对内增强民主党派的凝聚力和责任感。

5．提高创新能力。

推进理论创新和实践创新，坚持解放思想、实事求是的思想路线、坚持理论联系实际，把理论创新和实践创新有机地结合起来，加强民主党派的自身队伍建设。在工作中充分发挥民主党派人才荟萃、智力密集的优势，精心谋划，统筹安排，结合地方实际和人民群众普遍关注的问题，有针对性地开展工作，以体现办实事，求实效的要求。

总之，社会服务的方式主要以社会效益为主，服务于现代化建设，以“发挥优势，拾遗补缺，服务社会”为活动原则。进入新时期，国内外的形势发生了很大的变化，社会服务工作面临着一个开放的、多元的、世界一体化的环境，党和国家的战略目标、中心任务发生转移，社会服务无论在内涵和外延上，都赋予了新的时代特征和历史责任。只有加强民主党派的自身建设和组织工作，提高参政议政能力和社会服务能力，才能适应新时期社会发展的需要，在不同领域和更大范围内更有作为，才能使民主党派的社会服务工作得到更快更好的进步与发展。

新时期参政党开展社会服务工作的几点思考

民进宁波市委 赵夏娟

社会服务是参政党在长期的发展过程中，为社会和公众提供捐资助学、扶贫济困、义务咨询等实践活动的一种约定俗成的表述。社会服务是参政党密切与人民群众联系的纽带和桥梁，是参政党提高成员社会责任感和组织程度的重要载体与平台，是参政党树立良好的社会形象和扩大影响力的重要窗口。随着经济社会的发展、社会环境的变化，如何适应新形势做好新时期社会服务工作，是参政党面临的新课题。下面，谈一些肤浅的想法。

一、新时期参政党开展社会服务的机遇与挑战

正确认清社会发展的阶段性特征和社会需求，摆正自身的位置，是参政党做好社会服务工作的前提。当前，参政党开展社会服务的有利因素：

1. 有政策支撑。

2005 年，中共中央颁布的《关于进一步加强中国共产党领导的多党合作和政治协商制度建设的意见》明确指出："要拓宽民主党派和无党派人士发挥作用的渠道。中共党委和政府及有关部门要积极创造条件，支持民主党派和无党派人士紧密围绕全面建设小康社会开展各种形式的社会服务活动"，这为新时期参政党开展社会服务工作指明了方向，提供了政策依据。

2. 有部门支持。

随着多党合作事业的不断发展，参政党社会服务工作得到了政府及有关部门的配合和支持。各民主党派利用与政府对口联系部门的优势，开展社会服务活动，弥补了自身社会服务能力的不足。比如我们依托当地教育局及有关学校的支持，借助他们的财力和物力开展捐资办学、结对助学活动，使社会服务工作的路子越走越宽。

3. 有组织基础。

参政党成员有强烈的社会责任感和集体荣誉感，愿意尽自己所能报效社会，愿意为党派工作尽心尽力，以体现自身的社会价值。因此，在参政党开展社会服务活动中，能得到广大会员的积极响应，有钱出钱，有力出力，呈现出生机勃勃

的局面。这是参政党开展社会服务的组织基础。

当然，随着形势的发展变化，新时期参政党社会服务工作也面临新的挑战，主要表现为：

1. 社会环境发生了变化。

当前，我国正处于社会转型时期，由社会各种利益矛盾引发的群体性事件数量呈上升趋势，并且成为我国转型时期社会冲突的重要表现形式。主动适应环境变化，自觉服务于改革发展稳定大局，有效化解各种矛盾，为我国的改革开放和社会主义现代化建设共同创造一个良好的发展环境，是参政党社会服务工作面临的一项新任务、也是新挑战。

2. 社会需求发展了变化。

随着经济社会的发展，人民物质生活水平的提高，公民的需求也发生了变化。公民政治参与、利益诉求的愿望越来越强烈，要求公开、公平、公正的呼声越来越高。而互联网的快速发展和广泛应用，公民政治参与和利益诉求的表达方式变得更加便捷直接。如果没有正确的参与、表达渠道，又不正确引导，极易诱发社会的不稳定因素。面对新的社会需求，参政党如何更好地反映和代表所联系群众的利益，在协调关系、化解矛盾、维护社会稳定中发挥作用，是参政党面临的新挑战。

3. 社会服务职能发生了变化。

围绕中心，服务大局是参政党履行职能的出发点和落脚点，也是社会服务工作的出发点和落脚点。社会服务必须为参政党履职服务。因此，参政党社会服务工作不能局限于具体的社会服务活动，而是在具体的社会服务过程中，学会思考，探索社会发展道路，提出完善社会制度的设想，使更多的民众收益，这是更高层次更广泛的社会服务。社会服务与履行职能结合起来，是参政党社会服务面临的新课题。

二、参政党社会服务工作中存在的主要问题

近几年，参政党社会服务工作在广度和深度方面都有了很大的发展，影响力也不断扩大，但还存在一些问题。

1. 社会服务层次偏低。

目前各民主党派社会服务工作仍停留在捐资助学、扶贫济困、义务咨询等传统服务思路上，结合时代的特点和要求组织开展活动较少，形式不够创新、内容不够生动、内涵不够丰富，没有站在更高的角度、更多地考虑对社会经济建设的

促进作用，社会服务与参政议政、自身建设结合不密切。

2. 社会服务能力有限。

经费缺乏是制约参政党社会服务的一个主要原因。由于党派机关的工作经费来源于地方财政拨款且并不宽余，所以不可能用于社会服务活动。另一方面，有的单位领导对党派开展社会服务工作不理解、不支持，使得有些社会服务工作的开展受到影响。

3. 社会服务机制不完善。

参政党在开展社会服务工作的过程中，还缺乏周密的计划和步骤，存在着较大的随意性和盲目性。社会服务缺乏有效的考核激励的手段，凭各级领导对该项工作的认识程度，做好做坏一个样。

三、新时期参政党开展社会服务的几点思考

新时期、新阶段，参政党履行社会职能，开展为社会服务工作只能加强不能削弱，这是参政党发展必须坚持的方向，是历史赋予参政党的重要历史使命，关键是要以与时俱进的精神、以创新的思维去拓展新领域、新模式和新方法。

1. 突出政党性。

参政党是一个政治团体，社会服务要有别于一般的社会团体，应从参政党履职的高度来认识社会服务、开展社会服务。首先，必须为推动社会发展服务。参政党开展社会服务不能仅满足于做一件好事、办一件实事，而是要引领社会发展方向，提高社会尤其是弱势群体自我发展的能力，依靠社会发展解决社会前进中的问题，通过完善社会制度，实现社会的和谐与进步。其次，必须为履行参政党职能服务。通过社会服务工作更深入直接地了解社会发展中存在的问题与不足，取得的成绩和经验，使参政党履职更有群众基础，做到有的放矢，提高履职的能力和水平。再次，通过社会服务工作加强参政党同人民群众的血肉联系，树立参政党良好的社会形象，建立和畅通人民群众利益表达渠道，实现有序的政治参与，巩固多党合作的政治制度。

2. 突出时代性。

"十二五"时期，是我国"全面建设小康社会的关键时期，是深化改革开放、加快转变经济发展方式的攻坚时期"。正确把握时代特征，突出时代性，是参政党围绕中心，服务大局的体现。我们必须适应时代的发展变化，调整社会服务的内容、方式、手段。在服务内容上，应以关注民生、关注公平、关注稳定为主要内容，以促进社会和谐为主要任务。在服务方式上，注意长短结合。即从实际情况，

把长期的定点结对服务与临时的短期服务相结合，突出社会效果。在服务对象上，要把点上服务与面上服务相结合。既要向弱势群体开展面对面的帮扶，又要在具体的社会服务活动中，总结出带有规律性的东西向党委政府建议，通过完善制度，惠及其他弱势群体，这样才能有助于社会公平、有助于社会和谐。

3. 突出特色性。

参政党履行社会服务职能是我国参政党的一大特点。坚持特色、发挥优势是参政党做好社会服务工作的宝贵经验，也是新时期、新阶段开展社会服务工作必须坚持的原则之一。作为参政党，开展社会服务工作，不可能面面俱到，必须根据自身能力，有所为有所不为，把能做的事情做实做好。民进要利用教育、科技人才相对集中，企业界会员热心于社会公益活动的优势，开展教育、科技扶贫活动，这是民进社会服务可持续发展的动力。我们要继承和发扬已有的传统和经验，努力形成服务品牌。当前就要举全会之力，把“彩虹行动”服务品牌做大、做强，并促使更多有爱心的企业和个人投身到这项活动当中，扩大社会服务成果，扩大民进的社会影响。

4. 突出实效性。

“突出重点，讲究实效”是社会服务必须遵循的原则，也是社会服务必须追求的目标，同时也是社会服务是否有价值的体现。社会服务要增强计划性，克服随意性和盲目性。活动必须有明确的目标和任务，有周密的计划与步骤，努力做到扎实而不表面，使民众得到真正的实惠。我们既要立足于当前，又要着眼于长远，其核心就是要体现实效性。立足当前就是在特定条件下对特殊群体开展的扶助活动，比如春节慰问、抗震救灾、结合节日对敬老院、儿童福利院的捐款等，可以是一次性的、临时的。而对于教育、科技扶贫则不能局限于一时，而是要建立长期的帮扶关系，通过长期的经常性的帮助，从根本上提高他们的素质，使他们增强造血功能，获得自我发展的本领。

突出政党特色　服务参政议政

——浅谈民主党派社会服务如何体现参政党职能

民进安庆市委会　余　翔

随着民主党派参政党职能的日益凸现，民主党派开展社会服务所具有的政治价值、党派价值、社会价值也更加显现。但实践中，对社会服务认识上的偏差、误差在少数党派成员中不同程度存在。有人认为参政议政、民主监督才是党派的职责所在，社会服务不是党派分内之事；也有人认为党派既无权又无钱，资源十分有限，对社会服务工作能否开展好表示质疑；还有人认为党派搞社会服务工作，会削弱党派职能的发挥，有不务正业、本末倒置之嫌。出现以上认识误区的原因在于对民主党派社会服务工作的认识和定位不准确，停留在仅仅是为社会办一点实事、好事上，在部署、开展社会服务时没有体现政党特色。实际上民主党派的社会服务工作应当与社会团体、慈善机构所做的公益事业相区别，民主党派的社会服务工作应当是民主党派参政议政的延伸和拓展。

本文拟以安庆民进为例，阐述如何把社会服务工作放到加强参政党建设、提高参政能力的层面上加以思考、部署和落实。

一、以开展社会服务为纽带，增强党派组织和成员参政议政自觉性

把党派成员中蕴含着丰富的开展社会服务工作的热情激发出来、凝聚起来、组织起来，让他们能够充分奉献爱心、展示风采、联系社会、体现价值，能够增强党派组织的凝聚力，能够增强会员参政议政自觉性。安庆民进组织近几年来一直把社会服务工作作为增强广大会员参政议政自觉性的重要抓手，积极开展各种形式的社会服务活动。如，发动基层支部和成员个人，联络省民进及有关社会力量，深入参与市妇联倡导的“春蕾计划”和“社会妈妈”拉手行动，先后结对资助“春蕾”贫困失学儿童200余名，拉手结对孤贫学童24人。开展送教下乡活动20余次，开设传统经典文化导读等公开课近百次，组织教学各类研讨会20余场，赠送图书万余册，并为乡村孩子开设了爱心音乐班，受益学生达万余人。组织会员前往敬老院、福利院看望慰问孤寡老人和孤残儿童，踊跃向灾区和患病会员捐

款；举办环保宣教乡村行活动；积极为中小企业服务——举办法律专题讲座、组织专题调研活动。

丰富多彩的社会服务密切了会员与社会联系，社会服务活动取得的显著成绩，更增强了广大会员的党派荣誉感，激发了会员参与社会服务和参政议政的热情。近三年来，安庆民进共形成省、市、区（县）政协集体提案112件，个人提案287件，区（县）政协委员提案49件，市、区（县）人大代表建议51件，内容涉及教育、文化、经济、环保、旅游、卫生及社会服务等，这些参政议政成果的取得与社会服务活动的纽带作用是分不开的。

二、以开展社会服务为平台，发掘党派组织参政议政切入点

社会服务活动需要广大会员深入各行各业、深入基层与广大群众进行面对面的接触和交流。在开展社会服务的同时能了解当地经济、社会和文化发展的现状，掌握各行业的特点和存在问题，真正明白广大人民群众对于物质、文化和政策等层面的实际需求，为参政党了解社情民意找准建言献策的切入点、深化参政议政课题、拓展参政议政的活动领域和空间、形成更有价值、更切实际的参政议政意见、建议和提案提供坚实的实践基础。

例如2010年5月，安庆民进联合九三学社深入新洲乡开展“共创绿色家园、环保宣教乡村行”活动。在宣教过程中，安庆民进资源环境方面的专家同时对新洲乡的地理、土壤、基础设施进行了调研，发现新洲乡发展的最大优势是生态环境的原生态特征，在此基础上形成了《关于建设生态新洲的建议》的集体提案，对新洲乡的开发、建设提出了系列化建议与对策，收到了很好的效果。

又如，安庆民进的对口联系单位是文广局与物价局。安庆民进根据全市经济社会发展和文化建设的工作重点，针对性、前瞻性地开展有关调研，写出调研报告和建议。2008年，安庆民进的调研报告《深化文艺团体改革　促进黄梅文化产业发展》，在市政协专题资政会上作大会发言，社会反响热烈。最近一、两年来安庆的物价居高不下，安庆民进洪爱敏主委带领经济委员会通过深入调研，由杨国才委员执笔撰写的《关于应对安庆市CPI涨幅过大的建议》，建议我市从“菜篮子”工程建设、蔬菜应急预案、价格监管和联动机制等方面对安庆市CPI涨幅过大问题作出积极回应，得到了物价局的高度重视，邀请市城调队、农委、商务局、财政局等单位召开了专门会议共商对策，取得了良好的效果。

由此可见，社会服务工作的确可以成为参政议政的基地和源泉。因此，多年来，安庆民进组织始终把开展社会服务工作作为发掘参政议政内容、重点和难点

的一个平台来建设。

三、以开展社会服务为依托，提升党派组织参政议政影响力

社会服务与参政议政工作是实践与理论的关系。开展社会服务工作必须突出参政党的特点，并最终落脚到参政议政上来。参政议政可以引导社会服务，使参政党的主张通过社会服务转化为社会实践。

在未来10—20年，我国将迎来人口老龄化高峰。而目前我国养老机构建设处于多种不理想状态，因此如何建设规范化、多种类、多样化、多层次的养老机构，以满足未来的需要就显得格外重要。安庆民进积极组织会员前往敬老院、福利院看望慰问孤寡老人；深入社区、居民区采用发放调查问卷、抽样走访、召开专题调研会等形式，对居家养老、社区管理等方面进行了充分的调研，在此基础上形成了《关于推进我市老年事业、拓宽老龄产业的建议》、《关于建立多层次养老机构的建议》、《建立健全我市居家养老模式》等一系列的提案与建议案，并在电台、电视台、报刊、杂志上呼吁政府、社会开展居家养老政策和模式的探讨工作，对促进安庆老年事业的发展取到了切实的推动作用。

四、以创新社会服务为载体，提升党派组织参政议政水平

过去各民主党派把社会服务仅仅作为一般性工作来做，大多持“量力而行、尽力而为”的观点，能做就做，做多少算多少，服务的范围十分狭窄，仅限于扶贫助教、爱心捐赠等活动。传统的服务需要继承发扬光大，但更应该在它的基础上拓展领域、提升档次、创新服务，进一步扩大社会服务工作的实效与影响力。

近几年来安庆民进利用组织自身智力密集的优势，不断开拓社会服务工作的新领域，提出了切合实际的意见和建议，在产生良好社会效益的同时提升了安庆民进参政议政水平。如2009年民进安徽省委、安庆市委联手打造“中国禅宗文化走廊”项目就是参政议政与社会服务相结合的成功范例。为提升安庆旅游的市场竞争力，加大资源整合力度，民进安徽省委、安庆市委“中国禅宗文化走廊”课题组在深入调查、认真思考、分析借鉴的基础上，大胆设想，详细论证，认为：安庆区域旅游品牌应该是“古皖山水，禅宗圣地”，并提出了“打造安庆区域旅游品牌、开发建设中国禅宗文化走廊”的具体构想。这一构想得到了上至民进中央下至安庆市民的广泛关注与支持。另外，安庆民进《关于打造历史文化名城安庆的几点建议》、《关于修复赵朴初故居的建议》、《关于天柱山山谷流泉摩崖石刻亟待保护的建议》等政协提案也引起了重大社会反响，对展示安庆文化强市与历史

名城特色起到了积极的推动作用。

中小企业是推动国民经济发展，构造主体，促进社会稳定的基础力量，在确保国民经济适度增长、缓解就业压力、实现科教兴国、优化经济结构等方面，均发挥着越来越重要的作用。大力扶持各类中小企业发展，已成为政府和社会一项刻不容缓的。安庆民进依托会员创办的中小企业辅导中心以及民进界别的法律和经济方面的专家积极为中小企业服务，并利用党派的资源优势积极为中小企业的发展建言献策，提出了《关于进一步促进我市中小企业发展的建议》、《关于切实解决中小企业融资难问题的建议》、《顺应经济发展形势，积极参与港口物流园区建设》、《抓住机遇，力促我市优质企业尽快上市》等提案和建议，对中小企业发展取到了一定的促进作用。

总之，社会服务是民主党派在国家政治生活和社会中发挥作用的另一种形式和途径，是民主党派担当社会责任的体现，也是民主党派加强参政能力建设的需要。在开发民主党派的社会服务职能过程中进一步彰显党派特色，与时代同行，能更好地实现民主党派的自身价值。

履行职能　科学发展　创新社会服务工作

民进芜湖市委会　李艳午

一、社会服务——责无旁贷

社会服务是民主党派的重要职能之一，既是民主党派展示自我形象的窗口，又是参与实践、开展调研的有效途径；也是了解国情民意的重要渠道，是增加党派社会影响力与组织凝聚力的重要抓手，是体现立党（会）宗旨的重要形式。它既是时代的客观需要，也是民主党派自身发展的内在要求。

社会服务作为民主党派的一项重要职责，是随着中国共产党领导的多党合作和政治协商制度不断发展的过程，随着中国经济社会的进步而明确地位、凝聚共识、丰富内容及形式。社会服务工作是坚持和完善中国共产党领导的多党合作和政治协商制度的一个重要内容，是民主党派履行参政党职能的重要组成部分，民主党派社会服务工作是一项传统的工作，也是一项与时俱进、不断创新的任务。在我国改革开放和社会主义现代化建设的重要战略机遇期，其意义一定会更加凸显。

社会服务工作更体现了参政党的立党（会）宗旨与存在价值。为经济建设和社会发展服务，是新时期民主党派服务党和国家的中心工作、服务大局的必然要求。在社会服务的实践过程中，民主党派成员可以深入社会、深入群众，取得一手资料和实际感受，这可以为了解国情民意、做好参政议政和民主监督工作提供重要信息、线索或者依据。因此，社会服务工作不单单是对社会直接献爱心，还可以通过社会服务工作，由表及里、由局部想全局，既有行又有思，从而发现参政议政的素材，启发民主党派成员更好地就全局问题、就体制和机制问题、就政策问题建言献策，有利于参政党履行参政议政、民主监督的职责。

社会服务工作也是党派自身建设的内在需求。民主党派的基本职能是参政议政、民主监督，两者的内容和形式决定了其工作对象是各级党委和政府。而社会服务的工作对象则是基层群众，要通过广泛联系群众、深入社会实际，开展调查研究，找准群众最关心、最希望办、又最难办的事，积极为人民群众排忧解难，使社会服务工作真正成为广大会员奉献社会的载体和平台；成为民主党派发挥自身优势，体现社会价值的有效途径；成为民主党派加强同社会联系，树立政党社会形象的重要抓手。

社会服务也是增强民主党派凝聚力的一个非常有效的途径。各民主党派成员都有自己的职业、不同的经历，以及不同的条件，希望组织为他们搭建学习、交流、奉献社会的机会或平台。社会服务工作内容丰富、形式灵活多样，恰好为会员各尽所能提供了这样一个平台。这个平台已经成为各级组织和广大成员深入社会，了解国情，了解基层，联系群众，服务人民的重要渠道；成为增强党派影响力和凝聚力的重要抓手；成为锻炼和提高各级组织、广大干部的有效途径；成为广大成员参与全会工作，服务社会，体现人生价值的重要舞台。通过组织广大党派成员参与社会服务工作，可以引导他们正确认识社会发展规律，树立正确的人生观、价值观，进一步增强心系百姓、奉献社会的责任意识，并且在工作中发现人才、培养锻炼人才，从而促进党派思想建设和组织建设。通过开展社会服务工作，可以发挥各级组织的作用，锻炼和体现组织的精神状态、能力水平，提高党派的战斗力、创造力和凝聚力。所以社会服务既服务国家和人民，又服务党派成员，也服务了组织。

二、心有余而力不足——社会服务的现状

随着我国经济社会的发展，统一战线的壮大，民主党派社会服务工作经历了从自发到自觉，从零散的、随机的到有条理、有计划的发展过程。社会服务实现了理论和实践上的丰富和积累，拓宽了工作的领域和思路，呈现出不少新变化和显著特点。

但是，由于种种原因，目前民主党派的社会服务工作尚存在着不尽如人意的答复，具体从时间上讲，多数属于间断性的；从实际操作过程讲，基本上都是粗放型、蜻蜓点水型、表面型，当然极个别服务项目例外，这些都充分说明，各民主党派在社会服务工作中，存在一个制约这项活动发展的共同问题——“心有余而力不足”。造成这一现状的原因主要有：第一，社会服务工作的主导思想还不是很明确，各级党委（包括政府）在引导、鼓励，帮助上不够到位（扶持力度与参政议政工作比较）。对民主党派的社会服务工作，国家没有出台相关政策、法规，更没有什么具体精神指导，全凭各党派自身定位，自愿服务。而社会服务是民主党派为执政党做的拾遗补缺的民生工作，其实质就是共产党集全民智慧和力量进行国家强盛建设工作的一部分。所以，民主党派的社会服务工作也应和参政议政工作一样，引起关注和重视。第二，社会服务的人员调配组织协调问题。各民主党派成员都散布在各行各业，与各党派机关没有隶属关系。参加社会服务的成员，

不可能放弃本职工作，长时间在外搞服务，人事关系也客观限制了社会服务工作深入持久进行下去。所以，在组织社会服务时，抽调人员也相当麻烦，由党派机关抽调下面成员，总感觉名不正言不顺，有时还必须请统战部协调，这种协调的力度，实践证明有时也不够。因为，所在成员单位也存在特殊情况或其本人的工作的特殊性，这也是搞社会服务工作困难的一个因素。第三，党派的特点、特色、优势潜力没有充分挖掘，缺乏践行。

三、把握原则——稳步推进

民主党派要想做好社会服务工作，牢牢把握以下原则是至关重要的：

第一，坚持社会服务工作的政治性原则。作为参政党，其任何工作都必须从坚持和完善中国共产党领导的多党合作和政治协商制度的高度来考虑。否则，社会服务工作就容易迷失方向，就会等同于一般的社会团体和慈善机构的公益活动。

社会服务工作的政治性原则，体现在要坚持不懈地大力增强广大成员的三个“认同”上：一是“政治立场”上的认同，通过社会服务工作坚定走中国特色社会主义政治发展道路的信念，使之成为“政治交接”的有机组成部分。二是“目标任务”上的认同，围绕党和国家中心工作，把成员和所联系的群众的智慧和力量凝聚到实现全面建设小康社会的奋斗目标上来。致力于发展，在促进发展的过程中，把协调关系、化解矛盾、理顺情绪、维护稳定、改善民生作为工作重点。三是“价值道德”上的认同，在社会服务中树立和践行社会主义核心价值体系，弘扬“立党为公”的优良传统。要教育和引导民主党派成员秉持感恩的情怀，社会服务工作不是施舍，而是我们对国家和社会发展的一种责任、一种义务，是对党和人民培养、养育我们的一种回报。我们所做的，远远无法与我们所得到的相比。常怀感恩之心，我们就能积极主动、带着爱心、充满感情地去做社会服务工作。因此，社会服务是参政党服务国家中心工作的重要职责，也是党派的一项重要政治任务。

第二，坚持以智力服务为主的优势发挥原则。做好社会服务工作，必须发挥党派的特色和优势，尤其是要结合党派自身特点。

经济社会发展的主战场还是要靠执政党和各级政府，参政党在人力、物力、财力等方面的资源毕竟有限，因此，各民主党派社会服务工作必须注重发挥智力优势，通过发挥智力优势把其他资源集成起来。

第三，社会服务应与参政议政紧密结合。参政议政是民主党派的生命线，是民主党派履行职能的最重要的形式；社会服务是民主党派深入群众、服务社会、参与实践、锻炼队伍的直接途径。两者互相促进、互相依存，一方面社会服务可以为参政议政提供实际案例、信息线索、试点经验，帮助我们“参政参到点子上”，提出针对性强、切实可行的建议。另一方面参政议政又可以促进社会服务，使之在更深的考虑、更全局的视角、更宏观的背景下开展，能够增强政策性、针对性和自觉性。两者紧密结合，以小见大，由点及面，可使党派在履职中发挥更加切实有效的作用。

第四，坚持顺势合力的务实原则。当前的形势需要社会服务工作发挥出更大的效应，社会服务的客观需求非常广泛，因此要有所为有所不为，而且要顺势而为。党派成员都有自己的业务和专长，要努力帮助会员在事业上排忧解难，鼓励成员们以自己的专长特色、业务资源，用力所能及的方式来回报社会。

最后，要充分发挥各级组织的引导与集成作用、成员的主动作用和机关的枢纽作用。努力把党派中央与省市地方组织和基层组织的智慧凝聚起来，把各级组织和广大会员的工作热情激发出来，把各级机关与专门委员会的力量整合起来，把代表人物、专家、学者与专职干部和广大会员的作用发挥出来，把会内力量与会外资源整合调动起来，摸索出符合规律性的路子和模式，使工作统筹协调发展，既巩固已有成果，又能拓展创新。同时要鼓励各级组织在开展社会服务工作中，围绕国家大局和中心任务，配合党派中央的协调，根据各地组织的特点和优势，紧密结合当地实际，确定工作重点，在内容、组织方法、活动形式、规模程度及效果等方面不强求完全相同，务实为重。

四、继承中创新——不断开创社会服务工作新局面

新形势下，参政党一些传统的社会服务工作领域和工作方式不可避免地面临着新情况、新问题，对参政党开展社会服务工作的层次和水平，也提出了更高的要求。因此，各民主党派的社会服务工作必须适应新形势，从实际出发，开拓创新，集智聚力、有思有行，顺势而为，不断开创社会服务工作的新局面。在继承的基础上开拓创新，促进社会服务工作再上新台阶。

当前，各民主党派需要认真总结和继承发扬党派在多年社会服务工作中形成的好经验、好作风。特别要继承老一辈民主人士人“立党为公，参政为民”的光荣传统；感恩人民、报效祖国的赤子情怀；求真务实、深入群众的优良作风。同时又要用开拓创新的精神积极面对社会服务工作的新要求、新问题，改革和优化社会服务工作的体制和机制，争取更多更广的合作资源。紧紧围绕党和国家的中心任务，适应时代的变化和社会需求的转移，在继承的基础上开拓创新，不断推

动社会服务工作取得新成效。

第一，创新理念，拓宽工作思路。要树立政治理念，增强参政党意识。民主党派的社会服务工作是一种政治行为、政党行为，不是可有可无、可做可不做的事，而是必须做并且要做好的事；要树立发展理念，把促进发展作为社会服务工作的第一要务；要树立和谐理念，把促进社会和谐作为履行参政党社会职能的出发点和落脚点，作为评价这项工作质量和水平的重要标准；要树立合作理念，充分利用会内外资源，集智聚力，开展社会服务工作。

第二，创新制度，长效机制和应急机制相结合。社会服务工作既有长期性的工作，也有应对突发事件的临时性工作，这就要求各民主党派要不断建立健全社会服务工作的长效机制和各类的应急机制。实践证明，制度建设是做好社会服务工作的有力保障。在对待长期性、日常性工作时，如定点扶贫，各级组织要根据自身的优势，结合会中央的中心工作以及本省的社会服务实际，做到提前规划、长远规划，建立长效机制，逐步实现社会服务工作的制度化、规范化、程序化，克服随意性，增强导向性、典型性、示范性，让帮扶对象得到实实在在的实惠，并产生辐射效应。同时，在对待临时性、应急性工作时，如面对自然灾害和突发事件，要做到政治敏感、反应迅速、决策科学、效果显著。要建立健全应对自然灾害和突发事件的应急机制，确保社会服务工作更有序有效地开展，保护各级组织和广大会员的积极性。

第三，创新内容，适应时代需要。社会服务工作的内容创新包括两方面，一方面要以新作为巩固老阵地，更加突出民进特色和优势。另一方面，要在顺势中开拓新领域，为促进经济平稳较快发展、加快转变经济发展方式，为促进城乡区域、人与自然的协调发展发挥应有作用。要贴近社会、贴近群众、贴近民生、深入企业。努力把产业结构的优化，把生态环境的保护，把保障和改善民生作为重要着力点，协助党和政府做好协调关系、化解矛盾、增进团结的工作。

第四，创新方法，搭建服务平台。社会服务工作不仅仅是社会服务部门的工作，而是全会共同的任务。因此，要使社会服务工作走上可持续发展轨道，使社会服务工作的质量和水平不断提升，必须为广大会员服务社会搭建平台，引导党派成员有序参与。

最后需要注意，社会服务工作是一项实践性很强的工作，从事这项工作的同志往往容易重实践、轻理论，简言之，就是“行”多“思”少。但是民主党派的社会服务工作，是一项政治性、政策性都很强的工作，离开了对理论的学习，对政策的把握，对时局的预见和对中国共产党领导的多党合作和政治协商制度、中国特色社会主义的正确认识，工作就会被动，缺乏全局观和开创性。所以，必须加强理论学习，注重经验总结，认识事物规律，关注国家大局与中心任务，向执政党学习，向前辈学习，向书本学习，向实践学习，向群众学习，社会服务工作才会更加主动，更加有效，更加出色。在行动中不忘学习、不忘思考，及时总结经验，上升为对规律的认识，即理论成果，并且用理论进一步指导社会服务的实践。把学习和思考的习惯内化到思维里，渗透到工作中。

在新形势下，各民主党派应与中国共产党上下一心，团结一致，积极融入社会，服务社会，奉献社会，为坚持和完善中国共产党领导的多党合作和政治协商制度，为夺取全面建设小康社会新胜利、开创中国特色社会主义事业新局面而不懈奋斗。

民主党派社会服务工作的思考

民进合肥市委　蔡传斌

中国共产党领导的多党合作和政治协商制度是我国的一项基本政治制度，也是我国政治制度中的一个特点和优点。中国共产党执政为民，各民主党派参政为民，各民主党派机关同中国共产党机关一样，都是属于公务员系列，都由国家财政供养，这就决定了各民主党派必须自觉奉行中国共产党全心全意为人民服务的宗旨，不存在一党一派的私利。社会服务工作是各民主党派参政为民的具体体现和具体路径，同时是民主党派参政为民的重要载体。社会服务直接面对社会、面向基层群众，是民主党派联系社会各界扩大社会影响的重要渠道。社会服务是民主党派的重要职能之一，既是民主党派展示自我形象的窗口，又是议政调研的有效途径。随着我国经济社会的发展，统一战线的壮大，民主党派社会服务工作经历了从自发到自觉，从零散随机到有条理有计划的发展过程。社会服务实现了理论和实践上的丰富和积累，拓宽了工作的领域和思路，呈现出不少新变化和显著特点。

一、社会服务的政策环境有了很大变化

上世纪七八十年代，民主党派各级组织恢复活动时，随即开展了围绕中心任务，利用自身优势，以办学、咨询和扶贫为主要形式的服务社会工作，取得了积极的社会效益。进入新时期，国内外的形势发生了很大的变化，社会服务工作面临着一个开放多元的环境，党和国家的战略目标、中心任务发生转移，中国共产党明确提出社会服务的概念并将其界定为民主党派的一项基本职能。中共中央［1989］14号文件，首次提出了社会服务的概念，明确了社会服务的宗旨和工作范围，肯定了社会服务的功能和意义，为社会服务工作指明了方向，有力地推动了社会服务工作。而中共中央［2005］5号文件，对社会服务工作在中共中央［89］14号文件贯彻以来实践的基础上，提出了新的要求。社会服务的内涵从直接的专业服务转向为全面建设小康社会服务，社会服务的外延从一般的社会服务转向构建社会主义和谐社会服务，社会服务更加紧密结合国家的形势任务要求，内容上形式上都有了极大的丰富和发展。文件还要求党委和政府有关部门要积极创造条

件，支持民主党派开展各种形式的社会服务活动，支持的力度加大。

二、对社会服务工作的定位有了新的认识

民主党派的社会服务工作不同于一般社会组织或者社会慈善机构的社会服务工作。作为党派行为，社会服务工作在关注民生、服务民生的基本功能之上，更有明显的政治功效。新形势下民主党派社会服务的价值体现在以下几个方面：

第一，社会服务工作能体现参政党存在的价值，获得社会认同。

社会服务工作是民主党派履行参政党职能的重要组成部分，是坚持中国共产党领导的多党合作和政治协商制度的具体体现，也是民主党派树立自身形象，扩大社会影响的有效途径。作为参政党，除了完成政治协商、民主监督和参政议政等任务外，还必须牢牢把握服务发展服务民生这个根本任务，为我国经济与社会发展做出实实在在的贡献。只有这样民主党派才能更好体现自己存在的价值，并得到社会的承认。

第二，社会服务工作通过深入调查研究和社会服务实施获得第一手资料，为做好参政议政和民主监督工作提供重要依据。

社会服务工作不是简单地对社会直接做贡献，更重要的是通过社会服务工作才能够深入下去掌握第一手的材料，从而为我们更好地参政议政打下了良好的基础。

第三，社会服务工作是增强民主党派凝聚力的一个非常有效的措施。

通过开展社会服务工作，可以发挥基层组织的作用，把各党派成员的积极性动员起来。社会服务实践证明，通过社会服务，把基层组织的力量体现出来了，组织的凝聚力会明显加强，参政议政的能力也将会大大提高。

三、民主党派开展社会服务工作的指导思想和应把握的几个原则

民主党派社会服务工作的指导思想：要以邓小平理论和“三个代表”重要思想为指导，以服务发展为第一要务，牢固树立和落实科学发展观，根据党委和政府的中心工作，制定工作计划和目标任务，紧紧围绕全面实现建设小康社会的目标，为促进社会主义物质文明和精神建设贡献力量。

尽管社会服务是民主党派的一项重要职能，但民主党派毕竟不是专业服务机构，从党派自身特点出发，民主党派在开展社会服务工作时。应把握好以下几个原则。

1. 量力而行的原则。

量力而行、尽力而为是民主党派开展社会服务的基本原则，其具体涵义是：

民主党派开展社会服务不能超越自身的经济实力、不能偏离自身的人才优势和专业优势、不能影响党派组织的全局工作和党派成员的本职工作。

2. 以人为本的原则。

民主党派社会服务工作的主要对象是人民群众，任何华而不实、哗众取宠的行为都是得不到群众欢迎的。社会服务工作的生命力在于群众的评价，要把解决群众最现实、最关注、最需要的问题作为社会服务工作的立足点和出发点。

3. 应时顺势的原则。

社会服务不能是一厢情愿，没有观众的演出是不可能精彩的。民主党派的社会服务工作既要体现自身优势，更要注重群众需求，要着重研究群众的现实需求及变化趋势，以此确定社会服务的种类、内容和对象，只有应时顺势，才能提高社会服务的针对性和有效性。

4. 坚持发挥优势与讲求实效的原则。

发挥民主党派人才荟萃、智力密集的优势，精心谋划，统筹安排，结合地方实际和人民群众普遍关注的问题，有针对性地开展工作，以体现办实事，求实效的要求。

5. 坚持依靠党派成员又服务于成员的原则。

社会服务工作既要服务社会，又要服务党派成员。民主党机关对于派成员开展的有益工作要给予积极的支持和宣传，鼓励他们在岗位上建功立业，同时注意关心、帮助民主党派成员解决困难，帮助党派成员实现自身发展。党派机关要根据国家经济社会发展的趋势，有针对性地组织民主党派成员开展考察、研讨、培训等活动，为他们提供发挥作用的平台，以引导更多的民主党派成员参加到社会服务工作中来，增强社会服务工作的活力。

四、民主党派社会服务工作面临的新困难

新时期、新阶段，民主党派开展社会服务工作的社会环境发生了明显的变化，社会服务工作面临新的挑战。

1. 社会公益事业不断发展，公共服务体系日益健全。

在市场机制和政府职能逐渐完善的双重作用下，社会服务体系越来越健全和完善，市场的调节作用由经济领域向社会延伸，政府职能向公共服务领域转变。民主党派及其成员的一些社会服务工作的政党色彩和政治影响弱化。

2. 社会保障事业不断发展，社会保障体系日益健全。

当前民生问题成为党和政府关注的焦点，失业保障、养老保障、医疗保障、

最低生活保障等社会保障、社会福利体系逐步建立并不断完善。儿童失学问题，城乡统筹发展问题，环境保护问题，贫富差别问题都有了具体的解决措施和办法，社会保障程度越来越高，也越来越规范。民主党派履行社会服务职能与政府履行社会管理职能的重合性现象凸显现出来。经济社会发展对民主党派的社会服务工作提出了更高的要求。

3. 社会慈善事业不断发展，社会救助体系日益健全。

随着经济发展，综合国力增强，人们经济收入增加，社会责任感普遍提高，我国慈善事业有了较快发展。社会慈善事业已经发展到体系完备，反应灵敏，渠道畅通，运行规范的阶段。民主党派要创新社会服务工作工作思路，摆正自身位置，创新社会服务工作机制。

五、提高社会服务质量的路径

为了进一步提高社会服务的质量，民主党派要认真总结经验，不断创新社会服务思路和工作机制。

1. 发挥优势强特色，打造精品彰个性。

民主党派的社会服务工作，有别于群团组织的公益活动，具有鲜明的政治性。各党派成员在界别上尽管有一些交叉，但总的来说区别是比较明显的。如民进主要是教育文化出版界的同志组成，九三学社主要是科技界的同志为主，民建主要是经济界的同志为主，八大党派各有各的优势，教育的优势，科技的优势，经济的优势……，为此，在社会服务的问题上，各党派必须根据各自的情况，充分发挥自身的优势，强化社会服务的特色，只有如此才能彰显各党派的个性，打造出社会服务的精品，全面提升服务的质量。

2. 强化职责服务，机制完善是保障。

社会服务是民主党派的一项重要职责，不存在做与不做的问题，只有如何想尽一切办法做好的问题。各民主党派及其广大成员必须牢固树立职责意识，强化“发展是第一要务”的理念，把社会服务纳入“参政为民”、“多党合作”的政治格局，全面提升社会服务的政治影响和政治含金量。减少社会服务工作的盲目性、随意性和短期效应，要在全面性、计划性、长效性上下功夫。在经费支持、人员保障、合作配合、夯实载体等方面形成切实的保障，以建立和完善社会服务工作的长效机制，提高社会服务的成效。

3. 把传统做到极致，让创新成为习惯。

社会服务工作的好传统必须发扬光大，做深做实出实效。创新是发展的不竭动力和源泉，要在理念、方式创新上下功夫，把创新的成果巩固下来，长期坚持进行下去，成为服务工作的良好习惯。过去，民主党派的社会服务工作具有面窄、量小、浅层的特点，现在社会服务已由“一般性工作”上升为重要职责，不创新则难以跟上多党合作与社会发展的步伐，所以在服务的领域范围、服务的手段的实效等方面要有所突破有所创新。

4. 选准服务的方向角度，整合资源顺势而为。

有利于全面建设社会主义小康社会的内容就是社会服务的内容，它既包括物质性的服务，也包括精神文明的内容。全面建设社会主义小康社会的主战场、重头戏理应由党委政府来承担，也只有党委政府具备这样的能力和条件。民主党派在资源上毕竟有限，社会服务项目的选择上必须是那些党派既有能力，又具有优势；既有政治意义，老百姓又欢迎的项目。否则就会出现心有余而力不足，劳民伤财又没有实效。社会服务工作，既有要物质的支撑，又要有智力人才的保障，有些项目，单凭党派本身的力量是难以完成时，就要注意党派与党派之间的配合，也要寻找一些“党派之友”，借其经济智力优势，实现多种资源的整合，把社会服务工作完成好。

5. 执政党全心助发展，老百姓满意奔小康。

“执政党放心，老百姓满意”是民主党派社会服务工作的重要标准。执政党放心是指中共对民主党派的社会服务工作持肯定的态度，充分相信党派服务绝不会有负面影响，放手让党派通过社会服务工作助推经济社会发展。老百姓满意是指党派通过积极反映他们的心声与疾苦，在扶危济困、增收致富、民生改善等各方面扎扎实实工作，得到老百姓老百姓的赞同与认可。民主党派的社会服务工作，在让执政党放心，老百姓满意的问题上，二者均不可偏废，否则就会成为不受欢迎的劳而无功之举，是没有任何价值和意义的。

社会服务是参政党的政治义务

民进湖南市委　李长庚

长期以来，在民主党派社会服务工作的性质认识上，一般都说成是党派的社会职能，是参政议政之外的延伸和发展，是一种额外的附加的职能。因而，其主要内容，也就是为社会做一点好事办一点实事。有的人甚至认为，民主党派既无财力又无权力，人手也缺乏，搞好参政议政就行了，社会服务是执政党和政府的职能。我们认为，这样的认识和看法，是忽视了参政党的政党地位，忘记了参政党的立党宗旨，弱化了参政党的政治责任，是在推卸参政党的政治义务。民主党派作为政治组织，要显现自己的政治本色，履行自己的政治义务，就必须搞好社会服务工作。只有这样，才能不脱离宗旨，不脱离人民，不脱离实践。才能有其作为政党存在和发展的必要。

一、社会服务是参政党实现立党宗旨的重要途径

民主党派的社会服务，一开始就是以满足人民群众的需求为出发点的。从这个角度说，党派的社会服务就是服务社会，就是为人民服务。中国共产党一直把全心全意为人民服务作为立党的根本宗旨，其存在、发展和执政的历史，就是为人民服务的历史。在为人民服务中赢得人民，在为人民服务服务中发展壮大，在为人民服务中夺取革命和建设的胜利，在为人民服务中不断巩固自己的执政地位。中国民主促进会在长期的革命和建设实践中，一直与中国共产党同心同德，在与中共通力合作的过程中，形成了“以党为师，立会为公，参政为民”的政治理念。老主席雷洁琼在为广东民进题词时还特别加上了“服务为本”。因此，服务，社会服务，为人民服务，情为民所系，利为民所谋，同样是民进的核心价值理念，是民进立会的根本宗旨。参政党的参政，不是参与空头政治，避开服务空谈政治，是一种典型的急功近利行为，无疑就是忘记宗旨丢掉根本舍本逐末。一个民主党派，如果丢掉了为民的根本，没有了社会贡献，只躺在过去的光荣历史上向执政党要求社会政治地位，清高在上靠执政党拿出姿态来给予尊重，那这个政治地位早晚会形同虚设，早晚会被社会和人民抛弃。

二、社会服务是参政党筑牢群众基础的重要平台

政党的广泛性，就在其人民性。政党只有在服务人民中赢得人民，才能具有存在发展的深厚根基。共产党的历史深刻地证明了这一点。中国的民主党派，其形成和发展的历史，决定了其构成主要是中国传统意义上的“清流”为主，其参与政治的方式，自然是以“清议”为主。“清流”在阶级成分上天生就高人一等，其群众基础不牢，社会根基薄弱自不待言。“清议”往往以完美理想为出发点，容易脱离实际脱离群众。中国历史上的清议，未有不是出于忠君爱民的，但也常常是以传统保守的完美理想为标准反对社会变革的，因而其以爱民为出发点的清议，往往适足以害民。在改革开放的今天，在强调以人为本的当代社会，民主党派作为政党，如何解决自身社会基础方面的先天不足，如何筑牢存在发展的深厚根基？就是要搞好社会服务，在服务中赢得群众，赢得社会，在服务中践行党派的根本宗旨，弘扬党派的政治主张，扩大党派的政治影响。

民主党派提赢得人民，不是要跟执政党对立争夺群众。作为与中共“肝胆相照，荣辱与共”的通力合作的参政党，是与共产党同心同德为人民服务，做好群众工作，一起践行全心全意为人民服务的根本宗旨。服务人民，赢得人民，民主党派和执政党目的一致，利益也一致。

三、社会服务是参政党知情明政，搞好参政议政的重要前提

参政参在关键处，议政议在点子上，如何才能抓住关键，把握点子？任何先进的政治理念，科学的行政方略，都必须具有实践的基础前提，必须来自于实践，来自于人民。政党也好，知识分子也好，最大的实践，就是服务社会，服务人民。因此，在社会服务中进一步体察民情，了解社会，了解人民群众的需要，才能知情明政，才能在议政中真实反应人民群众的呼声，代表人民的利益诉求，这是民主党派搞好参政议政工作的根本前提。早在 1988 年民进的六大报告中，对此就有精辟论述：“我们要在参政议政中发挥作用，就需要深入社会实践。因此，参政议政同面向社会服务是相辅相成的。”“面向社会服务，就能更多接触实际，了解情况，发现问题，这是知下面之情，同时也使下情上达，更有利于出力。所以参政议政与面向社会结合得好，我们就能正确领会方针政策，充分掌握实际情况，集中群众意见，提出切实可行的建议，才能在参与国家政治中发挥更大的作用。”纵观民进的发展历史，党派提出并受到党和国家重视的许多重要的提案议案，特别是支边扶贫、文化建设方面的议题，大都是在社会服务中了解掌握情况后提出的。

通过这些提案，引起党和政府的重视，也为百姓解决了许多实际的困难和问题，使社会服务取得了更好的效果，同时也扩大了党派的社会影响。

四、社会服务是参政党搞好自身建设的必修课程

民主党派大多是以知识分子为主体构成的，党派成员绝大多数都有自己的专业工作。社会服务，是党派成员直接参与和服务于国家经济建设和社会发展的具体行动，是构建社会主义和谐社会的具体实践。通过社会服务，可以使民主党派组织及成员在社会实践中更加熟悉和了解执政党的路线方针政策，了解中国国情和民情，更加明确自己的政治使命和政治责任，同时直接体验到为人民服务的成就感和荣誉感，增强广大会员的社会责任心，使广大党派成员在思想上更加成熟。可以说社会服务是一条以实践为特征的思想建设途径，而且效果比某些形式的专题学习甚至要好。

同时，社会服务活动，也是党派各级组织吸引人才、发现人才、培养人才的重要平台。通过社会服务，党派会不断提升自身的社会形象，扩大自身的社会影响，使社会精英贤达更多地认识和了解本党派，从而吸引他们加入到党派。在社会服务工作中，需要整合会内外资源，动员利用社会力量，联系各界人士，谋划、组织、实施，各个环节都是对组织和会员实践能力的培养与锻炼。许多党派骨干，就是在这些实践工作中成长成熟的。因此，对于党派的组织建设和队伍建设来说，社会服务也是极其重要的促进手段。

至于权力和财力问题，民主党派在社会服务中确实存在一些具体的困难和限制。我们认为，思想是行动的先导，关键还是看党派组织能不能正确树立和坚定实践为人民服务的思想。有了根本宗旨做指导，有了政治责任作动力，党派各级组织自身的人才优势、智力优势、科技优势和一些成员的资源优势，就会得到充分的利用和发挥，党派的社会服务工作就能做到有声有色。而且，只有把社会服务工作做出影响了，党派组织才能够更好地赢得各级党政机构和社会各界人士的组织支持、财力支持和各种资源支持，从而更好地为社会服务，为人民服务。

社会大舞台，红火重头戏

——民主党派社会服务的动因浅析

民进绵阳市委　廖艺徽　蒋　毅

社会服务是民主党派服务国家、报效社会的特有职能，也是参政党展示风采、增强影响力、凝聚力的重要途径。四川省绵阳市是国家命名的中国科技城。1985年，民进在这里播撒了种子，次年建立了民进绵阳市委。时过仅仅25个春秋，绵阳民进已是一支人逾800、朝气蓬勃的队伍。近年来，他们在民进四川省委、中共绵阳市委的领导下，自觉树立和践行参政党核心价值体系，始终坚持参政为民、服务为本的理念，始终把规划、开展社会服务，摆在日常工作的重要位置。他们创造性提出“主动出击、积极作为”的社会服务工作方针并努力践行，上演了一出出社会服务精彩大戏，取得了卓越成绩（附表）。

本文，拟结合介绍民进绵阳市委开展社会服务的做法和收获，浅析民主党派社会服务的动因。

动因，即动机、原因及其产生的推动力。探讨民主党派社会服务的动因，需要先对实践中最流行的两个词组，做一番哲学意义上的否定，即：对“发挥优势”、“量力而行”，分别进行逆向思辩。首先，发挥优势一说，似乎不能成立。现实中，放眼全国，纵观各地，民主党派成员中的人才相对集中，但是，无论比对人才层次，还是统计人才数量，较之执政党，参政党并不能认定自己有什么优势。况且，民主党派组织对成员没有占有、支配的关系，使用成员中的优秀人才，经常会遭遇某种制约。所以说，民主党派张扬人才优势，其实很是勉强。其次，所谓量力而行，在特定意义上，折射出了民主党派的某种无奈。众所周知，民主党派的上级机构，在参政议政、自身建设、社会服务诸方面，一般不对下级组织部署刚性的、量化的工作任务（机关工作例外），同级党委、政府，也不便直接给民主党派工作提出指令性要求（抗震救灾等非常时期例外）。由此可见，过度强调民主党派社会服务量力而行，这项工作或许就成为可行可止、全无压力的纸上谈兵。

综上，我们不难看出，民主党派开展社会服务的原因，并非源于人才资源过剩的释放需求，也不来自目标任务的压力动力。此外，民主党派的社会服务，还具有自觉规划、自配资源、自愿参加、自费无偿的明显特征。

那么，怎样理解民主党派社会服务的动因？

笔者接触绵阳民进社会服务工作的大量信息，认真研究了他们的工作思路、实践经验与活动成绩，初有如下收获：

一、为全面建设小康社会贡献力量，是参政党开展社会服务活动的最强动力。

参政议政、自身建设、社会服务，这三项职能，构成了民主党派核心价值观的综合表达。社会服务位处职能末端，却有最独特的功能：它是参政议政的社会触角，是自身建设的社会根基。近几年，绵阳民进坚持践行主动出击、积极作为方针，在日常工作中，始终把筹划、实施社会服务摆在最前沿的位置。他们组织的活动，内容涉及智力帮扶、科技惠农、办学育人、法规普及、文艺展演、才艺传授、招商引资、募金助贫、捐款救灾等等。惠及对象，近有城市郊县的民众，遥有边远村落的百姓。通过这些活动，绵阳民进能够零距离接触群众，能够直观地体察民情，能够真切地关注民生，从而在履行参政议政职能时，能够向党和政府反映最真实的民心民意。绵阳民进开展社会服务的积极性愈高，民进会员的参与热情就愈旺，民进的号召力、凝聚力便愈强，组织发展的势头就愈好。很典型的例子是：绵阳民进的书画院、企业家联谊会、文艺总支、法律支部的好些会员，过去仅仅是参加几次民进活动后，便递交了入会申请，强烈要求充当绵阳民进社会服务工作的积极分子。

二、社会服务是民主党派展示自身群体才干、发挥个体专长的广阔舞台，也是他们追求奋斗目标多样化，存在价值最大化的高位平台。展示渴望与价值追求，汇聚合成了参政党积极开展社会服务的原动力与助推剂。

笔者注意到，近年加入民主党派的新人，大多对本党派的社会服务活动高度关注、积极参与，却对这个组织在参政议政、自身建设方面的作为不太了解、不大关心。原因之一：在中国特色政党体制中，八个民主党派的政治动作，始终具有共性突出、个性模糊的特征，而且，参政党施展政治才能，大多情况下，是少数领军人物充当主角，是在普遍成员不可进入的殿堂之上，且较多信息并不公开，因此，它在组织内外的影响力相对较弱，远不及内容丰富、个性彰显的社会服务活动吸引眼球。原因之二：民主党派是政党，是典型的政治组织、志缘群体。然而，现实中，志缘群体趣缘化的倾向渐成趋势。民主党派成员，多是才艺大成之士，参政意识相对淡薄，参政才能相对弱项，但是，一旦投入民主党派的社会服务活动，这些作家、画家、书家、摄影家、艺术家、企业家、教育家，顿时变成主角。在这里的党派领导人物，虽是组织者、指挥员，但已退位担任为大家服务的配角。主角们在大展身手的同时，报效组织、造福社会的强烈愿望，得到了充分满足。从这个意义上讲，我们就不难理解“社会服务既是时代的客观需要，也是民主党派自身发展的内在要求”（严隽琪主席语）。

三、来自上级组织、当地党委政府和社会各界的关注、赞赏，是民主党派开展社会服务的无穷动力。

社会学理论认为，表彰、赞美，是施加给对象的正激励，具有调动积极性、主动性、创造性的功能。参政党主动、无偿开展社会服务，最实在的回报，就是赢得社会好评、上级肯定，赚些口碑或者捧回奖杯。

绵阳民进在近年里，尤其是在建设社会主义新农村、抗震救灾、灾后重建的几年中，先后荣获民进中央、民进省委、四川统一战线授予的“抗震救灾先进集体”光荣称号，被民进中央、民进省委分别命名为“先进地方组织”。一支800多人的民进成员队伍，490人次被评为各级“抗震救灾先进个人”。笔者坚信，这些浸润着心血和汗水的数字，将会是、甚至已经是以N倍乘积产生出能量，在今天，在今后，持续推动绵阳民进在社会服务的大舞台，在参政议政、自身建设的天地中，爆发更饱满的积极性，产生更主动、更创新、更务实、更有效的探索和实践动机，大写出更绚丽、更恢弘的大文章，取得更为辉煌、更为骄傲的成绩。

附表：

绵阳民进社会服务工作相关资料

（近几年不完全统计）

一、社会服务工作机制

（一）领导机构：民进绵阳市委社会服务部

（二）工作平台：市委机关（专干5人）、绵阳民进书画院、绵阳民进企业家联谊会、绵阳市电子教育学校、绵阳民进生态农场（游仙区东林乡飞凤村）

二、结对帮扶对象：

绵阳民进文艺创作基地、游仙区东林乡、游仙区李杜祠社区、安县塔水镇裕丰村

三、主要成果

（一）对口支教、帮扶对象：50余家中小学校

（二）三专人才送医送文下乡：310多人次

（三）开办讲座：160多次，受益民众30000多人

（四）学校规模：培养职高、中专、大专毕业生40000多人，在校全日制学生8000多人

（五）会员参展、出版文艺作品近15000件

（六）举办展览演出：30多场次

（七）抗震救灾捐款：492万元

（八）灾后重建引援：约4000万元

（九）灾后重建引资：约6亿元

民主党派开展社会服务要抓好“三个结合”

民进黔东南州委会　杨政宇

社会服务是民主党派的一项政治任务和重要职能，是民主党派密切人民群众的纽带和桥梁，是提高党派成员社会责任感和组织程度的重要载体与平台。长期以来，民主党派高度重视社会服务工作，不断加大工作力度，探索社会服务工作的新途径，开拓社会服务工作的新领域，极大地提高了广大成员的责任意识，有力推动了社会的发展与进步。为了提升民主党派社会服务水平，进一步体现民主党派自身的政治价值和社会价值，在社会服务工作中，必须抓好“三个结合”。

第一、结合参政议政开展社会服务，进一步提高参政党的履职能力。

民主党派社会服务工作不仅不能脱离参政议政这个中心任务，而且还要通过社会服务提高参政议政工作质量，把社会服务作为履行职能的重要任务来抓。特别是民主党派地方组织，要从当地经济、社会发展的宏观大局出发，通过社会服务工作的实践，深入基层调查研究，了解情况，收集社情民意，为参政议政掌握第一手资料，向党委政府提出意见和切实可行的建议。

（1）社会服务对参政议政的重要性。

有许多党派成员对社会服务认识不够，狭隘地理解社会服务仅仅是为社会办一点实事、好事上，这是一种认识误区，严重偏离了民主党派的基本职能。当前，随着我国政治文明建设的推进，民主党派的参政议政职能日益凸现，民主党派参与国家社会政治生活的深度和广度都有了前所未有的拓展。作为参政党，要把社会服务放到参政议政的层面上思考。一方面，社会服务与调查研究有机结合起来，成为参政议政的基础和载体，为参政议政提供丰富的素材和资源，形成大量的真知灼见的参政议政成果。另一方面，社会服务直接面对社会、面向基层群众，参政党要协助执政党为构建社会主义和谐社会凝聚人心，化解矛盾，减少阻力，形成合力的作用。

（2）社会服务是参政议政的延伸。

社会的进步需要全社会的共同参与和努力。现今我国体制变革和产业变革交织，使得人们的生存、发展状况变得极不稳定，随时面临事先无法预测的情景，缺乏社会帮助或者反应失策就会引发出种种社会问题。作为同中国共产党通力合作的参政党，深入开展社会服务对改善民众生活、支持社会稳定都具有特殊的意义。可以说，社会服务是民主党派参政议政的延伸与拓展。通过社会服务，不仅为参政议政提供实际案例、信息线索，帮助我们参政参到点子上。同时，参政议政又可促进社会服务在更深的层面，更全局的视角，更宏观的背景下开展，进一步增强社会服务的政策性、针对性和自觉性。两者紧密结合，以小见大，由点到面，可使党派在社会服务中发挥切实有效的作用。

(3) 建立社会服务工作机制，为参政议政提供保障。

为了提高社会服务的能力和水平，民主党派要建立健全社会服务工作机制，完善社会服务工作制度。一要明确社会服务工作是基层组织的一项重要工作职能，列入年度考核内容。二要发挥党派成员的专业特长，拓展服务领域，常年开展社会服务工作，形成全体党派成员参与社会服务工作机制。三要加强各基层组织的横向联系，实现资源集聚，优势互补，联合开展社会服务。四要建立社会服务的物质保障机制，包括提供必要的交通费用和活动经费等等。通过建立社会服务工作机制，增强党派成员的服务意识和参政议政热情，不断提高社会服务工作的组织化程度和可持续水平。

第二、结合民主监督开展社会服务，进一步加强参政党的政治职责。

社会服务是民主党派参与地方经济、政治、文化及社会活动的又一重要渠道，是实行民主监督的另一形式。民主党派通过社会服务实践活动，进行深入、细致、周密的调查研究，才能在议政中议在点子上，在监督中监督在关键处。

(1) 在理论上，民主党派既是发展先进生产力、社会主义民主政治、社会主义先进文化和构建社会主义和谐社会的一支重要力量，也是实现祖国统一、民族振兴的一支重要力量。

当前，在中国特色社会主义事业建设中，发展是中国共产党执政兴国的第一要务，也是各民主党派参政议政的第一要务。民主党派要通过社会服务促进发展，社会服务工作绝不是民主党派的分外之事，而是其职责所在。民主党派开展社会服务活动，不存在做与不做的问题，只有如何想尽一切办法做好的问题。民主党派及广大成员必须牢固树立职责意识，强化“发展是第一要务”的理念，把社会服务纳入“参政为民”、“民主监督”、“多党合作”的政治格局，才能全面提升社会服务的政治影响和政治含金量。

(2) 在实践上，社会服务是民主党派开阔视野，拓展工作领域的重要途径之一。

民主党派社会服务工作的主要对象是人民群众，任何华而不实、哗众取宠的行为都是得不到群众欢迎的。社会服务工作的生命力在于群众的评价，要把解决群众最现实、最关注、最需要的问题作为社会服务工作的立足点和出发点。实践证明：通过社会服务，可引导党派成员正确认识社会发展规律，树立正确的人生观、价值观；通过社会服务，可以教育和激励党派成员把个人前途、命运与国家强盛、民族振兴联系起来，把个人奋斗融入到建设祖国现代化的伟大实践中；通过社会服务，可促进和鼓励党派成员加强政治理论学习，强化业务技能，切实增强社会服务的本领；通过社会服务，可得到执政党的认同，促进多党合作良好局面的形成。

（3）在党派职能上，社会服务是民主党派的一项政治任务。

民主党派的社会服务工作，有别于群团组织的公益活动，具有鲜明的政治特性。社会服务工作水平的高低是民主党派素质与能力的重要体现，受到社会的关注。作为参政党，我们不仅要把社会服务工作与参政议政相结合，同时还要与民主监督工作结合起来，把握参政议政、民主监督的重点，在社会服务工作中深入调查研究，拿出高质量的提案信息、意见建议、调研报告等成果，为实现我国经济社会又好又快的发展和构建社会主义和谐社会献计出力。

第三、结合自身建设开展社会服务，进一步增强会员的社会责任感。

参政党能否从实际出发，正确认识国情、省情和本地区的客观存在，在错综复杂的社会现象中抓住事物发展的本质，形成符合客观规律的思想意识，并在社会主义核心价值体系的引领下，带动党派成员通过积极参与社会服务，以实际行动造福百姓，取信于民，是参政党加强自身建设的关键所在。

（1）社会服务有利于增强党派成员的服务意识。

社会服务作为参政党的重要职能，在新时期新形势下，发生了根本性变化。现在已从单一的业务服务向综合管理服务延伸，从局部服务向区域服务延伸。一是空间转移，从原来的局限于本地转变到放眼全省全国，把服务的触角延伸到更需要服务的地方，从而更好地提高服务的效应。二是时间持续，改变过去“打一枪换一个地方”的流动工作方式，建立社会服务基地，实现跟踪服务、全程服务和个性化服务，使服务对象真正受益。三是服务品牌，创建社会服务的优势产品，实现社会服务的专业化、精细化，顺应群众需求高级化的趋势。比如民进中央开展的“毕节试验区”和“彩虹行动”等，其知识含量、层次越来越高，组织协调、宏观指导性越来越强。这不仅提升了民主党派社会服务的质量和水平，同时也增强了党派成员的服务意识。

（2）社会服务有利于增强党派成员的责任意识。

人民群众作为社会实践的主体，来自各条战线，分布各行各业。作为具有进步性和广泛性相结合的参政党，肩负着反映和代表各自所联系成员及群众的具体利益的责任。不管是哪条战线，哪个行业群众所遇到的热点、难点问题，通过社会服务工作渠道，可以了解清楚并反映上来，从而为党和政府科学决策提供有价值的参考依据。在社会服务工作中，广大党派成员要做到两点：一是树立服务质量意识，体现一种境界、倡导一种意识、展示一种风尚。二是提高服务本领，注重研究社会服务的工作规律，了解人民群众的现实需求，努力实现自身优势和群众需求的对接，提高服务的针对性和有效性。进而增强民主党派成员建设祖国、服务人民的历史责任感和使命感。

（3）社会服务有利于增强党派成员的政治意识。

社会服务的内涵从直接的专业服务转向为全面建设小康社会服务，社会服务的外延从一般的社会服务转向构建社会主义和谐社会服务，社会服务更加紧密结合国家的形势任务要求，内容和形式都有了极大的丰富和发展。民主党派在社会服务工作中，要有思有行，顺势而为，通过社会服务的宣传、教育、引导，塑造广大党派成员的理想、道德、精神和文化，不断增强党派成员的政治意识和为社会服务的能力和水平。

总之，民主党派社会服务工作已进入一个全新的时代，民主党派各级组织要认清面临的形势和任务，认清做好社会服务工作对于民主党派在参政议政、民主监督、自身建设等方面的积极意义。作为参政党，必须充分利用社会服务这个平台，切实履行党派职能，进一步增强民主党派的社会影响力与组织凝聚力，努力开创社会服务工作的新局面。

民主党派企业家联谊会的性质、地位、作用及发展思路探讨

民进甘肃省委　卫　娟　冯宝山

新阶段，我国非公有制经济人士作为新社会阶层参与到社会建设的各个方面。一部分非公经济人士发展成为民主党派成员，成为参政党建设的重要组成部分。中国民主促进会现有企业家会员4000多人。作为参政党成员和社会主义事业的建设者，这部分非公经济人士参与政治生活的愿望正与日俱增，他们作为新社会阶层，对社会的参与意识、奉献意识十分强烈，自身的知识结构和能力结构也进一步改善，他们在追求实现自身价值的同时抱有强烈的回馈社会、报效国家的愿望，也有强烈的政治参与和利益表达的诉求。

为了发挥企业界会员的作用，民主党派各级组织把企业家联谊会作为发挥组织作用的一个新的尝试。企业家联谊会是一个新阶层组织，发展的时间并不长，但在参政党建设中占有重要地位。作为一个新型组织，如何发挥组织职能，如何适应参政党不断发展的要求，如何适应非公经济发展的新形势，党派组织如何对企业家联谊会进行引导，已显得十分迫切。本文就民主党派联谊会的相关问题从理论层面做了一些初步的探讨。

一、联谊会的性质

民主党派企业家联谊会不同于在民政部门登记注册的一般性质的各类协会，它是由民主党派成员身份的企业家自愿组成的联合性组织，是由民主党派的各级组织同意并批准成立，其活动冠有党派名，有政治性、经济性、进步性要求。

政治性是指联谊会的成员都是党派成员，因此都有政治觉悟，其活动必须遵守党派章程，遵守会章。联谊会及其成员必须有坚定的政治立场，自觉接受共产党的领导，高举中国特色社会主义旗帜，坚定不移的走中国特色社会主义道路。

经济性是由其联谊会成员的特点决定的，他们绝大多数是非公有制经济人士，是拥有经济实体的企业界会员，主要在经济领域活动。

进步性体现在联谊会成员的政治觉悟、思想境界、道德品质、作风行动等方

面。成员要有坚定的政治信念，崇尚科学的世界观、人生观和价值观，能坚持科学民主、求真务实的作风，能积极承担起社会责任，投身于中国特色社会主义建设事业。

二、联谊会的地位

企业家联谊会成员，是党派内的一支活跃力量，是党派组织不可或缺的重要组成部分。通过企业家联谊会，把党派组织内一个个独立的企业家联合起来，能集中力量支持党派组织就一些共同关注的重大社会扶助和调查研究开展活动。同时，企业家通过联谊会平台，获得对外联络，诉求表达、共同学习的机会。

三、联谊会的职能及作用

企业家联谊会有反映交流、合作互助、参政议政、社会服务的职能。反映交流主要是反映联谊会会员的意见与呼声，学习交流借鉴优秀企业管理模式，促进自身企业发展。合作互助主要是指收集整理有关信息资料，进行信息传递，协助会员企业间的资源共享和会员互动。参政议政是指开展调查研究，提出意见建议。社会服务是指企业家开展的各类社会公益活动。

企业家联谊会应发挥好以下方面作用：一是通过企业家联谊会平台，为企业家服务。联谊会成立的一个重要目的就是“为企业家服务、为企业服务、为社会服务、为大局服务”。这是成立联谊会最重要的职责，也是增强联谊会凝聚力的关键所在。联谊会针对非公经济的特点和需求，反映会员的所思所忧，将会员企业发展中遇到的疑惑难题进行汇总整理，形成意见建议。为企业家的成长提高，做好服务。二是通过企业家联谊会平台，加强企业之间交流和合作。联谊会开展学习考察、投资洽谈、研讨交流等活动，使联谊会成员之间加强了合作，增进了友谊，为共谋发展搭建了有效的平台。三是通过企业家联谊会平台，使企业与高校、科研院所、专家学者、政府部门建立相互联系，发挥组织作用。四是发挥企业家在参政议政方面作用。作为党派企业家有两个角色，一个是参政党成员的角色，一个是企业家的角色，因此，党派企业家必须要有参政议政意识，通过社会实践和社会服务活动，做到有行有思，由表及里、由局部想全局，从而发现参政议政的课题和信息，就全局问题、体制问题、政策问题建言献策，提出提案和议案。五是发挥企业家在社会服务方面作用。积极开展社会服务，参与社会公益事业，增进社会和谐，推进社会文明进步是企业家参与社会建设的重要方式之一，也是企业家的重要社会责任。企业界会员是民主党派开展社会服务的一支重要力量，在重大自然灾害面前，企业家积极行动，捐款捐物，部分企业家还亲自深入抗灾救灾第一线，有些企业家还成立了基金会，开展助学活动。

四、对联谊会在新发展阶段工作思路的探讨

怎样进一步发挥民主党派企业家联谊会的职能，履行好党派组织和本地政府赋予的职责，使企业家在促进经济增长、扩大就业、活跃市场和加快生产力发展等方面发挥更加积极的作用，引导企业家当好中国特色社会主义事业建设者，是新形势下民主党派各级组织和企业家联谊会面临的重要课题。

笔者认为，做好联谊会工作，要做到一个坚持，抓住两个重点，进行三个加强。

做到一个坚持，即毫不动摇地坚持企业家联谊会的政治性。政治性是对民主党派企业家的基本政治要求。要引导企业家自觉接受中国共产党的领导，高举中国特色社会主义旗帜，坚定不移的走中国特色社会主义道路。要贯彻执行统一战线的方针政策，正确履行民主党派政治协商、民主监督、参政议政、社会服务基本职能。要不断增强企业界会员对我国政治制度的认同感，从而激发投身我国经济建设的高度热情。

抓住两个重点，即做好民主党派企业界会员的政治思想工作和贯彻“充分尊重、广泛联系、加强团结、热情帮助、积极引导”的方针。

第一、要做好联谊会会员的政治思想工作。

随着我国改革开放的深入，我国的社会结构和社会阶层发生了新的变化，民主党派的工作范围和会员对象出现了新的变化。经济界会员作为参政党的重要组成成员，服务于整个经济生活，工作范围几乎涵盖了民营经济各个领域。广大非公有制经济人士成为了中国特色社会主义建设事业建设者。企业家联谊会要通过组织教育培训、考察交流，进一步统一思想认识，履行社会责任，健全企业管理制度，加强诚信建设，积极引导经济界会员健康发展。要加强统一战线政策指引，最大限度地调动他们的积极性，成为中国特色社会主义事业贡献力量的建设者。在新时期，还要赋予企业家思想政治工作的新内容，采取切实方式，做好政治思想工作。

第二、要贯彻“充分尊重、广泛联系、加强团结、热情帮助、积极引导”的工作方针。

包括企业界会员和广大非公经济人士是改革开放的实践者，是敢为人先的创业者和中国特色社会主义事业建设者，为国家的经济社会发展做出了重大贡献，

应该得到全社会的充分肯定与尊重。民主党派各级组织和联谊会要充分尊重、团结帮助、积极引导企业界会员，关心新阶层会员的成长和发展，切实帮助他们增强参政党观念和大局意识，在社会服务实践中提高参政议政、民主监督的能力。

要引导企业家在加快转变经济发展方式、保障和改善民生、提升自身素质上有更大作为，为完善社会再分配机制、协调利益关系、促进共同富裕、维护社会和谐稳定做贡献。要引导民营企业的发展与公有制发展、全面建设小康社会目标、国家产业结构调整、满足人民多样化需求、解决劳动就业、建立现代企业制度、建设社会主义物质文明、精神文明和政治文明等相结合。企业家应该把企业自身的发展与国家的发展结合起来，把个人富裕与全体人民的共同富裕结合起来，把遵循市场法则与发扬社会主义道德结合起来。只有这样，民主党派的企业家才无愧于社会主义市场经济重要组成部分的地位，才无愧于中国特色社会主义事业建设者的称号。

鉴于企业家联谊会是由民主党派各级组织同意并批准成立，其活动冠有党派名的特性，因此坚持党派对其参加人员、会内各岗位人员进行把关是十分必要的，对其章程进行把关并将社会服务部作为秘书长单位也是十分必要的。

采取三个加强，进一步完善联谊会职能。

第一、加强联谊会的服务机制。服务是企业家联谊会成立的一个重要目的。联谊会要树立服务意识，切实发挥桥梁、纽带作用，多做沟通联络工作，协同和促使有关部门帮助解决企业家实际问题。要引导企业家对联谊会组织的正确认识，要主动协调宣传，创造和谐、宽松的环境。多组织开展学习、培训、考察、交流等活动，增强组织的凝聚力和吸引力。

第二、加强联谊会成员的参政议政意识和社会服务功能。民主党派企业家联谊会，不同于一般性社团组织，联谊会的工作除了做好自身发展，还要紧密与参政议政、社会服务相结合，使联谊会成为民主党派开展工作的一支重要力量。企业家都来自于经济阶层，来自于社会第一线，是社会发展的亲身实践者，他们对发展中存在的问题有更多的发言权。联谊会提供的这样一个平台，使企业家亲身参与了社会实践，了解了社情民意，能反映出民营经济发展的实际情况和存在问题，反映了意见和诉求，能够对党和国家以及地方党委和政府的重大方针政策提出意见和建议。同时，企业家也在奉献中也涤荡心灵，充实自我，寻获志同道合的挚友，共同实现更丰富、更多彩的人生价值。

第三、加强联谊会自身建设。自身建设是联谊会发展的重要保证和基础性工作。联谊会要进一步创新工作机制，加强队伍建设，在工作中主动发现人才，及时地把热心联谊会工作的优秀企业家会员吸引到联谊会中来。要进一步健全和完善联谊会活动制度，不定期走访会员企业，为会员企业间的互动，搭建起有效的沟通平台。要互相学习，相互借鉴先进的办会模式，健全完善联谊会的组织结构和功能，创新联谊会的工作思路和工作方法。同时要加强思想建设，加强联谊会成员的学习和培训，自觉践行社会主义核心价值体系，努力提高联谊会成员的思想政治素质、社会责任感和参政议政意识。要加强联谊会领导班子建设。完善联谊会章程，依照章程规定，充分发扬民主，完善会长会议、常务理事会议和全体会员会议制度等议事规则，及时研究讨论有关事项。

实践篇

MINZHUDANGPAI
SHEHUIFUWUGONGZUO
LILUNYUSHIJIAN

在民进中央的鼓励和支持下，各级民进组织和广大会员高度重视社会服务工作及其理论研究，坚持围绕中心、服务大局，坚持政治性原则、公益性原则、集智聚力的务实性原则，发挥优势，借势合力，开展了大量的社会服务活动，取得了良好的成效，得到了社会各界的好评。2011 年在中共中央统战部“各民主党派工商联无党派人士为全面建设小康社会做贡献”表彰活动中，民进全会共有六项社会服务优秀成果获得表彰。本书选取 2012 年 3 月“民进中央社会服务理论专题调研会”的会议内容作为实践篇，以浙江省情况为例，展示民进组织与会员在社会服务方面取得的实践成果。

在民进中央社会服务理论专题调研会议上的讲话

民进浙江省委　盛昌黎

尊敬的王主席、各位领导、同志们：

今天，会中央社会服务理论专题调研组一行，来浙江调研，首先，我谨代表民进浙江省委会，对调研组的到来，表示热烈的欢迎，对参加会议的各位会员，表示衷心的感谢。

民进浙江省委会历来重视社会服务工作及其理论研究。这些年来，我们组织开展了大量的社会服务活动，取得了良好的成效，得到了社会各界的好评。去年，省委会被会中央评为社会服务工作先进单位，荣获“民主党派社会服务理论征文活动”优秀组织奖，开明画院被中央统战部评为“全国各民主党派、工商联、无党派人士为全面建设小康社会作贡献社会服务优秀成果奖”。这次，会中央就“民主党派开展社会服务的定位、载体、特点及形式”来我省进行专题调研，并对我省的社会服务工作进行指导，这既是对我省社会服务工作尤其是社会服务理论研究工作的肯定，同时，也是对我们今后继续做好社会服务工作的鞭策和激励。

借此机会，我分三个方面，简单向调研组汇报一下浙江民进近二年来社会服务工作所取得的一些成绩以及经验和体会。

一、近二年来浙江民进社会服务工作的主要成绩

近二年来，浙江民进的社会服务工作，无论在支边扶贫、公益慈善事业，还是民企民教、海外联络联谊方面，都组织开展了大量形式多样、效果务实的活动。据不完全统计，二年来，省委会、各市级组织和省直支部共组织社会服务活动300多次，参与会员人数达2100多人次，捐赠款物价值合计300余万元，受益人数达15000多人次。其中开展智力支边扶贫活动150多次。捐赠省内外学校9所，分别为甘肃省平凉市大潘小学、临夏市铜匠庄小学、河西小学、贵州省金沙县三所幼儿园，延安市松树林中心小学、富阳市常绿镇中心小学、金华市婺城区沙畈小学等，捐赠现金以及图书、电脑、一体机、多媒体教室、体育用品等教学设施，价

值合计 90.7 万元；资助省内外学生 1981 人次，款物合计达 48.4 万元；培训西部教师 252 人次，主要是针对金沙县幼儿园教师进行培训，培训费用 18 万元；落实省内农林开发项目和新农村建设项目 5 个，争取相关部门农业产业化项目资金 30 万元，会内捐赠资金 23 万元，共计 53 万元；向贵州毕节地区赫章县饮用水小水窖建造工程捐赠现金 10 万元。

继续发挥好会组织在医卫、教育、文化方面的优势，组织开展“三下乡”活动。在革命老区遂昌县，以教育为主题，举办“开明讲堂”。在丽水开展“山海协作工程”医疗义诊暨赠送药品活动。在衢州，省委会每月选派专家，对衢江区妇幼保健院定点进行技术帮扶，目前已经有 3 批专家参加帮扶活动。二年来，共组织开展各类社会公益活动 50 多次，受益人数达 8000 多人次。

以增强企业家联谊会的活力和凝聚力为出发点和落脚点，推动联谊会规范化、制度化建设。积极稳妥发展成员，目前企业家联谊会共有成员 247 名。健全了联谊会工作制度和规章制度，修订了联谊会《工作条例》。完成了浙江民进企业家联谊会的换届工作。加强成员培训工作，关心成员在政治上进步，选派联谊会成员参加各类培训班。开展各类交流活动 8 次，参与交流企业家达 300 多人次。

丰富海外联络联谊工作内涵，组织开展辛亥革命历史讲座、台海形势报告会、对台知识竞赛、“浙台往来摄影大赛”等海外联络联谊活动 10 多次，参与会员人数 300 多人次。接待港澳台同胞和外国友人 400 多人次。

此外，我省各市级民进组织和基层支部，都因地制宜地组织开展了大量社会服务工作。今天，各市级组织和基层支部都有代表与会，我就不介绍了。

二年来，浙江民进在社会服务上做了大量工作，取得了积极的效果。总体上看，可归纳为两方面的效果。一方面，通过我们的社会服务实践，对推动经济发展和社会和谐稳定起到了促进作用。在智力支边扶贫工作中，受助学校无论在教学设施的改善方面，还是在教育理念和业务水平方面，都发生了积极的变化。譬如，在金沙县开展的“彩虹行动”幼儿园骨干教师培训工作，到去年为止，我们已经连续为当地举办了三期培训班，通过培训，当地幼儿园的教育水平已经有了明显的提高，尤其是在幼儿园的教育理念和管理水平上进步明显。又譬如，通过我们去年对甘肃省临夏市铜匠庄小学在教学设施方面的帮扶，目前该校师生的办公和学习设施已经达到当地同类学校的先进水平，受到当地政府和师生的好评。这些工作的开展，对推动我国西部地区教育事业的发展，做出了浙江民进应有的贡献。在公益慈善事业方面，我们开展的对杭州市儿童福利院患先天性心脏病的孤残儿童的医治，以及在浙江大学农学院开展的资助品学兼优的学生完成学业等工作，对受助对象改变人生，起到了良好的作用。

另一方面效果是，社会服务活动对会组织的自身建设，起到了良好的促进作用。通过开展社会服务活动，发现了优秀人才，增强了组织凝聚力和活力，并在社会上树立了民进组织良好的形象。

二、主要经验和体会

这些年来，省委会社会服务工作，是在不断实践，探索和总结中前进，总结和反思一下，我们体会到有以下三点主要经验。

一是坚持“发挥组织整体优势，奉献会员爱心”为前提，充分发动各级组织和广大会员参与社会服务工作的积极性和创造性。

首先，我们通过召开社会服务工作座谈会，研讨会，到各地调研和走访会员企业，基本摸清了全省社会服务工作的情况，发现了许多好的做法和典型经验，了解和掌握了会组织开展社会服务工作的优势所在。

其次，让各级组织和广大会员认知和认同社会服务工作的重要性。省委会在每年年初，将年度社会服务工作任务与省直支部和地方组织进行沟通和协商，目的是让大家都了解省委会的社会服务工作任务，让大家都参与进来。所以，这二年来，基层组织和会员参与社会服务工作的积极性都很高，并且基层支部组织开展了大量以支部为单位的影响较大的社会服务活动，前面介绍的“开明·文澜爱心图书馆”，就是由省直第三联合支部组织开展的。

再次，坚持上下联动和内外互动，整合资源。充分调动地方组织的积极性，利用会内外资源，是我省开展社会服务工作的有效做法。每年，省委会与杭州市委会联合召开社会服务工作联席会议，谋划省市社会服务工作全年联动计划。比如“彩虹行动”金沙幼儿教师培训班、对甘肃省临夏市铜匠庄小学的帮扶，都是由省委会与杭州市委会联合完成的。

加强激励机制，是我们的另一项尝试。我们加大了社会服务工作的宣传力度，着重宣传典型人物、先进事迹和各类社会服务活动。实施了荣誉证书制度、抄告制度、表彰制度和答谢机制。对参加社会服务工作的个人和支部，颁发荣誉证书，并函告其所在单位党组织。对积极参与省委会社会服务活动的企业家联谊会成员进行表彰，二年内共表彰优秀会员和积极分子 43 名。省委会每年 2 次答谢参与社会服务活动的会员，一次是年终宴请社会服务积极分子，一次是年中组织参与社会服务活动的会员，赴外地进行参观和经验交流。通过这些做法，有效地激发了广大会员参与社会服务工作的积极性。

二是注重社会服务工作平台建设，以项目为载体，组织好重大社会服务活动。省委会开展社会服务工作的3个主要平台是企业家联谊会、“三胞”会员联谊会和开明画院。组织好、发挥好这3个平台的作用，对社会服务工作的开展，至关重要。在工作中，我们本着服务、协调的原则，全力支持3个平台的各项活动。对这二年来的各项重大社会服务活动，我们都以项目的形式，制订方案，组织和落实人、才、物，并付诸实施。同时，在项目资金筹措方面，我们探索设立了三个小额基金：“海纳孤残儿童康复”基金、“城建”奖学奖教基金和“浙江民进挚爱文化”助学专项基金。

三是注重长效机制，务求实效。这方面的例子很多，如在甘肃平凉市大潘小学开展的“城乡少年手拉手”活动，通过我们连续十年不间断的帮扶，成效显著。去年开始的对衢州市衢江区妇保院的技术帮助工作，我们准备长期做下去，力争通过一段时间的努力，使该院的整体水平上一个档次。

三、对做好今后社会服务工作的建议

1. 民主党派的社会服务工作，要坚持以智力服务为主。党派的政经资源相对不足，与我们开展社会服务工作的要求相比，有较大的差距，不但缺少项目经费，有些基层组织还缺少工作经费。所以，民主党派的社会服务工作应当有别于其他组织的行为，有自己的特色。

2. 社会服务工作是两头在外的工作，所依靠的对象和所服务的对象都在外。所以，工作的载体和形式应当多样化，既要符合党派特色，又要适应形势和社会的需求，以求实效为主。

3. 因地制宜，注重社会服务工作的地方特色。

我就谈这些。不全之处，请其他几位副主委补充，不恰当之处，请佐书主席和各位指正。谢谢大家！

王佐书副主席的点评：

领导高度重视；全会动员；发挥优势；讲求实效；持之以恒；借势聚力；推动工作；海内海外；关心弱势群体；提高素质；联系社会；树立形象；争先恐后；蔚然成风；统一思想、增进共识；上下联动、整合资源；形成制度、加强激励；搭建平台；精心设计；特色突出。

保民生　促发展　送服务
开创社会服务工作新局面

民进杭州市委员会

社会服务是参政党的重要职责，民进杭州市委会高度重视社会服务工作，根据民进十大提出的“集智聚力，有思有行，顺势而为”的工作思路，结合本地情况，积极开展社会服务工作。全会形成了以支边扶贫、送医支教、拥军惠民、促进祖国统一等为主要内容的社会服务工作格局，取得了良好的效果，得到了各级组织的肯定。近几年，回顾我会的社会服务工作，主要体现在以下三方面。

一、发挥民进优势，着力改善民生

我会充分发挥人才荟萃、智力密集的优势，从实际出发，突出重点。一是促进城乡教育均衡发展，“输血”和“造血”双轨并行。我会积极响应民进中央的号召，以“城乡少年结对手拉手活动”和“彩虹行动”等系列活动为抓手，为贫困地区提供教育硬件设备，组织骨干会员支教、培训师资，这种软件硬件一起抓的做法被誉为“一笔吃不尽、用不完的财富”，受到了热烈的欢迎。近年来，我会对甘肃平凉市、贵州金沙县的帮助，受益教师和学生 5 千余人次。这项活动我们开展得深入、持续，已连续十个年头了。二是借助会内外的教育资源，为创建教育强市服务。为优化中考考生家庭教育环境，缓解考生、家长出现的紧张、焦虑等情绪，我会邀请全国心理卫生协会专家，为考生和家长作辅导讲座。为解决高考学生和家长的迷惑，我会举办了“高考志愿填报咨询会”，由市考试院专家介绍高考情况，现场还有近 20 所省内外高校为考生提供一对一志愿填报指导服务，得到了社会的好评。三是关注就业问题。我会会员企业参与了杭州电视台大学生就业“麦田行动”活动，共为寒门学子提供就业岗位 50 余个。四是深化传统项目——送医支教“三下乡”活动。我会与杭州市残联、市卫生局联合组织市属医院 20 多位名医专家在建德市康复医院启动了 2011 年度杭州市“光明行动”暨名医下乡义诊活动。这次名医下乡义诊活动，上下联动，短短的一天时间，受益的残疾人千余人次。

二、立足当前局势，服务经济发展

世界金融形势的变化和欧债危机的升级，使我国经济受到了影响，同时也威胁到中小企业的生存。在这样的情况下，我们一是合理利用杭州民进企业家联谊会这个平台，邀请了知名经济专家举办金融方面的政策讲座和经济形势报告会。二是走访企业，了解困难，鼓舞士气。通过走访会员创办的企业，了解企业发展中遇到的实际困难和要求，对会员企业家作出的积极贡献表示感谢。会员企业家纷纷承诺："不裁员、不欠薪、不减薪"。这些调研和走访活动极大地鼓舞了企业界会员，增强了他们转危为机的信心。原全国政协副主席、民进中央常务副主席张怀西、杭州市政府沈坚副市长也一并参与并给予了高度评价。三是各地交流进一步深入。以省外民进企业家联谊会来浙江考察为契机，组织我会的企业家们就当前经济发展共同进行了交流和探讨。四是以活动为载体，进一步促进行业的有序发展，扩大民进组织的社会影响。2011 年，我会与杭州市政府共同主办了呼叫中心和电子商务产业研讨会暨展示会。会上，来自国内外的呼叫中心、电子商务的行业领袖、权威专家、专业厂商及知名媒体等共同就新经济形势下国内呼叫中心和电子商务产业的发展展开交流和讨论，成为行业间的盛事。

三、开展送文化活动，推进精神文明建设

近年来，我会民进书画院举办各类大型书画展 4 次；我会还成功主办了"庆祝新中国成立 60 周年和人民政协成立 60 周年杭州市各民主党派、工商联书画展"，我会的书画院多次组织书画家赴空军笕桥机场、嘉兴机场、陆军"红军团"、高速交警支队以及学校、社区送书画，举办讲习班、培训班，作艺术指导。我会还利用会内文艺界会员优势，到杭州市图书馆，为广大少年儿童演出了大型环保题材童话音乐剧《金丝猴与良知鸟》。在元宵佳节，举办了"祈福 2011 · 元宵节综艺专场公益演出"活动。一系列的送文化活动，受到了社会各界的欢迎。

回顾我会社会服务工作，我们有以下几个方面的认识和体会：

首先，围绕中心服务大局是我们社会服务工作必须坚持的方向。我会的社会服务工作之所以取得良好成效，主要是因为在执政党的理论和方针政策指导下，始终把社会服务工作放在党和国家的发展战略和工作大局中去谋划、去推动的结果。从"城乡少年结对手拉手"活动再到"彩虹行动"，无一不是围绕党和国家中心任务和发展战略开展的。实践证明，只有坚持围绕党委政府的中心工作，自觉服从服务于改革发展稳定的大局，我会社会服务工作才能找准位置，发挥作用，

有为有位。

其次，界别优势是我们工作着力彰显的特色。民主党派开展社会服务工作，没有优势和特色就没有生命力，优势一定是在自己熟悉的领域，特色一定是在自己的界别范畴之内。社会服务工作的领域非常广阔，我会在人力、物力、资金等方面的条件有限，不可能面面俱到，必须从自身的优势和特色出发，扬长避短，坚持有所为，有所不为。这样才能开展好社会服务工作。

第三，多方联动是我们工作深入有效开展的好模式。近年来，我会社会服务工作形成了上下联动、左右联合的基本模式。上下联动，是指民进会内各级组织到基层，上到民进中央领导下到各级基层组织的会员，上下一心，集智聚力；左右联合，是指市委会、各级组织与政府部门、社会各界的协作，多方联动。近几年，我会开展的支边扶贫、送医支教等工作，从谋划到实施，普遍采取了这种模式，由此，延长了我会的工作手臂，突破自身的局限，实现社会服务工作的新跨越。　我会的社会服务工作已持续开展很多年了，新形势下社会服务工作的开展我们主要面临以下问题：

一、社会服务工作保障措施不易落实。社会服务工作涉及专业人员、物资、仪器、设备、交通工具和经费等，因而，我们有为社会服务的热情而服务的条件缺乏，常有力不从心和有心无力之感。在诸多条件不具备的情况下仓促行动，其结果只能是一种简易形式和简短的过程。

二、提供的服务与群众的需求还有一定距离。人民群众需求呈现多元化的趋势，要求也越来越高。我们提供的社会服务还不能很好的满足群众的需求，我会社会服务资源的整合、统筹、协调和形成还有待于进一步加强。

回顾过去，发展与困难同在；展望未来，机遇与挑战并存。

我们坚信，在民进中央的领导下，在省民进的支持下，我们的社会服务工作定能上一个新的台阶，为杭州创建东方品质之城做贡献。

王佐书副主席的点评：

高度重视；结合实际；着力民生；持之以恒；借力发挥；立足当前、解决燃眉之急；放射效应、发挥社会服务多功能作用；送物质送精神、送风尚送医德；借优势、创特色、要实效；多方联动、社会服务呈多元趋势。

立足文化　开拓创新　干在实处

民进杭州市委会文化工作委员会

做好社会服务中的文化服务是个“举重若轻”的课题，文化是精神领域的，如涓涓细流但可浸润心灵。杭州民进文工委成立较晚，社会服务经验不足，做好这项工作是对文工委班子的考验。近年来，杭州民进文化工作委员会紧紧围绕党派社会服务工作的中心任务，以贯彻落实党的十七届六中全会提出的推动社会主义文化事业大繁荣、大发展的精神为宗旨，在市委会的领导和支持下，依靠会内广大文化界成员，根据文工委的工作内容特点，努力发挥整体优势，以开拓创新的精神开展了一系列富有成效的社会服务活动。

一、近年来我委主要开展的社会服务工作

1. 创新搭建服务平台，着力建立长效工作机制，力求出精品

社会服务工作年年做，提升和创新是关键。要使社会服务工作出实效，贵在点子新、有特色，重在持续坚持并常抓不懈。为此，近年来文工委着力在创新上下功夫，逐步建立起了两个具有文化特色的社会服务品牌项目。

第一个文化服务品牌是《“彩虹桥”定向合作协议》。早在2007年，我委即与浙江省女子劳教所签订了“彩虹桥”长年定向帮教的合作协议，目的是体现我会对劳教工作的关心和支持，为提高劳教人员文化生活品质提供多种多样的服务内容。自协议签订以来，文工委每年精心组织服务队，相继选派了知名书画家、医卫专家、文艺演员、茶艺师、合唱指挥家等会员赴浙江省良渚劳教所开展“6.26”国际禁毒日主题活动；赴浙江省莫干山劳教所举行“做健康女性、展文明新姿”庆“三八”国际妇女节主题帮教活动；赴德清开展对劳教所干警参加书画展的作品进行评议，以及对干警人员参加司法系统红歌合唱比赛前的演练给予编排和指导等一系列的社会服务工作。在这些活动中，服务人员先后为六百多名女性吸毒劳教人员送上了书画创作、文艺演出、书籍、健康讲座、茶艺表演和艺术指导等一系列文化服务项目，丰富了她们的文化生活，受到所内广大干警和学员们的欢迎。

第二个文化服务品牌是《祈福新年专场公益演出》。自三年前的2010年起，

每逢新春元宵佳节，文工委与杭州市图书馆都会在杭图报告厅联合举行“元宵节综艺专场公益演出”，以弘扬中华民族传统文化，扩大民进影响力。为搞好这场惠民服务演出活动，文工委精心组织多名文艺会员、新青年歌舞团青年演员以及会外文艺界的艺术家上台献艺，时常有些同志为此放弃了春节团聚或特意自费从外地赶来参加演出，每每令组织者们深深感动。整场文艺演出历时80分钟，有歌舞、戏曲、杂技、魔术、小品等多种表演艺术形式。演出期间台上台下欢歌笑语、情绪互动，场内的广大市民在欢乐、文明、和谐的氛围中度过了一个祥和的元宵佳节。演出活动得到了杭州市民的热烈欢迎，每年都有约400名市民凭券参加。

2. 集中发挥人才优势，认真制定服务方案，力求出成果

每年的工作年会上，文工委都将社会服务作为一项贯穿全年的重点工作任务，就社会需求、活动特点、文化界会员的人才优势、可资整合的社会资源等问题进行深入研究，提出可行性方案和具体实施计划，并组织精兵强将设立项目组。同时对列入计划的活动项目进行全程帮助、督导、追踪和反馈，力求服务活动保质保量。近年来，我们积极落实参与人员分别开展了“迎奥运知识讲座”、“送戏到基层”、“‘共沐太阳纹彩陶之光’美术作品展”、“为开辟我市青少年文博第二课堂牵线搭桥”等丰富多彩的社会服务工作，据统计约有近千名中小学生和市民参加了各项服务内容，在社会上获得了一致好评。

3. 着重增强服务意识，积极引导会员参与，力求出实效

文工委在独立开展社会服务工作的同时，还特别注重通过委员们在文化、文艺、园文三个支部中的领导力、号召力和影响力，大力推动引导文化界成员积极参与一系列社会服务工作。各支部社会服务工作的形式有独立开展，也有联合举行。文工委则着力做好组织、协调和帮助工作。如文艺支部组织剧团会员和会外文艺院团的演员以节日为契机，为我市民工、学生、老人、部队官兵进行了多场文艺演出活动；文化支部每学期与困难家庭学生开展结对活动，购置服装和学习用品，先后长期资助三位困难学生；园文支部组织会员多次考察西湖景观，就西湖文化遗产保护、园林设计和建设等方面，向有关部门和企业提出意见建议；文工委还先后在四川大地震、南方旱灾、玉树地震之后广泛发动文化界会员以各种方式慷慨捐款、捐画、捐物，体现了扶贫帮困的社会关爱之情。

文工委和文化、文艺、园文三个支部相继开展的社会服务活动点面结合、此起彼伏、相得益彰，形成了杭州民进文化特色社会服务工作的集群效应，扩大了民进的影响力，收到了良好的社会服务效果。

二、基层工委开展社会服务工作的体会和思考

1. 具有强烈的党派工作责任感和使命感是做好工作的重要前提

作为杭州民进的一个基层工作机构，文工委切实增强党派成员的职责意识。委员们具有强烈的党派责任感和使命感，积极认真工作，乐于奉献，富有工作激情。在委员的共同努力下，文工委于2010年获杭州市民主党派系统社会服务工作先进集体，2011年获市委会先进工委。

2. 重视机制建设是做好工作的重要措施

文工委还特别着力加强工作班子的工作机制建设。2007年新一届班子制定了《杭州民进文化工作委员会工作规则》；每年度召开不少于一次全体委员工作会议和三次正副主任会议，具体商议和确定年度社会服务工作计划。服务内容力求可行、有新意，同时成立活动项目组和社会文化工作志愿服务队，由专人负责组织会员开展活动，使列入计划的年度工作件件有落实、事事有人做，确保如期完成年度工作目标。

3. 加强团队意识和通力合作精神是做好工作的重要环节

客观上来看，我会文化界新老会员总数仅70余位，其中在职会员近40位。文工委开展服务工作可用资源较少，但是依靠文工委“责任·奉献”的团队精神、规范的工作流程和良好的合作习惯，则可以发挥出特殊作用。多年来，文工委在社会服务工作方面能顺利开展并不断提升，得利于工作班子具有强烈的责任意识，在具体的工作中能积极落实各项任务，做到分工不分家。与此同时，委员们的组织协调和工作能力也在具体的工作实践中得到了不断的提高。

4. 紧紧抓住文化创新特色是做好工作的重要内容

逆向思维是减法，更是加法。文工委要有所不为，方能有所作为。立足文化特色定位，凸显文化特点，丰富文化服务工作形式，整合会内外各种资源成为有机、复合的服务载体，树立文化服务品牌意识，是文工委开展社会服务工作的显著特点，更是多年工作的主旋律。

5. 借助社会力量拓展服务领域是做好工作的重要条件

社会的发展和进步，对党派的社会服务工作也提出了更高、更广、更新的要求。文工委要在新时期的社会服务工作中有新的更好的作为，光凭我们自己的资源难免捉襟见肘，仅借自己较弱的力量开展社会服务工作将很可能会收到事倍功半的结果。

哪里有问题，哪里就有机会。我们发现：在我们广大的社会服务对象中就蕴

藏着丰富的、取之不尽用之不竭的社会服务资源，整合好、运用好这些宝贵的社会资源，对于我们更好地开展社会服务具有“四两拨千斤”的特殊作用。事实上，我委近年来的社会服务工作在很大的层面上也正是因为整合了浙江省女子劳教所、杭州市图书馆和杭州市新青年歌舞团等单位的各种资源，在彼此的通力合作下，文工委借助了各种社会力量不断拓展服务领域，合作双方也收得了双赢的可喜成果。

6. 充分依靠文化界骨干会员力量是做好工作的重要基础

文化界支部、会员是文工委开展社会服务工作的基础。文工委在工作中密切依靠文化界骨干会员，充分发挥他们的聪明才智和专业特长，注重激发他们的工作积极性和创造性，涌现出了一批既热心社会服务又具有一定活动能力的工作骨干群体，他们不仅在文工委的工作发挥了主干作用，同时也大力引导和推进各自所在的文化界支部、会员在社会服务工作中努力争先创优，为全会的社会服务工作作出了应有的贡献。近年来我会文化界的文化、文艺、园文旅游支部相继被评为省民进先进集体和市民进的专项先进集体。

作为杭州民进的一个工作机构，文工委经过多年不断摸索和创新，从多角度开展了各类具有鲜明文化特色的社会服务活动，在工作实践中切实履职，也努力发挥了文化界党派成员的作用，进一步在社会上扩大了民进的影响力。

发挥优势　集智聚力
社会服务工作务求实效

民进建德市委员会

民进建德市委会的社会服务工作，紧密结合建德当地实际，按照“集智聚力，有思有行，顺势而为”的工作思路，发扬传统，开拓创新，不断拓宽社会服务工作的渠道，丰富社会服务工作的内容，努力提高社会服务工作的实效。

一、强意识、有计划、可持续，建立长效工作机制，使社会服务工作走向制度化

对社会服务工作的性质和重要性的认识逐渐提高，已作为我会履行党派职能的一项重要内容贯穿我们的全年工作。年初制定工作计划，使该项工作有序推进。在计划中，既有临时性阶段性的工作，如扶贫慰问，也有持续几年跟踪问效的工作，如持续5年关注新叶古村的保护。在实践中，不断探索和建立起一种长效的工作机制，使工作走向制度化和规范化。

2003年11月，为方便社区居民的医疗需求，我们发挥会内医疗卫生资源优势，承办了白沙社区卫生服务站，这在浙江省民进组织中是第一个。该服务站连续5年为社区居民提供方便快捷的健康保健服务，没向政府要一分钱，没关门休息一天，没出一次医疗纠纷和事故，实实在在为群众服务。2008年5月，根据市政府规划，所有的社区卫生服务站都归入我市第一人民医院管理，我会适时把该站作为社会服务工作基地，第一人民医院支部来承担具体服务工作。又如，根据我们连续4年为我市偏远乡镇——钦堂乡送医送药活动，了解到这个乡的卫生院在管理、技术和专家资源方面有一定困难，我会及时与有关部门进行沟通取得支持，于2010年8月，在该卫生院建立我会第二个社会服务工作基地，由第二人民医院支部承担社会服务具体工作，定期派出医疗骨干到卫生院进行辅导、培训等帮助。

在文化和教育领域，如，支持城乡学校结对发展，联系杭州崇文小学班级与我市大店口小学三年结对帮扶共同成长；农村文化建设方面，我们也在积极探索建立一种经常性的服务机制。如，大慈岩镇的“十里荷花”是我市的文化旅游品

牌，莲子也是我市十大特色农业产业，我们组织民进的书画家走进乡村，用书法绘画特长承担起宣传活动，绘画100幅农家院墙，而且要一直跟踪服务，帮助提升品位。

二、内容广泛，形式多样，社会服务工作覆盖我市经济和文化、教育等社会事业的各个领域

1. 扬长补短，发挥届别优势，在文化、教育、卫生等民生领域凸显作用

关注我市古文化的保护和科学开发。连续几年，我会积极为我市严州文化、新叶古村的保护和开发献计出力。邀请中央、省和杭州市民进领导和专家为我市严州文化、新叶古村的保护和开发把脉，会中央王佐书副主席、陈益群、高保华，省、市委的盛主委、赵主委、穆主委等领导亲临现场考察并提出很多很好的建议，省委会老主委毛昭晰主持新叶古村古建筑研讨会，为新叶村评上中国明清乡村建筑博物馆作出巨大贡献。退休会员陈若珏战胜病痛，坚持对严州文化进行了抢救性的挖掘，收集了许多珍贵老照片，出版摄影作品集《收藏梅城》。这部摄影作品集是一部反映古严州变迁的重要历史文献资料。

在教育、卫生等领域，我们同样十分注重会内的智力资源，经常开展助学、送医活动。几年来，为农村学校捐赠课桌椅凳1000余套，体育设施60余件，实验器材50套，总价值30余万元。“5·12”汶川大地震发生后，新安江支部自发缴纳“特殊会费”18 400元，用于支持都江堰中学灾后重建。为贫困山村农民、残疾人朋友送医送药。

2. 围绕中心，服务大局，为建德经济发展贡献力量

一是支持和鼓励企业家会员做大企业，为社会创造更多财富，为社会提供更多就业机会。市委会经常组织经济、科技、法律等部门的同志和会员走访企业，了解他们的生产和发展中的情况，收集和提供相关信息，积极借助相关平台反映他们的诉求，力所能及帮助他们解决困难。与省直机关支部建立联系，争取为建德会员企业的发展提供信息和项目的支持。

二是发挥民进企业家联谊会作用。鼓励和支持企业家会员利用联谊会的平台，共享发展的资源，也为建德经济发展提供信息资源。2009年底，建德民进企业家会员举办专题经济发展论坛活动，邀请民进中央、省、杭州市民进企业家协会的领导参加，视察会员企业，交流信息，为建德经济发展出谋划策。

三是利用民进组织和会员的人脉资源，广纳招商引资信息。围绕建德丰富的水资源、碳酸钙资源和良好的生态资源开发，我们做招商引资的有心人，积极提

供信息。如在石灰石造纸项目，新型砖体，养老产业等方面，提供了有力的信息和资源。

四是借助民进组织的平台，广泛宣传建德。好酒还得勤吆喝。邀请民进中央调研组来建德调研，争取会中央会议，华东六省一市、省、杭州市民进会议在建德召开，《民主》杂志建德地方专页刊登的《魅力建德，17度新安江》文章和封面新安江水电站照片，民进中央座谈会电视专题片，都是宣传建德良好生态环境和自然资源的极好机会和载体，为建德经济发展带来不可低估的作用，建德市的党政领导也非常支持和肯定我们的工作。

新安江支部作为浙江省委统战部、省民进、省社院的现场教学点，在具体教学活动中，在与省内外各界的沟通中，在与各兄弟民主党派组织的交流中，既宣传民进，也宣传建德。

三、社会服务工作与参政议政有机结合，提高社会服务工作的针对性和实效性

当前，民主党派参政议政和社会服务两大职能之间的交叉联系是越来越密切了，把两者有机结合起来，会有更好的效果。

举例1：

建德的水资源量大质优，整个新安江流淌的都是农夫山泉水啊！围绕发展建德水产业这个主题，我们深入到农夫山泉、新安江啤酒、致中和五加皮酒等水产业大户调研，我们听到了企业的真实的发展思路、迫切的发展呼声。我们完成的调研报告所提建议引起高度重视，许多内容被我市“十二五”规划采纳。更有意义的是，我们的调研建言，促成一些水产业企业的发展壮大问题尽快地提上了工作议程，如，新安江啤酒与青岛啤酒合作谈判不久之后取得成功。青岛啤酒，实力多强啊，牌子多响啊，销量多大啊，新安江啤酒能与青岛啤酒联姻，为建德经济产生多大的效益啊！农夫山泉三期、致中和五加皮酒扩建项目都已经有新进展。这就是我们服务经济发展的价值体现。

举例2：

早些年，我市农村教育负债的问题很严重，弄得校长和老师门苦不堪言，正常的教学活动难以维持。我们通过调研和建议，促进市政府很快就出台相关政策，并彻底清理出1300余万元的农村教育债务，能让农村中小学校长们、老师们能安心专心抓教育，这就是我们对教育事业的最好服务。

举例 3：

2008 年 3 月在调研我市柑橘产业调整发展课题时，发现许多橘农因柑橘价低而放弃橘园春季管理造成抛荒现象，我们当即将这一情况向市政府反映，市政府马上回应并出台相关鼓励扶持政策，扭转橘园抛荒现象，避免和减少了橘农的损失。这是我们对农民的服务帮助。

以上 3 例，是我们在参政议政过程中，及时把相关信息作为我们社会服务的着力点，使得我们的社会服务更有针对性，也更有实效。

同时，在社会服务工作中，也能发现和积累参政议政的线索和素材，帮助参政参到点子上。如在支持帮助钦堂乡卫生院提高管理和技术水平中，我们了解到当前新型农村医疗保险的“药品零差价销售”制度在执行中也暴露一些问题，有一些价格便宜，老百姓用得起，且临床效果也比较好的药物，进不了“药品零差价销售”的目录，这也是值得我们关注的问题。

四、因势利导、集智聚力，重视发挥会员在社会服务工作中的主体作用

我们的会员工作和活跃在各自的岗位和领域，他们是民进开展社会服务工作的主力军。我们的会员根据各自的优势和专长，用不同的方式和内容服务社会：

1. 岗位型服务。

主要是在机关和部门担任职务的会员，履行岗位职责，认真给老百姓办实事，办好事，干净办事。

2. 智力型服务。

主要是教育界和卫生届的会员，用自己的知识为教育和卫生事业做贡献。74 岁的老主委王行健退休后，依然用自己的医疗特长服务病人，为老年大学讲授健康保健课；83 岁的蔡象临老师义务坚持爱国主义演讲直到 79 岁，病倒了才不得不停下来，一共演讲 2100 多场；邵爱秀律师不为名利，用法律知识捍卫公平正义，为弱势群体提供帮助，为会员提供帮助，为经济建设提供服务。

3. 技能型服务。

今年 74 岁的吴梅珍老师自 1996 年退休后，15 年坚持免费教授城镇和农村妇女打腰鼓，为老百姓健康服务，为精神文明建设服务。书法家、画家何恃伟、李瑞有等都已退休，但他们还在用他们的专长为社会服务，服务农村文化建设，为群众提供文化食粮。董光海从事文化创意产业 15 年，为精神文明建设作贡献。

4. 实业型服务。

以企业界会员为主，像潘秋梅、汪志荣等会员，提供就业岗位，创造社会财富。潘秋梅带动农民发展种植业致富，并在上海、杭州等的城市建立销售中心解决农产品销售难的问题。

5. 资源型服务。

黎绵发会员的雾江电脑职业学校，20 多个班级，培养的毕业生都落实就业，还响应会中央的“彩虹行动”号召，为西部贫困生提供就学机会。徐庆华创办的青少年宫幼儿园，发挥示范作用。

五、形成合力，善于借力，为社会服务工作取得实效提供有力支撑

首先，民进内部要聚集各方力量形成合力。民进的某个单一组织的力量和资源是有限的，像民进建德市委会这样最基层的地方组织，力量更小，资源更少。有效的办法就是整和资源和力量，发挥整体的作用。民进建德市委会 7 个支部，124 名会员，就是一个非常团结和谐的整体，在社会服务中，市委会、支部、会员三个层面的力量都能很好发挥作用。

积极争取上级民进组织和领导的关心和支持，是我们形成合力的非常重要内容。无论是在文化、教育、卫生，还是其他领域，上级民进组织中有许多重要的智力资源，取得他们的关心和帮助，对建德民进发挥社会服务如同插上翅膀。我们在教育、医疗等方面开展社会服务，经常会得到省市民进专家、学者的大力支持，并在支教扶贫等方面给予物力和财力的帮助。特别是在致力于我市新叶古村和严州文化的保护方面，我们得到了杭州市、浙江省和会中央的大力支持，各级领导和专家多次亲临关心鼓励和指导。前些年，省、市的赵主委等领导，后来是会中央高保华副秘书长帮助联系专家，2011 年 11 月，会中央王佐书副主席来我市新叶村视察指导，提出很多建设性意见，并亲自帮助联系中国民间文化保护的领袖人物、民进中央副主席冯骥才，非常了不得啊！王佐书副主席去年给建德作的三场高水准专题报告，我们建德的领导干部、校长、老师、民主党派成员有机会聆听这样的报告，是非常幸运的，也是收获巨大的。

同时，还要善于借力，借助社会各方力量推进我们的社会服务工作。借助部门力量、社会团体的力量、兄弟民主党派的力量、“民进之友”的力量、会员家属的力量，等等，只要是对我们民进开展社会服务有帮助有促进的资源和力量，我们都要挖掘和利用好。比如，我们的政府对口联系部门，有非常好的合作和协作基础；我们的“民进之友”，他们对民进组织有良好的感情基础，非常乐意帮助民进做事，我们就可以吸收、联合他们的资源和力量。如建德民进在服务新农村文

化建设中，我们就联合了一些文化届的民进之友成员参与进来，增强了工作力量和效果。再如，我们会员的家属，是一支非常忠实的支持力量，民进开展社会服务，他（她）们总是不遗余力地支持，当作自己的“家里事”来做，在人力、物力提供最大帮助。

六、体现价值、宣传民进、激发热情、凝聚人心，促进组织自身建设

通过社会服务履行党派职能，体现和实现了民主党派自身价值，为社会做贡献，服务社会、服务群众也获得了相应的社会地位，同时也很好地宣传民进，展示民进风采，扩大民进组织的社会影响力。市委会全力支持和帮助会员发挥智慧和特长服务社会，广大民进会员的组织荣誉感和社会责任感进一步增强。社会服务也服务民进组织、服务民进会员，进一步团结力量凝聚人心。如，吴璀福会员是义乌人，十多年前来建德创业，从事水果种植和研发，他的果树苗木嫁接技术在全省排在前列，一心一意为建德果农提供技术帮助，别人收费很高，他只收取很低的成本费。他的鲜桃种植基地由于灌溉设施不全，连续二年干旱损失惨重。市委会得知这个信息后，及时与水利等部门联系，为他争取到我省的“节水灌溉”扶持项目，已经安装完毕，旱灾的问题得到解决。他说，是民进的情感让他扎根在建德，别人用重金也挖不走他。退休会员吴梅珍老师腰鼓培训时总是不忘介绍自己是民进会员，她为此感到非常骄傲。她参加腰鼓比赛，市委会帮助解决5千元经费。

市委会关心会员尤其是老会员的生活，经常上门看望他们，如蔡老师住在桐庐县，也时常去慰问。梅城支部对老会员格外关心，为99岁老会员詹老师联系医生做白内障手术。市委会对社会服务工作的先进事迹，特别是对一批老会员发挥特长贡献社会的事迹经进行整理总结，予以表扬和宣传，进一步体现民进的人情味，适当时候我们还要召开社会服务工作座谈会，进行总结表扬。

通过理论学习和实践探索，我们越来越认识到社会服务是民主党派的一项重要职责，也是民主党派发挥优势体现自身价值的重要形式。在履行社会服务职责过程中，不仅能够宣传民进，同时也是对中国共产党领导的多党合作制度的宣传。

探索无止尽，道路走愈宽。坚持正确的方向，形成合力，竭尽所能，用实实在在的行动承担起参政党的职责，发挥参政党的作用，我们的社会服务工作必将取得更好实效。

王佐书副主席的点评：

工作有计划、可持续、追长效，真正的雷锋精神存在于民进组织当中；建设社会服务基地，牵线搭桥；送文化，“种”文化；服务当地发展，变优势为实效，变优势为百姓造福，变优势为当地社会发展；社会服务、参政议政，相互交融、互相促进；关注退休老会员，余热散发出更加耀眼的光芒；形成合力，借力用力；以社会服务为载体，为自身建设打基础。

胸怀一颗感恩的心　真情投入社会服务

民进建德市委会原专职副主委　郑志良

社会服务工作是民进组织的一项重要职责，随着中国共产党领导的多党合作和政治协商制度不断发展，经济社会不断进步，新时代已经对民主党派开展社会服务工作提出了更高更新的要求。作为民进会员，积极参加组织开展的各种社会服务活动，努力想政府之所想，忧政府之所忧，为社会民众提供力所能及的帮助，是服务社会的具体体现。关注民生，积极履行参政党的职能，则是开展社会服务工作的更高境界与要求，是民进会员应尽的职责。

一、深入开展社会服务活动，为企业发展搭建更大的平台

社会服务工作是我会服务国家和人民，服务民进组织和会员的一项重要职能，具有鲜明的政治性，公益性，示范性和实效性，既是时代的客观需求，也是民主党派自身发展的内在要求。作为民进新社会阶层人士的一员，结合自身工作实际，时刻把开展社会服务工作作为时代赋予于自己的重要的责任，让社会服务工作主动服务于执政党和国家的工作大局，服务于地方党委和政府的重大决策，服务于改善民生和群众需求。做到有恒心、有信心、有爱心、时时处处用心，做一个社会服务工作有心人。

1. 为农产品滞销排忧解难，创新农产品销售模式

浙江是一个特色农业大省，茶叶，食用菌，柑橘，蜂产品，花卉苗圃，瓜果蔬菜等产量在国内均居前列，各类经济作物的种植总面积近 2000 万亩，这些经济作物不像粮食作物那样，国家有最低收购价进行保护，而完全由市场进行调控，经济作物的生产投入也比普通粮食作物高。一旦出现市场波动，农民的损失将十分惨重。回顾上世纪末至本世纪初，政府为了给农民兄弟排忧解难，一大批具有市场意识的领导干部走出办公室，走向城市的社区和广场，为自己的特色农业进行宣传推介。领导干部放下架子，为产品销售北上南下，赤膊上阵牵线搭桥。可见，政府在农产品营销方面所面临的压力可想而知。为了解决长期以来农产品营销难的实际问题，让农业增效，让农民增收，让政府解困，从 2008 年始，秋梅大胆地尝试了采取“政企合作”的模式，在全省率先成立“建德市名优特农产品展

示展销中心”，地方政府只提供平台，提供服务，提供政策，其他方面均由秋梅来负责具体运作，盈亏由秋梅承担责任。名优特农产品展示展销中心的运营借鉴超市的运作模式，集中展示展销本地及周边各地的名优特农产品，大力宣传与展现现代农业的发展成果，并主动与农民专业合作社对接，指导帮助合作社做好销售工作，名优特农产品展示展销中心的创建，有效打通了农产品的销售渠道，市民们随时可以买到有品牌的放心有机绿色农产品。百姓们称赞说是“建设了一个永不落幕的农博会”，帮政府解困，帮农民解忧，同时也为秋梅企业发展注入新的动力与活力。2010 年葛慧君副省长评价秋梅为全省的农产品起到了推广和带头作用；茅临生副省长亲临“浙江省名优特展示展销中心”授牌，并称赞秋梅为解决全省的农产品销售难问题起到促进作用。“政企合作”创新农产品销售模式，没有让政府出一分钱，也没有让政府承担一分风险，政府放心，农民高兴，百姓乐意，秋梅也由此打通了流通环节，走上了贸、工、农一体化发展的道路。目前，秋梅已经在建德、杭州、上海先后创建了“建德市名优特农产品展示展销中心”，“浙江省妇字号龙头企业农产品展销中心”，“浙江省名优特农产品展示展销中心”，“杭州（上海）生态有机农产品展示展销中心”，为来自全省的农业龙头企业和农民专业合作社搭建了更大更广阔的营销与品牌推广的平台，优质的农产品逐步推向国内外市场。政府满意了，农民高兴了，秋梅乐意了，因为秋梅为政府，为社会民众尽了民进会员的一份力和责任。

2. 以秋梅的品牌，引领农民致富

秋梅打小从农村长大，深知农民兄弟姐妹对美好生活的向往和渴望，投身农村创造一番事业，为社会略尽自己的微薄之力，是秋梅一直以来的志向。就目前而言，要想让农业增长，农村稳定，农民增收，改变我国的“三农”现状，充分利用农村现有的资源，积极开发农副产品，拓展销售渠道，是农民增收致富的一条有效途径。秋梅自公司创办以来，凭借专业的品质，先进的科研力量，研制开发了秋梅牌“倒笃菜”、“严州干菜鸭”、“方腊酱”等系列产品。秋梅商标获得中国驰名商标，秋梅倒笃菜荣获浙江省名牌产品、浙江省农博会市民最喜爱的十大品牌农产品、杭州七宝产品等荣誉称号，还连续七次获得浙江省农产品博览会金奖，成为国内各大超市、康师傅集团、太太乐公司、航空公司、金华酥饼的指定供应商。更重要的是，目前，在秋梅产品迈步推向全国各地的同时，为当地农民致富带来实实在在的福音。秋梅公司通过“品牌＋公司＋合作社＋农户”的形式，对基地的产出品实施保护价收购，保障了农户的根本利益，由此而带动当地农户发展绿色农产品 17300 余亩，培育了种植大户，带动浙江省 800 多农业龙头企业，与5万农户合作取得双赢，每年可为当地农户增收4480万元，解决了3500名老弱残农民就地就业问题，提高了他们的生活水平，为农民带来真正的实惠，促进了当地经济发展。为此，习近平同志叮嘱秋梅“小小倒笃菜，引领大市场”，是开辟了一项有益的社会事业，带了一个能使农民致富的好头。

二、积极投入社会服务活动，为秋梅提供更多感恩报答社会的机会

开展社会服务是民进的优良传统，体现民进组织的立会宗旨与存在价值。在开展各种社会服务活动中，遵循“找准角度，求真务实，力所能及，竭尽全力，务求实效”的原则，只要真情投入，同样会有丰厚的回报。秋梅是一个知恩图报，懂得感恩的人。一直以来，在秋梅企业文化宣传与弘扬的重点，就是要时刻怀有一颗感恩的心。要感恩党和民进组织对秋梅的关怀，要感恩所有支持与帮助秋梅的领导和朋友们，同时也要感恩秋梅员工们的支持与拥有。秋梅十分珍惜社会各界人士对秋梅的那一份真情与厚爱。所以，只要一旦有机会，秋梅都会投身到各种社会服务与公益活动中去。记得2003年12月10日，钱江晚报刊登了一篇关于秋梅的报道，标题就是：“建德市秋梅食品有限公司的掌门人秋梅，现在最想办的两件事情：一是多为百姓提供货真价实的绿色食品，二是多安排下岗职工再就业。”这确实是我当时心情的真实反映。因体制改革，不少职工下岗，他们的再就业遇到了困难，尤其是岁数偏大的下岗女工，想再找到一份工作就更难了。为此，从那时开始，秋梅公司每逢招工都要留出岗位给下岗工人或有劳动能力的残疾人。秋梅认为他们也需要工作机会，只要他们愿意用心做事，相信就一定能做好。这也是秋梅在《每日商报》2007年9月8日题为《“秋梅”60个温暖岗位面向大学生和下岗工人而推出》中说的话。到目前为止，现在秋梅公司里有50%的职工都是曾经下岗的女工。秋梅的努力，不但解决了这些人的生活工作困难，而且也为缓解社会矛盾，减轻政府压力尽了自己一份责任。近年来，大学生就业不易，创业更难的社会现象逐步显现，有人说是大学毕业等于失业，针对这一社会情况，为了促进大学生就业，鼓励大学生创业，秋梅担任浙江大学“三农”大学生协会兼职辅导师，把浙江省名优特农产品展示展销中心作为一个面向大学生见习开放的基地，积极鼓励并吸纳大学生毕业后来秋梅公司实习和创业，据统计先后已有200多名大学毕业生陆续进入企业学习锻炼成长。见习出色的大学生，只要乐意就可以直接成为秋梅公司储备干部的培养对象。对于立志创业的，经考核合格可以去公司的品牌连锁店当主管、经理，门店的前期投资则由秋梅负责担保。目前大学生已在公司职工中占有40%的比例。2010年在发展与女大学生“互帮互学，就业

创业带动”三年行动计划中，秋梅与17名女大学生村官结成了对子，做大学生村官的“创业导师”以创业带动就业，使女大学生村官成功创办秋梅食品网店。2009年4月28日，全国妇联主席陈至立到秋梅浙江省“妇字号”名优特农产品展示展销中心视察指导工作时，对秋梅的做法给予了高度的评价。秋梅在关爱下岗职工，尤其是女职工，尽量为她们提供再上岗的机会，支持大学生就业创业等方面付出了自己的爱心。这批员工来到秋梅企业后，都以“秋梅人”自居，把艰苦创业，科技引领，共同致富三种秋梅人的精神品格努力弘扬光大，成为了企业再发展的有生力量。

企业发展了，为开展各种社会服务提供了一定的物质基础。5.12汶川大地震，秋梅当即组织了两辆大卡车即开即食的食品，立刻送往灾区，并指令在5月15那一天，秋梅食品杭州专卖店在杭州各大社区及各大超市门口进行义卖，将所得款项全部捐给灾区人民。在浙江西部地区开化山区确认一所小学，为约500余名在校学生提供学习帮助，在2010年5月汤鑫基金慈善活动中，一次性出资10万元，资助汤鑫康复治疗。当从《都市快报》中得知建德阳光男孩徐龙坤带着妈妈上学。而徐妈妈因患颅内床突旁大动脉瘤破裂引起脑出血，需要马上手术后，第一时间给徐龙坤汇去了3万块钱，以解手术费用的燃眉之急。每年三月份，企业全体员工雷锋歌，学习雷锋精神为社会做好事，开展义务献血，给孤儿院儿童赠送食品；教师节到了，秋梅拨专款组织开展尊师重教活动，把爱心奉献给最值得尊敬的人；残运会召开了，秋梅送去专款，支持残疾人自强自立，鼓励他们身残志坚；社区里开展文化娱乐活动，秋梅为他们活动送去纪念品，支持弘扬社区文化；党派开展送医送药下乡服务活动，秋梅为边远农民兄弟承担所有药品费用。逢“三八妇女节”、“六一儿童节”、“母亲节”、“老人节”等等都是秋梅主动服务社会的契机与平台。每年的春风行动，秋梅不愿落后，通过捐物捐款资助贫困学生复学，帮助残疾人、慰问孤寡老人等形式奉献自己的爱心，帮助那些需要帮助的人，尽秋梅应尽的社会义务，履行一个民进会员社会责任。

三、依托社会服务活动平台，为秋梅更好的参政议政、履行职能提供素材

社会服务工作是民进会员进一步深入社会，了解国情民情，联系群众，服务人民的重要渠道，通过服务社会同时又使自己树立正确的世界观，人生观和价值观，锻炼与提高自己的参政议政能力与水平。

2011年4月—5月，杭州出现蔬菜滞销，价格下跌，秋梅看在眼里痛在心里，

因为秋梅非常了解“菜贱伤农”的危害性，为此，积极开展行动，与本地新闻媒体联合举办公益直销卷心菜活动，帮助菜农和市民积极应对蔬菜滞销的风潮。同时积极引导农户们与农业龙头企业签订订单农业，以降低损失，增强抗风险能力。在政协杭州市九届二次会议上，秋梅会前走访调研了十五六家中小企业，就新劳动合同法执行情况认真听取各方意见，在“关于构建和谐劳动关系”分组发言会上，秋梅作了“关于新劳动合同法执行情况论析”的专题发言。因事前调研充分，赢得了与会者的共鸣。撰写的《关于加大对农业龙头企业及农产品加工企业扶持力度》、《关于要求加大对山区市县农民饮用水安全工程建设资金扶持力度的建议》等提案，因观点明，建议实，均得到有关部门的肯定和支持。其中的许多建议与意见，其实多数均来自于开展社会服务活动的实践，通过发现并挖掘整理出来的。

在民进组织这个温暖的大家庭里。秋梅得到了许多关怀，秋梅在十分庆幸自己是一名民进会员的同时，更让我牢记的是民进会员的那一份强烈的社会责任感和使命感。今后秋梅将会在履行党派职能，积极开展社会服务活动中做出更大的努力。

王佐书副主席的点评：

潘秋梅是农民带领农民致富的人、是现代企业家带领职工致富的人；企业的荣誉是她个人的荣誉，也是民进的荣誉；潘秋梅为地方经济的发展贡献了很大的力量；潘秋梅为其他企业的升级也做出了贡献。企业形象是企业的道德、表现的是企业家的道德，企业为社会精神文明建设在做贡献；企业为和谐社会、为解决社会困难作出了巨大贡献；企业为社会的服务是多功能的。秋梅用四两拨了千金。

腰鼓咚咚传快乐　踏遍城乡送健康

汪国云

在建德，有不少退休的民进会员，退而不休，积极发挥个人特长，继续为社会奉献自己的聪明才智，服务群众，贡献社会。吴梅珍就是其中比较典型的一位。

吴梅珍于1940年12月出生在建德梅城，1961年参加工作，在千鹤中心小学任教，1976年在梅城附小任教，幼教高级教师职称。1989年6月加入民进建德市委员会，成为一名光荣的民进会员。1997年从当时的新安江镇幼儿园退休。现为建德市老年体协鼓乐队副队长、兼腰鼓总教练。1993年开始在幼儿园教打腰鼓，1996年开始在社会上教打腰鼓，16年来，吴梅珍在传授打腰鼓技艺的同时不忘记宣传自己是一名民进会员。了解吴梅珍的人都说，吴梅珍是一个用腰鼓传递健康、传递快乐、传递友情、传递和谐的使者。

一、作为民进会员，要为社会多做有益的事

吴梅珍从教多年，具有很强的社会责任感。特别是她1989年6月加入民进建德市委员会后，更加想为社会多作贡献。她常想，那些有专长的医生、书画家、农科专家等经常下乡为社会服务，自己作为一名民进会员，该为社会做点什么呢？

一个偶然的机会启发了她。那是1996年春上的一天清晨，当吴梅珍一个人在美丽的新安江畔，面对着青山绿水自得其乐地敲打着腰鼓的时候，她那优美的动作和有节奏的韵律吸引了其他的晨练者驻足欣赏。当她停下休息时，一位中年妇女走过对她说："吴老师，您腰鼓打得这么漂亮，教教我们大家吧。"吴梅珍一听，对呀！俗话说："独乐乐，不如众乐乐"，自己40多年坚持自娱自乐地打腰鼓，既达到怡情悦性的目的，又收到增强体魄的效果，为什么不把打腰鼓的技能传授给大家，让大家一起共享这有益于身心健康的活动呢？

吴梅珍当即答应在场想学腰鼓的中老年妇女，并与她们约好时间，开始传授打腰鼓的技能，第一次接收的"弟子"就有30多人。从此，吴梅珍一发而不可收，从学校到社区、从机关到厂矿、从城市到农村，一个个、一批批地不断接收新"弟子"，不断地扩大打腰鼓的队伍。

1996年，吴梅珍志愿加入到市老年体协的鼓乐队，成了执教腰鼓队的一名教

练。刚开始，吴梅珍在新安江城区教，新收的学员都安排在空气新鲜的江滨公园、月坪公园、文化广场等地练习。后来，随着农村健身热潮的掀起，吴梅珍便开始奔波于城市与农村之间，到寿昌、新安江、下涯等十五个乡镇（街道）义务传授腰鼓技能。前后有700多人跟吴梅珍学会了打腰鼓，先后建立了26支腰鼓队。吴梅珍还到寿昌镇和三都镇教军鼓，并成立了两支军鼓队。每到一个地方，吴梅珍就坚持教会教好，组织起队伍。每当看到新学员一个个、一批批学会了打腰鼓，吴梅珍笑得比吃了蜜还甜。吴梅珍与她教过的一批批队员都建立了良好的感情，把她们当作自家姐妹看待。在她用笔记本制作的两本通讯录上，记满了这些队员的姓名和通讯联络方式，保持经常联系，互相问候，联络活动，切磋打腰鼓的技艺，哪里需要她去指导，她就安排时间前往。

16年来，吴梅珍老师传授打腰鼓技艺的同时不忘记宣传自己是一名民进会员。一次，有位队员问吴梅珍："吴老师，您这样热心为社会做事，认真教我们打腰鼓，是不是共产党员呀？"吴梅珍说自己是民进会员，这样做也是应该的。那位队员疑惑地问："您是民警？"吴梅珍听后，笑了起来，就主动跟那位队员及在场的同志宣传中国民主促进会是个什么样的组织，她的宗旨是什么，会员应当做到什么。大家听后，都很佩服吴梅珍这个民进会员。

全国人大常委、全国人大教科文卫委员会副主任委员、民进中央副主席王佐书对吴梅珍多年坚持义教的行为给予高度评价，他说吴梅珍教大家打腰鼓"是发送给大家一个用不完的健康钱包。"

二、耐心细致教授学员，独乐乐变成众乐乐

在建德，城乡中老年妇女参与打腰鼓十分普及，这当中有吴梅珍的重要功劳。2011年7月12日《浙江日报》第2版这样报道："在建德市新安江月坪公园里，市老年体协鼓乐队吴梅珍正忙于给新一批'弟子'义务传授敲打腰鼓的技艺要领。10多名中老年学员手舞红带，正跟随老师学得有板有眼……"。在建德的腰鼓爱好者队伍中，许多人说起吴梅珍，都会情不自禁地翘起大拇指说："吴老师，真是我们的好老师！"

吴老师教授的队员中很多是建德乡村的妇女，乡下妇女情况不同，忙闲不一，有些妇女要承担比较多的家务和农活，是忙里偷闲来学打腰鼓的。下涯有一位妇女家里经营着十多亩草莓基地，但听说吴梅珍来教打腰鼓技能了，就积极报名参加，上午快手快脚把活干完，下午带着小孩来学习，有一次由于匆忙，连脚背上的泥巴都没洗净，引得大家哈哈大笑。吴梅珍因时、因地、因人而教，白天教与

晚上教相结合、集中教与分散教相结合，循序渐进，先教大家记住四句简要的口诀，然后再教手上的动作，接着教手脚配合协调，最后教大家花样动作及队形编排。

对于那些接受能力稍差一些学员，吴梅珍就单独给她开小灶，手把手地教，直到教会为止。在三都镇教时，有一个妇女刚开始感到不适应，想打退堂鼓，就对吴梅珍说："吴老师，我太笨了，学不起来的。"吴梅珍已经发现这位妇女自己手工做的鞋子很漂亮，就马上对她说："你做鞋子都那么心灵手巧，鞋子做得那么好，打腰鼓肯定能够学好的。"正面鼓励，不灰心，这位妇女果然坚持学下来，成为当地腰鼓队的一名优秀队员。

莲花镇一位老年妇女觉得自己年纪偏大，开始没报名。后来，她在旁边看大家练习打腰鼓，望着这些本村人敲打腰鼓的优美韵律和飒爽英姿，个个脸上洋溢着自信、快乐与幸福，赞叹不已，心里也痒痒起来，就对吴梅珍说："吴老师，我在家里太空闲，看到她们这样打腰鼓，我也很羡慕，让我也来学吧。"吴梅珍马上就把她安排到腰鼓队里一起练习。

正因为吴梅珍能够细心、耐心地教，所以每当有人来腰鼓队请老师去教打腰鼓的时候，队长总是打包票地说："行，吴梅珍老师去教，保证你们学会学好!"到乡下去，一个点上要去五六趟才能教会队员。在教洋溪街道腰鼓队时，前后去了十多趟，但吴梅珍毫无怨言。

吴梅珍能够在全市城乡各地广泛传授打腰鼓技艺，与她的丈夫余丰才先生的鼎力支持分不开。在她到乡下教腰鼓期间，每下去一次，时间短的两三天，时间长的连续教一个礼拜。她丈夫余丰才先生主动承担起家里的洗衣做饭、打扫卫生等家务，让吴梅珍安心在乡下教腰鼓。当吴梅珍教练过程遇到困难和曲折时，丈夫总撑她腰，鼓励她不要泄气。还特意提醒她说："咱们都有退休工资，吃穿不愁，你下去教人家的时候可千万不能收钱哟。"她到乡下教腰鼓，不仅不收一分钱报酬，连车费都是自己贴的。为了节省当地的开支，吃住在学员的家里。直到2010年，市老年体协筹措到了一些活动经费后，才开始给吴梅珍报销车费。

有的地方偏远，交通很不方便，比如，到三都马宅村教的时候，每次去单趟就要转五次车，但吴梅珍不辞辛苦，坚持去教，令当地队员十分感动。有一次，吴梅珍独自到车站乘车准备去乡下教打腰鼓时，扭伤了脚，仍然坚持着去。到了现场，忍着疼痛教了下来。第二天坐车回到新安江车站后，脚疼得走路困难，丈夫余丰才先生接到电话后，立即赶到车站来接她，回到家后，马上帮助吴梅珍用药。

农村学打腰鼓的人以中老年妇女为主，既健身，又怡情。在吴梅珍教过的学员中，年龄最小的是30多年，年龄最大的是85的老人。这些中老年妇女在学打腰鼓的过程，焕发出青春和活力。有些以前经常参与赌博的中老年妇女，自从参加腰鼓队后，赌博的少了，身体健康起来了，家庭和睦了，促进了社会和谐。建德市老年人体育协会常务副主席、秘书长洪浩明说："建德市城乡的腰鼓活动普及面广，人多队伍大，成效明显，吴梅珍老师功不可没。"

三、自小学成打腰鼓，多年修炼成高手？

说起吴梅珍打腰鼓的事，可以用三句话来概括：学得早、练得精、推得广。

这还得从1951年吴梅珍在梅城第一小学读三年级时说起。解放初期，腰鼓这一古老民间艺术得到了发展，成为亿万军民欢庆胜利、庆祝解放的一种象征，并被誉为"胜利腰鼓"，遍及中华大地。吴梅珍所在的学校当时要成立腰鼓队，练习"南方腰鼓"。活泼好动的吴梅珍虽然还在读三年级，却主动报名，积极要求参加学校腰鼓队。在全校推荐出的60多名学生中，最后选出9人，四年级以下的学生留下来进入学校腰鼓队的只有吴梅珍一个人。

进入腰鼓队后，吴梅珍人小鼓大，打起来有些吃力，但她不怕吃苦不怕累，硬是坚持了下来。特别是暑假天热，腰鼓队队员们一起练习打腰鼓，不一会儿就大汗淋漓，衣衫湿透，但大家仍然坚持练习。年纪最小的吴梅珍，更是学得认真、练得刻苦、悟得透彻，成为学校腰鼓队一名出色的队员。

从此之后，打腰鼓成了吴梅珍一生爱好与追求。后来，吴梅珍虽然还有许多业余爱好，比如：舞剑、打门球、下象棋、健身操、养身操、耍花棍、打军鼓等等，但最让她倾心并坚持不懈的是打腰鼓，直到后来特别是退休之后，她把传授打腰鼓技术当作自己的事业来做，而且做出显著的成绩。

她在新安江镇第一幼儿园任教时，曾带出的一支小朋友腰鼓队，参加公开表演后，受到群众的广泛好评，家长更是高兴，其他幼儿园的一些家长也要求让孩子学腰鼓。一些孩子见到小朋友腰鼓队的表演后很羡慕，居然对自己的母亲说："妈妈，我要到打腰鼓的幼儿园去上学！"有一件事情让吴梅珍老师十分开心。去年下半年，吴梅珍上街的时候迎面走来一位小伙子，直到她面前时恭恭敬敬地叫道："吴老师，您好！"吴梅珍怎么也想不起面前这位帅小伙是谁。只见那位小伙子说："吴老师，当年我在新安江第一幼儿园上学的时候，您教过我打腰鼓呢。""哦！——"吴梅珍不由得开心地笑了。

为了更好地展示腰鼓的风采和魅力，吴梅珍并不满足已学到动作套路，在传承腰鼓原有技巧的基础上主动摸索创新。1998年，吴梅珍到杭州女儿家玩时，也不忘腰鼓，经常跑到武林广场、吴山广场看别人打腰鼓。有一次看到她们打的动作有问题，就主动上前探讨，并示范指导，受到在场的人的好评。

后来，吴梅珍根据自己多年打腰鼓的经验和表演体会，加上到杭州等地参观学习来的动作，创新编排出新的表演套路，并针对队伍人数不同的情况编排出不同的队形，观赏性更强。吴梅珍经过多年探索实践，不断总结提高，技术娴熟，成为建德打腰鼓的高手和组织者。

四、参与活动造氛围，培养骨干传帮带

苏轼在《惜花》诗中写道："道人劝我清明来，腰鼓百面如春雷。"? 腰鼓是我国古老的民间艺术，它来源于生活，又很好地表现了生活。腰鼓历史悠久，发音脆亮，在民间广泛流传，独具魅力，人越多声势越大，气氛越好。吴梅珍教练带出一批批队员和一支支腰鼓队后，就经常带队参加比赛和社会文化活动，营造良好的喜庆氛围。

建德市老年体协每年组织一次腰鼓比赛，来参加比赛的队员大多数是吴梅珍教出来的"弟子"，吴梅珍作为比赛现场的裁判长，仿佛部队首长在检阅自己一手带出来正规部队，比谁都开心。比如2011年11月建德市老年体协在杨村桥镇文体中心举办全市腰鼓比赛，来自乡镇、村和街道的10支队伍共146人参加了比赛，最后，大同镇富塘村代表队、梅城镇代表队、杨村桥一队、寿昌镇代表队、新安江街道代表队和洋溪代表队获得了一等奖，而这些队的队员全是吴梅珍和其他教练共同培训和指导出来的。

去年4月份，按照建德市老年体协的要求，吴梅珍作为领队带着12人的腰鼓队伍，参加了杭州市老年体协健身腰鼓比赛，获得了二等奖，为建德争得了荣誉。虽然参赛项目是"北方腰鼓"，但在赛前训练中，吴梅珍也花了许多心血参与指导。

打腰鼓在表演的形式和技巧上变化极为丰富，轻松愉快、潇洒活泼，不仅是一种良好的健身活动，也是一项能够营造节庆欢乐气氛的文化娱乐活动。大型团队表演，更是体现出一种互相配合、团结协调的团队精神和步调一致、整齐划一的气势。吴梅珍多次带领腰鼓队参加当地大型庆典活动。比如，1997年香港回归，建德市组织大型各类表演项目的彩街活动，吴梅珍负责大型彩街活动中的腰鼓方队的组织任务。她主动与乡镇、村和街道的腰鼓队联系，抽调了近百名打腰鼓的队员，编成方队，集中排练，充分准备。在表演的当天，腰鼓队的精彩表演，得

到沿街观看群众的热烈掌声。

另外，在每年的老年节，吴梅珍都要带着腰鼓队到敬老院慰问表演，与住在老年公寓的老人共庆祝、同欢乐。

城区的腰鼓队在城里的文化活动中发挥了积极的作用，乡镇（街道）和村里的腰鼓队也不甘落后，在当地各种重要活动中出场表演，营造喜庆氛围。比如，乡镇开党代会、人代会、欢送新兵等各种庆典活动，当地腰鼓队都能够大显身手，展示腰鼓的魅力和风采。

吴梅珍因为在城乡传授打腰鼓的过程中做的积极贡献，多次被建德市老年体协评为先进工作者。同时，也得到广大群众的拥戴。2011 年 6 月 25 日，一位叫“小英”网友在“我爱舞团”网站上这样留言：“吴梅珍老师您好吗？又看见您战斗在腰鼓队伍第一线，我真为您高兴。从幼儿园、小学、中学、机关单位、社会团体，现在又在老年体协，您为我们建德市的文体活动做出了一生的贡献，看见您我都热泪盈眶，衷心祝愿吴老师永远年轻，健康长寿！”另一位叫“丹妮”的网友也留言说：“吴梅珍老师您是一颗灿烂的明珠闪烁在新安江畔，您这颗星星之火把我们整个建德的腰鼓事业点燃了。您是有功之臣。又看见您的照片，还是那么的活跃，真为您高兴。我是您的学生，我了解您，祝老师您健康长寿！”

俗话说：人生七十古来稀。以前，吴梅珍身体比较好，不管是街道社区，还是乡镇、村，她都能够单枪匹马到处跑，哪里需要就到哪里教。但是随着年龄增大，吴梅珍感到再大运动量教他人打腰鼓，有些力不从心，有时三四个小时教下来，她便累得头晕。毕竟岁月不饶人，于是，她想到应该培养腰鼓技艺骨干，让年轻体壮的同志来承担、传授打腰鼓技艺，培养技艺新骨干，让腰鼓传帮带后继有人。因此，从 2010 年开始，吴梅珍每去一个乡镇、村传授腰鼓技能时，都带上一两名城里的练习得比较好的技术骨干作为帮手，一起前往教练。目前，已有一支技艺好又热心的骨干队伍，配合着吴梅珍到各地传授打腰鼓技能。可以想见，建德的腰鼓队伍在吴梅珍打下的基础上，将会更进一步的发展和提高。

打腰鼓，表达出一种积极向上的精神，抒发着一种健康快乐的情怀。当人们听到吴梅珍老师敲出的“咚吧咚吧咚咚吧咚吧”腰鼓声时，仿佛听到“动吧动吧动动吧”的亲切召唤，动员和鼓励大家踊跃加入到健身队伍中来。

王佐书副主席的点评：

吴梅珍老师退休十五年，从课堂走向了广场，她传播文化，搞的是健身，送的是健康。给他人送健康、送长寿、送幸福、送快乐，送的是无法计算的财富，产生的社会效益和价值无法估量。吴老师是苦了自己，幸福别人的人，对人民的感情支持她克服了种种困难。什么叫为社会服务，什么叫为人民服务，什么叫多功能效益？——有钱出钱、有力出力、有物出物、有智出智、有计出计、有情出情。留给人们深刻思考的问题是，我们不仅要看到钱，还要看到能产生钱的方法。

新时期民进企业家开展社会服务工作的实践与思考

民进宁波市委员会　赵夏娟　沈炜

随着我国经济社会的发展，统一战线的壮大，民进的社会服务工作经历了从自发到自觉，从零散的、随机的到有条理、有计划的发展过程。社会服务实现了理论和实践上的丰富和积累，拓宽了工作的领域和思路，呈现出不少新变化和显著特点。近几年，宁波民进与时俱进，注重吸收社会新阶层人士特别是优秀企业家的入会，并发挥他们优势，开展社会服务工作，取得了一定的成效。如何根据新形势新任务发展需要，形成长效机制，深化服务举措，已成为新时期民进履职的重要课题，值得我们进行深入的思考与探讨。

一、宁波民进企业家开展社会服务工作的实践

企业家一般都有一定的经济实力，大多数企业家在努力经营好自己企业的同时，愿意承担更多的社会责任。近几年来，宁波民进会员企业累计向公益慈善事业捐款捐物价值达1200多万多元，其中有2家会员企业各出资50万元在慈善机构建立了慈善基金。这些数据，从一个侧面见证了民进企业家良好的个人素质，也是市委会开展社会服务工作的基础。发挥优势开展社会服务工作，市委会作了以下及方面的探索：

1. 搭建平台，突出社会服务的组织特点

从随机的、零碎的捐款到有组织的开展社会服务活动，从企业自身行为上升为党派行为，需要组织来筹划和协调。当民进会员企业达到一定规模数后，市委会不失时机成立宁波民进企业家联谊会，并利用这个平台开展各类爱心奉献活动，得到了很多企业家的响应。如在开展捐助白血病患儿“小横东”的活动中，各位企业家会员响应联谊会号召捐资出力，通过捐款、爱心义卖、建议政府部门人性化执法等活动，使孩子得到及时救治。救助活动通过《东南商报》等媒体的报道，得到了社会的高度关注和强烈反响，时任市委书记巴音朝鲁还为救助活动批示。为感激民进企业家的救助行为，患儿沈横东改名为沈宁波。

2008 年，由于受国际金融危机的影响，大学生就业异常困难。市委会与宁波大学联系，组织企业界会员到宁波大学为大学生就业提供帮助，免费发放就业指导书、提供就业岗位。2011 年，民进企业家联谊会组织会员企业到浙江工商职业技术学院举行促进就业现场招聘会，招收有意向的大学生到企业就业。2012 年，组织十余家会员企业开展校企合作活动。通过组织搭台，集聚力量，形成合力，提高了民进社会服务的组织化程度，扩大了民进的社会影响。

2. 主动引导，强化社会服务的党派特色

民进是以教育界为主体的参政党。市委会有意识地把社会服务工作与党派特色有机结合，积极开展助学扶贫帮困活动。2007 年，市委会联系会员阳光集团董事长季荣弟出资百万在贵州普安县捐建了一所示范性幼儿园，为当地政府解决入园难问题助了一把之力。会员天鸿建筑集团有限公司董事长刘斌和宁波康力玻璃有限公司总经理励佩燕各出资 50 万在慈善机构成立基金，用于我市教育事业。另外，企业家联谊会还发动民进企业家参与民企“阳光助学”活动，在民工子弟学校捐建图书馆、捐献图书、捐款。与江北区 21 名农村贫困学生结对，向每位学生资助 500 元。有的企业家还认领品学兼优的贫困学生，进行长期帮扶。由于民进企业家联谊会的主动引导和会员企业的热心参与，市委会教育结对帮扶活动更加全面，从过去单纯的智力扶贫扩大到智力扶贫与资金扶贫有机结合，使一些困难家庭得到实惠。

3. 提升层次，明确社会服务的政党特性

民主党派是一个参政党，社会服务不同于一般的社会团体，应从参政党履职的高度来认识社会服务、开展社会服务，为推动社会发展服务。2008 年，面对国际金融危机对实体经济的影响，市委会邀请大学教授、市政府政策研究专家、民进企业界会员开展了主题为“迎难而上，共克时艰，化为危机，共谋发展，应对金融危机，促进科学发展”的经济论坛，为会员企业应对金融危机出谋划策，提振企业家的信心。在此基础上，市委会对会议情况进行了综合报道，发表在《宁波经济》杂志上。同时，市委会领导还走访企业，进行实地考察调研，根据了解到的情况，及时向有关部门编发有关社情民意信息，供党委政府决策时参考。2011 年下半年，我国经济形势出现下滑趋势，企业家联谊会又适时举行了“对话·时局”论坛活动，组织企业会员纵论经济形势，提出“面对形势发展，我们该怎么办”的想法。在对话的过程中，各种观点相互碰撞，思想认识得到升华，大家颇感收获匪浅。活动情况在《浙商》杂志、《东南商报》等媒体大篇幅的报道，进一步扩大了活动效果，产生了积极影响。通过有组织的活动，在服务推动民进会员企业发展的同时，向党委政府建言献策，这是更广泛、更高层次上的社会服务，也履行了参政党的职能。

二、民进企业家开展社会服务面临的困惑和问题

民进企业家是民进组织中一支非常活跃、非常重要的力量，在民进社会服务工作中发挥了积极的作用。但在实践工作中，我们也遇到了一些困惑和问题。

1. 民进企业家联谊会还没有正式“户口”。宁波民进企业家联谊会的“诞生”，没有得到统战部的“祝福”，是在统战部门领导缺席的情况下成立的。有的地方出现了不让企业家联谊会进行法人注册登记的情况，影响会员企业的积极性和组织发展的规范性。

2. 民进企业家开展社会服务还没有形成“拳头产品”，社会影响力还不够大。有的企业家对社会服务的主动性还不够，被动参与多，主动参加少。有的企业家对开展社会服务活动认识还不够到位，功利性比较强，需要不断引导。

3. 社会服务工作机构、人员缺乏。党派机关人员编制少，没有专门的工作机构，社会服务挂靠在办公室，也没有专门的人员，由办公室其他人员兼管社会服务工作。这种没机构、没人分管的工作，往往缺乏计划性，存在随意性，更不用説对社会服务工作的理论研究，影响社会服务工作的深入发展。

三、民进企业家开展社会服务的几点思考

民进企业家是民进开展社会服务工作的重要窗口，是扩大党派社会影响和全面发挥参政议政作用的一支重要力量。利用民进企业家联谊会平台，进一步凝聚企业界会员的智慧和力量，充分发挥他们的整体优势，需要我们进行认真的探索和思考。

1. 打造民进社会服务工作的品牌，做强做大

民盟中央的“烛光行动”计划、民进中央的“彩虹行动”计划已形成了自己独特的品牌。在党派地方组织中，还有专门为眼疾患者提供帮助的“光明慈善行动”，为贫困山区学校提供扶助的“阳光助学”等活动。这种举全会之力，开展的某项慈善、助学活动，容易形成自己响亮的品牌，产生较大的社会影响。民进在开展社会服务活动中，也要找准自己的位置，提出自己的服务品牌。然后，集全会之力，做好做强做大服务品牌。一个地方力量不够，可以几个地方一起做，也可以全省一起做。上下联动、左右协作，这对提升党派的社会影响力，意义重大。

2. 建立社会服务工作的长效机制，做实做深

加强社会服务工作的计划性，明确工作重点，做好规划和布局，是提高社会服务实效的重要手段。要改变运动式的、完成任务式的、“小打小闹”式的社会服务工作形式，建立社会服务基地，对社会服务基地实行跟踪服务、全程服务和个性化服务，深化活动效果。建立激励机制，对社会服务工作做得好的企业，要及时总结经验，大力宣传、推广企业开展社会服务工作的经验和做法，激励更多企业参与社会服务工作，引导企业承担更多的社会责任。同时，在评比先进、推荐企业家会员担任人大、政协委员等方面，予以优先考虑。要研究社会服务工作规律，了解人民群众的现实需求，努力实现自身优势和群众需求的对接，实现社会服务的专业化、精细化，切实提高服务的针对性和有效性。

3. 建立民进社会服务的骨干队伍，夯实基础

加强与企业家之间的感情联络，增强组织凝聚力，是实现社会服务可持续发展的基础。民进组织要注重吸收有经济实力、有社会责任感的优秀企业家入会，为民进开展社会服务工作创造良好的工作基础。平时，要加强与企业家之间的联系与沟通，关心企业家的生产经营和身体健康，及时反映企业的呼声，想方设法为企业排忧解难，增进企业家对民进组织的感情，增强他们的归属感，切忌“用之呼来，用后挥去”的做法。感情融洽了，做社会服务工作是水到渠成之事。同时市委会还要加强对民进企业家的培训，提高企业家的道德素养和文化素养，把履行社会责任作为企业家的分内事。

量力而行　尽力而为
发挥优势　服务社会

民进温州市委员会

民进温州市委会一直以来，坚持“量力而行，尽力而为”的方针，充分发挥党派的自身优势，采取多种形式，热忱为社会服务，取得了较好的工作成效。

一、发挥党派自身优势，开展社会服务工作

开展社会服务是我会发挥参政党职能的又一重要内容。民主党派开展社会服务工作要注重发挥民主党派的组织优势和整体力量，要突出重点和注重实效。民进是以从事教育文化出版工作的高中级知识分子为主的政党，温州民进现有会员917名中，其中教育界会员占70%。因此，市委会充分发挥民进教育界会员的智力优势，进行社会力量办学。

温州民进高级职业中学，是民进温州市委会于1983创办的民办学校，是市委会社会服务工作的窗口与服务品牌，也是温州市民主党派社会力量办学的一面旗帜。根据当时社会的需求，为解决温州市区初中毕业生升学难问题，市委会发动会员捐资集资，领导带头行动，130位会员积极响应，筹资4万元，民进会员热心办学的行动引起了社会的关注。学校承担职业高中的双重培养任务，办学至今已为社会输送一专多能中等专业人才3000多名；其中为高等职业学校输送了一批合格的新生。高考录取率始终名列民办职校前茅。因办学工作突出，曾先后荣获民进中央“民进全国办学先进集体”、浙江省各民主党派、工商联“为经济建设服务先进集体称号，省教委“浙江省社会力量办学先进学校”、温州市教委评为社会力量办学A级学校、温州市人民政府“先进文明学校”等荣誉称号。《人民日报》、《光明日报》、《温州日报》等先后对学校作了多次报道。学校积极参与民进中央、省和市组织的各项社会公益活动，分别在民进省委会组织的“为西部贫困学生献爱心活动”和民进中央组织的“城乡少年手拉助活动现场上”为甘肃平凉大潘小学捐款三千元和价值6千多元的服装。

由于近几年教育制度的改革，初中升学难问题已逐步得到缓解，及社会需求

的现状，温州民进职业高级中学的学历制教育也将退出历史舞台。但是，与此同时民进温州市委会针对当前社会外来“新温州人”的技能缺乏，就业难问题及这类人群对技能培训的强烈需求，市委会于今年 4 月在民进高级职业中学正式启动“温州新居民、民进新课堂”系列公益技能培训社会服务品牌建设活动。目的是提升新居民就业竞争力，增加其收入，同时也是满足企业发展人力资源供给的需要。培训的形式为短期培训。该系列公益性技能培训活动的首批“护理员专业”已正式开班，培训人员为 50 人次。同时，市委会还将陆续面向企业、社区等人员开设服装设计、服装打版、服装 CAD；家政的月嫂、育婴员、护理员、家政服务员；鞋业的皮鞋车包、做包等专业的公益性培训课程。

民进市委会的社会力量办学有很好的社会反响，确实是为人民群众办实事、办好事，为我市的民办教育划上了浓墨重彩的一笔。

二、指导地方基层组织，注重品牌意识，提高社会服务工作效能

我市六个地方基层组织，建立时间有先后，会员人数多寡悬殊，成员结构各有特色，虽然各地社会服务工作发展不平衡，但是通过市委会积极引导及市委会主要分管领导下基层等形式来指导这项工作的开展，近几年，各地方基层组织在社会服务工作中能充分发挥自身优势并注重创品牌意识，并取得了实效。

1. 整合会内外资源，设立爱心基金捐资助学

“三环爱心基金”，是民进鹿城总支整合会内、外资源，于 2007 年设立的，这是鹿城民进社会服务工作的一大品牌。“基金”用于资助特困户及助学等方面，每年捐助三万元，用于开展献爱心活动，为构建和谐社会贡献力量。据不完全统计，目前三环爱心基金会爱心善款的受惠者遍布鹿城区的八个街道、四个乡镇，累计受助人数 30 多人，参与企业也即将从原有的一家增加到两家，计投入资金近 12 万元。此外，鹿城总支还结合文明社区创建，有效整合社会资源，几年来一直在水心街道开展了法律进社区、教育进社区、文化进社区等“五进社区”活动。

“锡星助学奖学基金”，是民进苍南总支整合社会资源创立的“锡星助学奖学基金”，是苍南民进社会服务工作的一大品牌。凸现了民主党派良好的社会形象和无私爱心。“基金”每年能使二十几位品学兼优的少数民族贫困生学杂费得到救助，并对学习成绩优秀的学生进行奖励。目前，苍南总支每年支出 3000 元帮助苍南贫困大学生解除后顾之忧，使他们能专心在校学习。此外，近两年苍南总支还利用优秀教育资源的优势，与苍南县中小学、幼儿园合作开展春天送诗大型朗诵活动、组织灵溪太阳人幼儿园、桥墩小太阳幼儿园到渔寮乡和仙居乡送教下乡等

活动。

“瓯海支部助学金”，是民进瓯海支部充分发挥会内优势，整合社会资源，于2010年设立10万元的“瓯海支部助学金”。该助学金分期分批资助边远山区困难学生家庭的生活费用，以确保山区困难学生能够有书读，读好书。支部每年组织一次的社会服务活动。先后与潘桥镇华亭村、横塘村进行了结对帮扶活动；还对山区一些贫困生进行扶贫助学帮扶活动。

2. 开展“送文化、送医疗、送教育”三下乡活动

“携手农村”送教下乡系列活动，是民进瑞安总支多年来，坚持开展的社会服务活动。两年来，共开展活动送教下乡10多次。多次送文艺到部队、进企业、下农村，送医疗、送科技、送文化到农村，多次赠送《全民科学素质行动计划纲要》等各类300多册给瑞安顺泰和江浦冯桥村。为顺泰和江浦的200来位老年朋友提供了义诊和医疗保健知识咨询服务。此外民进瑞安总支还开展送教育、送文化下乡、送文化进企业等社会服务活动。

“文艺轻骑兵”文艺演出团，是民进平阳总支充分发挥文艺界同的优势，服务社会的创新品牌，于2010年正式成立。以组织灵活、深入贴近、快捷实效的“短、平、快”服务形式，至今已开展了五十多场这样深受群众欢迎的文艺演出。团队发挥了民进平阳总支的文艺人才优势，集中了一批优秀的文艺工作者，结合当地经济社会发展各个阶段，创作了大量的群众喜闻乐见的优秀文艺作品，到田间地头到农家院落，极大丰富了农民的业余生活。

龙水一小“民进杯”读书节系列活动，是民进龙湾支部发挥企业界会员多的优势，与龙水一小开展结对互助活动，于2009年正式成立。活动形式富有创意，设有读书活动颁奖仪式、还为龙水一小学校捐赠现代化教学设备等等，至今龙湾支部该项社会服务活动投入共计4万余元。此外，龙湾支部还发挥文艺界会员的优势，开展送文艺下乡活动，为敬老院的老年人表演文艺节目等。社会反响好，受到该校师生和当地老百姓的认可。

这些社会服务活动的开展为扶贫帮困、维护社会稳定、弘扬社会主义精神文明起到了促进作用。新形势下，民进温州市委会将充分发挥自身优势，打造社会服务“同心”品牌，注重发挥民主党派的组织优势和整体力量，进一步创新社会服务新品牌，使社会服务成为民主党派展示工作实力、实效的社会窗口。

凝聚爱心　保障服务

——"三环"爱心基金会的设立与运作

民进温州市鹿城区总支

一、基金会设立的背景

民进鹿城区总支成立于1997年，会员中86％为中小学及幼儿园教师，在年龄结构上60％为退休人员，会风纯净，老中青三代和谐交融。多年来，总支致力于社会服务工作创新，面向基层，面向弱势群体，做了大量的社会服务工作。为在社会服务工作中亮出党派特色，总支早在2004年就立足会员中教育精英荟萃和兼具法律专家的特点和优势，把创特色重心放在"二进社区"（即教育和法律进社区）上来，取得卓有成效的业绩。

随着时代的发展，社会矛盾处在高发期，需要帮助的群体和个体层出不穷，我们逐渐认识到，总支的社会服务工作要适应新形势、新任务的需要，仅凭会员自身和个体的力量所做的阶段性的社会服务工作常显力不从心，也难以体现党派特色。如何利用党派实力和良好的社会形象，挖掘社会资源，感召并吸纳贤者、能者、富者共同为社会作奉献，引导并组织非公有制经济人士共同开展回报社会爱心行动，成了总支思考的重大命题。于是总支于2007年3月开始积极酝酿建立党派爱心基金会。

二、基金会设立的过程

1. 争取企业支持

总支认为，"三环爱心基金会"的运行不同于一般的扶贫和慈善活动，其特殊的意义在于受教育、有作为，参与基金会运作的各方——非公有制经济人士、党派成员及受助方均能在思想上受到教育，受助人员在物资上得到一定的帮助。因此，总支领导于多种活动、公务场合中注意物色具有捐助意向的爱心人士。2007年4月，总支获知温州市政协委员、温州市橡胶商会会长、温州三环橡塑制品有限公司总经理赵景温先生有意于长期资助弱势群体的心愿时，提出以其企业之名设立民进鹿城总支“三环爱心基金会”，每年捐助三万元，用于开展献爱心活动，为构建和谐社会贡献力量。

2. 遭遇机制瓶颈

基金会名称和捐助企业确定后，总支即开始着手基金会的筹建工作。首先是向民政部门咨询有关筹建程序，却得知正当会员们沉浸于基金善款有着落的喜悦之时，爱心善举却遭遇了瓶颈问题——在向区委统战部请示基金会的设立及善款的划拨程序时，得到的确是否定的回答。这是因为，根据有关财经制度，民进鹿城总支作为基层总支是不可以在银行独立立户的。

3. 得到上级支持

善款无法直接通过总支划拨，那基金会也就更无法设立了。正当总支领导一愁莫展时，经多方打听、积极争取，关心总支工作的民进市委会领导又给我们带来佳音——可以在民进市委会账户下开设基金会专项户头，纳入市财政转账划拨。这一下，会员们总算松了一口气，虽说程序上有些周折，但基金会可以运作，我们的帮扶工作就可以开展了。就这样，在民进市委会的大力支持和鹿城区委统战部的指导下，经总支领导多方努力，由赵景温先生设立的民进鹿城总支“三环爱心基金会”于2007年年底成立。随即，总支也经商议出台建立了“三环爱心基金会”的相应运行规范。基金会基本运行程序如下：赵景温先生每年一次汇款入账——总支委员定期接收受援对象报告并汇总审议——总支领导复议批示——总支盖章——报送市委会——划拨专项资金——捐赠受援对象。

三、几年来的运行成效

基金会成立4年以来，“自觉围绕中心”、“积极服务社会”、“关爱弱势群体”、“支持革命老区建设”、“助推教育均衡发展”等成为我们履行社会服务职能的主要内容，曾先后以革命老区、新农村建设带头人、新温州人特困家庭、薄弱学校等为帮扶重点对象，先后十多次动用“三环爱心基金会”的资金计九万元，捐赠给我区薄弱学校与各特困户，以彰显我总支扶贫济困、关爱弱势群体的“大爱”情怀。民进中央网站对我总支这一创新举措的相关信息给予关注并采纳发布，种种善举取得了良好的社会效应。

——不忘历史，弘扬正气。积极参与面向革命老区的扶贫行动，共捐资1万多元，结对帮扶老革命、老党员、老模范等人员。如为革命老区双潮乡烈士后代——夏家山村党支部书记夏景周等老党员提供爱心捐助，送上民进的问候和党派的温暖。

——爱心助学。总支积极开展帮扶发展中学校的教育帮扶行动。如每年教师节或新春前后，我总支领导均赴我区薄弱校巨一小学进行慰问，几年来共计送上慰问款三万余元；向岙底乡中心小学捐赠图书；总支和民建鹿城总支联合跟中央涂小学结成了帮扶对子，并派名师送教结对学校，助推鹿城教育均衡发展。

——赈灾捐款，爱心无限。四川省汶川县强震发生后，“三环爱心基金会”也捐赠10000元，总支及下属会员共捐款捐物达38830元；此外，我总支的社会精英、企业家会员吴继升（锦丽斯企业有限公司总经理）、沈迦、叶萌春（浙江省工艺美术大师、双屿黄杨木雕厂厂长）、陈忠和（温州市文化体育用品商会会长、温州市伍环文化体育用品公司董事长）、陈华丰等也先后出资计数万元以资助爱心活动。

——鼓励自立。本着“关注民生，改善民生”的服务社会精神，总支确定的重点关爱对象为各街道“身处困境，心怀阳光”的弱势群体。如坚持三年受援对象蒲鞋市街道特困残疾人：潘广福（二级致残、癫痫、心脏病，三个孩子上学，妻子无业，但仍乐观生活。平时摆小摊维持生计，但几年如一日关注社会事务，坚持积极主动为社区疏散交通，做一名交通管理志愿者。）现在潘广福一家生活条件已经大为改善，我们还是坚持对他们的家境进行持续关注。

——促进会员发挥新作用。民进鹿城总支通过走访调查摸底，为党派开展帮扶提供建议，确定帮扶对象，通过帮扶活动的过程参与，增强民进会员对鹿城区各社会阶层民生的了解，接受国情、乡情教育，不断提高自身素质和能力。如总支委员们纷纷表示，在和双潮乡的老革命、老党员、老模范的交流中，受到了革命传统教育，进一步增强感恩党、感恩国家、感恩人民的自觉意识，获得了宝贵的精神财富。

据不完全统计，目前三环爱心基金会爱心善款的受惠者遍布鹿城区的八个街道、四个乡镇，累计受助人数30多人，参与企业也即将从原有的一家增加到两家，计投入资金近12万元。

四、基金会进一步发展壮大的思路和做法

从当前基金会发展面临的形势来看，着力以“参政为民、知行统一、秉承传统、创新内涵、助推和谐”的文化理念为引领，继续围绕开展“弘扬正气、鼓励自立、爱心助学、扶贫济困”等慈善资助活动，为社会特困群体提供各种形式的帮助，促进社会和谐、文明、进步。

1. 树立品牌项目，以特色帮扶项目提高党派知名度和影响力

可以充分利用民进多能者的特点，适宜推出定向的结对助学等活动，提高党

派影响力，可以在“弘扬正气、鼓励自立、爱心助学、扶贫济困”等帮扶活动的某一方面比如弘扬正气或爱心助学方面做深做透，或许这样更能提高使基金会活动的效果，加大活动的影响力度。

2. 尝试开展帮扶合作项目，增强社会效应

我们将在做好自身品牌帮扶项目的同时，积极挖掘党派内外的资源潜力，主动寻找乐意与总支合作实施公益项目的企业或个人，可以进一步取得良好的社会效应，也会促进党派帮扶品牌的形成。

3. 拓展交往渠道，进一步扩大社会交流

今后，我们要通过各种渠道，积极主动地与政府、企业和媒体建立经常性沟通联系，一是要争取党委、政府重视，尽量去争取政府的支持，保证基金会开展各项活动的顺利实施。二是要争取社会各界鼎力相助，是我们开展各项帮扶活动的基础。三是能够使我们及时了解哪些人需要帮扶，哪些事件发生需要捐助等，使我们充分享受到信息资源的优势，提高我们帮扶工作的效率和工作力度。

4. 建立规范化的基金管理制度

总支将进一步建立健全爱心基金的管理制度，定期召开工作例会，研究部署任务，特殊情况，召开临时会议。总支委员会议每年最少两次研究部署基金会运行工作，实现基金会文件、档案的有序化管理，对所有档案文件进行分类归档，有序管理。

以扶贫济困为己任　把爱心撒向社会

民进温州市苍南县总支

民进苍南县总支自成立以来把社会服务工作作为总支的工作重点。总支统一认识，突出特色，调动会员积极性，发挥人才和智力优势，缜密开展各项社会服务工作，并取得了较好的工作成效。出色的社会服务工作，赢得了社会各界广泛的赞誉。

一、深入一线教学，为广大师生开课、讲座，送教下乡

总支发挥人才的优势，自成立以来深入一线教学，为广大师生开课、讲座活动。会员陈啸游、梁亦早、应重庆等在苍南县民族中学开了数学、地理、语文、历史等公开课。其生动活泼的教学方法和新颖的教学思路，赢得了大家一致的好评和赞扬，使广大师生得到了一次相互交流、相互提高的好机会。会员王成棨在灵溪五中给学生上了一堂生动的作文讲座课；其独特的写作观念和指导方法，赢得了400多名学生的热烈掌声。会员朱德怀、倪尔爽在龙港三中分别举办了作文、历史方面的讲座；其内容深入浅出，生动有趣，获得了广大师生的一致好评。会员徐斌在瑞安陶山小学、苍南五凤中心学校、灵溪六中等学校开设作文讲座，提升学生写作实践能力。会员林振清为苍南农村学校捐献了图书100多册（价值1000多元），充实了县民族中学的图书室“柜子”。

灵溪支部“送教助学”到灵溪六中。为广大师生开设英语、地理、心理、美术、文学讲座；并资助17位贫困生上学，金额近6000元；捐赠图书近200册；会员、诗人王成棨捐送了个人的诗歌专著。龙港支部特邀部分市、县骨干教师和全体会员赴龙港七中进行送教捐赠活动。开出6个学科的7节指导课，并对七中的各学科进行点评。同时，向七中的16个班级分别捐赠了体育用品。同时龙港支部初中教师赴龙港六中参与“送教下乡”活动，并面向龙六中学生作“文学写作知识”讲座。龙港支部还组织了两场大型的省、市、县教坛新秀送教、讲座活动。10多所中学、200多名教师闻讯前来听课，影响颇佳，并向学校赠送了电脑。

近两年，总支组织并与苍南县中小学、幼儿园合作开展春天送诗大型朗诵活动；总支一、二支部利用优秀教师资源，积极组织了灵溪太阳人幼儿园、桥墩小

太阳幼儿园到渔寮乡和仙居乡送教下乡，与山区幼儿园相互探讨，共同提高。

二、结对助学扶贫，心系教育

结对助学扶贫，奉献爱心是总支的优良传统。总支成立之初，会员魏中柱、邓美玉与县民族中学学生结对，同时有12名会员同6名贫困的双优生结对。结对的学生每学期得到资助学杂费420元，直至毕业。此后，总支20位会员以支部的名义把4200元的扶贫助学金交给县民族中学，帮助10名品学兼优的特困生克服学习、生活上的一些困难，献上了一份爱心。目前，总支每年支出3000元帮助苍南贫困大学生解除后顾之忧，使他们能专心在校学习。

三、多渠道献爱心，参与社会服务工作

多年来，总支通过多渠道向社会献爱心。积极响应温州市团委和《温州晚报》发出的“救助长江流域受灾儿童”的倡议，捐款1万元给灾区儿童。捐助1800元，扶持我县观美镇桃湖村的贫困青年许其推继续学习深造，就读西北工业大学研究生院。会员、市教坛新秀应重庆在龙港镇团委牵头下，为“温州市大学生希望工程”捐资1000元。

总支自2009年与桥墩镇树枫村结对以来，积极与有关部门协调，帮助其向县水利局争取10万元饮用水建设资金，已筹资3万元用于该村基础设施建设。2011年1月12日，苍南县人大副主任、民进苍南总支主委高亚男偕同温州东经包装有限公司总经理吴伟等一行前往桥墩镇树枫村，为树枫村送上1万元的慰问款，并听取了引水工程建设工作和扶贫工作开展情况汇报，同时还查看了工程建设情况。

2012年初灵溪教育支部组织会员前往县福利院看望残疾孤儿，并送去了生活用品，同年五月总支社会服务部携手苍南天客隆团在县城灵溪五街商业城天客隆超市“以关爱社会，关爱他人”参加无偿献血。二支部综合各种力量，每年给山区学校、村（居）送去健身器材，丰富基层群众业余生活。总支每年都参与苍南县未成年人征文大赛，同时，四支部发挥文艺人才优势，每年与龙港镇学区举办学生现场作文大赛，为苍南教育事业推波助澜。

民进苍南总支自成立以来，积极服务于社会。在中共苍南县委统战部、民进温州市委会的指导和支持下，一贯以扶贫济困为已任，把各项活动开展得井然有序，将爱心撒向社会。我们将抓好自身建设，以组织的人才优势，进一步开拓社会服务工作。“百尺竿头，更进一步”。展望未来，民进苍南总支将以加倍的热忱，向社会奉献爱心，播种希望。

谈社会服务的多重效应

民进嘉兴市委员会

社会服务是参政党服务国家和人民的重要职责，是了解社情民意的重要渠道，是增强民主党派社会影响力与组织凝聚力的重要手段。重视并开展社会服务工作一直是民进嘉兴市委会的优良传统，近年来，在省委会的正确指导下，民进嘉兴市委会成立了多个专委会，确定了社会服务工作的分管领导，各级组织和广大会员围绕中心，服务大局，发挥优势，坚持为群众做实事、做好事、解难事，积极有效地开展社会服务工作，取得了一定的成绩。由于我们注重了多种结合，使社会服务的多重效应得到了充分显现。

一、社会服务与组织建设相结合，提升了党派形象

组织建设是一项基础性工作，通过实践证明，社会服务对组织建设具有重要的助推作用。

（一）扩大影响力

民进嘉兴市委会充分利用医卫界人才优势，二十多年坚持送医问诊活动。市委会直属第一医院支部和医卫支部，坚持每月一次为嘉兴市社会福利院的孤寡老残病弱者送医问诊，福利院的医生、病人都知道了民进，此举已成为民进嘉兴市委会社会服务活动的一大品牌。2009 年 3 月，市委会联合嘉兴市红十字会，为嘉兴市社会福利院的孤老、孤残、孤儿送去电视机、文具、食品等物资，并积极开展义诊。2010 年 6 月市直属经贸支部为市社会福利院送去食品、图书、药品等。

海宁市总支在 8 年时间里从只有 3 人的一个活动小组迅速发展为有 20 余名会员的总支，就是通过原来的三位教师会员创办的高复班，让许多党外的老师了解了民进的宗旨，民进会员的风采，该支部创办的高复班坚持“让每个困难学生不因经济问题而辍学”的办学原则，九年办学路，共计为贫困学生补助 8 万多元，在吸引了优秀人才进入支部后，又发动每个会员与南苑中学贫困学生一对一结对帮扶，五年来未曾间断。

（二）增强凝聚力

嘉善县委会作为基层委员会，会员较多，平时许多会员都分布在各支部活动，

接触较少，县委会通过多次组织教育界会员到外来民工子弟学校－－行知学校旁听初中课程，并与该校领导、教师共商办学理念，帮助学校提高教育教学水平和学校管理水平，在教学互帮的活动中也增进了会员们的感情。

民进嘉兴市书画、摄影联谊会自 2008 年 6 月成立以来，先后到浙西天目山、杭州西溪、嘉善、平湖、海盐等地采风，为当地群众挥毫泼墨，联谊会还多次开展送文化下乡活动，先后为南湖区七星镇、嘉善县西塘镇、海盐县武原镇、平湖市当湖街道、嘉兴中医院等基层单位留下两百余件书画作品。这些会员在采风和送文化活动中结下深厚情谊，艺术水平也得到不断提高。

增强凝聚力、提高影响力，都是组织建设的一个重要内容。但不可忽略的是，社会服务的另一个作用就是有助于组织发展。这些年我们在社会服务活动中经常邀请一些“民进之友”，常常是活动结束不久，这些“民进之友”就向我们表达了入会愿望和提交了入会申请。据了解近年来我们发展的会员中大部分同志就是通过参加我们的社会服务接触民进、认识民进、了解民进、加入民进的。

二、社会服务与参政议政相结合，提升了参政能力

参政议政是民主党派的主要职能。参政议政要上水平出成绩，调查研究非常重要。而社会服务则为我们提供了调查研究的极好机会。我们原来都是靠几位市委会领导或专职干部来撰写提案、社情民意，广大会员由于“术业有专攻”，在参政议政方面较为薄弱，而作为参政党成员，参政议政意识和能力是绝对不可缺少的。因此，在历次社会服务活动中，我们有意识地提示会员，注意观察、善于捕捉各种社会信息。

南湖区支部心系新居民子女，组织会员教师每年一次赴民工子弟学校授课送教；邀请教育专家为百花育才小学的师生作心理辅导，并赠送文体活动用品。由于多年坚持，对新居民学校非常了解，为此南湖区支部在区政协大会和市人代会上多次提交了关于外来务工子弟入公校、民工学校现状与思考等提案、议案，引起广泛关注。

秀洲区支部在在 2009 年界别活动周期间联合经济界会员为广大有创业意愿或处于初创期的失地农民或有一技之长的大学毕业生进行座谈，之后支部就业和再就业问题，在 2011 年政协大会上提交了“发展职业教育为经济转型培养适用人才”的大会发言材料。

三、社会服务与回报社会相结合，体现会员价值

民进嘉兴市委会充分调动不同界别的会员力量，坚持开展社会公益活动奉献爱心，体现了民进会员关爱社会、热心公益的良好品德。2008 年初，我国南方遭遇 50 年不遇的特大雪灾，我会会员积极投身抢险救灾活动中，捐款捐衣捐被价值超万元。5·12 汶川特大地震后，我会会员以个人或集体名义通过各种途径向灾区人民捐款捐物捐药，价值达 80 多万元。2010 年 11 月，嘉兴民进企业家联谊会成立后，积极参加红十字会“红十字助成才，爱心代代传”帮困助学活动中，企业家会员纷纷慷慨解囊，为贫困学生奉献爱心，共筹善款 2 万元，为 4 名贫困大学生解决了学费问题。2010 年，王淳主委率先垂范，从工资中拿出 5000 元，为贫困大学排忧解难。在王淳主委的感染下，一大批会员纷纷投身社会服务活动中来，张建根会员常年资助村里的老人和当地一所高中的贫困生；朱秋萍会员积极参加慈善总会义工活动，资助多个贫困学生；田懋清会员担任平湖市关工委青少年心理健康服务组组长，先后到各地中小学开设心理健康讲座，还前往看守所为犯罪青少年作心理辅导；马雁芬会员坚持每周为教工之家的退休教师开展医疗服务等等。

近年来，民进嘉兴市委会在开展社会服务活动的实践中，突破了原来思路，不断探索新做法、积累新经验，注重发挥组织优势、注重提高整体效能、注重拓展服务领域、注重打造活动品牌，坚持高起点筹划服务项目，高标准设计服务活动，高水平打造服务队伍，依托各县（市、区）委会、总支、支部以及各专委会开展各项社会服务活动，充分展现了嘉兴民进的良好形象。

高擎信念的旗帜　执着民进的事业

钟宏娇

曹兴强，绍兴高速驾校校长，他还有一个身份是民进中央联络委员会副主任。两种身份，他给予了同样做事业般的执着，“我每年至少的一半的时间给了民进的工作。”曹兴强对民进工作是如此狂热投入，以民进会员的身份先后四十余次赴西部贫困地区考察扶贫，他在实践中形成的调研报告《扶贫怎么扶，抗旱怎么抗》得到了民进中央主席严隽琪的亲笔批示，文化不多的他还创造性地提出民主党派也是为人民服务的公仆政党的概念，受到民进中央的高度肯定。民进工作“狂人”曹兴强，用他坚定的信念和执着的付出，向人们展示了民主党派“服务社会”这一新的历史使命的内涵。

一、解决认识问题：服务社会也是民主党派的职能

曹兴强自称文化不高，但说起民主党派的工作他滔滔不绝。俗话说，“纲举目张”，曹兴强不仅仅做事，他还喜欢思考理论问题，比如民主党派的性质，新时期民主党派的使命等等“大”问题。

思考的结果是，早在2004年，他就在各种民进的会议中提出，民主党派是中国共产党领导下的多党合作的公仆政党。别人都说他，“哟，老曹，你这个提法站得太高了。”曹兴强认真地说：“不高，这是基本的东西，只有理论上解决了，实践中你才会心甘情愿地朝着‘公仆政党’的标准去做。”

与这一理论一脉相承，他提出：在民主党派二项职能中，再加一项“服务社会”，即参政议政、民主监督、服务社会。在新的和平建设时期，民主党派就要通过各种各样的社会服务，扩大影响力，也让老百姓通过这些服务，来感受到共产党领导的优越性。

2010年，他开始向民进中央提出这一理论，并撰写了数千字的论文——《民主党派开展社会服务工作的几点思考》，得到了民进中央高层的认可。民进中央展开了民主党派如何进行社会服务的调研工作，并出台《民进中央关于进一步加强新形势下社会服务工作的意见》（征求意见稿），明确提出，社会服务工作是坚持和完善中国共产党领导的多党合作和政治协商制度的一个重要内容，是民主党派

履行参政党职能的重要组成部分。

二、践行社会服务：50 余次参与扶贫

曹兴强把大量的精力都投入到了民进的扶贫工作中，在他看来，与以一个普通企业家的身份扶贫相比，以民进成员的身份扶贫所具有的政治意义已超过扶贫本身。2009 年，他受民进浙江省委会委派，参与浙江省委省政府的“山海协作”工程。为了摸清当地的贫困情况，为下一步的扶贫工作做准备，大年初一，他一个人带着老婆、孩子悄悄出发了。来到扶贫对象浙江景宁畲族自治县，刚到村口，由于天下大雪，车子打滑，开不进去了。他和家人下车步行，将村里的情况一一摸清，最后确定了两户年均收入不到 2000 元的人家，作为重点帮扶对象。他至今还记得，其中有户人家婆婆眼睛是瞎的，公公患糖尿病，儿子 52 岁了还没结过婚。

曹兴强谁也没惊动，摸完底后悄然出村。回来后他与民进浙江省委会联系，决定正月初八去该村扶贫慰问。正月初八进村后，他直接找到村长，点名要到这两家慰问。村长大吃一惊：“你怎么知道?”曹兴强得意地告诉他，这已经是他第二次进村了。

此次扶贫中，他们了解到，该村坐落于山凹里，易遭受山洪侵袭，因此急需在山顶修个水渠。省委会决定帮村民建这个水渠。较真的曹兴强向当地县委书记提出，希望水渠在汛期来临之前完工，“施工进程我要来看的。”曹兴强先后 9 次进山督工。每次进山，他吃住就在村里，力争不扰民。工程完工时，县委书记握着他的手说：“你们民主党派是真正扶贫的。”

据统计，10 年来，曹兴强随民进中央或率浙江民进企业家联谊会成员或独自，赴贵州黔西南州、毕节金沙等贫困地区考察扶贫达 50 余次。

三、创新扶贫理念：授人以鱼不如授人以渔

2006 年开始，曹兴强随民进中央赴贵州毕节扶贫，当时，已有许多政府部门、中央各民主党派都在那儿扶贫，在这样的情况下，民进中央如何将扶贫工作落到实处，又体现民进的特色？曹兴强向民进中央建议，给钱给物只能治标，帮助他们可持续发展才是根本。

考虑到民进会员以教育界人士居多，民进中央决定把捐款汇集起来，全部用在教育事业上，在曹兴强的倡议下，“民进科教扶贫基地（贵州）”成立了。曹兴强那股认真的劲头又上来了，他将扶贫对象建立档案，给每个学生以充分的关心，

提供必需的服务，从学习习惯上给予切实的指导。“我们就是要给民主党派扶贫做个模式出来。”曹兴强总是想得更远。

目前，基地已有13个学生受到资助，有个学生初中毕业后，经曹兴强介绍，考入绍兴市职教中心就读。现在，她已毕业在杭州工作了。

2010年4月，西南大旱，曹兴强再次随民进中央出发了。“旱情的严重，没到实地之前，我简直难以想象。”当地老百姓连喝的水都没有，民进中央打算先在贵阳买5万瓶矿泉水到灾区，但这时矿泉水已成最紧缺的资源，排队买水的队伍老长，曹兴强一直等到半夜还没等到水。后来，经他积极组织协调，终于拿到了5万瓶矿泉水，送往灾情最严重的贵州省黔西南州安龙县。

曹兴强多次说，民进的钱有限，所以一定要把这些钱用到实处，发挥最大的效益。他开始尝试整合各种社会资源，比如联合贵州省消防总队、贵州省红十字会，一共筹集了150万元的物资，买了灾民最需要的抽水机、发电机、大米、油等，送给灾民。

在授人以鱼不如授人以渔的理念下，为了帮助当地灾民发展经济，民进中央一直在当地推行“同心彩虹”工程。因当地地质以石头居多，即石漠化地貌，民进中央便在当地推广金银花种植。

曹兴强调研后发现，金银花种植虽然帮助老百姓提高了收入，但当地老百姓从中得到的收益有限，原因是当地没有加工厂，村民们收了金银花后卖给外地，致70％的利润被中间商赚走了。曹兴强于是提出，由民进中央来给村民建金银花深加工厂，利润的50％给农户，还有50％作为民进中央在当地的扶贫基金。后来，加工厂建起来了，扶贫基金中拿出的钱还帮当地老百姓建了3所基层卫生室。

回忆这些，曹兴强笑得很舒心，他再次重申他的观点，民主党派不是空洞地参政议政，只有通过社会服务体现出来。而他本人也从中收获了很多，“我是很纯、很真心地在做扶贫工作，做好后，心情非常好，那种满足感是其他东西无法比拟的。”

四、民进中央主席亲笔题词：肯定他的扶贫经验

2010年初，曹兴强将他先后46次深入灾区扶贫的经历进行提炼、总结，写成调研报告《扶贫怎么扶，抗旱怎么抗》，直呈民进中央，受到民进中央的充分肯定。曹兴强也被邀请在民进全国社会服务工作会议上做《深入开展抗旱扶贫，切实推进社会服务》专题报告。

全国人大副委员长、民进中央主席严隽琪2010年4月在上海专门邀请并听取

曹兴强关于社会服务工作的汇报，高度肯定了他在贵州的扶贫工作，并为曹兴强亲笔题词："看到一位企业家会员饱含社会责任感和对民进组织的归属感，关键时刻挺身而出为受灾地区和贫困地区群众尽心竭力进行救灾扶贫的奉献，并时时不忘自己的会员身份，其表现令人感动。请佐书同志（民进中央副主席）与社会服务部就我会扶贫工作的规划与实施，参政党在减灾救灾中的应急反应与集聚力量的机制进行研究，提出建议。"

由于工作出色，曹兴强2005年被评为绍兴市慈善之星，2006年被评为全国统战系统为全面建设小康社会作贡献先进个人，2011年被评为全国扶贫开发先进个人。民进绍兴市委会授予他为首届、第二届功勋会员，并当选为绍兴市第五届、六届政协委员。

王佐书副主席的点评：

曹兴强是浙江下乡黑龙江的知识青年，受过苦，对贫苦人民有着深厚的感情，对民进组织有着深厚的感情，两个情加起来促使他46次自费到贵州扶贫，无怨无悔，任何时候从不讲求回报。正因为如此品质，我才推荐他担任民进中央联络委员会副主任。他有情、实在、细致，今年在贵州安龙县做了600口水窖。他对社会服务工作的认识是逐步深入的，提出过参政议政也是广义的社会服务，这都是在实践中的体会。

结对中共支部服务社会 诠释与党同心与民同行

民进临海市科技经济支部　林咸刚

民进浙江台州临海市科技经济支部是个综合性的支部，是县级市委会下属的七个支部之一，13 位会员分散在不同的单位。2010 年以前，没有固定的活动场所，更无分文的下拨活动经费，开展社会服务和活动困难重重。记得我自 1998 年底入会到担任支部主任的十年间，仅有两次支部会，没有一次社会服务活动。如何突破民主党派最基层的综合性支部在开展社会服务中，碰到的会员人数少、分散在不同工作单位、忙于本职工作，更缺乏专家型人才和物力、财力这个瓶颈？我在苦苦追寻。

一、服务瓶颈的突破：结对中共支部，同心同行服务社会

我是临海市农村信用联社的一名中层干部，就向领导建议挂靠在本单位，领导说你们不是信用联社的支部、本单位也只有几个民进的会员，是行不通的。为此我几天几夜苦思冥想，发现本单位的营业部在工、青、妇和文明规范服务等方面都已获得了全国荣誉称号，但在党建上还是空白，于是我向单位的党委书记建议：民进支部与营业部党支部结对共建、共谋发展。这个点子让民进支部终于找到了靠山，2010 年 3 月 30 日举行了结对共建仪式，两个支部负责人签订了三年的《结对共建协议书》，确定以“友好结对、服务社会、共建和谐”为宗旨；以“一愿景、二平台、三提升”为目标，即以服务“三农”和中小企业、急民所需、促进和谐为愿景，搭建基层支部互动平台和社会服务平台，提升支部的组织能力、服务能力和创新能力。联合开展真情服务进广场、进农村、进社区、进中小企业和农民专业合作社，以及种养殖大户，立足“三农”大地服务城乡百姓。走出了一条新形势下民主党派基层组织帮扶企业、服务三农、扶贫济困的社会服务工作新路子。今年 2 月份，我带领我支部的服务队与共建的中共临海市农村信用联社营业部支部服务队，来到台州市前所码头本市远洋捕捞大户停泊的渔船上送贷款授信 200 万元，解决他出海捕捞的资金困难；到头门岛海水养殖公司送贷款授信

300 万元，解决他在大黄鱼养殖中的资金紧缺；到本市渔业大村北塘村，主持召开“支持海洋经济发展座谈会”，现场为 11 户渔民授信贷款 950 万元，解决他们出海作业的资金难题。三年来，像这样利用节假日，深入乡村为百姓服务，已有 35 次了。

“结对共建”荣获临海市农村信用联社 2011 年度创新项目三等奖，是 19 项获奖项目中唯一一项党工青妇组织获奖的项目，受到隆重表彰。

二、服务定位的确立：服务“三农”，急民所需，促进和谐

我注重发挥支部成员的界别优势，以积极推进学习型、服务型支部建设为抓手，贯彻落实“民进全国社会服务工作会议”精神，2010 年 5 月 30 日通过支部文件和支部网站的“网上党校”，转载会中央会议报道和严主席、王副主席的讲话精神，并召开支部专题学习会，深刻学习领会会中央严隽琪主席《解答我会社会服务三个关键问题》和王佐书副主席《归纳我会社会服务工作六条经验》，树立支部会员的政治理念，增强参政党意识和双岗建功、开拓创新的理念。把会中央总结的六条社会服务经验充分地运用于支部实践。组织创建与结对的中共基层组织的互动网站和共建活动室，搭建两个支部的互动平台和社会服务平台，开展系列活动，访民情，解民忧，服务社会，共建和谐。

在我们开展的许多社会服务活动中，有一双饱含着热泪的眼睛至今让我难忘。她是本市沿江镇人，今年 22 岁，前年她以优异的成绩考入海南大学，但因为在她七岁时父亲就去世了，现在奶奶年迈多病，仅靠母亲打零工维持一家四口的生活，家境贫寒，去年她的妹妹放弃了高中学业，今年她也将面临辍学。当从临海电视台“民生 988”得知这一消息后，我马上与当地信用社主任一起送上 3000 元现金慰问，并向本单位领导提议将每年结对的贫困大学生名额从 10 名增加到 11 名，资助她完成大学本科学业。

像这样的例子还有许多。如两年前，我联合永丰信用社帮助永丰镇一位因偷窃、打架等坐了 20 多年牢的特困户找到工作，并给予 10 万元贷款投资沙场，使其走出生活困境、安居乐业，并连续两年春节到他家慰问。又如，每年春节我都会组织上万元资金，会同结对的中共支部开展送温暖活动，上门慰问特困户、中共老党员和支部的老会员。

三、服务载体的创建：流动服务队和服务基地

创建基层支部社会服务的灵活、流动载体。我组建了“民进临海市科技经济

服务队”，打造收集社情民意的流动窗口和服务社会的优良团队，与结对的中共“党员服务队”联合行动，两枚旗帜一个目标，放弃休息日，由城区到乡村，活跃于临海各地，让“服务队”的旗帜在古城临海大地频现，飘进临海统战服务周、飘进临海社区、飘向临海乡村、飘向中小企业和农民专业合作社，成为急民之所需、服务社会的优良团队。例如：2010年上半年一度零币紧缺，一些商户甚至多花上5元钱都换不到100元的零币。于是我想办法组织了几十万元的一元、五角的零币，在崇和门广场和杜桥的街心公园开展服务，供市民们兑换；针对白蚁的危害，我组织本支部白蚁防治专家深入农户家中和桔场、水库等现场检查和讲解白蚁防治；为解决农户康居建设的资金紧缺，我组织开展送“丰收小额贷款卡”上门等金融服务，为即将建房的农户送贷上门；偏远山区百姓每月支取六十多元养老保险金等小额现金，要搭上十多元车费、花费半天多时间，削弱了政府惠农政策效应。针对这一状况，去年初我组织开展了“创先争优、服务三农、‘银村通’工程进山村”活动，带领服务队走进偏僻山区，开设国内首个“银村通”代办点，让偏远山区百姓取“小钱”不出村，受到了村民们的热烈欢迎和赞扬，“银村通”现在已在临海市和台州市银行业逐步推广。针对国家宏观调控，信贷规模紧缩，农民、种养殖大户、中小企业贷款难，我适时组织送贷上门服务，如今年2月开始组织开展以“助三农　扶小微送服务”为主题的“进村入企”活动，深入村间田头和海塘坝头，开展“送信心、送政策、送信贷、送信息、送知识”等“五送服务”活动，助力“三农”和小微企业发展，促进金融要素保障实体经济发展。

创建基层支部社会服务的持续、长效载体。我充分发挥支部的人才优势，结合临海市农村信用联社营业部农村金融部门服务“三农”的优势，建立了小芝镇桥头村的“共建和谐社会服务示范基地”和杜桥童燎特产的“三农服务基地”，突破以往非常平面、蜻蜓点水式的社会服务方式，进一步深化服务内涵，全面提升基层组织服务社会的工作力。小芝镇桥头村地处偏远，村民30余年未建新房，前年当地启动康居工程，但仍存在部分专项立项资金未及时到位，部分村民阻挠康居工程建设等现象，康居工程实施困难重重。经过深入了解，共建双方支部负责人多次到水利、财政等部门为桥头村争取立项资金的尽快到位，并联系相关人士做好钉子户的安抚工作，帮助该村突破康居工程建设瓶颈，推进康居工程顺利实施。同时，在组织投入10多万元帮扶资金的基础上，由初期单纯的“输血”转入培植“造血功能”，组织上万元资金送3000只鸡苗，免费分发给村民们饲养，并开展送文化、送科技、送医疗、送电脑、送贷款等进村，服务示范基地的建设，推进该村的良性发展，受到村干部的欢迎和赞誉。基于生产农业降低能耗、保护环境、提升产品质量的优势，陈波夫妇创办童燎农林特产基地，于2000年承包临海杜桥近4000亩荒山种植杨梅等水果，发展生态农业。由于受生态农业前期投入大、见效周期长等特点的影响，发展面临两大瓶颈：资金与技术。通过实地考察，结合支部优势，确定童燎农林特产基地为“三农服务基地”，举行授牌仪式，召开座谈会，就扶持方式进行交流，为当地生态农业的发展出谋划策，并及时发放信贷资金500万元。

每当看到我们的服务能给农户解困，为百姓带来实惠时，我的心里就有一种说不出的愉快。如果我放弃节假日，能够给群众带去实惠，这就是我最大的快乐，我将乐此不疲。

四、服务成效的体现：自身建设、参政议政相得益彰

“立会为公、参政为民”是我会的优良传统。我坚持双岗建功，把本职工作与民进的工作统筹兼顾，做到在本职岗位和履行参政党职能的工作中建功立业。2011年，我分别在第六届台州市民主党派文化月活动启动仪式暨树立和践行社会主义核心价值体系先进事迹报告会、临海市统一战线树立和践行社会主义核心价值体系先进事迹报告会上，作先进事迹报告，《台州日报》报道了《林咸刚：热爱民进服务民众》。

我撰写的反映社情民意信息，被全国政协单篇采用并专报国务院王岐山副总理1篇，得到省政府陈加元副省长批示1篇，被民进中央采用4篇，被民进浙江省委会采用8篇，被台州市政协采用4篇，其中3篇专报省政协。我撰写的两篇建言性调研报告分别被《临海政研》和《临海信息》刊载并呈报给临海市四套班子领导，得到了中共台州市委常委、原临海市委书记尹学群的批示，还有中共台州市委常委、临海市委书记柯昕野、中共临海市委常委、常务副市长和分管金融市长的批示。两篇社情民意信息分别被民进浙江省委会评为一等奖和三等奖，荣获台州市第六届民主党派文化月“同心同德　同向同行　我为台州十二五科学发展献一计金点子活动”唯一一个一等奖。

创新发展孕育活力，提升品牌。我支部荣获“民进全国先进基层组织”、浙江民进和台州民进“先进支部”，并成为首批“浙江民进自身建设学习培训现场教学点”七个基层组织之一。省社会主义学院（2011春季）民进全省基层负责人培训班现场教学活动暨授牌仪式，及台州民进支部主任会议、临海市民主党派基层组织建设推进会在我支部举行。近年来，我支部有53篇次的报道见之于《人民政协报》、中央统战部网站、会中央网站、浙江在线新闻网站、浙江民进《开明》和网

站、《台州日报》等。

俗话说，激情成就梦想、执着创造佳绩，我将充分发挥和整合资源优势、人才优势、机制优势，自鞭扬蹄，创业创新，在各级领导的关怀和支持下、在本支部会员的共同努力下，力争把民进基层支部的社会服务工作推向一个新的高度。

王佐书副主席的点评：

林咸刚是一名支部主任，支部无经费、无场所，活动条件极差，但支部责任心极强，决心大、干劲大、方法好，克服了重重困难，取得了极好的效果。不难看出，责任心是克服所有困难的有力武器，有决心、有干劲，能激发一个支部的无限能量，这个支部可以说是全国民进的示范支部。

切实做好社会服务工作的做法和体会

民进金华市委员会

社会服务是新时期民主党派的一项重要任务，是民主党派在国家政治和社会生活中发挥作用的另一种重要形式和途径。参政议政是参政能力的体现，社会服务是社会责任的体现。社会服务是民主党派的形象之源，最能展现民主党派的社会影响。民主党派通过社会服务对外可显示党派形象，对内可增强党派凝聚力和党派成员的责任感，同时又切实地为社会做好事、做实事，体现民主党派自身的价值。民进金华市委会社会服务工作主要做法和体会如下：

一、点面结合，以点为重点，点面两手抓

（一）“点”主要是以市委会层面来做，集全会的力量，引导社会参与，持续几年全方位开展社会服务工作，力求做深做久，增强示范带动效应，以达创品牌之目的。在点的规模上，以乡为单位较适宜，自然村太小不利于开展全方位帮扶活动，不利于与参政议政相结合，通过提案、建议等形式争取党委政策的支持。一个乡即是一个小社会，有学校、有卫生院，可以充分发挥会内传统优势，如开展送医、支教，跟学校、卫生院结对帮扶等。市委会从 2008 年始，精选了婺城区沙畈乡这个点。实践证明，这样可使社会服务工作形式更多样、内容更丰富，已取得了初步的成效，全面助推了沙畈乡经济社会文化的发展。

（二）“面”上主要是支部、会员和一些公益活动、咨询活动等。主要是扩大民进在社会上的影响力、知名度。

1. 会员参与。

如 2008 年至 2009 年开展的“关爱弱势群体，共建和谐金华”系列活动，会员参与面广、积极性高，分别到金东区曹宅镇东前村和婺城区蒋堂洪村开展了送医、送药、送健康知识，到婺城区雅畈中心小学和市开发区民工子弟学校送教、送书，在市人民广场开展义诊、法律咨询和资助大学生等活动。又如 2010 年至 2011 年开展“送感恩教育”活动。曾先后在金华市区、义乌、浦江、汤溪、温州、武汉、广州等地中小学作了《让生命充满爱》30 多场演讲（要爱生命、爱父母、爱老师、爱祖国。并教育孩子怎样向父母表达自己的敬重、谢意和关爱）。

2. 服务会员。

为会员申报科技项目培训；举办防范企业经营风险的法律问题、侵权责任法（学生伤害事件增多）、房地产、购车、保健等讲座；开展为会员牵线搭桥、资助困难会员等活动。

3. 引导会员。

市委会支持新农村建设和公益事业，有些会员乐意回馈家乡父老，有些热心资助贫困大学生，尊重会员的选择，分别予以协调和安排。

二、有思有行，社会服务工作与参政议政工作相结合

社会服务工作不单单是对社会直接献爱心，还可以通过社会服务，发现参政议政的素材。两者相辅相成、互相促进。一方面通过社会服务，深入社会、深入群众，取得一手资料和实际感受，为参政议政提供实际案例、信息线索、试点经验，有助于“参政参到点子上”，提出针对性强、切实可行的建议。另一方面参政议政又可以扩大社会服务实效，通过提案、建议、调研报告、信息等手段，争取政府相关职能部门的支持和联动，加大社会服务工作的力度。

如市委会通过集体提案、通过会内人大代表提建议案方式向政府相关部门建言献策，为沙畈乡经济社会文化发展争取政策支持，取得了较好的效果。如市委会在沙畈乡开展社会服务时，发现关于生态补偿的一些不合理现象，就运用提案手段，呼请政府解决。《关于扶持市区饮用水水源地发展的建议》的集体提案和《健全完善生态补偿机制，推进生态功能区和谐发展》的人大建议案，受到了提案办理单位市农办的高度重视，专门向分管副市长作专题汇报，分管副市长带队深入沙畈乡召开现场办公会，协调各职能部门形成合力为沙畈乡解决实际问题。市委会跟踪提案办理落实情况，对没有解决的问题继续予以关注，积极与有关部门沟通并主动与联系党派的副市长汇报工作。通过两年的努力，每年生态功能补助金从100万元增至800万元，至今年已达到2800万元。另外通过提案解决开通了公交直通班车，结束沙畈乡没有公交直通班车的历史，大大方便群众出行和新鲜农特产品外销。

受台风“莫拉克”的影响，沙畈乡出现了历史上罕见的洪涝灾害。市委会及时组织相关会员深入沙畈乡为村民开展生产自救、重建家园出谋划策，并以专题向联系我会的副市长汇报，争取到市长专项基金3万元，用于沙畈乡的六旬村、半溪村、水碓基村、大角坞村等修复水毁桥墩的工程。

三、发挥优势，抓住“界别特色”这个“着力点”

汤溪民进学校由民进金华市委会于 1983 年 7 月创办，是金华市最早的高考复习班。该学校创下四个“唯一”：浙江省唯一一所连续 27 年办高复班未中断过的学校（直到 2010 年金华市教委将市区四所高复学校合并之后，才不再独立存在），唯一多次被教育行政部门授予教学成果一等奖、浙江省办学优秀奖，唯一被市、区两级政府授予“文明单位”。据近 3 年统计，考生通过一年复习，比原高考成绩提高 100 分以上的达 60.5%，最多提高了 265 分，原高考成绩在第三批的考生有 81%上重点线，原高考成绩在第四批的考生，有 96.3%上本科线。

27 年来，学校不以营利为目的，以培养人才为己任，坚持按教育成本收费，所收学费是金华所有高复班中最低的。为了资助贫困生和奖励高考成绩优异者，学校专门设立了奖学助学基金，历年来捐助社会公益事业逾 60 万元，其中捐资 10 万元在省一级重点中学汤溪中学设立“民进扶贫奖学基金”，先后有几百名学生受到奖励和资助。落榜学生一提到高复，首先想到的是“民进”，它的影响力之大，可见一斑。27 年来，上万名落榜生垂头丧气进来，意气风发出去，成就梦中理想。这是最好、最实、最受老百姓欢迎的社会服务。

四、借力使力，联动联合，集智聚力

要真正解决一个社会问题，仅靠一个基层组织者一个社会服务工作委员会或一个党派的资源，往往是力不从心的。这就要发挥党派作为一个组织的优势，整合会内（包括上级组织和兄弟地市组织）资源、牵线搭桥，争取多方联动，才能把实事做好，把好事做实，并进一步把实事好事做大。市委会在沙畈乡开展社会服务工作中，利用各种渠道积极做好牵线搭桥工作，争取多方联动，借力使力，为沙畈乡经济社会文化的发展扎扎实实地献计出力。如在沙畈乡开展社会服务工作中，先后与上级组织、兄弟地市民进组织联动，开展送医送药、科技扶贫工作；与会员所在单位浙江师范大学、电业局修试工区、金华职业技术学院旅游学院等单位联动为沙畈小学捐建计算机室（赠电脑和电脑桌 50 套）、建不锈钢防护围墙和不锈钢宣传栏、捐赠学习用品和文体用品等。此外还协助沙畈乡制定旅游规划和策划生态旅游项目开发等。

在婺城区沙畈小学建立“金华市少儿图书馆流动图书站”。在市委会机关和民进小教支部的牵线和协调下，金华市少儿图书馆在沙畈小学建立“金华市少儿图书馆流动图书站”。

沙畈乡高儒生态蔬菜基地建设是市委会在沙畈乡开展社会服务工作的重要内容之一，通过基地的优良品种引进繁育筛选出适合当地种植、具有当地特色的蔬菜品种，在基地示范和推广，推动当地经济的发展。目前基地的《优良品种引进繁育示范推广项目》获省农业厅立项，并获得15万元省财政经费的支持。7月6日，开展了送科技送服务到基地活动，邀请金华市农科院蔬菜研究所所长俞金龙和市农业局农产品质量安全监督管理处处长陈浩贵参加。目前基地建设已步入正轨，创建了金华市沙畈五丰农业示范农场。

五、宣传引导，力求扩大社会影响

党派社会服务工作要提高社会效益，除引导会员积极投身到公益事业外，还要扩大宣传，使我们的结对帮扶等社会服务工作引起社会各界的关注，形成人人关注弱势群体，人人为构建和谐社会作奉献的良好氛围。如果只做不宣传，那就会大大降低社会的影响力。因此，我们在做社会服务项目规划时，同时制定了宣传工作的规划，在项目执行过程中进行跟踪报道和宣传。不仅做到会内的宣传到位，还积极联系公共媒体向会外宣传，扩大社会影响力。市委会在开展社会服务活动后，一般都要通过《金华民进》报、金华民进网站及时宣传，并把相关信息及时报送中共市委统战部、民进浙江省委会等会刊、简报、网站。同时，根据需要联系公共媒体予以报道，加大宣传力度，力求做到电波中有声音、电视上有影像、报刊上有文章。

他，从来料加工走来……

周琦珍

在衢州，家家户户都知道方向明。因为他长期从事来料加工业，经常深入农村开展来料加工业务，带领农民脱贫致富，深受农民群众欢迎。他总说："只有让广大农民富起来，才能加快整个衢州市的发展。"作为连续三届当选市人大代表的方向明，总把"如何带领农民创业创新、增收致富"放在首位，经常在大小不同场合中提到要以身作则。并建议政府要切实关注城乡协调发展、增加对三农的实际投入和加强对广大农民的培训，注重培养新型农民，使新农村建设后继有人。在他十二年的代表生涯中，被市人大常委会评为履职先进个人 3 次，大会以及闭会期间，共提交议案、建议 26 次，其中获优秀议案 1 次，优秀建议 2 次，在党和政府及人民群众中间作出了桥梁纽带作用。通过 15 余年的打拼，方向明从一个普通农民华丽转身成为一个企业家。不仅创办了衢州市柯城明豪工艺饰品厂、衢州安康民族工艺饰品有限公司、衢州臻达旅游开发有限公司，同时，荣获"浙江省创业新星"、"浙江省五一劳动奖章"、"浙江省优秀来料加工经纪人"、"衢州市十大杰出青年"、"衢州市低收入农户奔小康结对帮扶十大杰出人物"、"衢州市优秀来料加工经纪人"、"衢州市十佳来料加工带头人"、"衢州市创业富民杰出代表人物"、"衢州市来料加工优秀转型升级经纪人"、"衢州市农村十大明星经纪人"、"柯城区劳动模范"、"柯城区优秀企业经营管理者"等荣誉称号。

一、一切"缘"于来料加工

人生是一条弯弯的河，是一条奔腾不息，奋力前行的长河。这个出生于浙江西部彭川村贫苦家庭的地地道道的农民方向明，仅有高中程度文化，做过柑橘和生猪贩销生意。然而他是我市最早一批从事来料加工的经纪人之一。目前，他已走出"依样画葫芦"的来料加工阶段。在金融危机影响下外销之路变窄了，他借着向自主设计、自主销售的转变提升，内销市场做得风生水起，市场竞争力强了，企业也得到了更快发展。去年，仅加工费发放就达 1000 多万元，今年销售形势更红火，目前已拥有加工队伍 3000 多人。他选派了 8 名二级经纪人和经验丰富的加工人员，到义乌租厂房、租摊位，在国际商贸城设立直销窗口。在产品的开发上狠下工夫，注重品牌建设，注册了饰品品牌2个，服饰品牌1个，通过几年的积累和打拼已初见成效。其中以印巴风格为代表的藏传佩饰在拉萨、丽江、九寨沟、张家界等少数民族旅游胜地的市场占有率达60%以上，产品多次被浙江省经信委评为银奖、优秀奖。2009年以来，嫁接施华洛斯奇元素开发生产时尚饰品，坚持每个月派技术员到韩国等地学习取经，紧跟国际时尚潮流开发生产的饰品深得国内外消费者青睐。2011年5月至今，已在北京、苏州、杭州、萧山、嘉兴、湖州等地开设连锁经营专卖店七家。去年底开发的小赠品、小礼品，获2011年衢州市十佳旅游商品称号。

实事求是地说，方向明能有今天的成就凭的是什么？这样的答案似乎没人能给出，连方向明自己也无法完全解释清楚，我们需要强调的只是：在一个利润和地位不高的行业中能坚持15年，偶然因素在其中只起到了辅助的作用。

1. 咬定“机遇”不放松

1996年，一次偶然的机会方向明结识了义乌一位生产雨伞的老板，闯劲十足的他意识到：合作搞雨伞来料加工这是一个很好的机会。于是，他就和村民主任一起，多次诚恳地找这位老板商谈，终于把手工生产的雨伞加工业务引进自己村里，没几天工夫，方向明便召集村里30多名妇女成立了加工队伍。加工技艺很简单，就是将伞布按要求缝到伞架上，每缝好一支伞可得加工费0.15元。可是刚加工了一天，一名妇女的丈夫便找上门来要求退出，理由是：“一天做了3把伞，总共就是赚四毛五分钱，你还说她两把不合格。这活我们不做了！”看着对方紧握拳头，方向明也不示弱：“要打架我们到门外去，要退出，等做完这批活再退。”因为业务不熟练，加工初期最难熬。方向明笑着说：“第一批熟练工是这样被逼出来的，我也经常和大家一起一针一线地在缝。”可来料加工利润很薄，很多人没能坚持下来，但他坚持了下来，不仅扭转了局面，还成了村里人人争抢的香馍馍。

1999年三月间的一个下午，一货车的伞料刚刚到村里，100多号村民有的抬着箩筐，有的挑着簸箕，在车后排起长队等领料。正在方向明忙着给大家发料时，村里来了几个陌生人，其中一个人点名要和方向明谈谈。可方向明却说：“我正忙着呢，现在哪有时间和你们谈啊。”最后，那个人只问了3个问题，一是：“你知道我们今天要来吗？”方向明说：“不知道。”二是：“你做了几年，老百姓喜欢吗？”方向明说：“三四年了，喜不喜欢你看看就知道了。”三是：“一天收入有多少？”方向明又说：“操作熟练的妇女一天能挣15元。”（当时当地的农村男劳力一天的收入只有10元左右。）客人问完就走了。后来，方向明才知道那人是时任衢州市委书记、现任中共浙江省委常委宣传部长的茅临生同志。那时在一个村一年发放加工费已 50 多万元，这一现象引起了衢州市领导的高度关注和重视，三衢大地掀起了发展家庭来料加工业的热潮，方向明搞来料加工取得的成功，吸引了全市各地前去参观取经，让他应接不暇。同时，他也抓住了这一波的机遇，使自己的事业更上了一个台阶，如今的来料加工已成为浙江省低收入农户奔小康工程的一个主要抓手。

2. 艰苦自立求生存

做来料加工，为别人代生产，其中遇到问题是难免的，付出多、收益少且不说，老板一个个转型改行更让方向明感到了生存的困难。

1999 年，来料加工业在衢州全市推广，“串珠”业务也很快成为衢、龙、江、常、开等县市区农户增收的新渠道。正当方向明踌躇满志准备进一步扩大加工规模时，一位义乌在西班牙做生意的大客户转行做了房地产，一下子转走了他每年近 600 多万加工费的订单，这一事件沉重打击了方向明的创业激情。为了寻找稳定优质的加工订单，2000 年他带着产品参加了广州中国进出口商品交易会，一位美国客商看中了方向明随身所带的印第安风格串珠饰品，要求谈一单业务。美商只提供样品，所有原料都需方向明自行采购，并要求 40 天内一次性交付 27 款共 37.2 万条手链。经过理性核实生产能力后他毅然接下了订单，通过 3500 多名加工农户的共同努力，最终使这笔 102 万元的订单如期顺利交货，得到客户的充分肯定。这两件事让方向明清楚认识到加工“生死权”必须掌握在自己的手里。

2005 年方向明毅然通过房产抵押贷款 40 万元、担保公司担保贷款 30 万元，另外亲戚朋友再凑 10 万元共计 80 万元，到义乌国际商贸城转租了一个 9 平方米的摊位，通过这个窗口培育直接的客户。另外，当时我国西部的旅游热正在悄悄兴起，国内外的游客纷纷流向丽江、拉萨等少数民族聚居地区，当地富有民族特色的佩饰是广大游客最青睐的旅游纪念品，方向明马上就发现这是个商机。“我们在做的不就是这种产品吗?”于是，方向明结合少数民族文化，不断注重产品的研发创新。一年后，广大农户生产的藏族等少数民族饰品挂件进入丽江、拉萨等旅游胜地的纪念品商店。现在已有 3000 多个款式的民族佩饰，销往广袤的少数民族地区，在当地的市场占有率达 70%以上，深受商家和游客的喜爱，产品还销往欧美、东盟、中东、非洲等几十个国家和地区。“不懈的探索必有不断的回报”。如今，从当初仅有 30 多户参与的一个来料加工作坊，发展到遍布柯城、衢江、常山、开化等县（区）17 个乡镇 80 多个村的加工点，除了保留雨伞这个产品的来料加工外，其他工艺饰品类产品全部自主生产销售。这真可谓是从来料加工到自创品牌的一个漂亮转身啊。“如果不走这一步，光做来料加工，我们肯定做不大。”方向明总是这么平淡地说。

二、“我的一切是社会给的，现在只是在回报而已”

2008年9月25日，在义乌市举行的浙江省来料加工业务对接洽谈会上，方向明作为唯一的经纪人代表作典型发言，受到茅临生副省长的亲切接见。在取得这些成绩和荣誉的同时，他致富不忘穷乡亲，在服务民生的领域充当了一头领头雁，谱写了一曲曲扶贫帮困的人间真情。

1. 情系灾区人民

2008年，发生了汶川大地震和严重的金融危机。在民生的危急时刻，自身企业也遭到一定损失的方向明挺身而出，积极行动起来为政府分忧，为困难村民解难。在民进柯城区总支组织为灾区人民捐款活动中，他个人捐款2000元，并且安排来自四川灾区的人员到饰品厂进行来料加工培训。在免费培训的同时，还发给每位参加培训的灾民每天50元的生活补助费，在灾后的一个月时间内就培训灾民100余人。培训结束后，给他们发放加工材料，给予一定的就业安排，到目前止尚有50余名四川灾民在为他加工产品。

面对2008年席卷衢州的柑橘销售危机，作为农民出身的他看在眼里急在心头，农民的困难就是他的困难。他一方面与政府部门一道帮助联系外地企业，为促进柑橘销售整天奔波。另一方面在自己熟悉的来料加工领域，尽量把来料加工业务安排给橘农进行加工，以减少因柑橘滞销带给农民的损失。据统计，仅此一项就为每位从事来料加工业务的农民增加收入2000元至3000元。他为支持新农村建设，配合国家扶助三农的政策，捐钱捐物、找市场、跑项目，为了乡亲们尽了一个农民企业家的绵薄之力。

2. 热心于公益事业

从开展来料加工业务以来，方向明给自己企业立了一条看似可笑的规定——把企业所产生的管理利润全部让利给七十岁以上从事来料加工的老人。每年过年前，村里的老人和村两委老干部都会收到方向明的礼物和礼金，有的二百，有的三百。对困难群众更是解囊相助，每年无偿捐助都在万元以上。2008年5月，为修缮九华乡上彭川村的老年活动中心，方向明一次就捐款15000元。2008年9月又与柯城区扶贫办一起到沟溪乡碗窑村老年协会慰问，他为老人们送去了价值3000余元的雨伞。2012年的大年初一，方向明主持策划了柯城区九华乡上彭川村寿星迎春茶话会，为45位80岁以上老人举办了一次别开生面的茶话会，并为老人们送去了红包、长寿面、拐杖伞等礼物，身体力行地弘扬了中华民族尊老. 爱老的传统美德。

在他身上，我们不仅能看到尊敬长辈的传统美德，而且更能感受到的是他有一颗善良的关心社会弱势群体的爱心。

7年前衢州市柯城区九华乡上童村年仅9岁的女孩童林巧因母亲病亡生活困难，无法完成学业，他就将其认养为自己的干女儿，待其如自己的亲生女儿一样。从小学二年级开始就负担起她全部的生活和学习费用，以帮助她完成学业，让她重新拥有了一个温暖的家，现在该女孩已经就读衢州高级中学高三年级，演绎了一段令人动情的人间佳话。更让人感动的是类似的一幕在2008年再次上演，当他了解到柯城兴华中学初三（5）班的吴丛冰同学家庭困难（父母都是聋哑人，70多岁的奶奶患肠癌），又捐助2000元资助其生活和学习，并与学校老师联系从多个方面帮助该女孩重燃信心，提高学习成绩，而且表示将继续帮助该女孩完成学业，并在以后的就业中给予帮助，如今吴丛冰已衢州中专毕业在市区的一所幼儿园实习。方向明现已连续五年通过衢州二中向品学兼优、家庭困难的学生提供每年2000元的生活资助费，帮助困难学生完成学业。2006年，九华乡上彭川村徐雪奎的儿子在衢州一中读书，因患骨癌，学校组织全校师生开展捐款活动，方向明得知此事后，主动联系柯城区慈善总会，为该学生争取了2000元医疗补助，自己又捐送1000元现金。2007年，廿里镇一个吴姓学生考上浙江大学医学系，方向明在一次闲谈中得知该学生因弟弟发生车祸导致生活困难，主动捐助该学生2000元钱，到现在连学生叫什么名字也不知道。

"一方水土养一方人"，富了之后的方向明，始终珍爱热恋他的乡亲们。他常说，一个人要学会感恩，为自己已经拥有的收获而感恩，为生活对你的赠予而感恩，这样才会有个积极向上的人生观，价值观。方向明觉得回报故乡，回报家乡父老是他做农民的本分，现在所做的一切让他心里特别豁亮，他觉得只有大家富了，生活才会变得更美好！多么执着的追求，多么淳朴的志向！十五年的风风雨雨，使方向明从一个地地道道的农民华丽转身成为一个成功的企业家，但这并没有停止他攀登事业最高峰的脚步，他继续扎根于农村，开发研制他的"农民的产品"。

这是一个普通农民的曲折经历，是一段在机遇中穿越、在坎坷里成熟、在危机下奋起的人生传奇。方向明的良好品行及农民本色着实让人感动，愿他的饰品来料加工从浙江的西藏（衢州）走出去，走向全国，奔向世界。愿方向明与他的来料加工前程锦绣！

以为农服务为己任

民进丽水市科技支部

民进丽水市科技支部是一个以科技、卫生界中高级专业技术人员为主一个基层联合支部，现有会员25名，分别来自市农业科学研究院、浙江省第七地质大队和市人民医院的业务骨干，其中有高级技术职称的16人，退休会员7人。近几年来，支部以为农服务为己任，立足和服务新农村，发挥优势，多形式、多渠道开展社会服务工作，不断开拓创新民主党派基层组织社会服务新领域，取得了良好成效，先后被评为全省、全国先进基层组织，为我会争取了荣誉，树立了良好形象，扩大了社会影响力。

一、突出重点，注重实效

近年来，市科技支部围绕市委会中心工作，积极参与文化、卫生和科技“三下乡”活动，把推广农业科学技术作为主要任务，先后深入全市20多个乡镇农村开展农业生产技术咨询25批次，举办农民培训班5批次，把课堂办到田头，把技术送到农民手头，惠及农民2000多人。缙云县溶江乡新西坑村和景宁县东坑镇大张坑村是市委会扶贫帮扶结对村，为了使帮扶结对工作早出成效、出好成效、长期出成效，科技支部主动承担了对该两村的帮扶结对工作。从2009年起，在原支部主任薛石玉的带领下，会员们深入该村调研，结合该村的社会、经济、自然条件，与村干部一起制定了近期、中期、远期的结对发展规划，指导村庄整治和筹建专业合作社，辅导农户引种经济作物，帮助开发油茶和茶叶基地，定期到村传授农业科学技术，协助沟通联系相关部门，先后为两村筹措发展资金38万元。目前，扶持开发的300亩油茶和200亩的白玉仙茶长势良好，投产后可为农民人均年收入增加500元。帮扶工作取得良好的效果，得到了当地干部群众的好评。

二、拓宽渠道，服务发展

丽水部分区块属于地热异常区，多年来一直未加以勘查和开发利用。2011年初，市科技支部的地质大队会员通过调研，提出了在我市莲都——云和一带勘查地热资源的立项建议，该建议得到了省第七地质大队的大力支持，同时也得到时任丽水市市长卢子跃重要批示，引起市委、市政府的高度重视。在市委会牵头下，经市国土部门和市科技支部会员的共同努力，该项目在2011年底顺利通过了省国土部门的审批，争取到地热勘查开发项目资金补助400万，为我市早日全面开发和利用地热资源，加快我市生态休闲旅游发展，建设“秀山丽水、养生福地”作出了努力。市科技支部的大多数会员来自基层一线，他们了解和熟悉基层，知道基层的诉求和呼声。市科技支部注重汇集这些呼声和诉求，形成一份份民意信息和调研报告，为党委政府科学决策提供参考依据。如《修复广播网络，乡乡通广播，村村喇叭响》、《请救救这些城市行道树》、《食品的安全生产，要从源头抓》、《加大对农业自主知识产权创新技术扶持的建议》、《为民间资金进入农业开发营造良好环境的建议》和《关于促进我市民营企业健康持续发展的建议》等引起了政府有关部门的高度重视和充分肯定，有力地推进了丽水经济社会和谐发展。

三、立足岗位，奉献山区

结合本职工作内容，利用本职工作资源优势，是一种既可发挥专长，又能提高服务质量的有效服务方式。市科技支部大多数会员都有一技之长，本着心系农村，服务农民的为民情节，有责任有义务扎根山区，服务新农村建设。如薛石玉会员，把农业技术试验基地建在农村，为农业新品种培育和推广事业默默耕耘了30多年，经常住在农村、吃在农村、工作在农村，与农民打成一片，手帮手地把农业新技术传授给农民，为农民解决了无数个农业生产技术难题，推广水稻、蔬菜等新品种和新技术达2万多亩，为农民增加经济收益达数百万元，被当地群众称为“农民朋友的贴心人”，被评为丽水市劳动模范，市农科所育种学科带头人。市人民医院的会员发挥自己特长，先后10多次深入莲都、遂昌、松阳、云和、缙云、青田山区农村开展义诊服务活动和结对乡镇卫生院，受到当地群众欢迎。在2008年救援四川汶川地震灾民时，市人民医院的麻妙群等会员积极参加一线救助，深入“爱心病房”为伤病员提供医治和护理服务，受到了伤病员的高度赞扬。地质大队的会员们则弘扬“以献身地质事业为荣、以找矿立功为荣、以艰苦奋斗为荣”的“三光荣”精神，扎根深山，艰苦奋斗，顽强拼搏，默默奉献，为我省乃至全国的地勘事业作出了应有的贡献。丽水地处浙江省西南部，由于受地质和气候影响，极易诱发地质灾害。地质大队的会员们责无旁贷地深入灾害多发区、易发区开展地质灾害勘察，为开展救灾、减灾、预防地质灾害提供科学依据。如王付恩会员作为市应急管理专家参加市地质灾害应急调查百余起，协助地方政府处理数十起地质灾害突发事件，为缓解灾情和防治次生地质灾害起到关键作用，保障了灾区人民生命和财产安全。

四、发挥余热，退而不休

市科技支部有 7 人是退休人员，但他们退而不休，从未曾离开农业这个岗位，凭着自己的专业技术知识、工作经验和一颗为农服务的赤诚之心，为当地农民解决了许多农业生产中的实际问题，成为支部为农服务的生力军。“生命不息，服务不止”是王仲明老会员立志一生为农服务的誓言，他说：“自己是农民的儿子，为农民服务是自己的本分。”退休后 13 年来，不间断地为农民传授农业生产技术，足迹踏遍莲都区 3 乡（镇）10 多个行政村，为农民上技术培训课 30 多次，在家接待来访农民 300 多人次，培育了一个县（区）级生态农业示范点和 1 个效益农业状元户。陈顺丰会员是畜牧兽医的专家，退休后就办起畜牧兽医咨询服务部，为周边养殖专业户提供一系列畜禽养殖技术服务，为养殖户解决了许多畜禽养殖的技术问题，为丽水养殖业的发展发挥了积极作用……

支部结对小网格，教育文化进渔村

民进舟山市普陀支部

民进舟山市委会普陀支部现有会员18名，现任支部主任刘习渊，普陀三中校长。近年来，支部班子带领全体会员借助多种平台，积极服务社会，取得了丰硕成果，也赢得组织的认可和社区渔农民的欢迎，支部多次被评为省级先进支部，支部经营的博凯文化学校被民政部评为“全国民办非企业单位自律与诚心建设先进单位”，原支部主任俞凯被民进中央委员会授予“全国社会服务工作先进个人”称号。

一、创办学校送教育

民进舟山市委委员、原支部主委俞凯是舟山市普陀区教育局的数学教研员，经常在海岛渔农村教学教研。前些年看到不少农村孩子因贫失学，心情十分沉重，肩上多了一份沉甸甸的社会责任感，总想干点实实在在的事情能够让那些读不起书的孩子重新回到课堂。他总认为，作为教师，教书育人既是教师对社会的贡献，也是实现自我价值的主要途径。作为民进普陀支部主委，俞凯组织民进支部委员对家庭困难学生情况开展调研，决定利用支部的组织优势和教学力量，萌生了以办学来行善助学的思路，并立即召集民进支部会议，俞凯办校助学的好点子得到了大家的一致认可。2003年4月，在市委会和普陀区统战部、教育局的大力支持下，普陀博凯文化学校终于成立。支部全体会员心系博凯学校，大家组织生源、联系教师、落实教学场地，忙得不亦乐乎，支部主任俞凯更是将自己所有的业余时间都交给了这所学校。由于学校的公益性质，不但收费低廉，而且师资一流，学校开办之初就成为了普陀中小学生节假日课外辅导的第一品牌，也有效地抑制打击了不规范的私人家教市场。与此同时，博凯文化学校的爱心助学网络也建立起来了，一是利用博凯教育品牌，与渔农村学校和民工子弟学校结成送教助学对子，将城区的优质教育资源送到海岛农村、送到民工子女当中；二是每年将盈余的60%全部用于资助渔农村失学和贫困的学生，据了解，这些年博凯文化学校已经累计捐款70万元，博凯助学金直接送到了贫困学生的手中。2006年，博凯文化学校被民政部评为“全国民办非企业单位自律与诚心建设先进单位”，原支部主任俞凯被民进中央委员会授予“全国社会服务工作先进个人”称号。成绩取得的背后是艰辛的付出，为了学校，为了心爱的教育事业，为了那些读不起书的贫困孩子，大家忍受家人的埋怨、朋友的不理解和他人的误解，他们一路上与星辉同行，一回回与灯光相伴，他们尝尽风风雨雨人生酸甜，真正做到许身孺子甘为牛。每当看到那些失学孩子经过资助考上大学，他们觉得自己的汗水没有白流，自己的努力是多么的有意义！他们的爱心助学行动赢得了社会各界的广泛好评。

二、结对网格送技术

“网格化管理、组团式服务”是舟山市委市政府在社会管理创新中的首创，她以为民、便民、惠民为宗旨，以基层网格为管理单元，以多元参与为组织形式，以信息化手段为技术支持，把加强党的建设与加强社会服务管理紧密结合起来，努力形成城乡统筹、各方联动、源头治理、服务优化、动态管理的基层社会服务管理新模式，实现管理服务网格全覆盖、功能更健全、效果更显现、群众更满意的目标。为深入开展“网格化管理、组团式服务”活动，切实把管理服务延伸到社会末端、为群众提供多样化服务，民进舟山市委会普陀支部尝试以民主党派支部为单元，融入到“网格化管理、组团式服务”活动中。2010 年 5 月，在普陀区委统战部的帮助指导下，民进普陀支部与普陀区勾山街道蒲岙社区正式结对，设立了“新渔农村建设服务点”，并举行了挂牌仪式暨社会服务活动，加大对蒲岙社区的服务和帮扶力度。“新渔农村建设服务点”的设立，为我会推进“三下乡”社会服务工作搭建了网格平台，为更好的发挥民进人才优势提供了舞台，通过网格的信息收集功能、公共管理功能和为民服务功能，结合民主党派反映社情民意的直通车优势，协助政府做到第一时间掌握信息，第一时间化解矛盾，第一时间服务群众。成立以来，民进普陀支部会员相继安排了医疗服务、农业科技服务、法律咨询、赠书等多个社会性服务活动项目，参与人数达 200 余人次，并慰问资助困难户，受到社区渔农民群众的普遍欢迎。同时，支部会员刘习渊、傅剑波、王忠明、林蕾、张燕、马国海等以个人和身份，积极参与东港街道莲花社区的“网格化管理、组团式服务”工作，取得了良好的社会效果。

三、贴近基层送文化

在积极开展办校送教和进网格送技术的同时，民进普陀支部广大会员也深切地感到渔农村基层群众文化生活的枯燥，于是大家决定利用民主党派的文化优势和组织优势，在网格结对的蒲岙社区举行一场文艺晚会，为社区渔农民送上一台文化大餐。2011 年 5 月 27 日晚，在普陀区蒲岙社区的小广场上热闹非凡，由民进普陀支部与普陀区政协教科文卫体与文史委员会联合主办、普陀区文化馆承办的普陀区民主党派进社区活动吸引了许多社区居民驻足观看。来自普陀区艺术团的演员们为社区居民表演了歌舞、小品、越剧等老百姓喜闻乐见的节目。舟山的演唱名人、民进会员林燕红表演了独唱《和谐中国》，她的歌既甜美悦耳，又具有很高的艺术水准，吸收了众多乡亲。近二个小时的演出，形式多样、丰富多彩，既充满了民俗风情，又反映了积极向上、健康文明的新风尚，赢得了观众的阵阵掌声。

以服务工作为载体，学习和践行社会主义核心价值体系

吴　静

“20个春秋，我们一起携手走过；20年岁月的记忆已经铭刻在我们心中。我们的人生因此而更有意义，更丰富多彩，正如一首歌唱得那样：最美不过夕阳红，温馨又从容……”——这是民进浙一医院退休支部主任陈淑莹在支部举行成立20周年座谈会时说的一番话，道出了支部每个会员的心声，也温暖感动着每个民进会员的心。

民进浙一医院退休支部是根据退休会员不断增加和自身活动的特点，经民进浙江省委会批准，于1991年6月4日成立的。至今成立20周年，最初会员为13名，至今已有37名，历经4届支部委员会。现今37名会员中，会员平均年龄76岁，70岁以上的有30人，占会员总数的85%，80岁以上的会员12人，约占会员总数的35%。20年来，浙一退休支部始终有一个好的支委班子，有一批热心积极的会员，他们退休不忘志，20年如一日，发挥专长、服务社会，努力践行社会主义核心价值体系，获得了一批好的成果，代表民进展现了良好的社会形象，真正地做到了老有所为、老而弥坚。支部已10次为评为年度省级或省直先进支部，项声埙同志被评为2002—2006年度优秀会员。

一、发挥专长，服务社会

支部成员是医务人员，具有医学专长，退休后发挥余热，继续为民众服务，为社会无私贡献已成为浙一退休支部会员们的自觉行动。

早在支部刚成立时，热心的会员就积极参加民进省委会组织的扶贫医疗队，赴遂昌、武义、松阳山区为当地老百姓送医送药、解除病痛，坚持了10多年。支部成立了义务医疗咨询组，有内科、外科、眼科、伤科，心电图、检验、护理、药剂等服务项目。每年2－3次去敬老院、建筑工地、社区、老年活动中心等地方，为社会各阶层民众服务，已坚持十多年了，深受社会各界的欢迎，产生了积极的影响。

记得有一次支部医疗志愿者主动参与老浙大社区组织的“携手关爱，共建共享，医疗志愿者进工地”的健康咨询服务活动，到广厦房产建筑工地为民工兄弟献爱心。民工们很感激地说：“工地忙，我们平时生病就在药店买点药，你们医生同志特地来工地给我们看病，那么关心我们，为我们服务，谢谢啊!”热情的服务，使民工兄弟感受到了社会的温暖，杭州市上城区小营街道在网上宣传报道此事，并希望共同把为民服务公益活动延续下去、越办越好。

上城区在水一方敬老院是支部义务医疗咨询服务点，支部为院内60余名老人服务已经连续4个年头了。根据老人需要，服务项目有内科、外科、眼科、伤科，心电图、检验，糖尿病饮食控制、用药咨询、测血压等。根据每位老人不同的健康状况制定出具体的医疗护理方案和保健措施，再定期做相应的调整，并进行保健知识讲座，支部还派人到床头诊视行动不便的老人并进行床边的心电图检测。体贴的服务让老人们感受到社会的温暖，同时也感动了敬老院的工作人员和周边群众，他们说：“你们年纪这样大了，还坚持为我们老人们服务，真是太不容易呀，实在令人感动!”敬老院领导和老人给支部送来了锦旗。支部还捐赠了套装血压计、听诊器、临床实用的血糖仪及血糖试纸等送给敬老院，以方便老人随时自测。入夏，支部购买了藿香正气胶囊、药棉、碘伏、酒精等送到敬老院。国家民政部来敬老院视察，对支部为老人做公益献爱心表示赞赏。

杭州生活品质城市会议在世贸中心召开，支部同志到会议现场作全天候医疗咨询服务2天，深受好评。

发挥专长，奉献社会是支部会员们最大的乐趣，这不仅体现了民进会员高尚的思想境界和“爱满民进”的优良传统，同时体现了民进会员仁爱为怀、乐意奉献的品质。

二、奉献爱心，传递真情

支部会员积极参加社会公益活动，主动投入社会救济，帮助群众解决困难。支部资助了武义失学儿童李妍等小朋友，为孩子们带去了衣物及学习用品，

民进省委会颁发了“春蕾”爱心助学结对活动荣誉证书。章鸿寿同志资助了3名失学儿童。支部参与了尊师重教一元钱活动。会员们为在浙一做肝移植手术的新疆维族病儿艾尔克自发捐款1500元。为让四川地震灾区孩子早日重返校园，支部先后捐款1万元（特别会费3300，分头募捐6700），民进省委会颁发了“奉献爱心”荣誉证书。

为了帮助青海玉树藏族自治州震后重建家园，大家积极捐款3700元，以表达

对灾区的关注。这其中有坐在轮椅上的徐超尘同志为灾区同胞献爱心，更有91岁高龄的陆琦教授特地打电话代捐200元，这充分体现了一位有55年会龄的老会员“心系灾区，大爱无疆”的情怀。

……一次又一次，爱心在传递，真情在延伸。

三、老骥伏枥，有所追求

会员们退休不忘志，老而弥坚，不断加强自身修养，自觉接受中国共产党的领导，认真贯彻执行民进省委会的决议。

支部根据民进省委会的部署，学习了中共中央系列重要文件，以及民进中央、民进省委会有关文件，如科学发展观、社会主义核心价值体系、统一战线和多党合作理论等。每次学习前，都有两位同志预先准备中心发言，在文件传达学习中插入介读回答的方式，使学习有中心，有重点。学习过程中思路开阔、讨论热烈，会员们思想得到了提升，始终保持清醒的头脑。

在“六个为什么”学习中，支部为每位会员备好邮票、信封，大家互相电话提示，按时寄出答卷，回收率达100%。

支部平时关注身边的人和事，为有关部门决策提供有价值的信息，平均每年写社情民意信息10多条，通过参加辅导学习，逐步提高信息的撰写质量。

支部活动一直丰富多彩，有声有色。支部和浙一支部、第一科技支部等兄弟支部联合，先后参观了秦山核电站、省气象台、半山发电站、省自然博物馆、东方文化园、中国刀剪剑伞扇博物馆等，不但使会员们增加了接触社会的机会，开阔了眼界，而且通过看到改革开放后城乡的新变化，会员们提高了对社会主义核心价值观的认识。支部生活使会员们体会到退休后的人生价值，一方面对社会有所贡献，和兄弟支部之间相互学习、共同提高，另一方面也能满足老年人自身需要，与时俱进，有所追求，晚年生活充满活力、更加充实。

四、心向支部，各尽所能

为了留住支部活动的场景，范如彬同志用自己的相机一次又一次按下快门，从摄相镜头到冲印完成送交支部，整整坚持了20年，为支部留下了珍贵的资料。

为了保留支部一年又一年的记忆，戴述丝同志年复一年坚持不懈地记下了支部每次活动的内容，连每个会员的健康档案都作了详细记录。

章鸿寿同志把新四军研究会的学习资料复印，装订好，送到每位会员的手上，拓宽了会员的信息渠道。

李若君同志得知支部要为在水一方敬老院配置血压计时，立马去医药大楼买来送给支部。

翟连珍同志坚持做社区的医疗志愿者，医疗服务从未间断。

魏克荣同志在支部组织秋游时，都会用咖啡加蜂蜜烧制茶叶蛋，一次又一次带给大家享用，至今口留余香。

这种心向支部、心向会员，各尽所能、友爱和谐的奉献精神是推动支部不断前行的内在力量。

民进浙一医院退休支部坚持服务社会的20年，是感人至深、尽心尽力的20年，是温暖人心、催人奋进的20年。这20年，凝结着支部会员们无私的奉献，包含着会员们拳拳的爱心，这不正是社会主义核心价值体系的生动实践吗？这种可贵的实践值得我们每一个民进会员学习和推广，这必将激励着更多的民进会员奉献爱心、服务社会，为浙江民进的社会服务事业增光添彩，为构建社会主义和谐社会做出更多的贡献。

老骥伏枥，志在千里，祝福浙一医院退休支部的会员们健康长寿、思想常新、心态长青、永葆活力！

多党合作在基层　同心同德献爱心

——“开明·文澜爱心图书馆”建设纪实

民进浙江省直第三联合支部

“开明·文澜爱心图书馆”，从这个名称就可以看出来，她是一个合作的结晶。“开明”，自然是民进组织的象征，“文澜”则是杭州图书馆的代称，来源于我国四大藏书楼之一的“文澜阁”。“开明·文澜爱心图书馆”就是一个由民进浙江省直第三联合支部与中共杭州图书馆党委合作，专门为地处革命老区的富阳常绿镇中心小学建设起来的一个学校图书馆。

民进浙江省直第三联合支部是一个联合性支部，会员来自各行各业，虽有社会服务的热情和能力，但苦于没有找到合适的抓手，社会服务一直处于捐款献爱心等肤浅层次，也缺乏持续、稳定的社会服务项目。为此，支部领导班子集思广益，通过学习兄弟支部经验，打开了思路，决定尝试与中共基层组织合作开展社会服务，这样，既能达到基层组织间的多党合作，同心同行，又能找到合适的社会服务抓手，实实在在地、持续地做好一、两个更有意义的项目。

支部主任吴一舟同志就职于杭州市图书馆，在图书专业上具有较好的资源优势和专业优势。因此，他积极与中共杭州图书馆党组织沟通，得到了他们的热情响应，两个基层组织一致认为，这是一条特别有意义的社会服务之路。

2011 年，经支部会员多次讨论研究，明确了第一目标是帮助一个较为困难的小学建立学校图书馆，以推动农村学生阅读和素质教育。经过认真考察比较和妥善筹划，终于确定在富阳市常绿镇中心小学联合建立了“开明·文澜爱心图书馆”。为此，支部会员们慷慨解囊，筹集了足够建立学校图书馆所需各类图书和设施的经费，而杭州图书馆党委则号召党员们运用各自的专业知识和技能，义务为“开明·文澜爱心图书馆”提供了各项专业服务，使该图书馆成为全省第一家与共同图书馆联网共享、具备现代化管理机制的小学图书馆。

2011 年 5 月 29 日，“开明·文澜爱心图书馆”开馆仪式在富阳常绿镇中心小学举行。时任民进浙江省委会副主委、省科技厅副厅长、邵逸夫医院常务副院长蔡秀军和杭州图书馆副馆长梁亮以及富阳市有关方面领导、我支部会员、杭州市图书馆热心读者共同出席了仪式。我国著名书画家、原省委会副主委吴山明先生还专门为“开明·文澜爱心图书馆”题写了匾额。

“开明·文澜爱心图书馆”的建成虽令人欣喜和鼓舞，但我们认为，仅仅满足于建立一个硬件图书馆是远远不够的，我们更应该利用各自的资源优势，为该图书馆提供持续的管理服务，并为孩子们送去更为丰富多彩的文化支持。因此，在建成之后的两年里，我支部和中共杭州市图书馆党委继续给予常绿镇中心小学以图书馆的专业管理和使用帮助。比如，对常绿小学的图书管理老师进行图书管理专业培训；组织家庭贫困的学生专门到杭州图书馆体验书香氛围，参加各种活动；组织支部会员、爱心读者与小学生节日互动；持续增添图书馆书籍等等。这些持续的工作大大开阔了农村学生视野，拓展了农村学生活动范围，令农村学生得到前所未有的生活体验，这些，都将为农村学生的未来人生带来微妙的远期影响。

在“开明·文澜爱心图书馆”社会服务活动的推进过程中，我们觉得，有几点经验可与各兄弟支部分享。

1. 民主党派基层支部与中共基层支部合作开展社会服务，既是“同心”思想的具体实践，又能更务实、更有意义地开展社会服务。

2. 社会服务要向纵深发展，就必须脚踏实地，做些实实在在的事，又要有长效机制，使社会服务工作能持续、稳定地进行下去，获得更好的累积效应。

2. 社会服务要善于实事求是，扬长避短，充分利用优势资源，并进行有机的综合，使工作效能达到最大化。

自强不息　奉献社会

民进浙江省直第二联合支部

高水华系中国民主促进会会员，现任杭州民进企业家联谊会副会长，民进企业家协会副秘书长，浙江省杭州市江干区政协委员，杭州市福利企业协会会长，杭州市肢残协会副主席，杭州金融职业技术学院特聘教授。他是一个自强不息、事业有成的企业家，先后开办杭州海纳实业有限公司，杭州海纳旅业有限公司，杭州海纳能源科技有限公司，天津祥龙基金管理有限公司，杭州白石纸箱厂，江苏海纳房地产开发有限公司，富阳紫云山庄老年乐院等十二家企业，任董事长、执行董事、经理和厂长。但他更是一个遵循促进会章程，服务社会，奉献爱心的会员和残疾人。

战胜痛苦　自主创业

生于1964年的高水华，在地头种过田，在工厂做过工。至今，杭州市笕桥镇花园村还有许多村民还记得他踏实肯干、大气开放的性格。然而，1988年工作时一场意外事故彻底改变了高水华的命运。顽强的意志和坚韧的品质使他在治疗中承受了常人难以想象的痛苦，并最终战胜磨难，重新站了起来。

病床上，一个创业念头迸发出强烈火花，高水华决心用智慧和双手，谱写一曲创业之歌。1988年，他用自己积攒下来的7000多元钱，开始了创业之路。成立之初的白石纸箱厂是一家默默无闻的小厂，厂房是石棉瓦简易工棚，生产设备也相当简陋。经过20年不断发展，今天的白石纸箱厂已成长为一家拥有全电脑控制，全自动流水线生产设备，并通过ISO9001：2000国际质量体系认证的现代企业。它所生产的包装纸箱、特种式样纸箱、展示盒、纸托盘深受客户信赖，还被浙江省出口商品检验检疫局定为出口商品定点包装产品。

“追求卓越，精益求精，满足客户需求”是高水华企业的宗旨。随着公司声誉不断提高，规模迅速扩大，高水华又开办了杭州海纳旅业有限公司、杭州海纳实业有限公司下设杭州耀德大酒店、富阳紫云山庄老年乐院、杭州海纳能源科技有限公司，等企业，总资产达1.5亿元，年销售产值达0.5亿元，利润达0.1亿元。同时还将业务拓展到宿迁，开办了江苏海纳房地产开发有限公司。公司业务一步步提升，规模渐渐扩大，高水华又开始了新的思考，如何让企业得到可持续发展？为此，他参加了浙江大学工商管理总裁研修班，每个周末都会忙着去听课。紧张的学习，使他开阔了眼界，积累了知识，加强了与企业家的交流，增强了做大做强企业的信心。

造福桑梓　回报社会

事业有所成就，特别是成为中国民主促进会会员后，高水华认为，企业发展离不开社会各界的关爱和支持。作为企业家应以感恩的心态，回报社会、奉献大众，为社会公益事业作贡献。他时常说："企业小时做产品，企业大时做人品，企业家的使命是回馈社会，帮助需要帮助的人，为社会稳定与和谐做一些力所能及的事。"

为此，他身体力行，热心社会公益事业，大到市、区政府的春风行动、爱心事业，小到家乡家庭困难的儿童、残疾人，他都会及时伸出援手捐款捐物。十余年来，高水华累计捐款已超过500万元。

在江干区残联开展的以"助学、助困、助业"为主题的"三助"结对扶残活动中，高水华曾先后结对10名残疾人困难家庭的孩子完成学业、走上工作岗位；为鼓励贫困学生积极进取、努力取得优异成绩，他在浙江金融学院特设30万元作为奖学基金；2005年，高水华所在的白石纸箱厂出资3万元，支持江干区残疾人出版书画摄影集；2007年，高水华先后两次向省内西部山区开化县马金中学捐赠20台电脑和30万元善款，以改善学校简陋的教学条件，为贫困山区学生的健康成长、为贫困地区教育条件的改善撑起一片天空；四川汶川发生"5．12"大地震后，高总个人又捐款5万元，支援灾区人民。高水华说，为弱势群体办好事、办实事，是我义不容辞的任务。

在帮困助残这个问题上，仅仅出钱已经不能满足高水华的心愿。他想到了装修，是啊，哪个残疾困难家庭会有闲钱，花在这种他们认为"花里胡哨"的东西上啊！即使有，他们也宁愿买家电，补贴家用。但是，残疾困难家庭家里装修老旧，有的甚至出现渗漏、电线老化，影响生活质量影响生活安全，他们也将就着过，这是不争的事实。如果解决这个实际问题，他们的生活质量会好很多。于是，从2008年开始，高水华每年拿出30万元，帮助家庭困难的残疾人装修房屋。授人以鱼不如授人以渔。高水华在捐助这30万元的时候，对如何做好这件事又动起了脑筋，他请了残疾人组成的装修队装修房子，给他们创造了机会，拉动了残疾人就业市场。这个完美的构想既帮助了残疾人困难家庭，又解决了残疾人就业难问题，还实现了自己回报社会的梦想，这是一个三赢的结果。

高水华认为，帮助一个残疾人就业，支持其自食其力，往往能成就一个幸福家庭。2004年3月，为配合市区做好“四小车”整治工作，拓宽残疾车主再就业渠道，解决残疾车主的生活问题，高水华所在企业主动腾出10个岗位，用于安置残疾车主，解决了他们工作的后顾之忧。白石纸箱厂还吸纳了50名残疾人和不少下岗职工，成为一家具有一定规模的社会福利企业。高水华还长年聘请专业资深的管理专家指导生产，不断对员工进行安全、质量、法律等方面的培训。同时，他鼓励残疾人员工相互帮助、自我管理、自我教育，用专车接送员工上下班，并不断丰富员工业余生活，使每位员工感受到温暖，在无形中也提高了企业凝聚力。

同时，他引导企业积极参与其他社会公益事业，杭州海纳实业有限公司和杭州白石纸箱厂先后荣获“浙江省区域经济合作企业发展促进社会责任奖企业”，“明星爱心企业”，“助学、助困、助业结对先进企业”，“江干区残联就业工作先进单位”，“中华人民共和国第八届残疾人运动会浙江十大爱心民企特别赞助商”。

尽心履职　聚焦弱势

作为一名江干区政协委员，高水华怀着强烈的事业心、责任感，积极参政议政，为维护残疾人权益鼓与呼。他撰写了“做好安置残疾人就业和社会保障工作”等提案，呼吁党委、政府和社会各界对残疾人给予更多关心和帮助，该提案被区政协列为重点提案。蔡仲光区长、魏丹英副区长先后对该提案作出重要批示，区残联、民政局、劳动局等部门认真对照意见建议，逐条进行办理，努力为残疾人生活就业提供全方位保障，促进了残疾人事业的健康发展，取得了良好效果。

授人玫瑰、手有余香。“全国优秀福利企业家”、“省级扶残助残先进个人”、“杭州市十大平民英雄”、“杭州市残疾人事业爱心慈善家”、“江干区十大道德模范”……这一个个加诸在高水华身上的荣誉，是人们对他强烈的爱心、高尚的品德和企业家的社会责任感的高度评价和肯定。

以质朴诠释慈心大爱

民进浙江省直第二联合支部

民进会员翁素萍担任杭州唯一织造厂总经理将近八个年头，她不仅成就了企业的发展壮大，还竭力支持国家盲人门球队的入驻，并为改善盲人门球队员的训练条件和生活环境付出了辛勤的汗水，成为了中国盲人门球冲出亚洲走向世界的幕后英雄。

2005年，盲人门球队的初来乍到，企业既无训练场地，又无像样的员工宿舍，为了不辜负上级部门对这支特殊球队寄予的厚望和重托，她多次召集企业班子成员开会研究，并对持不同观点的同志进行耐心说服，促使他们改变态度参与支持。在她的倡导和努力下，企业出资数百万元，在厂区修建了两处专用训练馆，配上大功率空调，可分别供男女队同时训练；企业还腾出用房，为运动员装修了专用寝室，铺上地毯，档次不亚于宾馆；为了增强运动员的体质体能，还购买了大型健身器材和体能训练器材；为了丰富运动员的业余文化生活，还为运动员配置了卡拉OK。这些原先打完比赛即回家吃闲的视障人员，进厂以后不仅可以拿到不低于生产工人水平的工资，企业还为他们缴足了养老五金，解除了他们的后顾之忧。运动员能享有这样的待遇，简直如做梦一般。因而他们感激在心，刻苦训练。经过不懈的努力，这支名不见经传的球队终于在国际大赛上频频获奖，捧回了许多的金牌和银牌。在举世瞩目的2008北京残奥会上代表中国男女盲人门球队，百折不挠、力克群雄，夺得了男子冠军、女子亚军的辉煌成绩。企业也因此多次受到党和政府的表彰。

在翁素萍的积极支持和大力推动下，2008年企业董事会通过决议，决定兴建全国第一座由民营企业出资兴建的高规格残疾人体育训练基地。2010年，一座占地130余亩由杭州唯一织造厂出资兴建的现代化残疾人体育训练基地在余杭塘栖破土动工，整个项目为三个大型训练馆（含比赛馆），还有接待中心、运动员公寓、康复体能用房和医疗保健等后勤配套用房，以及户外运动场等项目所构成。为了使这项历史性工程得以保质保量地顺利建成，翁素萍带领企业部分班子成员进驻施工工地，进行现场办公，协调和组织施工进程。在突击场馆建设的一年多时间里，翁素萍整天穿梭在工地上，大到工地上的材料供应，小到一座桥、一棵树、一片草坪，都亲自审定、亲自拍板，减少流程耽搁，加快了建设进程。在紧张施工的工地上，昔日的娇嫩美女晒成了黑妹子，人也变瘦了，但拔地而起的高标准场馆在全国八残会前夕如期竣工，并圆满完成八残会盲人门球的所有比赛以后，翁素萍才露出了轻松愉快的笑容。

在翁素萍的积极倡导下，企业还尽自己所能积极参与其他社会公益和慈善帮困活动，先后热心参与赞助盲人青年捐赠眼角膜的手术医治；赞助两岸公益活动《快乐浙台》摄影大赛；扶持困难村发展经济和春风捐款等。翁素萍个人也出资帮助山区学校购置体育器材，并与多名山区贫困孩子结对助学。她用一名女企业家的质朴诠释了民进会员服务社会、慈心善举的人间大爱。

付出并不是为了回报

民进浙江省直第三联合支部 童松青

让我发言，我很荣幸也很惭愧。荣幸的是有机会和领导以及同志们汇报我的工作，惭愧的是没有好好准备，也没有能提升到理论高度。

一、每年做一件法律援助案子，或者公益案件，是我从事律师以来的决心，这不但是对自己的要求，也是对我们律师事务所其他律师的要求和建议。我经常在大会小会上讲，一个律师如果每年做一件法律援助案件，那么十年下来就有十个案件，也许值得回忆。如果不肯去做，即便做到退休，所做的案件都是为了赚钱，但是数数身上的钱，微不足道，人生没有亮点。

二、在社会服务的同时，可以发现相关的制度缺陷，可以为参政议政提供素材。举两个例子。一个案例是，记者发现衢州市衢江区山区里有个夜宿桥洞的流浪儿，于是寻找监护人的活动，本人介入，由于本案的特殊性，这个孩子无法找到监护人。那么就引发我思考一个问题：没有监护人的流浪儿到底该谁管？这只是个例，是个代表，那么由点到面，这类流浪儿是否有相应的常设机构来管理和服务？之后就在制度层面找到了社会福利院。这个孩子也进过福利院，但年龄相对比较大，经常从福利院跑出来，福利院没有足够的能力管。再进一步思考：这么大的孩子是否该有福利院的监护下就学？既然福利院里管不着这类孩子，那么这类孩子福利院里有吗？如果没有，那么他们上哪里去了呢？再往下追究，发现福利院已经变味了，变得喜欢办成社会养老机构，用一部分钱和精力去收养有钱人的父母了，变得嫌贫爱富了。完善弃儿的抚养教育制度就成了一个有意义的参政议政的研究对象。

另一个是杭州的三胞胎抢劫案，记者报道了这个案件之后，就找到我们，希望能够给提供法律援助。这是一个贫困的家庭，三个儿子都在职高读书，抢劫多次。我们介入后，获得了不起诉的结果。在办理这个案件的过程中，浙江省关工委也介入了，我们和检察官在研究案件的时候，就想到了要给青少年犯罪设置一个犯罪记录封存制度。现在这个制度正式地成为刑事诉讼法修正案的内容，这次全国人大通过了。

三、义务担任一些法律顾问和法律咨询。比如我义务担任了浙江省新闻工作者协会的维权顾问，《联谊报》的法律顾问，《青年时报》的法律顾问，加入了浙江消费者协会的法律支援团，浙江电视台教育科技频道新苗义务法律顾问团等等，这些都是免费的。我是浙江省律师界第一个办理个人法律咨询网站的律师，接受了大量的免费法律咨询（现在网上的法律咨询多了，去年我也撤了）。

四、大力地宣传法律。我曾经给民进浙江省中心学习组讲过宪法修正案，给团省委机关讲过行政许可法，给省青联讲过宪法，应省委宣传部的邀请，给国有大型企业的高管讲过物权法，在浙江图书馆文澜讲坛讲过私有财产的法律保护，给杭州师范大学、浙江工商大学、中国计量学院、杭州电子科大、浙江金融职业学院和浙江农林大学讲过不少讲座。在讲课之前，我会跟他们说不要报酬。去年，省司法厅和省知识产权局组建知识产权法讲师团，我是被各地市点名最多的一位讲师，在杭州市、台州市、东阳市和海盐市做了四次演讲，都是免费的。去年和前年两年还参加了省司法厅和省商务厅组织的外贸企业预警示范点的法律服务周活动，我是台州组的组长，两次去台州一些外贸行业协会和重点外贸企业进行走访和座谈，各为期一周，都是义务劳动。这个月要去浙二医院给老年痴呆病人家属讲继承法。这个课程，估计也可以给医院提出制度性建议。

以上的付出，我得到的回报是巨大的，2007 年我获得浙江省司法厅和浙江省律师协会给予的“律师事业突出贡献奖”；2008 年我获得浙江省关心下一代工作委员会给予的“关心下一代先进个人”的奖励，是迄今为止第一个系统外获得这个奖项的人；上两次我还获得民进省委会的先进宣传工作者和优秀通讯员的奖励，去年获得了参政议政的二等奖和三等奖；去年还获得了社会服务工作的先进表彰。2010 年底浙江省律师协会在换届的时候，我这个理事的得票数在全省是前十几位的，出乎了我的意料。业界这样的肯定和我的工作是分不开的。有这些收获，我很欣慰，也很满足。

春天不播种，秋天无所收。我会继续努力，不辜负民进对我培养。

王佐书副主席的点评：

律师是坚持法律、坚持公平正义、靠人品吃饭的人，是为精神文明建设做贡献的人，是维护公平正义的人。通过童律师的经历，可以看出，做好本职工作就是在为社会服务工作。做好法律援助和义务法律顾问工作是非常不容易的，这些都是社会服务工作的范畴。童律师所获得的荣誉既是个人荣誉，也是民进组织的荣誉。

“陈”就洁白无瑕的医者人生

民进浙江省直儿童医院支部

有人说，人与人之间其实就好比一面面镜子，别人如何折射你，取决于你用人性的哪一面去照耀对方。对于一名医生来说，病人就是这样的一面面镜子，如果纵观几十年的职业生涯，从这些镜子中折射出的都是仁爱、洁白的模样，那么这绝对不是偶然。

第一次知道陈洁主任是刚参加工作的时候在一次医院的活动上，当时活动的主办人问及陈主任有关于此次活动的想法和意见，让我印象极其深刻的是，她掷地有声的寥寥数语顿时引得大家掌声一片，整个活动也瞬间变得立体生动且更具意义起来。我转头问身边的同事：“她是谁？”同事一脸质疑地看着我说：“你居然不认识陈洁主任？”

陈洁，中国民主促进会会员，杭州市下城区人大代表，现任浙江省儿童医院消化科主任，主任医师，硕士生导师兼任中华医学会儿科分会消化学组组长、中华医学会肠内肠外营养分会儿科临床营养学组副组长、浙江省医学会消化分会委员、浙江省医学会儿科分会委员、浙江省消化医师协会常委、浙江省医学会儿科消化学组组长，担任《World Journal of Pediatrics》编委、《中华儿科》杂志编委、《中国实用儿科》杂志副主编、《Pediatrics》中文版编委，《国际儿科》杂志编委、《中华中西医》杂志编委、《中国循证医学》杂志编委等多家核心期刊编委，是国内儿科消化学科带头人，从事儿科临床、教学、科研工作近30年，成功诊治患儿无数，对于诸多长期与病魔斗争的幼小生命而言，她无疑就是新生的希望。

如此辉煌的成就和诸多响当当的头衔、身份，充分说明同事对我的质疑一点都不为过，但也让我在接到采访她这个任务时产生一种望而生畏的感觉，而陈主任的反应却再次出乎我的意料，她非常爽快的一口答应了，并且从繁忙的工作中抽出了宝贵的时间。她爽朗却不失淡定的态度尽显了一股女中豪杰的气场，也让我对这个成就了多彩事业却依旧天使般纯洁的女人产生了更多的好奇。

一、始终致力于创建全国最好的儿童消化病诊治中心

浙江省儿童医院消化专业成立于1977年，初期为儿内科下分组的消化专业组，在叶瑞云教授（陈洁主任的导师）的带领下，对小儿消化系统疾病进行系统的诊治和临床研究，1985年在全国儿童医院中率先建立小儿胃肠内窥镜室，将消化内镜技术作为儿童胃肠病常规技术应用于临床，大大提高了胃肠道疾病的诊断治疗水平，而同年，正是陈洁主任从原浙江医科大学毕业，并在之后成了叶教授的得意门生。在谈及这段历史时，陈主任用了"机缘巧合"一词形容，她说："当年对恩师医德医术及学识人品的敬仰是投师于儿科消化的动因，因为这样的机缘才成就了今天的我。"感恩之情溢于言表，我捕捉到了眼前这个刚强的女人柔软细腻的一面。

2001年，消化科成为医院独立的专科，陈洁担任科主任。在她的带领下，消化科从建科、到发展、再到成为集专科病房、专科门诊、胃肠内镜室、胃肠动力室、消化实验室为一体的专业体系，取得的成就有目共睹。现不仅为小儿消化的专业博士点，专科水平居全国领先，而且还是国家重点临床专科。在技术上，陈主任要求自己的医疗团队刻苦钻研、勇于创新、精益求精，率先在国内儿科开展多项先进技术，如儿科胃镜和结肠镜诊断技术和各项内镜下治疗技术、儿童胃肠道动力测定、经皮肝穿刺、胶囊内镜技术等，极力推行腹腔镜技术应用于小儿梗阻性黄疸的诊治、临床应用磁共振小肠造影技术以及儿童肠内肠外营养等等，这些技术的应用大大提高了儿童消化系统疾病的诊断治疗水平，加快了病人的复康，其病房年收治病人多达2400余例，年门诊量达5－6万人次，不仅是一些常见病，包括各种疑难病的治愈率和好转率也达95%以上。在陈主任的领导下，消化科以敢为人先，敢于承担的精神，以过硬的诊疗技术及优质的医疗服务，在百姓和同行中取得了很响亮的口碑，来自全国各地的疑难病例常常慕名而来，一些已经在国内辗转就诊的疑难杂症患儿，最后在浙江省儿童医院的消化科得到就治，获得痊愈。

在科室的文化建设方面，陈主任同样倾注了大量的心血，她始终创导"积极进取、团结向上"的科室文化，在她的领导下，科室积极创建"青年文明号"，经过多年努力，荣获了"浙江大学青年文明号"和"浙江省青年文明号"的光荣称号，而下一步正积极向创建国家级"青年文明号"迈进。为了提高医护人员的英语口语能力，在科室开展"英语沙龙"以提高大家对应用英语的积极性。在医患矛盾日益紧张的大环境下，陈主任在科室中提出了"高超的技术是优良服务的基

础和保证，而良好的医患沟通技术是医疗技术的一部分”的理念，规范医疗行为，严格遵守各项医疗制度，并提倡医生要学会使用行医语言。为了避免医患纠纷，消化科还试行了“高危家长”特殊服务机制，即对有潜在焦虑、抑郁或家庭情况特殊的患儿家长采取更全面的心理疏导，将可能发生的医患矛盾化解于微形。因为有这样规范化的医疗服务和井然有序的团队运作，使得陈主任带领的科室始终是全院的率先垂范，多次荣获全院的先进科室、廉洁行医先进集体等荣誉称号。

当我问她对于消化科未来的发展有哪些展望的时候，她眼神坚定地说：“希望我们医院能成为全国最好的儿童消化病诊治中心，希望中国的儿科消化病学发展和国际接轨，只有这样，我们才能为更多的患儿带来健康福音。”

二、善于科研教学　重视人才培养

如果说陈洁主任在医疗技术上的成就和对小儿消化学科的发展贡献已经成绩卓著，那么她在科研教学、人才培养上的硕果与付出同样让人十分钦叹。

从事医疗工作以来，陈主任不但善于创新技术，提高诊疗水平，同时她也非常善于总结临床经验，进行科学研究，迄今为止，她共发表了论文近百篇，主编的专著有《儿童胃肠肝胆胰疾病》和《儿童腹泻病诊治掌中宝》2部、参编的专著有8部，包括由人民卫生出版社出版的《儿科学》、《临床治疗指南》、《图表儿科学》以及由科学出版社出版的《临床儿科学》、高等教育出版社出版的《儿科学》等等，还负责制定全国小儿消化内镜检查常规，全国儿童慢性胃炎、消化性溃疡诊治建议，儿童腹泻病诊治指南和儿童炎症肠病诊断指南等，并负责多项科研项目，曾获“吴阶平医学奖”、“省教学成果奖”等多个奖项。

将临床总结于理论，用理论服务于临床，这或许是陈主任的风格与又一亮点，她以十分严苛的态度要求自己，同样也以非常严谨的态度要求自己的学生。现如今，多重身份的她也早已是诸多学生的良好导师，经她指导过的学生无数，包括硕士生、博士生以及来自全国各地的专科进修医师等，她不但成功地将小儿消化内镜等技术推广到了全国各地，同时也通过对这些学生的培养，将各项先进技术和严谨的医德医风传播到了更多的下一级医院，对我国儿科消化专业的建立和发展起了很大的促进作用。我想或许她正是用这种方式，也在一步一个脚印的践行当年恩师对自己的教导，传播知识，传递爱心，传承医德。

在我采访她的期间，不断有人进来找陈主任签字或问病情的处理，看得出来，她的同事及学生对她都很尊重，她仿佛就是一台机器运行的主件跟永动机，是一个科室运转的核心，事无大小具细均逃不过她的法眼。但更重要的是，当她回答每一个问题，查看每一份病历的时候，那一丝不苟的态度，让人感觉摆在她面前的不是文件，而是她对一个个生命和健康的尊重和呵护。

三、积极投身公益 鞠躬尽瘁终无悔

我问陈主任："您平时这么忙，工作几乎占据了绝大部分生活的时间，您是如何权衡时间做公益的呢?"

她回答说："公益是一种态度，跟你忙不忙没有关系，再忙的人，只要你有心，都能为公益出一份力，时间只要挤挤总有的。"

作为杭州市下城区的人大代表，陈主任在任职的9年间充分履行职责，通过与医院职工交流、深入社区倾听居民诉求、定期考察相关部门等途径了解民情社意，积极向有关部门反馈，并多次撰写提案，如《对竹竿巷和横广福路进行路面改造》、《整顿省儿保门前交通次序》、《加快竹竿巷省儿保区块居民拆迁工作》、《整治医院门前无证摊贩》、《加强杭十四中门前治安管理、维护校园安全》等等，使得上述问题都获得了妥善解决。

作为中华医学会会员，陈主任积极参与医学会的支援西部建设活动，曾多次参加中华医学会"西部行"讲学活动，并亲自组织了来自全国各地的小儿消化学专家，前往陕西榆林进行学术交流，为那里的医生提供了一次便利的学习机会，也为西部发展做出了贡献。

而作为一名优秀的民进会员，陈主任更是始终积极投身于民进组织的系列活动，如抗震救灾慈善捐款、下乡义诊、为福利院的孤儿提供医疗服务等等。在连续的13年间，她从不间断地为杭州市儿童福利院的孩子奉献了大量的爱心，如开展义诊、慰问探望、捐助物资等等，风雨无阻，真正发扬了"献身事业，百折不回"的民进优良传统，也用实际行动践行了新时代民进会员的精神风貌和价值追求。省民进主委盛昌黎在一次共同的活动中也深受陈主任事迹的感动，对她的工作给予了极高的肯定和赞赏。

不仅如此，陈主任同时也把慈善公益的理念体现在平时点点滴滴的工作中，她经常组织开展对身边的贫困患儿进行捐款救助，其中不得不提的是一名"多发性结肠息肉"的患儿，由于该患儿肠道内的息肉有几百颗之多，需要多次进行结肠镜下手术，但因为家庭贫困的原因使得患儿家长产生了放弃的念头，陈主任在了解到情况之后，耐心劝阻了家长，并通过医院办公室为该患儿在社会上进行募捐，同时组织全科人员进行捐款，并为其减免了相当一部分手术费用。目前该患儿已顺利完成了14次内镜下手术，并且已基本痊愈。陈主任的这些行为同时也感

动了很多患儿家长，曾经有一位家长因敬佩陈主任的为人，深受其无私奉献的精神感动，竟主动承担了隔壁床一名贫困患儿的全部住院费用。此外，陈主任还积极进行健康教育活动，经常通过电台、电视台的健康教育节目和报刊上的健康栏目为民众传播疾病预防知识，并在医院内不定期组织健康教育讲座。从 2010 起，她组织开展的针对炎症性肠病患儿和家长的健康教育即“彩虹计划”，大大提高了炎症性肠病患儿的生存质量。

对于这些几十年如一日的点滴付出，陈主任却非常的低调，如果不是我一再的追问，她几乎不曾主动提及，因为在她心里，始终认为所做的都是分内之事，是一名医生和民进会员的天职，只要所有的付出能换回孩子最后的康复，那么一切都是值得的。这在集众多成就与荣誉予一身的人身上，是那么的弥足珍贵，但对于她而言，再多的荣誉都抵不过患儿家长一个信任的眼神和孩子一个健康的微笑。什么叫做“杏林春暖”，我想这就是。那些病孩是不幸的，但同时他们又都是幸运的，因为他们遇到了她这样的一名医生。

采访的最后，我问：“在职业生涯中，你认为你最大的收获是什么?”

她毫不犹豫地脱口而出：“我已成为了我想要成为的人，一个有善心有能力的人。”

她的回答让我瞬间豁然开朗，正如同她的名字一样，陈述简洁却十分有力。我想这就是她的人生理念，不求价格，但求价值，不计付出，但懂感恩，时刻忙碌，时刻进取，随时播种，随时开花。

图书在版编目（CIP）数据

民主党派社会服务工作理论与实践 / 民进中央机关社会服务部编. --北京 ：开明出版社，2012. 12

ISBN 978-7-5131-0886-7

Ⅰ. ①民… Ⅱ. ①民… Ⅲ. ①民主党派－社会服务－中国－文集 Ⅳ. ①D665-53 ②D669. 3-53

中国版本图书馆 CIP 数据核字（2012）第 272032 号

出版： 开明出版社出版（北京海淀区西三环北路 25 号 邮编 100089）
经销： 全国新华书店
印刷： 北京蓝空印刷厂
开本： 1/16
印张： 21
字数： 358 千字
版次： 2012 年 12 月　北京第 1 版
印次： 2012 年 12 月　北京第 1 次印刷
定价： 42.00 元